중국의 사법제도

중국의 사법제도

정 철

景仁文化社

발간사

　우리와 중국과의 경제적 관련성은 더욱 커져가고 있고 이런 현상은 법학의 측면에서도 중국법에 대한 체계적인 연구의 필요성을 제기하고 있다. 다행히 저자는 오래 전부터 중국에 대해 꾸준한 관심을 가져오면서 나름대로 중국에 대한 이해를 높여왔다. 그 후 법학을 전공하고 법학자로서 중국을 어떤 시각으로 바라볼 수 있을까 고민을 해왔다. 그 결과 중국이라는 현상이 우리에게 주는 의미를 법학의 주제인 법치 혹은 법의 지배라는 관점에서 조망해보는 시도가 요구된다는 생각에 이르렀다. 사실 경제성장 내지 경제발전이란 것도 자본과 노동의 결합만으로는 이룰 수 없고 공정하고 효율적인 사회적 관계를 설정할 수 있는 규범의 틀이 존재해야 하고 이를 실현하는 제도가 뒷받침되어야 이루어진다. 그래서 오늘의 현대 중국을 법의 지배라는 관점에서 바라보기 위해서 이를 현실적으로 확인할 수 있는 대상으로 중국의 사법제도에 대한 연구에 이르게 되었다.

　사실 법의 지배라는 것은 따지고 보면 사회주의보다는 자유민주주의 국가에서 핵심적인 가치로 인정받고 있다. 그리하여 자유민주주의에서 법의 지배의 중심내용은 국가권력의 자의적인 행사에 대한 유의미한 제한에 있고 이로써 시민의 자유와 권리는 충실히 보장될 수 있다고 본다. 그런데 국가권력에 대해 의미 있는 제한을 가할 수 있는 주체는 누구인가? 자유민주주의 국가에서는 일반적으로 이런 사명을 사법부에 맡기고 있다.

그리하여 입법부와 행정부로부터 독립적인 사법부가 사법심사라는 권한을 통해 국가권력의 자의적인 행사를 감시하고 통제하고 있다.

그러므로 중국의 사법기관이 헌법이 규정한 공민의 기본적 자유와 권리라는 가치를 그 권한의 행사를 통해 어느 정도 보장하고 있는가를 고찰하는 것은 중국에서 법의 지배의 수준을 확인할 수 있는 하나의 척도가 될 수 있을 것이다. 여기에 국가기관 밖의 시민사회 영역에서 법의 지배를 실현하는 중국의 변호사제도에 대해서도 살펴본 후 끝으로 중국 소송법을 통해 절차적 정의의 구현정도를 검토해 봄으로써 중국의 사법제도에 대한 전체적인 조망이 이루어질 수 있을 것으로 기대해 본다.

기존 학계의 연구와 교류는 주로 중국의 개별법과 법제도에 치중되어 온 감이 있다. 이에 비해 중국법이 중국에서 적용되고 집행되는 전체적인 구조에 대한 연구는 미비했다고 볼 수 있다. 외국법에 대한 이해를 위해서 외국의 개별적인 법에 대한 이해도 필요하지만 그 법이 외국에서 실현되는 전체적인 시스템에 대한 이해가 전제되어야 한다. 오히려 우리가 객관적으로 접근할 수 있는 법이라고 할 수 있는 규율들이 특정사회에서 구체적으로 적용되는 단계에서 변용되는 모습을 포착하는 작업이 그 특정사회의 법을 이해하기 위해서 더욱 핵심적인 작업이 될 수 있다. 법에 대한 이해도 중요하지만 법원과 법관 그리고 그 나라의 법문화에 대한 이해가 더욱 중요할 수 있다. 이런 관점에서 중국의 사법기관에 대한 연구는 특히 법학전문대학원이 올해부터 출범하여 외국법에 대한 심층적인 강의와 연구가 필요한 시점에서 중국법을 이해하는데 일정한 기여를 할 것으로 조심스럽게 기대해 본다.

이 책은 저자의 박사학위논문을 기초로 2008년에 이루어진 민사소송법과 변호사법의 개정 등 최근의 변화를 관련된 곳에 보충함으로써 중국법의 최신 개정상황을 최대한 반영하고자 노력하였다.

앞으로도 구체적인 중국법의 실현과정을 실증적으로 고찰하여 더 완성된 형태의 중국의 사법제도에 대한 연구결과를 독자 앞에 내놓을 것을 약속한다.

이 책이 나오기까지 서울대학교에서 저자를 지도해 주신 교수님들, 특히 지도교수이신, 한국법학교수회장 성낙인 교수님, 사법연수원에서 실무를 가르쳐주신 많은 교수님들, 특히 지도교수이신 서울고등법원 이원일 부장판사님, 그리고 내 강의를 열심히 들어준 국민대 법과대학 학생들께 감사의 인사를 드린다. 또한 귀중한 출판의 기회를 준 서울대학교 법학연구소, 편집과 교정을 성심껏 맡아준 경인문화사에도 고마움을 전한다. 끝으로 저자의 학문적 반려자이기도 한 아내 김영박사와 아빠의 집필이 끝날 때까지 기다려 준 딸 수민에게도 사랑을 전한다.

2009. 2.
봄을 기다리는 북악의 연구실에서
정 철

<목 차>

□ 발간사

제1장 서 론 ‖ 1
  Ⅰ. 중국 사법제도 연구의 의의 ………………………………………… 1
  Ⅱ. 중국 사법제도 연구의 범위 ………………………………………… 4
  Ⅲ. 연구의 방법적 기초로서 법의 지배 ……………………………… 5

제2장 중국 사법제도의 역사와 개혁 ‖ 11
제1절 중국 사법제도의 역사 ……………………………………………… 12
  Ⅰ. 제국시대 유교적 법치의 전통 ……………………………………… 12
    1. 유교사회에서 예와 법 ……………………………………………… 13
    2. 유교적 법치의 내용 ………………………………………………… 15
    3. 유교적 법치전통의 평가 …………………………………………… 18
  Ⅱ. 청말과 내전기의 사법제도 ………………………………………… 20
    1. 청말 사법제도의 개혁 ……………………………………………… 20
    2. 중화민국시기의 사법제도의 발전 ………………………………… 22
    3. 내전기의 사법제도의 발전 ………………………………………… 23
  Ⅲ. 공화국 수립 후 1978년까지 사회주의 법제 …………………… 24
    1. 사회주의 법제에서의 국가와 법 ………………………………… 26
    2. 사회주의 법제의 구성요소 ………………………………………… 29
    3. 사회주의 법제의 평가 ……………………………………………… 38

제2절 중국 사법제도의 개혁 ……………………………………………… 41
  Ⅰ. 개혁·개방 이후 법치의 발전 ……………………………………… 41
    1. 인치에서 법치로의 대전환 ………………………………………… 41
    2. 사회주의 법치국가의 건설 ………………………………………… 44
  Ⅱ. 사법개혁의 배경과 방향 …………………………………………… 47
    1. 사법개혁의 개관 …………………………………………………… 47
    2. 사법개혁의 배경 …………………………………………………… 49
    3. 사법개혁의 방향 …………………………………………………… 52

제3장 중국 사법기관의 독립성의 보장 ∥ 55

제1절 중국 법원의 독립성의 보장 ·· 56
Ⅰ. 다른 국가기관으로부터의 독립 ··· 56
1. 입법기관으로부터의 독립 ··· 56
2. 행정기관으로부터의 독립 ··· 68
Ⅱ. 법원 심판의 독립 ··· 75
1. 법원 내부의 감독체제로서 심판위원회 ························· 76
2. 상급법원의 감독체제로서 선례구속의 원칙 ·················· 96
3. 법원의 경비체계와 사법의 독립 ································· 114
Ⅲ. 법관의 독립의 보장 ··· 124
1. 법관의 선임과 직책의 법정화 ···································· 124
2. 법관의 신분보장 ··· 130
3. 법관의 독립을 보장하기 위한 방안 ···························· 135
4. 사법의 독립과 사법부패 ··· 139

제2절 중국 검찰의 독립성의 보장 ·· 142
Ⅰ. 중국 검찰의 지위 ··· 142
1. 개혁개방 이전의 시기 ··· 142
2. 개혁개방 이후의 변화 ··· 143
Ⅱ. 검찰권의 독립 ··· 146
1. 검찰의 내부적 감독체제 : 검찰위원회 ························· 146
2. 당의 기율감찰위원회를 통한 인민검찰원의 영도 ········· 150
3. 공안기관과 인민검찰원 ··· 151
Ⅲ. 검찰권 재조정의 필요성 ·· 155
1. 검찰의 권한 ··· 155
2. 검찰의 법률감독권과 공소권의 개혁 ··························· 157

제4장 중국 법원의 입법·행정기관에 대한 통제 ∥ 161

제1절 중국 법원의 입법기관에 대한 통제 ···································· 161
Ⅰ. 중국의 입법절차 ··· 163
1. 헌법상 입법권 ··· 163
2. 입법의 과정 ··· 165

Ⅱ. 법원의 헌법해석권 ·· 178
  1. 중국의 헌법감독제도 ·· 178
  2. 법원에 의한 헌법해석의 필요성 ···························· 195
Ⅲ. 법원의 법률해석권 ·· 214
  1. 최고인민법원의 법률해석권의 의의 ······················· 215
  2. 최고인민법원의 법률해석의 형식 ·························· 222
  3. 최고인민법원의 법률해석의 효력 ·························· 226
  4. 사법심사의 구심점으로서의 법원의 법률해석권 ·········· 230

제2절 중국 법원의 행정기관에 대한 통제 ······················· 235
Ⅰ. 중국 행정법의 발전과 행정의 현실 ·························· 235
  1. 행정법의 발전 ·· 235
  2. 행정의 현실 ·· 236
Ⅱ. 행정소송에 의한 행정기관의 통제 ·························· 238
  1. 입법기관과 행정기관 내부의 감독체제 ···················· 239
  2. 행정소송을 통한 행정작용의 통제 ························· 243
Ⅲ. 행정입법에 대한 법원의 사법심사 ·························· 254
  1. 행정복의와 행정소송 ·· 254
  2. 추상적 행정행위에 대한 법원의 사법심사 ··············· 256

제5장 중국 법원의 절차적 보장체계 ∥ 263

제1절 독립적이고 자율적인 변호사 ······························ 263
Ⅰ. 법의 지배와 변호사의 역할 ································· 263
Ⅱ. 중국 변호사제도의 역사적 고찰 ···························· 265
  1. 공화국수립 이전의 변호사제도 ···························· 265
  2. 공화국수립 이후 개혁개방 이전의 변호사제도 ··········· 266
  3. 개혁개방 이후 1996년 직전까지 변호사제도 ·············· 267
  4. 1996년 변호사법 제정 이후 ································· 269
  5. 2008년의 변호사법 개정 ···································· 276
Ⅲ. 중국 변호사의 독립성과 전문성을 향한 노력 ············ 278
  1. 변호사의 독립성의 확보 ···································· 278
  2. 변호사의 전문성의 확보 ···································· 281

 3. 변호사의 윤리의식의 제고 ································· 284
 Ⅳ. 중국에서 법의 지배와 변호사의 역할 ················· 286
제2절 중국 법원의 소송절차적 보장 ························· 288
 Ⅰ. 법원에 대한 접근의 보장 ··························· 288
  1. 사법행위청구권의 의의와 규범적 내용 ············· 288
  2. 사법행위청구권의 소송절차상 구현 ··············· 289
 Ⅱ. 법원에 대한 청문권의 보장 ························· 305
  1. 법원에 대한 청문권의 의의 및 규범적 내용 ········· 305
  2. 법원에 대한 청문권의 소송절차상 구현 ············ 309
 Ⅲ. 공정한 재판을 받을 권리의 보장 ···················· 323
  1. 공정한 재판을 받을 권리의 의의와 독자성 ········· 323
  2. 공정한 재판을 받을 권리의 소송절차상 구현 ······· 325
 Ⅳ. 신속한 재판을 받을 권리의 보장 ···················· 337
  1. 신속한 재판을 받을 권리의 의의 ················· 337
  2. 신속한 재판을 받을 권리의 소송절차적 구현 ········ 338

제3절 소 결 ··· 348

제6장 결 론 ‖ 351

□ 참고문헌 ‖ 357

  1. 국내문헌 ·· 357
  2. 외국문헌 ·· 360

□ 찾아보기 ‖ 369

제1장 서 론

Ⅰ. 중국 사법제도 연구의 의의

중국은 여전히 사회주의를 국가이념으로 표방하고 있지만 개혁·개방 정책을 통해 시장경제를 경제원리로서 받아들여 빠른 속도로 경제발전을 이루고 있다. 이런 중국이 지금 사법개혁을 표방하면서 사회주의 법치국가의 수립을 국가의 당면 목표로 내걸고 있다. 중국은 이제 법이 지배하는 나라를 수립하는 일이 당면한 국가의 과제라고 선언하고 있다. 중국이 사법개혁을 통해 법치를 하겠다는 생각은 우리의 추측과는 달리 이미 개혁·개방의 초기 덩샤오핑의 구상 속에 포함되어 있었다. 이미 중국은 법치의 길을 근 30년 동안 추진해온 나라이다. 법의 지배라는 개념은 국가체제에 중립적인 개념으로 보일지 모르나 자유민주주의의 핵심적 가치가 사실은 법의 지배의 원리이다. 자유민주주의를 표방한 많은 나라들이 지구상에 존재하지만 그 나라에서 자유민주주의적 가치를 얼마나 실현하고 있는지를 측정할 수 있는 정확한 지표가 법의 지배의 완성정도라고 할 수 있다. 그런데 그 동안 사회주의 국가에서도 법치의 필요성이 주장되었고 유교사회에서 역시 법치는 통치의 중요한 원리로 간주되어 왔음은 주지의 사실이다. 사실 중국은 유교를 국가이념으로 표방한 왕조시대를 2000년 가까이 경험해 온 나라이다. 그리고 1949년 이후 사회주의 체제를 유지하여 왔다. 그런 역사적 경험을 가진 중국이 이제는 시장경제와 함께 법치를 지향하겠다는 태도변화는 우리를 사뭇 흥분하게도 한다. 우리는 역시 중국과 비슷하게 유교를 통치이념으로 하는 전통 왕조국가를 거쳐 식민시대를 거친 후 자유민주주의와 시장경제체제를 수용하면서 법의 지배를 국가의 기본원리로 받아들여 꾸준한 성과를 이루어왔다고 자부하고 있다. 이렇게 중국이 현재 진행하고 있고 미래에 완성할 법의 지배의 형태가 우리나 일본의 형태로 수렴할 지 아니면 또 다른 새로운 형태를 보여줄지에 대해 궁금해지는 것이 사실이다. 우리와 유교적 전통을 공유하고 있지만 사회주의라는 또 다른 역사적 경험을 가지고 있는 중국이 추진하고 있는 사법제도의 개혁을 법의 지배의 관점에서 밝혀 보려는 목적이 여기에 있다.

중국의 이와 같은 법치로의 개혁정책은 우리에게도 일정한 시사점을 제공할 것으로 여겨진다. 우리는 실제로 광복 후 정부수립을 하고 60년에 가까운 법치의 역사를 가지고 있다. 그런데도 여전히 법치의 실현을 강조하는 것을 통해 아직도 우리 사회에서 법의 지배가 완전히 정착되지 않았다는 사실을 확인할 수 있다. 중국과 우리는 같은 유교를 국가이념으로 하여 2000년 가까이 살아온 민족이다. 국가이념에 차이가 난 기간은 불과 60년 정도에 불과하다. 그 동안 중국 사법개혁의 과정을 연구한 서구학자들의 지적을 보면서 우리가 지닌 문제점을 깨닫게 된다. 이는 우리가 지닌 문제를 되돌아보고 그 문제를 고칠 수 있는 계기를 중국의 사법개혁 과정에서 찾을 수 있음을 의미한다. 또한 우리가 미처 완비하지 못한 부분을 중국의 사법제도의 고찰을 통해 확인하게 되는 기회도 만날 수 있다.

한편 이 책은 일국의 사법제도를 고찰하는 일반적인 방법론을 법의 지배의 관점에서 마련해보고자 한다. 사법제도를 기존의 정태적인 사법기관과 인원 중심의 고찰로부터 한 나라에서 법의 지배를 이루기 위한 국가기관 사이의 기능적 관점에서 파악함으로써 사법의 작용을 동태적으로 포착하려는 시도이다. 이는 사법기관의 구성원인 인원 즉 사람에 대한 고찰을 시작으로 그 기관이 행사하는 다른 국가기관에 대한 권한을 살펴 그 기관의 지위와 역할을 확인하고 그 기관 내부의 운영절차를 살핌으로써 전체적인 사법기관의 운영원리를 파악하는 방법이다. 여기에 법의 지배라는 관점을 불어넣어 이 운영원리를 재구성해서 특정한 목적적 관점 하에서 일국의 사법제도를 고찰하는 방안이다.

이 책은 구체적으로 중국의 사법제도를 주제로 중국의 사법시스템에 대한 전반적인 이해를 목표로 한다. 왜 중국이 논의의 주제가 되었느냐의 질문에 대해서는 중국이 지닌 지리적 관련성과 현실적 관련성을 가지고 답변할 수 있을 것이다. 중국은 위에서 보았듯이 우리와 이념적 경험을 공유할 뿐만 아니라 지리적으로 밀접한 나라이다. 동북아시아에서 일본과 중국은 역사적으로 우리 삶에 커다란 영향을 미쳐온 나라들이다. 이런 정치적·사회문화적 관련성만으로도 중국법을 전문적으로 연구해야 할 필요성은 우리에게 이미 충분히 존재한다. 나아가 중국은 이제 세계경제의 중심에 있는 나라이다. 우리와 너무나 경제적으로 밀접한 관련을 쌓고 있고 앞으로 그 정도는 심화될 것으로 보인다.

지금까지의 연구는 주로 중국의 개별법과 법제도에 치중되어 온 감이 있다. 이에 비해 중국법이 중국에서 적용되고 집행되는 구체적인 구조에 대한 연구는 미비했다고 볼 수 있다. 외국법에 대한 이해를 위해서 외국의 개별적인 법에 대한 이해도 필요하지만, 그 법이 그 나라에서 실현되는 전체적인 시스템에 대한 이해가 전제되어야 한다. 오히려 우리가 객관적으로 접근할 수 있는 법이라고 할 수 있는 규율들이 특정사회에서 구체적으로 적용되는 단계에서 변용되는 모습을 포착하는 작업이 그 특정사회의 법을 이해하기 위해서 더욱 필요할 수 있다. 법에 대한 이해도 필수적이지만 법원과 법관 그리고 그 나라의 법문화에 대한 이해가 더욱 중요할 수 있다.

II. 중국 사법제도 연구의 범위

이 책은 논의범위를 중국의 사법제도로 한정하고 있다.[1] 여기서 중국은 중국인들이 말하는 신중국 즉 1949년 수립된 중화인민공화국을 연구의 대상으로 하고 있다. 그러므로 아직도 중국이 자신의 영토라고 주장하는 대만은 독립적인 연구의 대상으로 삼지 않는다. 대만의 사법제도에 대한 고찰은 자유민주주의와 유교적 전통을 공유하는 나라라는 점에서 우리에게 일본과 더불어 많은 시사점을 줄 수 있는 나라임에 분명하지만 이에 대한 연구는 여기서 다루지 않는다. 또한 중국의 국가성립 이전의 중국의 역사를 연구의 대상으로 포함하느냐도 문제인데 이 역시 원칙적으로 포함하지 않는 것으로 한다. 신 중국의 제도를 고찰하기 위해 필요한 한도 내에서 살펴보는 것으로 하면서 전통왕조시대의 사법기구에 대한 개별적인 고찰보다는 이 시기에 형성된 유교적 예치 혹은 법치의 모습을 살펴보는 것으로 이 시대에 대한 전반적인 설명을 대신하기로 한다. 이런 논의는 신 중국의 사법제도와 법문화를 이해하는데 도움을 줄 수 있을 것으로 본다. 이 시기의 법제에 대한 연구는 사실 법제사의 영역에 속하므로 전문적인 중국 법제사 연구학자들의 연구에 맡기는 것이 타당하다고 생각한다.

한편 중국의 사법제도의 범위 역시 먼저 논의할 필요가 있다. 우리가 인식하는 사법과 중국이 규정하는 사법의 개념이 상이할 수 있다. 현행 중국 헌법은 인민법원과 인민검찰원을 국가의 사법기관으로 규정하고 있다(헌법 제7절 제123조 내지 제135조). 즉 중국은 사법기관으로 법원과

---

1) 중국에서 사법이라는 개념이 소개된 것은 청말이지만 오늘날의 사법개념에 해당하는 사법의 일부 기능을 전통왕조에서 찾아볼 수 없는 것은 아니다. 가령 명대의 경우 刑部, 都察院, 大理司의 '三法司'체제는 청대에도 유지되었다. 그렇지만 이들 기관은 재판기구로서 사법권을 전담하지는 않고 일체의 권력은 황제가 장악하고 사법권은 철저히 행정권에 부속되었다는 의미에서 근대적 의미의 사법기구로 파악할 수는 없을 것이다.

검찰을 포함하고 있다. 건국 초기부터 개혁개방 이전까지는 일반적으로 사법개념을 넓게 보는 대사법(大司法) 개념이 지배적이었다. 그리하여 사법의 개념에 국무원의 사법행정기관과 국가안전기관(정보국) 그리고 공안기관까지 포괄하는 의미로 사법을 인식하였으나 이는 계획경제시대의 유산이었다. 1982년 헌법은 검찰을 행정기관으로부터 독립하여 법원과 검찰을 사법기관으로 분류하였고 이런 태도는 지금까지 유지되고 있다. 이는 협의의 사법개념을 수용한 것으로 볼 수 있다. 우리의 경우 검찰은 조직상으로는 행정부에 속해 있지만 실제의 기능은 사법적 기능을 수행하므로 일반적으로 준사법기관으로 분류하고 있다.[2] 이 글에서는 중국의 사법기관을 인민법원과 인민검찰원을 중심으로 다루면서 여기에 또 다른 법조의 한 축인 변호사는 포함시키지 않는다. 중국에서 변호사는 원래 국가의 공무원이었던 시기도 있었으나 1996년 변호사법의 제정이후 자유직업으로 분류하고 있어 이제는 국가기관은 아니라는 점에서 제5장 소송절차와 관련된 부분에서 살펴보기로 한다. 공안기관 역시 형사사건에서 일정한 업무와 책임을 담당하면서 법원, 검찰과 서로 협조하여 업무를 수행하도록 되어 있다는 점에서(헌법 제135조) 형사소송절차와 관련하여 다루기로 한다.

Ⅲ. 연구의 방법적 기초로서 법의 지배

이 연구는 법의 지배[3]라는 관점에서 중국의 사법제도를 살펴보고자

---

2) 신동운, 「형사소송법」, 제4판, 법문사, 2007, 34면; 이재상, 「형사소송법」, 제6판, 박영사, 2003, 84면.

3) 자유민주주의의 경우에만 법의 지배(rule of law)라는 개념을 사용하고 뒤에서 살펴볼 유교적 법치나 사회주의 법치에서는 법치라는 표현을 사용한다. 일반적으로 이글에서는 이 두 개념을 혼용하여 사용할 것임을 밝혀둔다. 이 두 개념의 구별에 대해서는 정철, "중국헌법상 사법제도에 관한 연구", 서울대학교 대학원 법학

한다. 중국의 사법제도를 법의 지배의 관점에서 파악한다는 사실은 일종
의 가치 관련적인 관점이라고 할 수 있다. 그런데 중국은 개혁·개방 이후
자유민주주의 나라의 선진법제를 꾸준히 참조하여 왔고 사법기관의 구성
원들을 이들 나라에 계속 파견하여 인적 교류와 연수를 계속 추진하여 왔
다.4) 이런 사실은 자유민주주의의 핵심가치인 법의 지배의 원리가 중국의
사법제도에 객관적으로 이미 상당한 영향을 주고 있음을 보여준다. 이런
인식을 바탕으로 이 연구는 우리 헌법이 지향하는 자유민주주의를 바탕
으로 한 자유민주주의의 법의 지배 원리를 가지고 중국의 사법제도를 분
석하고자 한다.

자유민주주의 법의 지배원리에서 말하는 법개념에 대해 통일적인 입
장은 존재하지 않는다. 그렇지만 자유민주주의는 민주주의원리에 따라 이
성적인 토론을 거친 후 최종적으로는 다수의 의사에 의해 정치공동체의
의사를 결정하는 방식을 따르므로 정치공동체의 다수의 동의5)에 의해 자
기규율로 승인되었다는 점에서 법개념의 기초를 찾아야 한다. 법효력의
근거 역시 다수의 동의에서 찾을 수 있으므로 국민의 대표들이 모인 입법
부에서 다수의 의사결정과정을 통해 제정된 법은 그 정치공동체의 모두
에게 그 효력을 발휘하게 된다. 이렇게 제정된 법은 강제력을 가지고 개
인의 선호와 관계없이 그 정치공동체에 효력을 미치게 되지만 이는 자기
규율의 성격을 변화시키지는 않는다.

자유민주주의에 따른 법개념은 법의 일반적인 적용(general application),
확실성(certainty), 예측가능성(predictability), 안정성(stability) 등을 그 특징
으로 한다. 법의 일반적 적용가능성은 법이 인민 전체의 일반의지의 표현

박사학위논문(2008. 2.), 14~15면 참조 바람.
4) Chris X. Lin, "A Quiet Revolution: : An Overview of China's Judicial Reform",
   Asian-Pacific Law & Policy Journal, June 2003, p.258. John Marshall Law School
   은 중국지적재산권국(SIPO)과 협력하여 공동의 석사프로그램을 운영하고 있고,
   Temple대 역시 북경청화대학과 법학석사과정을 운영하고 있는데 최고인민법원,
   중국국립사법대학과 협력하여 독립된 법관교육프로그램을 창안하였다(Ibid).
5) 존로크 지음, 이극찬 옮김, 「시민정부론」, 연세대학교 출판부, 1988, 189~190면.

으로서 부분의지나 개별의지를 초월하여 보편성을 가져야 한다는 의미인
데 이는 근대 시민들의 요청과 부합한다. 중세 봉건주의 시대의 왕에 의한
특정인에 대한 지시나 명령은 명령일 뿐이지 법일 수 없다. 법률은 특권
을 설정할 수는 있으나 이를 특정인에게 부여할 수는 없다.[6] 이런 법이
가진 일반성으로 인해 법의 공평성과 안정성이 확보될 수 있다. 법의 확
실성은 M. Weber에 의해 근대법의 중요한 특징의 하나로 확인되었다. 그
는 자본주의는 시장에 기원한 합리적인 경제적 행위로 구성되는데 위와
같은 합리적 행위는 확실성과 예측가능성을 극대화하는 법률시스템에 의
해 조장된다고 보고 근대법의 중요한 특징으로 확실성을 들었다.[7] 이 확
실성의 개념은 법 내용의 명확성만이 아니라 법집행의 확실성과 법제정
과정의 투명성까지 포괄하는 개념으로 파악된다. 이와 함께 Weber가 강
조한 법의 예측가능성은 자본주의의 발전에 기여한 근대법의 중요한 특
징이기도 하다. 인간은 예측가능성을 보유한 법을 통해 미래를 예측할 수
있게 되어 장래의 계획을 세울 수 있게 됨으로써 개인의 자유와 경제의
발전을 증진시킬 수 있다.[8] 미래에 대한 계획을 세워 행위를 결정하는 기
준으로 법이 작용하기 위해서 법은 일정한 일관성(consistency)과 안정성
(stability)을 갖추고 있어야 한다. 법 내용 자체가 상호 모순되거나 불일치
해서는 안 되고 법은 한 번 제정되면 일정한 지속성을 가지고 바뀌지 않
는 속성을 지녀야 한다.

　자유민주주의의 법의 지배가 궁극적으로 추구하는 목적은 시민의 자
유와 권리를 보장하는데 있다. 시민의 자유와 권리의 보장에 가장 위험스
런 상대는 국가권력이다. 법의 지배가 추구되거나 실현된 나라에서 한결
같이 공통된 점은 법의 지배를 통해 국가권력의 자의적인 행사를 제한하

---

6) J.J. 루소 저, 박옥줄 역, 「사회계약론」, 박영사, 1987, 100면.
7) Hunt, Alan, *The Sociological Movement in Law*, London: Macmillan, 1978,
   pp.118~128.
8) 박세일, "하이에크에 있어서의 법과 경제," 「하이에크 연구」, 민음사, 1995,
   173~188면.

려 했다는 사실이다. 법의 지배의 개념이 형성되고 정립된 영국의 경우 Dicey는 당시의 프랑스나 대륙에서는 볼 수 없는, 정부권력의 자의적인 행사에 의해 시민의 권리침해가 일어날 수 없다는 영국법의 특징을 법의 지배의 첫 번째 특징으로 꼽았다.9)

법의 지배가 확립된 자유민주주의 나라에서 사법권을 행사하는 법원 은 입법부와 행정부의 일정한 규범과 처분에 대해 심사할 수 있는 권한을 보유하고 있다. 법원은 우선 입법부가 제정한 법률에 대해 그 법률이 헌법이 규정한 기본원리의 관점에서 헌법적 한계를 준수하였는지를 심사할 수 있다.10) 자유민주주의를 수용하고 있는 나라에서는 어떤 형태로든 입법권에 대한 합리적인 제한의 메커니즘을 마련하고 있다. 그 중에서 사법부에 의한 입법에 대한 심사는 가장 강력하고 가장 효과적이다.

또한 법의 지배를 이루기 위해서는 사법권의 독립이 이루어져야 한다. 법의 지배를 확립하기 위해서 권력의 분립을 넘어 사법부의 독립이 필요한 이유는 사법이 지닌 고유한 특성에서 찾아야 한다.11) 사법은 구체적인 법률적 분쟁을 놓고 입법부가 제정한 법의 의미와 그 한계를 해석하여 분쟁관계에 이를 적용함으로써 일정한 판단을 내리는 권위적인 과정이다. 이 과정은 국가권력의 단순한 분립만으로는 원활히 진행될 수 없고 문제 해결과정의 특수성을 반영할 수 있어야 한다. 즉 법발견의 문제는 법이 가진 그 고유한 독자성(autonomy)으로 인해 법률전문가를 통한 법 자체의 논리와 방식에 의해 이루어져야 한다는 점이다. 이런 법의 독자성으로 말미암아 이를 담당하는 사법부는 다른 국가기관으로부터의 독립은 물론

---

9) A.V. Dicey, *Law of The Constitution*, Macmillan and Co., Limited St. Martinls Street London, 1924, pp.183~184.

10) 위헌법률심사제도는 미국 연방대법원이 1803년 Mabury v. Madison 판결 이후 판례를 통해 인정한 이후 자유민주주의국가에서 입법권의 남용에 대한 주요한 헌법보장수단이 되었다. Henry J. Abraham, *The Judicial Process*, 5th Edition, New York, Oxford: Oxford University Press, 1986, pp.313~314.

11) 최대권, 「법과 사회」, 서울대학교출판부, 1997, 126~127면 참조.

당사자를 포함한 사회세력, 여론 등으로부터도 독립을 보장받아야 한다.

사법권의 독립을 이루기 위해서는 사법권이 사법을 둘러싼 여러 당사자들로부터 독립되어야 한다. 우선 소송 당사자로부터 분리되어 중립적인 심판자의 역할을 수행하여야 그 판단의 공정성이 확보된다. 이는 주로 소송법의 영역에서의 제도들을 통해 달성될 수 있다. 헌법적으로는 다른 국가기관 특히 행정부와 입법부로부터의 독립이 문제된다. 특히 사법부가 행정부의 재정에 의존하여 행정부의 부서가 법원의 예산을 편성하는 경우, 입법부가 사법부의 인원구성에 관여하는 인사권을 행사하는 경우에 사법부의 독립은 영향을 받을 수 있다. 그 외에 집권당이 사법부에 영향을 줄 수 있는 기구를 통해 사법내부의 의사결정을 좌우하려 든다면 사법의 독립은 유지되기 힘들다.

사법의 외부에서 영향을 미칠 수 있는 요인들을 효과적으로 차단하기 위해 자유민주주의 나라에서는 法官의 獨立을 중요하게 여기고 이를 보장하고 있다. 사법권이 독립적으로 행사되기 위해서는 사법이 지닌 문제 해결과정의 특성상 법률전문가인 고립적인 법관 개인의 판단에 의존하는 방식이 타당하다. 즉 사법의 판단과정은 입법부의 다수결의 방식이 아닐 뿐만 아니라 행정부의 상명하복의 관료주의적 판단과정이 아니라 법률이 정한 일정한 자격을 갖추고 국민의 이름으로 임명된 개별 법관이 자신의 전문가적 양심과 전문성에 기초하여 법 고유의 논리에 따라 판단을 할 때 확보될 수 있다. 이런 법관 개인의 인적 독립을 보장하기 위해 자유민주주의 나라에서는 법관의 선발과 임명 그리고 그 보직기간과 징계절차를 특히 신중하고 엄격하게 규율하여 법관 개인의 신분상의 보장을 철저히 하고 있는 것이다.

한편 어느 사회가 얼마나 법의 지배를 이루었는지를 살펴보는 방식 중의 하나는 그 사회가 분쟁해결을 위해 동원하는 절차와 방식들이 얼마나 갖추어져 있는가를 살펴보는 것이다. 이는 분쟁을 법 자체의 완결적인 자기논리로 해결하고 있느냐의 여부와 함께 이런 시스템의 규칙들이 사용되는 방식(manner)이 얼마나 합리적으로 구비되어 있느냐를 고찰하는 방법이다. 그리고 이런 절차를 거치지 않고 실체적인 판단이 이루어지더라도 그것은 절차적 정의를 구비하지 못한 것으로 판단되어 최종적인 결론이 되지 못하고 법질서가 그 절차의 위반을 이유로 다시 실체적 판단의 과정을 반복하도록 요구하는 가를 확인함으로써 그 사회에서 절차적 정의의 중요성을 확인할 수 있다. 그래서 어느 나라의 사법제도를 고찰할 때 그 나라의 실체법을 연구하는 방법보다는 그 나라의 절차법을 연구하여 절차적 정의가 어느 정도 중시되고 있는가를 고찰하는 방법이 그 나라의 법의 지배의 수준을 알아낼 수 있는 적절하고 간단한 방법이 될 수 있다.

제2장 중국 사법제도의 역사와 개혁

　　중국 헌법상의 사법제도를 법의 지배의 관점에서 고찰하기 위해 우선 중국법제의 역사와 함께 현재 중국이 추진하고 있는 사법개혁의 현황을 살펴본다. 먼저 중국사법제도의 역사적 전개과정을 현재까지 개괄하는데 특히 중국의 전통 왕조시대에 대해서는 각 시기의 사법기구에 대한 개별적인 고찰보다는 이 시기에 정립된 유교적 예치 혹은 법치의 모습을 기술해 보고자 한다. 이런 방법을 통해 이 시기 법치의 특징을 보다 생생하게 파악할 수 있을 것이다. 이와 같은 역사적 고찰은 현재 중국의 사법제도와 법문화를 이해하는데 일정한 도움을 줄 수 있을 것이다. 이후 중국이 추구한 사회주의 법제에 대해서도 필요한 한도에서 시기별로 살펴본다. 이런 이해를 기초로 하여 중국이 현재 추진하고 있는 사법개혁의 배경과 방향을 가늠할 수 있을 것으로 본다.

제1절 중국 사법제도의 역사

Ⅰ. 제국시대 유교적 법치의 전통

중국의 고대왕조 진(秦)나라는 춘추전국시대의 혼란을 법가(法家)[1]의 통치철학을 수용함으로써 수습하고 천하를 통일할 수 있었다. 그러나 법가를 통한 진의 가혹한 통치가 민심을 잃게 되자 이후 한(漢)나라는 예와 덕에 기반한 윤리정치를 표방하면서 유교를 기본적인 국가이념으로 중국을 통일하였다. 그러나 한나라는 덕과 예의 확대해석을 통해 형을 용인함으로써 법가를 통치의 술로서 실질적으로 중요시하였다.[2] 한대의 유가사상은 이후 정통적인 정치이론으로 채택되어 수(隋)·당(唐) 시기를 거쳐 동아시아를 지배하는 통치이념이 되었다.

유교적 법치[3]는 유교를 한 때 국가의 이념으로 받아들이고 유교적 질서에 의해 지배되었던 동아시아의 여러 나라에서 나타난 법치의 형태이다. 지금은 모두 국가의 지배이념으로서의 지위를 상실하고 역사의 뒷전으로 물러났지만 외형적으로만 그러할 뿐 유교의 잔영은 여전히 이를 경

---

1) 상세한 고찰은 이성규, "제자백가", 동양사, 동양사학회 편, 1989, 41~42면 참조. 그렇지만 법가가 말하는 법은 우리가 인식하는 현재의 법개념과 완전히 다른 개념이라는 점을 주의하여야 한다. 법가가 말하는 법은 철저히 백성을 지배하기 위한 수단에 불과한 것이므로 지배하는 자에게는 전혀 그 효력을 발휘할 수 없었다.
2) 민성기, "유교이념의 정착", 동양사, 동양사학회 편, 1989, 66면. 저자는 이를 권력의 절약이라는 표현을 쓰고 있다. 효제도덕(孝悌道德)을 국가권력의 정당화에 응용함으로써 강제적인 타율성에 기반한 법가에 비해 자발적인 복종을 이끌어냈다는 의미에서 이 표현을 사용하고 있다.
3) 저자가 유교적 법치라 부르는 이 개념을 법사학자들은 법의 유교화(Confucianization of Law)라고 부른다. Ch'u Tung-tsu, *Law and Society in Traditional China*, Hyperion Reprint, 1980, 267~279면.

험했던 나라의 국민들의 의식 속에 잔존하고 있다. 우리와 중국이 지향하는 미래의 길에서 유교적 법치의 전통이 어떤 의미와 가치를 가지는 것일까 짚어보는 것은 중국이 지향하는 사법의 논의를 풍성하게 할 것이다.

1. 유교사회에서 예와 법

우리는 일반적으로 유교사회는 법보다는 예에 의해서 지배되었다고 설명하고 있다. 그리고 예는 자율적인 도덕질서이고 법은 타율적인 강제규범라고 인식하는 방법이 일반적으로 쉽게 확인된다.[4] 문제는 예라고 부르는 것이 과연 자율적인 도덕질서에 해당하는가이다. 예는 법과 도덕의 중간 영역에 위치하면서 양자의 성질을 동시에 가지고 있는 규범이어서 동양사회에서 법의 발전이 정체되었다는 주장도[5] 있다. 이런 주장은 예를 법의 개념에 포함시킬 수 없다는 것을 전제하고 있다. 또한 현재 우리가 법이라고 부르고 있는 개념에 포함될 수 있는 것을 당률이나 명률과 같은 형법에 한정하려는 경향이 일반적으로 확인된다.

그러나 가령 중국 명나라의 규범체계에 대한 연구에 의하면 중국 명나라 시대의 법은 형법(penal law)을 포함하여 넓은 개념의 폭을 가졌다는 입장도 나타나고 있다. 즉 명 시대의 법은 한쪽에서는 행정법규와 연결되고 다른 한쪽으로는 예(ritual)와도 연결되어 있었는데 특히 형법과 행정법규, 그리고 예 사이에 명확한 경계를 세우기가 어려워 명대의 법을 파악하기 위해서는 반드시 예라는 요소를 법의 개념으로부터 분리하지 말아야 한다는 것이다.[6]

그런데 이렇게 법에 예가 포함된다고 본다면 이와 같은 예를 위반한

---

4) 이는 양계초 이래 동서양을 통해 일반 상식처럼 자리 잡은 해석이다. 이승환, "유가는 법치에 반대했는가?", 철학과현실 13(92.6.), 철학문화연구소, 261면.

5) 최종고, 「한국법사상사」, 서울대학교 출판부, 2001, 107~110면.

6) Edward L. Farmer, *Zhu Yuanzhang and Early Ming Legislation*, Leiden: E.J. Brill, 1955, p.13.

경우 일정한 강제적인 제재가 가해졌다고 볼 수 있는가이다. 이런 현상이 확인된다면 예는 오늘날의 법 개념의 특징을 가지고 있었으므로 법에 포섭될 수 있을 것이다. 예개념을 정립한 순자에 의하면 인간의 욕망의 무한성과 이를 위한 여건의 유한성으로 인해 사람들 사이에 분쟁이 생기고 이로 인해 질서의 문란이 나타나게 되었는데 질서가 문란해지면 궁해진 다고 보아 예의를 제정하여 그 한계를 정함으로써 사람들의 욕망을 충족시켜주고 사람들이 추구하는 것을 얻게 하였다고 보았다.[7] 즉 순자의 예론에서 예는 이기적이고 욕망에 매몰된 인간의 경험적 자아를 통제하는 사회규범의 측면을 그대로 보여준다는 점에서 보상과 처벌의 법적시스템과 같이 외부적인(external) 성격을 내포하고[8] 있다. 고대 경전에 있는 예에 관한 부분들을 보면 예 자체가 형벌을 수반하는 강제규범으로 이해되었음을 확인할 수 있다.[9] 이를 통해 유교에서 말하는 예는 다분히 현대의 법학에서 말하는 강제력을 지닌 법규범에 해당한다는 사실을 알 수 있다.[10] 여기서 중요한 점은 이 예라는 법규범에는 군주 역시 구속력을 받아야 했다는 사실이다.[11] 그러므로 예라는 법은 유교 정치사회에서 군주의 지위와 그 의무를 직접 규율한 헌법적 규범이었다고 할 수 있다.[12] 이와 같이 예가 법규범에 포함된다는 사실은 유교사회에서 왕권을 견제하기 위한 유교적 담론의 기초를 마련할 수 있게 한다.

---

7) 심재우, "유가의 법사상", 안암법학(93.9.), 안암법학회, 16면.
8) Chai hark Hahm, "Confucian Constitutionalism", the Dissertation submitted to the Harvard Law School Graduate Program, Cambridge Massachusetts, 2000, p.71.
9) 경전의 표현과 이에 대한 상세한 해설은 이승환, 앞의 논문, 263~265면 참조.
10) 함재학, "경국대전이 조선의 헌법인가?" 법철학연구 제7권 제2호(2004), 한국법철학회, 273면; 이승환, 앞의 논문, 265면, 이에 대해 반대하는 견해로는 심재우, 위의 논문, 18면. 저자는 여기서 예는 사회윤리규범일 뿐 강제규범은 아니었다고 보고 있다. 예를 법과 도덕의 중간영역에 있다고 보는 입장도 마찬가지로 여겨진다. 최종고, 앞의 책, 110면.
11) Chai hark Hahm, op. cit., p.71.
12) 함재학, 위의 논문, 282면.

2. 유교적 법치의 내용

법의 지배의 목적을 무엇이라고 보느냐는 여러 가지로 나뉠 수 있지만 국가권력의 자의적인 행사에 대해 의미 있는 제약을 가함으로써 사람들에게 합리적인 신뢰를 기초로 자신과 관계된 일들을 계획할 수 있게 하는 것이라고[13] 볼 수 있다. 이런 측면에서 중국의 제국시대를 고찰하면 과연 중국에도 법치가 행해지고 있었는지 의문이 드는 것이 사실이다. 중국의 전통왕조는 봉건왕조이고 그 군주는 동양적인 전제군주이므로 자신의 말이 곧 법이고 자신의 마음대로 정치를 할 수 있었을 것이라는 일종의 선입관이 존재하여 왔다. 그렇지만 그 동안 중국의 전통왕조인 당, 명, 그리고 청왕조에 대한 연구성과에 의하면 중국이라는 나라에는 분명 국왕의 전제를 허용하지 않고 왕을 유교적 가치의 틀 안에서 견제할 수 있었던 정치적 구조가 존재하였음을 확인해 주고 있다. 우리는 이런 구조를 예론 (禮論)[14]에서 확인할 수 있다.

유교국가에서 무엇이 예에 합치하는지에 관해 의견이 일치하여야 마땅하겠지만 현실에서는 그렇지 못했다. 이런 불일치 내지 긴장이 상징적

---

13) A. V. Dicey. *Law of The Constitution*, Macmillan and Co., Limited St. Martinls Street London, 1924, pp.183~184 ; Richard H. Fallon, "The Rule of Law As a Concept in Constituional Discourse", *Columbia Law Review*, January 1997, pp.7~8.

14) 당나라의 예론에 관해서는 Howard J. Wechsler, *Offerings of Jade and Silk: Ritual and Symbol in the Legitimation of the T'ang Dynasty*, Yale University Press, 1985, pp.20~30 ; 명나라 가정제 연간의 대례의에 관해서는 Carney Fisher, *The Chosen One: Succession and Adoption in the Court of Ming Shizong*, Allen & Unwin, 1990; 중국 명대 예론의 정치적 기능에 관해서는 Ron Guey Chu, "Rites and Rights in Ming China", in Wm. Theodore de Bary & Tu Weiming, eds., *Confusianism and Human Rights*, Columbia University Press, 1998, pp.169~178 참조. 정복왕조인 청대의 예론에 대해서는 Charles O. Hucker, *The Traditional Chinese State in Ming Times(1368~1644)*, University of Arizona Press, 1961; Angela Zito, *Of Body and Brush: Grand Sacrifices as Text/Performance in Eighteenth-Century China*, Chicago University Press, 1997.

으로 나타난 사건이 예론이라고 할 수 있다.

　당대부터 예론이 나타났지만 대표적인 것은 명대의 예론이라고 할 수 있다. 그 중에서 세종(嘉靖 1522~1566)대의 대례논의(大禮論議)라고 할 수 있다. 명 11대 무종이 후사 없이 죽자 10대 효종의 동생인 흥헌왕의 아들(세종)이 12대 황제로 옹립되었는데 황위를 물려받은 사람이 반드시 물려준 황제의 후손이어야 하는가의 문제가 발생하였다. 세종은 먼저 선황제의 상속자로 지정되지 않고 황위를 물려받을 수 있다고 주장하였다. 세종이 이렇게 주장한 이유는 자신이 흥헌왕의 장자로서 고례로부터 장자는 남의 뒤를 잇지 않는다는 생각이 바탕이 되었다. 그런데 마침 장총이 대례소로써 조부인 헌종의 후를 입계하여 그 존친을 폐하지 않아야 한다고(興獻皇考說) 논하면서 남(효종)의 뒤를 이어 스스로 그 친을 끊는 것은 불가한 바, 무릇 통(統)과 사(嗣)는 다른 것이라고 주장하였다. 세종은 이런 장총의 주장을 자신의 논리로 삼고 양정화 내각의 신하들과 대립하였다. 신하들은 세종의 논리는 공의가 아닌 사정이고 황통의 사가에 대한 우위를 부인하는 것이라면서 세종은 효종을 아버지로 삼아야 한다(孝宗皇考說)고 주장하였다.[15] 그러나 대부분의 신하들은 이에 강하게 반대하면서 세종이 적법하게 황위를 물려받으려면 선황의 가계로 입양되었어야 한다고 주장하였다.[16] 이는 자연 세종의 친부인 흥헌왕의 예우문제와 관련된 문제였다.[17] 실제로는 생존했던 흥헌왕비의 존칭문제가 예론의 발단이었다. 세종은 친부 흥헌황을 황고(皇考), 효종을 황백고(皇伯考)로 할 것을 원하였고 이런 대례논의는 3년간의 대립 끝에 세종이 힘으로 양정화내각을 실각시키고 대례과 관료만을 기용하여 자신의 주장을 관철시키면서 일단 끝이 났다. 대예론문제는 황제권과 신권이 유교적 예론을 중심으로

15) 조영록, "가정초 정치대립과 과도관―대예의를 중심으로", 동양사학연구 제21권 제1호, 1985, 22~23면.
16) Ron Guey Chu, "Rites and Rights in Ming China", *Confucianism and Human Rights*, Edited by Wm. Theodore de Bary and Tu Weiming, p.174.
17) 조영록, 위의 논문, 23면.

대립한 것으로 내각은 예론을 통해 황제권을 견제하면서 권력의 분점을 요구하였다.[18] 양정화는 사실 세종을 황위로 올리는데 줄곧 주도하였던 인물이었다. 그렇지만 세종과 대례문제로 충돌하면서 실각하였다. 이는 신권과 황권의 대립구조에서 이해할 수 있는 대목이다. 신권을 대표하는 양정화는 황권 역시 신권에 의해 견제 받아야 한다고 본 반면 황권을 대변했던 장총은 천하는 황제만이 다스릴 수 있다는 주장을 전제하고 있었다. 내각의 신하들은 붕당을 긍정하면서 공권공정(公權公政)을 주장한 반면 장총은 이를 붕간(朋奸)으로 간주하고 황제의 친정을 지지하였다.

오늘의 입장에서 본다면 예론을 소모적인 당쟁의 소재로 여길 수 있을지도 모르나 예론은 유교사회에서 올바른 법이 무엇인가를 둘러싼 일종의 헌법재판적 성격을 띤 논쟁이었다. 이는 분명 예론 자체의 논리에 의해 일정한 결론을 내리는 방식으로 현재의 법발견의 과정과 유사하다. 이를 통해 유교가 지배하는 나라에서 예법을 결정하는 사항은 온 나라의 유생이 총동원되어 논쟁을 벌이고 자신의 정치적 명운[19]까지 걸고 다툴 정도로 중대한 관심사였음을 확인할 수 있다. 즉 다시 말해 예송은 바로 무엇이 왕실을 지배하는 법도인지를 놓고 벌인 재판이었던 것이다. 여기서 예법은 바로 왕을 포함한 왕실이 지켜야 하는 법이었던 것이고 이를 발견하는 과정에 나라의 전 관료와 학자층이 동원될 만큼 중요한 사항이었다. 이를 통해 유교국가의 왕에게 예라는 유교적 가치는 왕권을 제약하는 법이었음을 알 수 있다.[20]

---

18) 조영록, 앞의 논문, 29~36면.
19) 명태조는 맹자를 읽다가 황제를 모욕하는 인상을 받은 구절을 발견하고 대노하여 유교의 사당에서 맹자의 신위를 치우라는 칙령을 내렸는데(1372년) 동시에 이 칙령에 반대하는 자는 죽음으로써 다스리겠다고 공포하였지만 내각의 장관이었던 Qian Tang은 자신이 죽은 후 들어갈 棺을 가지고 황제 앞에 나가 맹자를 위해 죽는 것은 영광이라고 하면서 그 칙령의 부당함을 진언하였는데 황제는 이를 보고 굴복하여 그를 처벌하지 않았다고 한다. Ron Guey Chu, op. cit., p.173.
20) Ron Guey Chu, op. cit., p.176 ; 함재학, "유교전통 안에서의 입헌주의 담론", 법철학연구 제9권 제2호(2006), 한국법철학회, 206면.

3. 유교적 법치전통의 평가

유교적 법치의 전통은 중국사회에서 아직도 그 생명력을 유지하고 있다. 앞으로 중국은 유교적 법치가 지향하였던 내용들을 좋든 싫든 객관적으로 밝혀내어 이를 발전적으로 승화시키지 않으면 중국이 지향하는 법치의 길에서 혼란과 지체를 유발할 수 있다.

유교적 법치의 법개념에 예를 포함해야 한다는 사실은 유교사회의 이해에 도움을 주지만 이런 사실은 사회 전체에 보편적인 규범체계로서 법개념의 발전을 가로막았다는 점 또한 부인하기 어렵다. 예가 보편적인 규범으로서 유교사회 내의 모든 계층에 동일한 규범력을 발휘했다고는 볼 수 없기 때문이다. 예는 주로 유교사회의 지배층인 귀족과 왕족들의 행위규범이었고, 법(형)은 피지배층인 백성들을 다스리는 수단이었다는 점을 상기할 필요가 있다.

또한 예를 포함한 유교적 법개념은 독립적인 법적 영역의 발전을 저해하였고 이런 점은 현재까지 영향을 미치고 있다. 예를 둘러싼 유교적 논쟁은 보편적인 인문적 논쟁이어서 나라 안의 모든 유교지식인이 참여할 수 있었고 특정 분야의 전문가만이 다룰 수 있는 논쟁이 아니었다. 이런 측면에서 예론은 오늘날의 법률문제라기 보다는 정치문제였다. 오늘날의 중국에서도 법적 문제를 정치적 문제로 인식하는 경향을 쉽게 확인할 수 있다. 이런 사회에서 법적 문제를 다루는 법적 절차와 그 절차적 정의의 문제가 중시되기는 어렵고 법적 문제를 전문적으로 다루는 법률가집단의 성장은 어렵다. 실질적인 정의를 중시하는 전통은 사회주의보다는 앞선 유교사회에 그 근원이 있다고 여겨진다.

유교적 법치는 국가 우월의 법치관이라고 할 수 있다. 국가권력이 군주에게 집중되어 있고 권력에 대한 견제장치가 충분하지 않은 나라에서 군주를 견제할 수 있는 수단은 군주의 윤리적 자기수양이다. 유교적 가치를 통해 국왕의 권한을 제한할 수 있는 인상적인 권력제한의 모습을 일정

시기 관찰할 수 있었음에도 유교를 국가이념으로 받아들인 국가들에서 이런 현상이 보편적으로 이루어질 수 있었던 권력제한의 수단인지에 대해서는 의문이 드는 것이 사실이다. 이런 수단들이 유효하게 작동하지 않거나 존재하지 않아 국가가 개인 위에 군림하고 그 지도자가 자의적으로 권력을 행사한다면 Dicey가 법의 지배의 제일 첫 번째로 제시하였던 자의적인 정부의 권한행사로부터 인간의 기본적인 자유의 보장[21]은 이루어질 수 없다. 그런데 국가를 개인의 자유보다 중시하는 태도를 현대 중국에서 쉽게 확인할 수 있다. 이런 국가중시의 현상을 사회주의의 영향으로만 여길 수는 없다고 본다.

유교국가의 학자들은 주자의 학설을 좇아 누가 더 주자의 진의를 밝혔는가 하는 해석의 문제를 놓고 명운을 걸며 논쟁을 하기도 하였는데 이런 사회에서 법이라는 문제를 다루는 절차적 정의가 생성되기는 어렵다. 특정 이념이나 종교가 일방적으로 한 사회를 지배하는 경우 그 사회의 정의는 실체적 정의의 경향을 보인다.[22] 유교적 가치를 체화한 왕의 관료가 왕의 대리인으로서 행정권을 행사하고 같은 사람이 재판권을 행사하고 수사도 하고 집행도 하였다. 절차적 정의는 필요하지 않고 심지어 절차를 준수하면 실체적 정의가 훼손된다고 보았다.[23] 이런 절차적 정의의 부족 현상은 법률가 집단의 형성을 방해하였고 그 결과 합리적인 법의 발전은 상당한 기간 이루어지지 못했다. 현대 중국의 경우 오랜 동안의 유교적

---

21) A.V. Dicey, op. cit., pp.183~184.
22) Alan Hunt, *The Sociological Movement in Law*, London: Macmillan, 1978, pp.104~107. Weber의 유형론에 따르면 유교정치사회의 법은 실질적 합리성 모델(substantive rationality model)에 해당할 수 있다.
23) 이런 점은 중국법을 연구하는 학자들이 공통적으로 지적하는 부분이다. 예를 들면, Chow, Daniel C.K, The Legal System of The People's Republic of China, 2003, pp.255~258 ; Lubman Stanley B., Bird in a Cage: Legal Reform in China after Mao, Stanford: Stanford University Press, 1999, pp.161~171 ; Randall Peerenboom, China's Long March Toward Rule of Law, Cambridge University Press, 2002, pp.394~43.

법치의 경험과 사회주의라는 이념에 의한 영향을 받아서 그러한지 실체적 정의에 의해 사법절차가 지배되고 있다는 인상을 어렵지 않게 확인할 수 있다.

그렇지만 유교적 법치가 청산되어야 하는 과거의 폐해로만 남아 있어야 하는가에 대해서는 일정한 의문이 있다. 유교가 표방한 윤리국가와 그 이념적 가치로서 인의예지(仁義禮智)는 자유민주주의의 법의 지배 원리가 지닌 법제도에 대한 과도한 신뢰에서 나타나는 약점을 보완할 수 있다.[24] 유교적 법치가 지닌 법을 만들고 운영하는 인간에 대한 성찰은 중국을 포함한 유교를 한 때 국가이념으로 수용하였던 나라들이 지니고 있는 소중한 자산이다. 윤리적 완성을 목표로 인간을 교육하고 자극할 수 있는 유교적 환경은 법치를 올바르게 작동시키는데 꼭 필요한 요소이다. 현재 법치를 지향하는 나라들에서 법치가 잘 이루어지지 않는 이유는 법이나 법률가의 부족에 있지 않다. 오히려 법은 넘쳐나고 이를 다루는 법률가들은 많지만 법의 이념에 충실한 법률가, 그리고 법의 가치를 내면화한 국민들이 부족하다는데 문제의 원인이 있다. 이런 법문화에서 법치는 완성될 수 없는 것이다.

II. 청말과 내전기의 사법제도

1. 청말 사법제도의 개혁

유교를 국가이념으로 내세웠던 중국의 마지막 왕조국가이었던 청은 19세기를 지나면서 외세의 침략과 내부갈등으로 무너졌다. 청왕조는 아편전쟁(1840~1842)과 애로우호 사건(1856)을 통해 서양의 군사적 힘을 실감하

---

24) 같은 취지의 지적으로 심재우, "유가의 법사상", 안암법학(93.9.), 안암법학회, 19면. 참조.

게 되어 양무운동(1861~1874)을 통해 근대화를 추진하였다. 그렇지만 중체서용(中體西用)으로 대변되는 이 운동을 통한 단지 서양의 군사기술의 도입만으로는 중국이 당면한 문제를 해결할 수 없다는 사실이 청일전쟁(1894~1895)의 패배로 드러나게 되었다. 그리하여 정치체제를 포함한 근본적인 변화가 필요하다는 인식에서 입헌군주제를 표방하는 변법론(變法論)이 등장하게 된다. 변법이란 개념은 중국 유가의 전통적 경세학에서 방법·제도의 개혁이란 의미로 쓰여왔던 개념으로 1870년대 이래 서구의 영향으로 의회·공거제·지방자치 등의 논의가 양무파 내의 초기 변법론자들 간에 시작되었다. 그러나 이런 논의가 정체·국체의 변화로까지 연결된 것은 강유위(康有爲)의 개혁운동에서 분명해진다.25) 중국 변법운동의 중심 인물이었던 강유위는 유교의 개조를 통해 서구의 법체계를 도입함으로써 정체를 혁신하고자 하였다.

그는 유교의 윤리를 가부장적, 전제적 윤리로 규정하면서 한대 이래 유법(儒法) 절충을 통해 법이 유가적 이념 즉 예치에 종속되는 형태로 중국 황제·관료의 전제정치의 도구가 되었다고 진단하였는데 이런 인식은 근대적 법치의 도입을 위한 정지작업이 되었다. 같은 변법파에 속하는 엄복(嚴復)은 중국의 전통왕조를 종법적 전제주의 국가로 규정하면서 법도가 존재하기는 하나 군주가 법외로 초월해 백성은 법을 따라도 자신은 따르지 않는 정체로 파악하여 근대 법치개념의 완전한 이해에 도달하였다.26) 이후 변법은 1898년의 무술개혁을 통해 급진적으로 제도의 개혁을 이루고자 하였으나 실패하고 말았다. 그렇지만 청말 예비입헌의 시기(1905~1911)에 추진된 사법개혁을 통해 그 맥은 이어졌다. 청조는 1906년 ≪大理院審判編制法≫을 제정하여 형부를 법부로 개칭하고 司法을 전담하게 하고 대리사(大理寺)를 대리원(大理院)으로 개칭하여 재판을 전

---

25) 조병한, "청말 법치관념의 수용과 개혁운동", 법철학연구 제7권 제2호, 2004, 250~251면.
26) 조병한, 위의 논문, 250면, 254면.

담하게 하고 초대 대리원의 정경(正卿)으로 심가본(沈家本)이 취임하게 하였다.[27] 이는 중국 최초의 근대적 법원조직법으로서 법원조직은 大理院-(京師)高等審判廳-(京師城內外)地方審判廳-城獻局의 '4급 3심제'였다. 이후 1909년 ≪法院編制法≫이 제정·시행됨으로써 전통적인 사법체계는 폐지되고 '4급 3심제'의 근대 사법체계가 전국적 차원에서 확립되기에 이른다.[28] 법원편제법은 강한 일본의 영향 아래 있었지만 중국특색을 반영하여 '대리원복판제'라는 일종의 비상 상고제도를 도입하고 상고심(대리원·고등심판청)의 경우 '총회'를 조직하여 법령해석 등을 의결하도록 하였다. 주목할 점은 법원편제법이 검찰청을 독립한 사법기관으로 구성해서 법원에 포함시켰다는 사실이다. 이 법에 따라 법원은 심판청과 검찰청으로 구성되었다. 그 외에 변호사(律師)에 관한 규정도 포함하고 있었다. 이렇게 청말 3권분립은 당시 헌법의 성격을 지녔던 1908년의 ≪欽定憲法大綱≫을 통해 자정원(자의국)·내각·대리원(심판청)에게 각각 입법·행정·사법을 분속시켜 문서상으로는 성립을 보지만 제도적인 안착은 되지 못하고 또한 법원편제법에 따른 법원조직 역시 왕조말기의 쇠락한 여건 속에서 실현되지 못하고 말았다. 그러나 법원편제법은 이후 중화민국 법제의 근간이 되어 상당기간 법원조직 법제의 중추역할을 하게 되었다.[29]

2. 중화민국시기의 사법제도의 발전

1911년 10월 신해혁명이 일어나고 무창봉기의 성공 후 호북군정부는 ≪中華民國鄂州約法≫을 공포하였는데 이는 중국의 자산계급이 제정한

---

27) 신우철, "근대 사법제도 성립사 비교연구ㅡ중국에 있어서 '법원조직'법제의 초기 형성ㅡ", 법사학연구 제34호, 266~267면.
28) 신우철, 위의 논문, 268면. 법원조직은 초급심판청, 지방심판청, 고등심판청, 대리원의 4급 3심제로 구성되었다. 각 심급별 관할에 대해서는 같은 논문, 280면 참조.
29) 신우철, 위의 논문, 277면 내지 282면.

최초의 헌법성 문서였다.[30] 1912년 3월 11일 손중산은 의회의 동의를 거쳐 통과된 ≪中華民國臨時約法≫을 공포하였다. 이는 근대 헌정사상 진정한 근대 입헌주의적 성격의 헌법이라고 볼 수 있는데 국가의 형태를 공화국으로, 정부형태를 책임내각제로 각 규정하면서 입법권(참의원), 행정권(총통, 국무위원), 사법권(법원)의 삼권분립을 수용하였다. 또한 여기에는 법원의 독립(제4조), 법관의 재판상 독립(제51조), 법관의 신분상 독립(제52조)등을 명문화하였다.[31] 그러나 그 후 원세개(袁世凱)는 군벌 전제 독재를 통해 청말의 법제와 유교적 전통으로 복귀하려 하였다. 남경 국민정부는 법제를 정비하여 육법체계를 형성하고 국민정부조직법을 공포하여 5원제의 정부체제를 수립하였다.[32] 그렇지만 이런 법제의 진전에도 불구하고 공산당과 비판세력을 진압한다는 명분으로 장개석의 개인독재체제로 귀결되었는데 이 시기에 제정된 수많은 형사특별법규들이 이를 보여준다. 이렇듯 이 시기에 서구 법제의 도입은 활발히 추진되었으나 중국의 전통법제와의 충돌로 인해 그 뿌리를 내리지 못하고 말았다.

3. 내전기의 사법제도의 발전

한편, 신민주주의 혁명 과정 중이던 1931년에 중국공산당은 중화소비에트헌법대강이라는 헌법적 성격의 문서를 통해 중화소비에트공화국의 인민민주주의 정치체제와 공민의 정치적 권리를 규정하였다.[33] 각지의 사법경험을 바탕으로 사법절차에 관한 규정들을 정비하였는데 심판과 검찰기능을 합일하는 제도(審檢合一制)를 받아들여 검찰이 심판기관 내부에 부설되었다.[34] 1937년 항일구국 10개 강령을 발표하면서 중국공산당은

---

30) 한대원 외 14인, 「현대중국법개론」, 박영사, 2001, 9면.
31) 신우철, "최근 중국 사법개혁 논쟁", 법조 565호(2003.10), 241면.
32) 한대원, 위의 책, 10면.
33) 艾 國, "中國共産黨在憲法觀念上的演變和發展", 中共黨史硏究 2004年 第2期, 30면.

항일근거지에서 공민의 인권을 신장하는 정치실현강령들을 속속 발표하였다.

각 항일근거지에서 자기의 정치실현강령을 발표하였는데 비교적 유명한 것은 섬서·감숙·영하지역 시정강령(陝甘寧邊區憲法原則)이다.[35) 이 강령의 특색은 공민의 권리에 대해 비교적 상세하게 규정했다는 점이다. 이 규정 제6조에 따르면 모든 항일인민(지주, 자본가, 농민, 공인 등을 포함한다)의 인권, 재산권 및 언론, 출판, 집회, 신앙, 거주, 이전의 자유권을 보장하고 사법계통 및 공안기관이 법에 의해 직무를 집행하는 것을 제외하고 어떤 기관, 군부대, 단체는 어떤 사람에 대해서도 체포하여 신문, 처벌할 수 없었다. 그러나 인민은 어떤 방식을 사용하든지 상관없이 공무를 집행하는 사람의 불법행위에 대해서 고소할 권리는 있었다. 이는 나중에 공화국 수립 후 헌법에 수용되어 행정소송법의 제정근거로 작용하였다.

1946년 4월 23일 변방지역 헌법원칙이 통과되었는데 이 규정에 따르면 각급 사법기관은 독립적으로 직권을 행사하여 법률에 복종하는 외에 어떤 간섭도 받지 않는다는 사법독립원칙을 규정했다.[36)

III. 공화국 수립 후 1978년까지 사회주의 법제

1949년 내전을 끝낸 후 마침내 신중국이 수립되었고 이후 중국은 새로운 법치의 시대로 진입하게 된다. 공화국 수립 당시 인민법원과 인민검찰원은 모두 중앙인민정부에 속하고 있어 두 사법기관은 행정적 색채를 많이 띠고 있었다.[37) 그 후 1954년에 제정된 건국헌법은 인민법원의 심판독립원칙을 규정하였다. 물론 인민법원은 전국인민대표대회에 복종하였

---

34) 한대원, 위의 책, 11면.
35) 艾 國, 위의 논문, 30면.
36) 艾 國, 위의 논문, 30면.
37) 王利明,「司法改革研究」, 修訂本, 法律出版社, 2004, 119~120면.

지만 헌법상으로는 국무원 및 검찰과 동등한 지위에 있었다. 신 중국은 국민당의 법제를 완전히 폐지하고 사회주의법제의 건설에 착수하여 토지법, 혼인법 등 많은 사회주의 법령들을 제정하였다. 이 시기(1949~1957년)는 1936년 소비에트헌법의 영향을 많이 받았는데 그래서 이 시기를 중국법학·법제의 소련화라고 표현하기도 한다.[38] 소련의 법은 스승과 부모의 법으로 소개되었다. 1938년의 Stalin헌법은 적정임금을 보장하는 노동권, 노령·질병 등의 경우에 물질적 보장을 받을 권리, 교육을 받을 권리 등 사회적 기본권을 포함하고 있었는데, 1954년 헌법은 이의 영향으로 권리장전을 포함하고 있었다(제3장 제85조 내지 99조). 50년대 중반에 접어들면서 사회전반의 혁명 분위기가 수그러지자 사법의 독립에 대한 요구와 실제 독립을 추구하는 현상들이 나타나게 되었다. 특히 백화운동시기에 법원인사들은 혁명과정에서 일어났던 잘못된 재판과 법률에 대한 자질 없는 법관에 의한 재판에 대해 비판하면서 사법의 독립을 강하게 요구하였다.[39] 그들은 당의 정책이 법으로 전환되어야 하고 이렇게 법으로 제정된 후 법원은 당의 간섭 없이 이 법률에 의해 독립적으로 재판을 해야 한다고 주장하였다.[40]

이에 대한 마오쩌둥을 포함한 혁명지도자들의 반응은 단호하였다. 상당수의 법관들은 자본주의자 우파라는 죄명이 씌워져 하방(下放)되었다. 마오쩌둥은 노동자·농민의 삶을 통해 우파적 잔재를 청산 한다는 목표로 당시 지식인이나 관료들을 대거 농촌으로 보내 생활하도록 함으로써 그들의 정신을 개조하고자 하였다. 1959년 국무원의 사법부[41]는 폐지되고 검찰의 권한 중 상당부분은 공안기관으로 이관되었다. 1960년 초에 법제건

---

38) 한대원, "중국법학·법제의 현황과 과제", 법과사회, 제4호(1991), 117면.
39) Randall Peerenboom, op. cit., p.45.
40) Jerome Alan Cohen, "The Chinese Communist Party and Judicial Independence: 1949~1959", Harvard Law Review, March 1969, p.992.
41) 여기의 사법부(사법행정기관)은 우리의 사법부와 같은 의미가 아니고 사법행정업무를 담당하는 국무원 산하의 행정기관인데 우리의 법무부의 기능과 유사하다. 다만 국가소추권은 독립된 인민검찰원이 독립하여 행사한다는 점이 다르다.

설의 노력이 있었으나 이윽고 나라 전체가 문화혁명의 소용돌이 속으로 빠져들었다. 1978년까지 법이 실종되는 암흑기를 경험하게 되었다. 그 기간 동안 중국은 대약진운동, 문화혁명, 마오쩌뚱의 사망과 같은 정치적 격변을 경험하게 되는데 당시 중국은 법이 아닌 당의 정책으로 표현된 권위적인 지도자의 자의에 의해 지배되었다. 사법독립은 부르조아 자본가의 사상이라고 배척되었다.42) 1975년 헌법은 1954년 헌법에서 확립된 독립심판원칙을 배제하여 모든 사건은 군중노선에 따라 심사하고 실행되어야 한다고 규정하였고 모든 공민은 법 앞에 평등하다는 규정 역시 폐지하였다.

1. 사회주의 법제에서의 국가와 법

사회주의를 과학적으로 정립한 맑스(Marx)는 국가를 계급투쟁의 산물로서 지배계급이 다른 계급을 억압하기 위한 권력으로 여기고 이런 억압기구로서의 국가가 사용하는 중요한 수단이 법이라고 인식한다. 사회주의의 국가론과 법이론은 불가분적으로 결부되어 있다. 맑시즘에 따르면 국가와 법은 사회 내 계급투쟁에서 생산수단을 소유한 계급이 이를 소유하지 않은 다른 계급을 억압하기 위한 수단이자 도구이다. 그러므로 국가와 법이란 현상은 인류사회가 영원히 필요로 하지 않는 산물로서 계급투쟁이 사라지고 무산계급만이 남게 되면 국가는 소멸하고 그 지배수단인 법 역시 소멸한다고 보았다.43) 이렇게 계급투쟁이 사라지기 전까지 잔존한 유산계급을 청산하기 위해 권력을 장악한 프롤레타리아 무산계급은 유산계급의 마지막 반발을 진압하고 모든 생산수단을 국유화하기 위해 프롤레타리아 독재국가의 단계를 거쳐야 한다고 보았다. 이 프롤레타리아 독재의 시기에도 법은 여전히 존재한다고 보았으나 그 법은 부르쥬아법과

---

42) Jerome Alan Cohen, op. cit., pp.990~991.

43) Hans Kelsen, *The Community Theory of Law*, New York, Frederick A. Praeger, Inc. 1955, p.32.

비교하여 진보되었지만 여전히 부르쥬아의 울타리를 부착하고 있다고 보았다. 결국 공산주의의 최고단계에서만 즉 생산수단의 사회화가 완전히 이루어지고 계급대립이 폐지된 단계에서만 부르조아 법, 즉 계급법은 존재하지 않게 된다고 보았다.[44] 맑스와 엥겔스는 법을 철저하게 계급지배의 도구로서 지배계급이 피지배계급을 억압하고 착취하기 위해 동원하는 조직화된 권력인 국가와 그 국가의 질서로서 인식하였다. 이에 따르면 법의 독자성(autonomy)은 무시되고 법은 하부구조인 경제관계에 의해 결정되는 수동적인 존재에 불과하고 법 외부의 일정한 목적에 봉사하는 도구에 불과하게 된다.

그러나 사회주의를 향해가는 과도기로서의 국가의 역할이 지속적이고 강력해야 한다는 필요성이 레닌과 스탈린에 의해 인정되자 그 국가의 작용기제인 법의 역할 역시 재정립될 필요가 있었다. 국가 소멸론과 궤를 같이 하던 법부인론[45]은 이제 비판을 받았고 대신 사회주의 법은 새로운 기능을 수행하여야 한다는 입장이 득세를 하게 되었다.

비신스키(Vyshinsky) 역시 이와 같은 법부인론을 비판하였는데 그는 사회주의 법의 원천을 프롤레타리아 독재와 소비에트 정권으로 보면서 법은 노동자의 이익을 확보하고 사회주의 사회의 발전을 보호하는 일이라고 보았다. 그리고 이런 법은 부르쥬아 법과 달리 소멸되는 것이 아니라고 보았다. 비신스키는 법부인론 내지 국가소멸론을 소비에트국가를 외부의 세계로부터 붕괴시키고자 하는 반혁명세력의 논리라고 비판하면서 사회주의의 실현과 유지를 위해서는 소비에트국가가 중요한데 오히려 국가권력의 강화를 통해 종국적으로 공산주의 사회의 달성이 이루어지고 그 때 국가의 사멸도 가능하다고 주장하였다.[46] 비신스키는 법의 개념에 이르러 법을 지배계급의 의사를 표현하며 법질서에 의해 정립된 행위규칙

---

44) Hans Kelsen, op. cit., pp.33~34.
45) 예컨대, 파슈카니스는 법현상을 철저히 경제적으로 해석하여 종국에는 법개념의 부정에 도달하였다. Hans Kelsen, op. cit., pp.103~115.
46) Hans Kelsen, op. cit., pp.176~192.

들의 총체이며, 동시에 국가권력에 의해 승인되고 국가의 강제력에 의하여 보증되는 관습들 및 공동생활의 규칙들의 총체라고 규정하였다.[47] 여기서 지배계급은 노동자계급의 의사를 말하지만 비신스키는 곧 지배계급의 의사로서의 법개념을 포기하고 전인민의 의사로서 법을 개념화한다. 왜냐하면 이제 노동자계급이 그 지도하에 새 역사를 창조하고 있으므로 노동자계급의 의사는 전인민의 의사와 일치한다고 보기 때문이었다. 그리고 비신스키는 법은 사회관계의 체계도 생산관계의 형태도 아니지만[48] 단지 규범만의 총체가 아니라 국가권력에 승인되는 관습 및 공동생활의 규칙이라고 보았다.

비신스키의 법개념은 그의 구별론에도 불구하고 결국 자유민주주의의 법개념이 지닌 법의 강제성과 규범성을 받아들일 수밖에 없었다. 먼저 비신스키가 전인민의 의사로서의 법개념을 승인하는 순간 그는 사회주의자들이 관념론적 법학자의 이데올로기적 의제(ideological fiction)라고 공격하던 자본주의의 법개념을 바로 도입하는 결과가 되었다. 법이 현실로 모든 사람의 의사와 일치한다면 법은 국가의 승인이나 국가의 강제적 성격을 가질 필요가 없어야 하기 때문이다.[49]

이는 분명히 정통 사회주의 법개념과는 상당히 변화한 것으로 이와 같이 변화된 비신스키의 법개념이 스탈린 헌법의 영향과 함께 중국으로 전수되어 중국 사회주의법제의 건설에 결정적인 역할을 하였다.[50] 전통적으로 맑스와 엥겔스는 법을 경제적 하부구조의 반영으로서만 인식하였는데 비신스키는 이런 법개념을 부르쥬아 법개념이라고 규정함으로써 법이 새롭게 하부구조에 영향을 미칠 수 있는 창조적 기능을 수행할 수 있음을

---

47) Hans Kelsen, op. cit., p.128.
48) 비신스키는 맑스가 생산양식과 법과의 상호관계를 계급사회에 한정하지 않았다고 주장하였다. Hans Kelsen, op. cit., p.124.
49) Hans Kelsen, op. cit., p.132. 이는 Kelsen이 사회주의 법개념을 비판하는 중요한 근거가 되었다.
50) Perry Keller, "Source of Order in Chinese Law", *American Journal of Comparative Law*, Fall 1994, p.720.

인정하였다. 그는 이와 같은 사회주의의 법개념이 나아가 인간의 사상과 감정까지도 개조하는 기능을 긍정적으로 받아들임으로써 사회주의의 법이 계급지배와 착취의 도구로부터 창조적이고 건설적인 사회변화의 힘으로써 사용될 수 있다고 보았다. 이후 사회주의국가에서는 이런 창조적인 법개념을 수용함으로써 사회주의 법제의 발전을 위한 기초를 마련하게 되었다.

2. 사회주의 법제의 구성요소

1) 사법기관에 대한 당의 영도

사회주의 국가에서 당은 사회주의 실현의 전위로서 국가를 영도하는 지위에 있다. 당은 전 인민의 의지를 모아 국가가 나아가야 할 방향을 정책화하고 국가를 통해 이를 실현한다. 당은 중앙의 지도력으로서 제 국가기관, 사회조직들을 통해 자신의 정책을 실시한다. 레닌에 의하면 국가는 일종의 형식에 불과하고 그 형식에 내용을 부여하여 국가의 실제작용을 지도하는 것은 공산당이다. 그리고 당의 정책은 입법기관에 의해서 법률로 제정되어 행정기관이 이를 집행한다. 여기서 법률은 당의 정책이 담겨진 형식에 불과하므로 당의 정책이 변화하면 법률은 당연히 변화해야 한다고 보게 된다. 문제는 당의 의지이자 인민의 의지인 법률이 제정된 후 당을 포함한 모든 국가기관이 이를 준수해야 하는가이다. 법관념이 명확하지 않았던 시기에는 당과 국가기관은 법을 준수하지 않아도 된다는 사고도 존재하였다. 특히 당은 국가의 정책을 결정하는 영도기관이므로 법 위에 존재한다는 사고가 지배하기도 하였다.

그렇지만 현행 중국 헌법[51]은 사법기관으로서 인민법원과 인민검찰원

51) 1982년 헌법을 현행헌법으로 통칭한다. 이후 헌법개정은 미국헌법처럼 수정증보 형식을 취하고 있다. 현재까지 네 차례의 헌법개정이 이루어졌다. 1988년, 1993

에 대해 법률의 규정에 의하여 심판권과 검찰권을 각 독립하여 행사하고 행정기관, 사회단체와 개인의 간섭을 받지 않는다고 규정하고 있다(제126조, 제131조). 이와 같이 헌법에 의해 보장된 사법기관의 독립성이 당의 영도와 조화될 수 있는지 그리고 그 독립성과 영도 사이에는 어떤 관계가 있는지에 대해 그 동안 논의되었다.

(1) 헌법상 사법독립의 보장

중국은 이미 신민주주의 혁명시기에 사법기관의 독립을 규정하고 있었다. 중국공산당은 1946년 4월 23일 변방지역헌법원칙을 제정하여 각급 사법기관은 독립적으로 직권을 행사하고 법률에 복종하는 외에 어떤 간섭도 받지 않는다는 사법독립원칙을 규정하였다.[52] 이와 같은 사법독립원칙은 공화국수립 이후 1954년 헌법에서도 계속 이어졌는데 동 헌법 제78조는 인민법원은 독립적으로 재판을 수행하여야 하고 오직 법에만 복종하여야 한다고 규정하고 있었다. 곧 이은 반우파투쟁과 문화혁명 기간 동안 사법의 기능은 중지되었지만 1982년 헌법을 통해 법원의 독립심판권은 회복되었다.

그렇지만 중국 법원의 독립심판권은 자유민주주주의에서 말하는 독립심판권의 의미와는 다르다는 사실을 주의해야 한다. 뒤에서 살펴보듯이 권력구조상 민주적 집중제를 채택하는 사회주의 국가에서 사법기관은 입법기관에 의해 구성되고 여기에 보고를 하고 책임을 지게 된다.[53] 그리하여 사법기관의 존속여부가 입법기관에 의해 좌우되고 입법기관은 사법기

년, 1999년, 그리고 2004년의 개정이 그것이다.

52) 艾 國, 위의 논문, 31면.

53) 입법기관이 행정기관과 사법기관을 구성하므로 자신에 의해 구성된 기관으로부터 보고를 받고 책임을 묻는 것인데, 이런 입법기관 우월형태는 사회주의 헌법에서 일반적으로 확인되고 중국 헌법 역시 마찬가지다. 1954년 헌법 제2조, 제80조, 제84조, 1975년 헌법 제3조, 1978년 헌법 제3조, 제42조, 제43조. 1982년 헌법 제3조 제3항, 제128조, 제133조 참조.

관에 대한 감독권을 행사할 수 있으므로 입법기관이 구체적이고 개별적인 사건에 대해 법원을 감독할 수 있는지가 논란이 되었다. 당의 영향력이 전 국가기관에 미치던 시기에는 입법기관이 개별적인 사건에 대해 감독권을 행사하기도 하였지만 일반적으로는 당은 중요한 지도원칙만을 통해 감독을 하고 개별적이고 구체적인 사건에 대한 판단은 사법기관에 맡겨져 있다고 보고 있다. 아무튼 당의 지도와 사법기관의 독립성은 상호 갈등을 불러일으킬 수 있는 상충구조를 형성하고 있음은 분명하다.

또한 사회주의의 법원독립이 자유민주주의의 사법독립과 다른 점은 법관 개인의 독립을 중시하지 않는다는 사실이다. 사회주의국가에서 모든 국가기관이나 사회단체는 집단적 의사결정구조를 가지고 민주적 집중원칙에 따라 운영된다. 이에 따라 사법기관인 법원 역시 개별 법관의 판단에 의해 심판권이 행사되는 것이 아니라 법원 조직의 집단적 의사결정구조에 따라 심판권이 행사된다. 이를 뒷받침하기 위해 사법기관 내부에 심판위원회나 검찰위원회와 같은 회의제 의사결정구조를 가지고 있다.54) 그래서 사회주의 법원의 법관은 자신의 개인적인 양심과 소신에 따라 재판을 하지 못하고 입법기관에 의해 제정된 법률과 행정기관의 행정입법 그리고 법원 내부의 일정한 지도에 따라 행정관료적인 의사결정방식에 따라 재판을 하게 된다.

(2) 당의 영도와 사법의 독립 사이의 대립

건국헌법이 공포된 후 1957년 반우파투쟁이 일어난 시기까지 변호사 단체가 조직되고 사법의 독립에 대한 소망이 사법기관 안과 밖으로부터 표출되었다. 이 시기 변호사는 사회주의 실현의 조력자로서 동시에 공민권리의 보호자로서 자신의 전문영역을 확보할 수 있는 어지를 가지는 것 같았다. 당의 지도원칙과 모든 국가기관은 대중의 지도에 따라야 한다는

---

54) 심판위원회와 검찰위원회는 제3장 사법기관의 독립 부분에서 다시 상세히 다루기로 한다.

규정에도 불구하고 구체적인 사건에 대한 판단은 사법기관에 맡겨져야 한다는 주장이 법원 내부에서 강한 편이었다.[55] 법원에서는 헌법규정이 다른 국가기관과는 다르게 법원에 대해 특별한 지위를 허용하였기 때문에 당이 다른 국가기관과 사회단체에 대해 하듯이 법원에 대해 직접적인 지도를 하는 것은 부적당하다 것이 내부적인 의견이었다. 즉 당은 법을 제정함으로써 법원의 업무에 대한 지도를 실현하는 것이고 그 법은 인민의 의지이자 당의 의지이므로 법관이 법에 복종하는 것은 바로 당의 지도력에 복종하는 것을 의미하는 것이다. 그러므로 법관은 오직 법률에 복종할 필요만 있고 당으로부터 다른 어떤 지도를 받을 필요는 없다는 논리였다.[56] 그래서 당이 구체적인 사건에 대해 관여를 하게 되면 헌법 제78조에 위반하게 된다고 보았다.

당시 이런 상황을 엿볼 수 있는 구체적인 사건을 하나 살펴보면 다음과 같다. 어느 철도노동자가 마오쩌뚱을 비방하는 글을 일기장에 적어 놓았는데, 그 동료가 우연히 일기장을 보게 되었고 이런 사실을 공안기관에 신고하여 검찰이 이 철도노동자를 기소한 사건에서 법원은 명예훼손죄가 성립하기 위해서는 사실의 유포가 있어야 한다는 소련 형법의 이론을 원용하여 무죄판결을 내리고 피고인을 방면하였던 사건이 있었다. 물론 이 사건에서 당의 구체적인 관여가 있었는지는 확인되지 않고 있지만 법원은 스스로 심판위원회를 열어 위와 같이 결정하였다.[57]

이와 같은, 사법기관 내부의 독립적인 태도에 대해 당은 중국의 법이 법원에게 충분한 지도를 할 수 없고 비록 중국의 법이 완전하게 되더라도 그 법은 국가의 빠른 변화를 따라갈 수 없고 또한 각 지역의 현실적 차이를 적절하게 반영할 수 없으므로 당만이 법원에게 최신의 포괄적인 지도를 할 수 있다고 주장하였다. 그리고 이런 당의 지도는 각 법원 내부의

---

55) Jerome Alan Cohen, op. cit., p.989.
56) Ibid., p.992.
57) Jerome Alan Cohen, op. cit., pp.986~987.

당조직을 통해 이루어지므로 이 당조직이 모든 중요한 사건들을 결정해야 하고 이를 통해 당의 지도가 법원의 구체적인 사건들에서 어떻게 실현되는지를 보여줄 수 있다고 보았다.[58]

(3) 정법위원회를 통한 당의 영도

연이은 대약진 운동과 문화혁명의 와중에서 일정한 대립과 긴장이 유지되다 결국 당의 이와 같은 사법기관에 대한 지도원칙이 그대로 관철되어 간 것으로 판단된다. 그러나 그 후 당의 지도를 받아야 할 사법기관이 이미 와해되어 버려 이런 논의 자체가 무의미해져 버린 상황이었다. 사회는 급격하게 당의 최고지도자에 의한 지배체제로 전환되고 사회는 계급투쟁의 소용돌이에 휩싸이게 되었다.

그 동안 당의 사법에 대한 영도는 주로 정법위원회를 통해 이루어져 왔다. 정법위원회는 사법기관에 대해 당의 노선, 방침, 정책을 전달하는 책임을 지는 위원회로 모든 단계의 정치·법률기관들에서 당의 지도를 보증하기 위해 당과 사법기관의 관련자들로 이루어진다. 일반적인 정법위원회의 구성원은 정법업무를 주관하는 당위원회 부서기, 인민법원장, 인민검찰원의 검찰장, 공안국장, 국가안전국장, 사법행정기관의 장 등이다.[59] 이들은 정치와 법률업무에 관련된 모든 중요한 국가기관들의 수장들이다. 많은 지방의 정법위원회 서기는 공안국 국장을 겸임한다.[60] 정법위원회는 당조직 내부의 한 부서이어서 각 단계의 당위원회에 상응하는 정법위원회가 존재한다.[61] 정법위원회의 실제적 활동이나 법원 내부에서의 업무에

---

58) Ibid., p.992.
59) 張千帆 主編 「憲法學」, 法律出版社, 2004, 413면; Chow, Daniel C.K., *The Legal System of The People's Republic of China,* 2003, p.198; Jerome A. Cohen, "Reforming China's Civil Procedure : Judging the Courts", *American Journal of Comparative Law,* Fall 1997, p.798; Randall Peerenboom, op. cit., p.302.
60) 張千帆, 위의 책, 413면.
61) Randall Peerenboom, op. cit., p.302.

대해서는 상대적으로 거의 알려진 것이 없지만 정법위원회는 특정 단계마다 정기적으로 당위원회에 보고를 하도록 되어 있는 것으로 보인다.[62) 또 정법위원회의 구성원들은 정규의 법학교육을 받지 않은 사람이 대부분이고 단지 당 서열의 상승을 통해 승진해온 사람들이다. 이런 사실은 별로 놀랄 일이 아니다. 인민법원의 법원장 역시 정규의 법학교육을 받은 사람이 드물고, 상대적으로 부원장이 실제 법원의 업무를 관장하고 있는데 이들은 보통 법학교육을 받은 사람들이 많다.[63)

정법위원회의 역할은 주로 당의 전반적인 노선, 방침, 정책을 사법기관에 전달하여 이에 대한 가이드라인을 제시하는 것이고 개별적인 사건들에 대한 직접적인 관여는 피하는 것으로 보인다.[64) 지금까지 당의 사법기관에 대한 영도는 주로 사상적·정책적 영도에 불과하고 그런 한도 내에서 비교적 안정적인 법제의 건설이 이루어져 왔다는 입장도 있다.[65) 정법위원회는 1988년 정치적 자유주의의 흐름 속에서 사법독립의 요구에 밀려 한 때 폐지되기도 했지만 1989년 6월의 천안문사태 이후 당의 이념과 지도원칙이 강조되면서 다시 부활하였다.

그렇지만 이런 사상적인 영도에 그치지 않고 개별사건에 대한 지도나 영도가 이루어지는 경우도 있다. 물론 모든 개별사건에서 지도가 이루어지지는 않고 일정한, 중요하거나 어려운 사건 또는 사건 그 자체를 떠나 어떤 영향을 줄 수 있는 사건에서 그런 경우가 나타나고 있다. 구체적으로 이런 부류에는 정치적으로 민감한 사건들, 지방경제에 중대한 영향을 미칠 수 있는 사건들, 인민법원과 인민검찰원 또는 인민정부 사이의 갈등을 포함하는 사건들이 포함된다.[66) 이런 개별 사건에 대한 관여는 일

---

62) Chow, Daniel C.K, op. cit., p.198.
63) Randall Peerenboom, op. cit., p.303. p.285.
64) 張千帆, 위의 책, 413면; Chow, Daniel C.K, op. cit., p.198; Randall Peerenboom, op. cit., p.303.
65) 張千帆, 위의 책, 413면.
66) Jerome A. Cohen, op. cit., p.798; Peerenboom, op. cit., p.306.

반적으로 그 결론을 밝히는 방식보다는 단지 법원에 제안을 하는 형식으로 이루어진다. 또는 특정 사건의 국면에 관한 의견을 표시할 수도 있지만 그 구체적인 결론은 법원에 일임하는 방식으로 이루어진다.[67] 인민법원의 법원장은 당내 서열을 가진, 법리보다는 정치영역에서 능력을 평가받고 성장해온 인물인데, 그는 법원의 심판위원회를 포함한 중요한 조직의 구성과 인사에 대한 권한을 가지고 있으므로 일정한 판결에 대한 영향력을 행사할 가능성이 높은 지위이다. 그리고 개별 법관 역시 당정책의 변화에 습관적으로 민감하다. 인민법원의 법관 중 당원의 비율은 90%에 이른다고 한다. 물론 1997년의 통계이지만 공무원 세계에서 당원자격은 필수적인 요건으로 여겨진다.[68] 그리고 법원장은 이런 정법위원회의 결정을 법원 내에서 실행하는 역할을 맡는데 이는 인민법원 내의 심판위원회를 통해 이루어진다.[69] 중요하고 어려운 사건은 주로 법원 내의 심판위원회를 통해 심리되는 것이 일반적이고 법원장은 이 심판위원회를 주재한다.

(4) 당의 사법기관의 인사에 대한 관여

중국공산당은 사법기관의 구성원의 임명과 승진에도 사실상 영향력을 행사하고 있다. 당의 이와 같은 관여는 헌법과 법률에 따른 공식적인 관여는 아니다. 원래 사법기원의 임명과 파면권은 동급 인민대표대회에서 행사하도록 되어 있다. 그리하여 최고인민법원의 원장과 최고인민검찰원의 검찰장은 전국인민대표대회에서, 일반 인민법원의 원장과 인민검찰원의 검찰장은 동급 인민대표대회에서 각 선거하고 파면한다(헌법 제62조 제7항, 제8항, 제101조). 그런데 이런 공식적인 임명절차가 진행되기 전에 모든 임명대상자들은 당의 조직부서에 의해 승인되어야 한다.[70] 임명을

---

67) Randall Peerenboom, op. cit., p.307.
68) Jerome A. Cohen, op. cit., p.797.
69) Chow Daniel C.K, op. cit., p.199; Jerome A. Cohen, op. cit., p.798.

기다리는 사법인원의 서열이 당 조직부서의 수준과 그 심사의 정도를 결정한다.[71] 일정한 경우에는 더 상위단계의 당조직의 승인이 필요하기도 하고 때로는 동급 당조직의 승인으로 충분한 경우도 있다. 예를 들면, 보통 성 단위의 고급인민법원의 법원장은 중앙 당조직의 승인을 얻어야 하지만 부원장은 그 성단위 조직부서의 승인으로 충분하고 단지 그 인사기록이 중앙조직부서에 등록되어야 한다.[72] 하급 법관들의 승진 역시 보통 정장이나 부정장들의 토론을 거쳐 그들이 정치부서에 추천을 하고 법원 내의 당조직이 이를 승인함으로써 이루어진다.[73]

당의 거부권을 통과하면 동급의 인민대표대회는 형식적으로 원장을 임명하고 인민대표대회 상무위원회는 원장의 추천을 받아 부원장, 정장, 부정장을 인준한다. 전국인민대표대회에서는 추천된 후보가 거부되는 일은 없지만 성단위와 그 하급단위의 인민대표대회는 때때로 후보를 거부하는 일이 있다.[74] 그렇지만 이는 예외적인 일이고 대부분 거의 원안대로 통과된다.

2) 민주적 집중제

사회주의를 정치이념으로 받아들이는 나라들은 자유민주주의국가들이 채택하고 있는 권력의 분립이론을 수용하지 않고 있다. 맑스는 1871년의 파리코뮌(Paris Commune)에서 프롤레타리아 독재의 국가형태를 발견하였는데 Lenin은 이를 소비에트(Soviet)제제의 기본원칙으로 도입하였다. 그리하여 모든 국가기관은 국가최고권력기관인 의회로부터 권한을 위임받고 그 통제 하에서 활동하게 된다. 이른바 민주적 집중제[75]란 사회주의 국가

---

70) 이런 지명과 승인절차는 지명제도(nomenklatura system)에 의해 이루어진다. 이에 대해 상세히는 Chow. Daniel C.K, op. cit., pp.129~131참조.
71) Randall Peerenboom, op. cit., p.305 ; Chow, Daniel C.K, op. cit., p.199.
72) Randall Peerenboom, op. cit., p.305.
73) Ibid., p.305, p.303.
74) Ibid., p.306.

기관의 조직원리인데 모든 국가기관은 이 원칙에 따라 조직되며 운영된
다. 국가조직에 있어서 민주적 집중제란 ① 최고국가권력기관(예를 들면
구소련의 최고소비에트, 중국의 전국인민대표대회) 및 지방 국가권력기관
은 인민의 선거에 의하여 구성되고, ② 여타 국가기관은 이러한 국가권력
기관에 의하여 구성되며 그에 대하여 책임을 지고 해임되며 또한 그 사업
을 보고하며, ③ 국가권력은 궁극적으로 최고국가권력기관에 집중되고,
상급기관의 결정은 하급기관을 구속하며, ④ 각 기관내부에서는 소수는
다수에 복종하고, 지방은 중앙에 복종한다는 것을 의미한다.[76]

  따라서 모든 국가기관이 이런 민주적 집중제 원칙에 의해 조직되는 만
큼 입법·행정·사법기관의 대립과 상호 견제를 통치구조의 기본으로 하는
권력분립의 원칙은 확립될 수 없다. 민주적 집중제의 원칙에 의하면 모든
국가기관은 최고권력기관인 입법기관으로부터 권한을 위임받고 그 통제
하에서 활동하여야 하기 때문에 입법부 우위의 권력구조를 보이게 된다.
이런 면에서 민주적 집중제는 자유민주주의 국가의 통치기구 조직원리인
권력분립주의와 확연한 대조를 이룬다. 민주적 집중제를 채택하는 경우
권력의 집중현상이 심하고 이는 통치의 효율을 높이기도 하지만 관료주
의와 독재로 이어질 가능성도 높다. 민주적 집중제를 채택했던 구 소련,
중국, 그리고 북한에서 개인숭배가 이루어졌던 역사적 경험은 이런 가능
성을 증명하는 것이다.

  민주적 집중제에서 최고 국가권력기관은 의회이므로 국민의 대표로
구성되는 의회가 통과시킨 법률을 사법기관이 심사하여 이를 무효화시킨
다는 생각은 상정하기 어렵다. 또한 사법부가 행정부의 행정입법에 대해
사법심사를 할 수 있는가가 문제될 수 있다. 그러나 일반적으로 사회주의
국가에서 행정기관은 당과 밀접한 관련을 가지고 당의 정책을 실시하는
기관이므로 사법기관인 법원이 행정기관이 제정한 명령이나 규칙에 대해

---

75) 비슷한 표현으로 민주적 중앙집권주의라는 표현이 사용되기도 한다.
76) 喬偉, 「新編法學辭典」, 吉林大學·山東大學 法學科, 山東人民出版社, 1985, 250면.

사법심사를 통해 효력을 부인할 수 없는 것이 일반적이다. 헌법의 해석권
역시 최고국가기관인 의회가 보유하는 것이 일반적이다.

3) 사회주의 인권의 보장

사회주의 법제 역시 국민의 기본적 자유와 권리를 헌법 차원에서 보장
하고 있다. 특히 러시아 혁명 후 구 소련은 1918년에 착취당하는 인민의
권리선언을 통해 전통적인 자유권과 사회권들을 규정하였는데 이 규정들
은 1918년의 레닌헌법에 수용되었다. 그 후 1938년의 스탈린헌법은 적정
임금을 보장하는 노동권, 노령·질병 등의 경우에 물질적 보장을 받을 권
리, 교육을 받을 권리 등 사회적 기본권을 보강하였다. 중국의 1954년 헌
법은 권리장전을 이미 포함하고 있었다. 그렇지만 중국에서 헌법은 기본
적으로 정치적 강령으로 인식되기 때문에 헌법의 규범성 특히 공민의 기
본권이 국가생활의 지침으로서 그 규범력을 발휘하여야 한다는 인식에는
미치지 못하고 있다. 자유민주주의 국가처럼 기본권이 국민의 국가에 대
한 주관적 공권으로서 국가권력을 실효적으로 기속하지는 못하고 있다.
그렇지만 중국에서도 헌법감독제도를 통해 구체적인 헌법의 실시를 감독
하는 제도가 정비되어 가고 있고 또한 공민의 기본권을 재판절차에서 심
판의 기준으로 삼아야 한다는 주장이 점차 설득력을 얻어가고 있다.[77]

3. 사회주의 법제의 평가

사회주의 법률가는 자본주의의 법개념과는 다른 사회주의적 법개념을
수립하였다고 주장하였다. 그렇지만 사회주의 법개념 역시 법의 강제규범
성을 받아들이고 법이 지닌 사회 유도적 기능을 수용하였다는 사실은 다
분히 자유민주주의의 법개념을 차용한 것이라는 인상을 지울 수 없다. 원

---

77) 이에 대해서는 제4장 입법기관에 대한 통제에서 상세히 다룰 예정이다.

래 자유민주주의의 법개념은 법 자체에 대한 사회적 동의를 기초로 법의
규범성에 대한 승인이 이루어진다고 보고 이것을 법개념의 본질로 파악
한다. 반면 사회주의는 법을 규범으로 인식하지 않고 경제적 관계의 산물
로 전환시켰지만 자신이 국가를 수립한 후 법의 규범성을 승인할 수밖에
없었고 법의 강제력을 받아들이게 되었다. 이는 모든 법개념에 공통적인
요소가 규범성과 이에 근거한 강제력이라는 사실을 보여준다.

한편 사법기관에 대한 영도자이자 인민의 전위라는 당이 관료화되고
인민의 의사를 제대로 전달하지 못하게 된다면 국가기관 전체가 관료화
되고 만다. 당의 영도는 공산당 집권층의 지도자에 의해 국가 전체가 통
치될 가능성 즉 인치의 가능성을 내포하게 된다. 이런 관점에서 볼 때
사법기관에 대한 당의 영도는 법치와는 어울리지 않는다는 사실을 알 수
있다.

또한 사회주의 국가는 민주적 집중제를 통해 국가권력의 집중을 추구
하고 관료조직화하면서 국가전체를 중앙집권적 관료국가화하는 경향을
보여주었다. 그리고 여기서 민주적 집중제는 공산당의 지배와 함께 일당
독재의 유효적절한 수단이 돼버렸다. 가장 독립적이어야 할 사법기관 역
시 민주적 집중원리에 의해 단체적으로 의사결정이 이루어져 사법기관의
독립은 훼손되고 있다.

사회주의 인권개념 역시 공민의 정치적 자유를 제한적으로 이해한다
는 점에서 보편적인 인권의 유형으로 받아들이기에는 부족한 것이 사실
이다. 정치적 자유는 민주주의가 항시적으로 실현될 수 있도록 시민사회
의 국가권력에 대한 참여와 비판을 보장하는 중요한 인권이다.

그렇지만 사회주의 법제는 근대 시민사회가 주장하였던 자유가 사회
경제적 구조 속에서 공허해지고 다수를 가장한 경제권력이 정치를 지배
함으로써[78] 민주주의가 변질되는 현상에 대해 우리가 보다 더 주목할 수

---

78) 재산권을 창조적 노동과 관련되는 기능적 재산과 이를 벗어난 비기능적 재산으로
　　구분하고 근대 시민사회가 추구한 욕망의 체계는 비기능적 재산을 무제한하게

있게 해주었다. 시민사회의 법이 경제력을 보유한 세력의 이익과 결부되어 더욱 더 사회적 불공평을 조장하고 이로 인해 대다수의 사회구성원들이 법을 정의롭지 않다고 여기게 되어 법이 더 이상 사회의 규범으로서의 제 기능을 수행할 수 없는 현상이 나타나면 법의 지배는 종언을 고할 수밖에 없다. 그러므로 인간이 진정으로 자유롭고 자율적인 삶을 영위하기 위해서는 경제력의 집중을 완화하고 경제적 평등을 이루어 사회구성원들의 삶의 수준이 현격한 차이를 보이지 않도록 조정할 필요가 있다. 이런 사회구조 속에서 법은 넓은 지지기반을 가지고 사회적 규범으로서 그 효력을 발휘할 수 있다.

보장할 것을 요구함으로써 결국 정당한 재산권의 보장원리를 벗어나 제어되지 않은 비기능적 재산이 사회적 권력화하면서 많은 문제을 일으켰다. 이에 대해 상세히는 R.H. Tawney, "The Sickness of An Acquisitive Society", C. B. Macpherson edited. *Property, Mainstream and Criticial Positions*, University of Toronto Press, 1978, pp.135~151참조.

제2절 중국 사법제도의 개혁

Ⅰ. 개혁·개방 이후 법치의 발전

1. 인치에서 법치로의 대전환

오랜 혼동과 비극적인 사태를 겪고 마오쩌뚱이 사망함으로써 중국에 대전환의 계기가 찾아오게 되었다. 사회전반에 안정을 바라는 분위기가 팽배해지던 무렵인 1978년 12월 중국공산당 제11기 제3차 총회에서 중국은 역사적인 노선의 전환을 시도하였다. 내부적인 권력투쟁을 거친 후 1978년 드디어 덩샤오핑으로 대변되는 생산력발전론자들이 집권에 성공하게 되자 대대적인 개혁조치가 취해지고 그 과정에서 사법기관 역시 복구되었다. 1982년 헌법은 다시 사법기관의 독립심판, 독립검찰권을 규정하였다. 이로써 중국은 인치의 시대를 마감하고 법치의 시대로의 대전환을 시도하게 되었다.

문화혁명의 혼란을 수습한 후 당은 계급투쟁의 종말을 선언하고 산업, 농업, 국방, 그리고 과학과 기술의 현대화를 나라의 주요한 임무라고 선언하였다.[1] 그리고 법이 지배하는 나라로의 전환을 알리는 여러 규정들이 1982년 헌법에 등장하게 되었다. 1982년 헌법 제5조는 『일체의 국가기관과 군대, 각 정당과 각 사회단체, 각 기업과 사업조직은 반드시 헌법과 법률을 준수하여야 하고 일체의 헌법과 법률위반행위는 반드시 그 책임을 추궁한다』고 규정하였다. 여기의 정당에 공산당이 포함되는 것은 당연

---

1) William C. Jones, "The Constitution of the Republic of China", *Constitutional Systems in Late Twenties Century Asia*, Edited by Lawrence W. Beer, University of Washington Press, Seatle and London, p.74.

하다. 또한 헌법 제33조는 모든 공민의 법 앞의 평등대우도 규정하였고 헌법 제62조와 제67조는 헌법감독권을 전국인민대표대회와 그 상무위원회에 부여하였다. 그럼에도 불구하고 중국이 정말로 법의 지배로 전환을 시도한 것인지 확실하지 않은 상태가 얼마간 지속되었다. 그렇지만 이런 대전환은 오랜 혼란을 정리하고 중국이 새롭게 나아갈 국가계획의 일환으로 이루어진 것이라는 사실이 점차 들어나게 되었다. 중국은 소모적인 계급투쟁의 논쟁을 종식하고 산업화의 달성을 국가의 목표로 설정함으로써 덩샤오핑의 4대 현대화론이 공식적으로 수용되고 이에 따라 경제개혁과 개방정책을 추진하기로 하였음이 밝혀졌다.

그리고 중국지도자들은 경제발전과 개방정책을 추진하기 위해서 법의 지배가 필요하다는 인식을 분명히 하였다. 덩샤오핑은 개혁·개방정책을 추진하기 위해 구체적으로 어느 정도의 변호사가 필요한지 추계까지 하였다. 즉 중국공산당과 최고지도자들은 개혁·개방정책을 추진하기 위해서는 많은 수의 법률가가 필요하다는 것을 분명히 깨닫고 있었다. 1980년 이후 문화혁명 기간 동안 문을 닫았던 법과대학이 다시 문을 열고 법률잡지가 재간되고 변호사에 대한 임시규율도 1980년에 마련되어 법조가 재건되었다. 당시 중국지도세력 정확히 말하면 1976년의 마오쩌뚱의 사망과 4인방의 축출 이후 권력을 잡은 덩샤오핑과 그 지배세력은 국가의 안정을 위해 법의 지배를 간절히 원했다. 다시는 4인방과 같은 세력이 권력을 잡지 못하도록 체제 자체를 확고하게 안정시킬 필요성을 크게 느끼고 있었다. 이는 당시 중국 공민들 거의 대부분의 소망이기도 했다. 권력의 자의적 행사가 초래하였던 혼란과 무질서 그리고 생활의 안정성의 상실은 중국을 너무나 후퇴시켰다는 자성이 사회 전체에 팽배하게 흐르고 있었다. 이제는 소모적인 이념논쟁이 아니라 나라를 하루빨리 산업화시켜 물질적인 번영이 절실하다는 생각이 공감을 얻고 있었다. 그리하여 중국은 법에 의한 지배(rule by law)가 사회전체에 안정을 주고 체제를 굳건하게 유지할 수 있게 한다고 여겼다.[2] 그리하여 공산당 역시 헌법과 법률에

따라야 한다는 당시로서는 중대한 전환을 시도하였다. 중국의 지도자들은
이런 체제안정의 측면과 함께 경제의 대외개방정책을 통해 경제발전을
하기 위해서도 법의 지배가 역시 필요하다는 것을 일찍이 인식하였다.[3]
투자보장에 대한 단순한 약속이 아니라 법제를 마련하여 제도적인 보장
이 이루어져야 한다는 사실을 이해하였다. 그리하여 외국인 투자에 관한
법률들이 속속 제정되고 소송절차에 관한 기본법들이 마련되기 시작하
였다.

개혁·개방정책은 1989년 천안문 사태로 인해 일단의 위기를 맞이하게
되지만 중국 지도부는 개혁개방을 통한 국가의 현대화는 변화할 수 없는
국가의 목표임을 확인하였다. 일시적으로 당의 국가기관에 대한 관여가
강화되었지만 다시 당과 국가의 분리가 회복되고 덩샤오핑은 개혁개방의
노선이 일관된 중국의 정책임을 1992년 남방순례를 통해 대내외에 표방
하였다.

중국지도부는 천안문사태를 자유주의 세력의 체제에 대한 위협으로
인식하여 무자비하게 탄압하였지만 당시 학생들의 요구의 진정한 의미를
곧 깨달았다. 개혁·개방정책으로 사회각계 특히 지도층에 만연하였던 부
정과 부패에 대한 개혁이 없다면 이런 상태는 통치의 정당성에 대한 도전
으로 이어지고 이는 당의 약화로 귀결될 것이라는 사실을 예견하였다. 그
리하여 중국공산당은 행정체제의 개혁이 더욱 필요하고 행정에 있어서
법치의 확립이 필요하다는 인식을 갖게 되었다. 그리하여 1989년에 행정
소송법이 제정되어 중국행정은 새로운 국면을 맞이하게 되었다.

개혁·개방정책은 사회 전반에 부패를 야기하였을 뿐만 아니라 지방정
부가 그 권한을 강화하는 계기가 되었다. 개혁·개방정책에 소극적인 지방

---

2) William C. Jones, op. cit., pp.68~69. 물론 여기서 법에 의한 지배(rule by law)
는 자유민주주의의 법의 지배(rule of law)와 같은 형태를 의미하지는 않는다. 당
시의 분위기를 정확하게 반영하면 4인방이나 마오쩌뚱과 같은 인치가 아닌 법치
의 전통 위에서 나라를 다스려야 한다는 취지로 이해할 수 있다.

3) Randall Peerenboom, op. cit., p.221.

정부를 독려하기 위해 지방에 보다 많은 자율성을 부여하고 외국의 투자
자들을 유치하도록 하는 정책은 상당한 성과를 거두었는데 이 과정에서
지방정부는 중앙정부의 통제력에서 상당히 벗어나게 되었다. 특히 재정적
인 측면에서 자율성이 신장되어 이제 더 이상 중앙재정에 의존하지 않게
되자 개혁개방에 상당한 성과를 내면서 경제성장을 이룬 연안지역의 지
방정부는 상당한 자율성을 확보하게 되었다. 이런 상황이 중국의 통일과
발전에 위협이 된다고 여기게 된 중앙의 지도자들은 지방정부에 대한 통
제를 확립하기 위해 법의 지배를 확립할 필요성을 느끼게 되었다. 이제
중국의 집권세력은 경제발전과 부패청산, 그리고 지방정부의 통제를 위해
법의 지배가 필수불가결한 방안임을 더욱 확신하게 되었다.

2. 사회주의 법치국가의 건설

중국에서 중국공산당은 국가로부터 분리되고 있고 당의 역할은 공식
적으로 개혁개방 이후 퇴조하고 있다고 보는 것이 일반적인 진단이다.[4]
그것이 자발적이든 아니면 비자발적이든 객관적으로 볼 때 이런 현상은
관찰되고 있다.[5] 당이 정책을 세우고 국가는 이를 실현하는 도구로 인식
하던 개혁개방 이전의 사회주의체제의 시각은 사라지고 있다. 그렇지만
당의 영도는 아직도 중요한 영역에서 계속되고 있고 사법기관의 경우에
도 예외는 아니지만 사회 각 방면에서 당의 영도가 느슨해지고 있는 것은
사실이다.

---

4) Randall Peerenboom, op. cit., p.188.
5) 당의 국가로부터의 퇴조현상을 자발적으로 보는 시각은 당이 모든 일에 관여하게
   되면 잘못된 모든 일 때문에 비난을 받게 되므로 당이 그 정당성을 유지하기 위해
   스스로 관여를 줄인 결과라고 보는 입장이다. Chow, Daniel C.K, op. cit., p.181.
   당의 퇴조를 비자발적으로 보는 시각은 개혁개방 이후의 사회의 진보, 지방정부의
   권한의 확대, 사회와 경제의 변화에 대응해 전문성을 강화시키지 못한 당내부적
   사정 등으로 발생하였다고 보는 입장이다. Randall Peerenboom, op. cit., p.209.

당의 영도 방식과 범위의 변화 속에서 당의 지배와 법치 사이에는 양립이 가능하다는 주장이 점차 설득력을 얻어 가고 있다.[6] 법의 지배가 당의 지배와 양립할 수 있느냐에 대한 논의가 1950년대 이후 다시 재현되었을 때 중국정부는 자신감을 가지고 이 문제를 해결하고 나갔다. 1996년 덩샤오핑의 후계자로 권력을 승계한 쟝쩌민은 사회주의 법치국가의 건설이 중국공산당의 중요한 정책임을 선언하였다. 1998년 12월 중국공산당 중앙위원회에서 쟝쩌민은 헌법개정안과 관련하여 헌법의 성질, 지위, 및 기능 등에 대해 설명하면서 헌법은 국가의 근본법이므로 사회주의 법치국가를 건설하는 것은 헌법에 근거하여 국가를 다스리고 국가를 건설하는 것임을 분명히 밝혔다.[7] 당이 국가의 기본적인 정책을 결정하고 이것을 법률절차를 통해 입법화하여 이렇게 성립된 헌법과 법률에는 당을 포함한 모두가 복종하여야 한다는 점에서 당의 지배와 법의 지배는 양립할 수 있다는 논리가 제시되었다.[8] 당의 영도와 법치가 양립가능하다는 주장은 당도 법률로 표현된 인민의 의사에는 복종해야 한다는 의미로서 이는 사회주의 법치의 건설에서 중요한 진전이라고 볼 수 있다. 이런 당의 법의 지배에 대한 명확한 관점이 1999년 헌법 본문 제5조에서 사회주의 법치국가의 건설로 표현되었다.[9] 이는 종전의 헌법서문에서 사용되었던 사회주의 법제건설보다 진일보한 표현으로 여겨진다. 단순한 법제의 건설에서 나아가 법이 지배하는 사회의 건설을 명확하게 표방하였다는 점에서 중국의 법의 지배는 새로운 단계로 접어들었다고 평가할 수 있다. 쟝쩌민

---

6) 중국 1982년 헌법에서 이런 법치의 개념이 수용되고 1999년 헌법 개정시에 당의 지배와 사회주의 법치의 양립가능성이 다시 한 번 확고하게 정립된다. Randall Peerenboom, op. cit., p.59.

7) 艾 國, 앞의 논문, 35면.

8) Randall Peerenboom, op. cit., p.213.

9) 中華人民共和國憲法 修正13條(1999년 3월 15일 제9기 全國人民代表大會 제2차 會議通過). 중국의 공식적인 영역에서도 사회주의 법치국가를 "a socialist country under rule of law"로 번역하고 있다. 全國人民代表大會 常務委員會 法制工作委員會 編譯, 「中華人民共和國憲法」, 人民出版社, 北京, 2004, 111면.

은 헌법이 최대의 권위성과 최대의 법적효력을 지니고 있으므로 헌법의
존엄을 지키고 헌법실시를 보장하기 위해서 헌법실시를 보장하는 체계를
건립하고 헌법실시를 보장하는 강도 높은 감독체제를 건립하여 법에 의
하여 국가기관의 권한을 규제하고 제약하여 국가가 그 권한을 헌법규정
에 의하여 행사하도록 해야 한다고 강연하였다.[10]

그리고 2002년 11월에 열린 중국공산당 16대 당 중앙위원회 보고에서
중국공산당은 사회주의 민주정치를 발전시키기 위해서 제일 근본적인 것
이 당의 영도와 인민민주, 그리고 이법치국임을 분명히 밝히면서 이것이
바로 중국 특색 있는 사회주의 법치의 방향임을 선언하였다.[11] 이는 사회
주의 법제의 구성요소로서 당의 사법기관에 대한 영도와 민주집중제로
구현되는 인민민주 외에 법치가 사회주의 법제의 구성요소로 포함되었음
을 공식적으로 선언한 것이었다. 여기서 후진타오는 전국 법제선포일로
제정된 2002년 12월 4일에 열린 헌법실행 20주년 기념대회에서 법에 의
해서 국가를 다스리는 기본방침은 우선 헌법을 전면적으로 실시하고 관
철하는 것임을 밝히면서 이는 사회주의 법치건설의 기초적인 임무로서
장기간 지속적으로 진행하여야 한다고 주장하였다.[12]

중국은 계속해서 자신들이 추구하고 있는 사회주의 법치국가는 중국
특색의 제도라고 밝히고 있다. 건국 초기의 사회주의 법제는 구소련의 모
델을 모방한 것이었다고 하면서 이런 제도는 계획경제와 중앙집권적 관
리체제에서는 합리성을 보여주었지만 생산력발전과 개인의 자주성·창조
성 그리고 정부가 인민을 위해서 봉사하기에는 부적합하였다고 평가하였
다.[13] 그런데 덩샤오핑은 중국 특색의 사회주의를 건설하였는데 그 사회
주의는 시장경제와 관련하여 생산력의 발전을 이룰 수 있게 하였고 당의

---

10) 인민일보 1999.2.1.자.
11) 孫國華 主編,「社會主義法治論」, 北京, 法律出版社, 2002, 157면 ; 艾 國, 앞
    의 논문, 35면.
12) 艾 國, 앞의 논문, 36면
13) 孫國華 主編, 위의 책, 150면.

영도방식의 개선을 통해 당과 정치를 분리함으로써 국가권력을 제한할 수 있게 하였다는 것이다.14) 중국은 이법치국을 사회주의 법치의 중요한 구성요소로 보면서도 당의 영도와 인민민주를 사회주의 법치국가의 구성요소로 계속 포함시키겠다는 입장을 명확히 밝히고 있다. 이들의 결합과 상호작용을 통해 중국이 추진하고 있는 사회주의 법치국가의 모습이 구체적으로 형성될 것으로 예측된다.

II. 사법개혁의 배경과 방향

1. 사법개혁의 개관

중국은 현재 사법개혁15) 중에 있다. 개혁·개방정책을 실시한 1978년 이후 모든 영역에서 개혁 작업이 실시되고 있지만 국가영역 중에서 사법이 가장 많은 변화를 겪고 있는 부분이라고 할 수 있다. 정치 분야에서 사법의 문제가 화두가 되는 경우가 많아졌고 국가 지도자의 발언 중에도 사법개혁이나 법치의 실현과 관련된 부분이 자주 나타나고 있다.

중국의 사법개혁은 사법의 통일, 사법의 독립, 사법권한의 확대, 그리고 사법의 민주 이 네 방면에서 고찰할 수 있다. 사법의 통일은 법제의 통일과 특히 법의 통일을 이루어야 하는 부분이다. 중국의 사법기관은 너무 복잡하여 통일적인 사법제도의 형성이 긴요한 상태이다. 전국적으로 통일된 사법시스템을 통해 양질의 사법서비스를 제공하는 일이 요구되고

---

14) 孫國華 主編, 위의 책, 151면.
15) 사법개혁의 시기를 구분하는 것이 필요하다고 볼 수 있는데 이 논문에서는 개혁·개방정책 이후 이루어진 일련의 사법제도의 개혁을 모두 사법개혁이라고 부르기로 한다. 일반적으로 80년대 중반부터 본격화되어 90년대 중반 이후 가속적으로 추진되고 있는 사법에 대한 일련의 개혁조치들을 포함한다.

있다. 또한 중국 입법에 있어서의 혼란은 시급히 개선되어야 할 문제로
꼽힌다. 중국은 광대한 나라여서 전국적으로 통일적인 법을 제정하더라도
지역적 특색과 경제발전의 수준을 고려하여 지역마다 탄력적인 규율을
할 수 있게 하다 보니 지역적으로 법제의 차이가 심하다. 특히 개혁개방
으로 지방정부의 권한이 확대되면서 이런 현상은 더욱 심해지고 있다. 그
래서 중국은 통일적인 사법체제를 이루기 위해 노력하고 있고 이런 방면
에서 사법개혁이 진행 중에 있다.

중국에서 사법의 독립은 사법개혁에서 가장 관심을 끄는 문제이다. 특
히 앞서 살펴보았듯이 사회주의 체제에서 기인하는 헌법구조적인 원리로
인해 사법독립의 문제는 해결하기 어려운 과제이다. 당의 영도로부터 사
법기관의 독립의 문제 역시 전통적인 주제였지만 최근에는 행정권과 입
법권으로부터의 독립의 문제가 부각되고 있다. 당과 국가의 분리로 인해
입법권이나 행정권의 영향력이 강화된 것도 이런 현상과 관련이 있다. 사
법이 동급 입법기관이나 행정기관으로부터 독립을 유지하면서 그 권한을
행사할 수 있게 하려는 중국의 노력은 사법개혁 중에서 가장 주목해야 할
영역이다. 소위 사법의 지방화를16) 어떻게 해결하여 독립적이고 공정한
사법을 실현할 수 있는가가 사법개혁의 시금석이 될 것이다.

사법권한의 확대는 법의 지배와 관련해서 중요한 개혁부분이고 가장
어려운 부분 중의 하나이기도 하다. 이 부분은 실질적으로 중국의 사법권
이 중국 헌법상 다른 국가권력을 통제할 수 있는가라는 문제와 관련되어
특히 외부의 세계로부터 관심이 집중되고 있다. 구체적으로 법원이 사법
심사권을 통해 행정권의 행정작용에 대해 심사함으로써 그 적법성을 심
사할 수 있느냐의 문제에서 나아가 법원이 입법작용에 대한 통제까지 할
수 있느냐를 두고 그 가능성 자체에 대한 논의부터 구체적인 방법에 대한
논의까지 나타나고 있는 상태이다.

사법의 민주는 사법의 독립만큼 중요한 개혁과제라고 할 수 있다. 현

---

16) 상세히는 바로 뒤에 서술할 사법개혁의 내부적 배경 부분을 참조 바람.

재와 같은 사법부패가 만연한 상태에서 섣부른 사법의 독립은 사법에 대한 통제를 이루지 못해 결국 사법개혁이 이상으로 하는 법의 지배로 갈 수 없으리라는 전망이 나오고 있는 것이 사실이다. 최근에는 이런 우려를 반영하여 입법기관이 사법기관에 대해 감독권을 실질적으로 행사할 수 있도록 하는 감독법이 제정되어 2007년 1월 1일부터 시행되고 있다.

전반적으로 볼 때, 중국은 사법개혁을 통해 보다 강력하고 독립적인 사법부를 구성하여 다른 국가기관 특히 개혁·개방과정에서 더욱 강력해진 국무원을 포함한 인민정부의 권한을 통제하고 또한 같은 기간 동안 상대적 자율을 누리면서 그 권한을 강화하고 있는 지방정부를 사법의 통일을 통해 효과적으로 통제하기 위해 사법개혁을 추진하고 있다고 볼 수 있다. 사법개혁이 당의 결심을 통해 이루어지고 있다는 사실은 사법개혁이 장기적인 국가의 과제로 추진되고 있다는 것을 보여준다.

2. 사법개혁의 배경

여기서는 중국에서 왜 사법개혁이 문제가 되고 국가적 의제로 대두되었는지를 살펴보기로 한다. 중국이 사법개혁을 하게 된 배경에는 내부적 그리고 외부적 배경이 각각 자리 잡고 있다.

1) 내부적 배경

중국 사법개혁의 내부적 배경으로 우선 경제체제의 개혁을 통한 경제발전이 이루어지면서 분쟁사건의 성격과 그 숫자가 변화하였다는 점을 들 수 있다. 경제발전의 과정에서 기존의 계획경제체제에서 국가행정사건으로 분류되던 사건들이 시장경제로 전환되면서 일반 민사사건화 되었고 민간경제의 규모가 급속하게 확대되면서 그로 인한 경제적 분쟁이 증가하게 되었다. 이는 기존의 형사소송 위주로 구성되던 법원의 체제로서는 감당할 수 없는 질적인 변화였고 분쟁의 숫자 또한 급격하게 증가하게 되어[17] 기존의 사법인원으로는 충분히 대응할 수 없는 상황이 전개되었다. 그리하여 이런 배경 하에서 1980년대 말부터 민사 심판방식의 개혁이 시작되었다.

법원으로의 분쟁건수의 증가와 함께 법원 내부에서 그 동안의 사법기관이 지녔던 문제들이 나타나기 시작하였다. 이는 사법기관으로 오는 사건의 질과 양이 변화하면서 부각될 수밖에 없는 문제라고 할 수 있다. 즉 사법기관의 구성원 즉 법관과 검찰관의 자질이 업무를 해결하기에는 현저히 부족하였다는 사실이다. 개혁개방 전에 사법기관이란 그 존재 자체도 희미했을 뿐만 아니라 그 구성원 역시 기관에 부합한 자질보다는 정치적 소양과 출신성분에 의해 선발되었다. 특히 퇴역군인들의 취업기관으로 사법기관이 제공되어 하급 사법기관의 경우에는 50% 정도가 퇴역군인들로 구성되는 경우도 있었다. 이런 구성원의 자질문제와 함께 사법기관이 헌법상으로는 행정기관과 동등한 기관으로 구성되었다고 하더라도 그 재정이 여전히 동급 인민정부에서 결정되고 인사 역시 지방의 입법기관에 의해 결정되어 사법기관이 지방의 이익에 동조하는 소위 사법의 지방화 현상이 현저하였다. 이는 사법기관이 행정기관에 속해 있던 건국초기의 영향 외에 사법기관의 관할구역이 지방행정기관의 관할을 중심으로 설치되어 있는 현상으로 인해 더 가중되었다고 볼 수 있다. 사법의 지방화와 함께 사법의 행정화는 시급히 중국의 사법기관이 해결하여야 할 문제라는 지적이 중국의 내·외부에서 공통적으로 나타난다.[18] 여기에 개혁개방 이후 특히 90년 이후 사법부패가 심각한 수준에 이르게 되어 사법의 공정성의 문제가 대두되어 사법부패의 문제를 직시하고 시정하지 않으면 이

---

17) 1986년 전국인민법원 제1심 민사분쟁 접수건수가 989,409건이었는데 1990년에는 1,851,897건으로, 1995년에는 2,718,533건으로, 2000년에는 3,412,259건으로, 2003년에는 4,410,236건으로 각각 증가하였다. 中國司法年監 2004 參照.
18) 사법의 지방화와 행정화의 문제는 제3장 제1절 법원의 독립과 관련하여 상세히 다시 다룰 예정이다.

는 정권의 정당성의 문제로 이어질 수도 있어서 집권당으로서는 사법개
혁에 나서지 않으면 안 될 상황에 이르게 된 점 역시 그 배경이라고 할
수 있다.

2) 외부적 배경

사법개혁의 외부적 배경은 중국의 WTO 가입을 통해 이루어지게 되
었다. 물론 중국정부가 처음부터 WTO의 가입이 이런 결과에 이르게 될
것이라는 예측을 한 것으로는 보이지 않는다. 중국정부는 2001년 11월
WTO 가입의 최종결정이 나기 15년 전부터 그 가입을 추진해왔던 것으
로 알려져 있다. 그리고 WTO의 가입으로 중국 기업과 행정분야 정도에
만 그 영향이 미칠 것으로 예측하였지만 실제 WTO는 국제조직일 뿐만
아니라 일종의 국제간의 규범적 질서 그 자체라는 사실을 중국은 이제 인
식하게 되었다. WTO는 중국의 가입을 결정하면서 중국이 사법의 투명성
과 사법심사의 원칙을 준수할 것을 국제사회와 약속하도록 요구하였다.[19]
이에 따라 중국 최고인민법원은 2002년 8월 30일에 2002년 10월 1일 발
효한 국제무역과 관련된 판결에 관한 규칙들을 공포하였다. 그리고 법관
법과 검찰관법을 수정하고 법관, 검찰관의 임용조건을 더 엄격하게 규정
하고 법률가 양성을 위한 통일 사법고시제도를 도입하여 2002년부터 실
시하고 있다.

WTO가 요구한 투명성의 요구는 특히 입법과 사법의 영역에서 문제

---

19) Chris X. Lin, "A Quiet Revolution: An Overview of China's Judicial Reform",
Asian-Pacific Law & Policy Journal, June 2003, p.289; Veron Mei-Ying Hung,
"China's WTO Commitment on Independent Judicial Review: Impact on Legal
and Political Reform", *American Journal of Comparative Law* Winter 2004, p.78.
중화인민공화국의 접근에 관한 프로토콜 2(D)조에 따라 중국은 WTO 관련된 행
정작용의 신속한 심사를 위한 법정(tribunal)을 수립하는데 동의하였다. 이 심사
절차는 항소의 기회를 보장해야 하고 항소기관이 행정기관이면 그 결정에 대해
사법기구에 항소할 기회가 모든 사건에서 주어져야 한다.

되고 있다. 입법에서 입법에 대한 청문절차가 보장되지 않고 입법과정에 대한 민간의 참여도가 부족하다는 점이 문제로 지적되었다. 특히 행정부가 제정하는 규범성문건[20]은 여전히 2000년 새로 제정된 입법법의 규율 대상에 포함되어 있지 않았다. 그리하여 이와 같은 행정부의 규범성문건에 대한 제정과정에서 민간의 관여는 보장되고 있지 않다. 법원 역시 통일된 소송규칙을 제정하지 못하고 지방마다 임의로 제정하여 사용하고 있는 경우가 아직도 있다. 판결문 또한 법리위주의 전개원칙이 마련되어 있지만 여전히 준수되지 않고 있는 경우가 많다. 사법심사의 영역에서 중국은 아직 구체적인 행정행위에 대해서만 법원에 의한 사법심사를 허용하고 추상적 행정행위[21]에 대한 사법심사는 허용하고 있지 않는 입장인데(행정소송법 제12조) 앞으로 중국은 WTO 분쟁해결기구의 심사를 받아야 한다.

3. 사법개혁의 방향

1997년 10월 중국공산당 제15차 당대표대회의 보고에서 쟝쩌민은 민주를 발전시키기 위해서는 반드시 법제의 완비와 결합되어야 법에 의해 국가를 다스릴 수 있다고 전제하고 이런 국가의 제도와 법률은 어떤 지도자의 생각으로 변할 수 없게 하여야 한다고 하였다. 그는 또한 사법개혁을 이루기 위해 사법기관이 법에 근거해서 독립적이고 공정하게 심판권과 검찰권을 행사하도록 제도상으로 보장해 주어야 한다고 하였다.[22] 쟝

---

20) 규범성문건의 개념 역시 한정하기 어려운 면이 있으나 형식적인 관점에서 볼 때 지방성법규나 규장이 아닌 행정기관 작성의 일반적·추상적 규율을 예정하고 작성된 규칙 정도를 일컫기로 한다. 상세히는 제4장의 행정입법에 대한 사법심사 부분을 참조 바람.

21) 추상적 행정행위 역시 구체적 행정행위와 대립되는 개념으로 우리의 경우로 보면 일반적·추상적 적용을 예정한 규율 정도로 이해할 수 있다. 상세히는 제4장 추상적 행정행위에 대한 사법심사부분을 참조 바람.

쩌민의 이 보고는 당이 추구하는 사법개혁의 목표, 범위와 방향을 제시한
것이었다. 즉 사법개혁은 사법기관이 법에 근거하여 독립적이고 공정하게
사법권을 행사하도록 해주는 목표를 추구하는 것인데 이를 위해 권한의
적절한 분배와 관리의 제도화, 권리와 책임의 명확화 그리고 상호협조와
견제장치의 마련을 통해 효율적으로 운영되는 사법체제를 형성하도록 해
야 한다는 것이고 사법개혁의 범위는 재판개혁과 검찰개혁이라는 사실을
밝혔던 것이다.23)

이를 통해 분명히 밝혀진 것은 중국사법개혁의 방향은 인치의 사법에
서 법치의 사법을 이룩하는 것이고 이것은 중국 사법개혁의 최종적인 목
적이라는 점이다. 이를 통해 사회주의 법치국가를 목표로 하는 중국이 사
법 분야에서 개혁을 이루어 법치로의 길을 완비하고자 하는 전략임을 알
수 있다.

그렇지만 중국이 현재 추진 중인 사법개혁을 통해 추구하고자 하는 사
회주의 법치국가라는 실체가 우리가 지향하고 있고 우리가 이미 실현하
고 있는 자유민주주의의 법의 지배와는 어떻게 구별될 수 있는지 나아가
중국이 지향하는 법치가 자유민주주의적 법의 지배로 귀결될 것인지 아
니면 중국이 표방하듯이 중국 특유의 사회주의 법치의 개념이라는 제3의
개념이 설정될 수 있는지 아직 확실한 전망을 하기는 어렵다. 다만, 중국
이 지향하는 법치의 모습이 어떠하고 이 과정이 어떻게 진행되어 갈지를
조심스럽게 고찰하고자 한다.

---

22) 人民日報 1997.12.3.자.
23) 王公必, "中國的司法體制現狀及改革趨勢", 「法律人才與司法改革」, 114~151면.

제3장 중국 사법기관의 독립성의 보장

    중국의 사법기관의 독립성의 보장은 사법개혁의 종국적인 목표이다. 중국이 법의 지배를 목표로 사법개혁을 하고 있다는 사실을 가장 명확하게 인식할 수 있는 분야 역시 사법기관의 독립성 보장 영역이다. 사법이 가진 특수성과 사법기관의 지위를 고려하면 법의 지배를 실현하기 위해서는 사법의 독립은 필수불가결한 요청이다. 이 장에서는 중국 법원, 검찰원을 중심으로 중국이 사법기관의 독립성을 확보하기 위해 극복해야 할 문제들을 차례로 고찰해 보고 이를 사법독립의 관점에서 평가해 보기로 한다. 이로써 중국 사법개혁의 방향과 그 진행수준을 구체적으로 가늠할 수 있게 될 것이다.

제1절 중국 법원의 독립성의 보장

Ⅰ. 다른 국가기관으로부터의 독립

1. 입법기관으로부터의 독립

1) 법원의 인민대표대회에 대한 책임

(1) 인민대표대회의 법원에 대한 우위

중국의 입법기관인 전국인민대표대회는 최고의 국가권력기관으로 선언되고 있어서(헌법 제57조) 국무원이나 사법기관과 같은 다른 국가기관보다 우위에 서 있다. 이런 의미에서 볼 때 중국은 우리와 같은 삼권의 분립과는 구별되는 헌법체제를 가지고 있다. 그리하여 사법기관 역시 헌법에 따라 심판의 독립성이 보장되어 있지만 그 독립은 인민대표대회의 감독을 받는 것을 전제로 한다. 전국인민대표대회는 최고인민법원 원장과 최고인민검찰원의 검찰장을 선출하고 또한 그 파면권을 가지고 전인대('전국인민대표대회'의 약칭임) 상무위원회는 최고인민법원과 최고인민검찰원의 업무에 대한 감찰권을 행사한다(헌법 제62조 제7항, 제8항, 제63조, 제67조 제6항). 지방의 입법기관인, 현급 이상의 지방 각급 인민대표대회는 동급 인민법원 원장과 동급 인민검찰원 검찰장을 선거하고 파면할 권한을 가지고 있고 그 상무위원회는 인민법원과 인민검찰원의 업무를 감독할 권한이 있다(헌법 제101조, 제104조).

이런 입법기관의 우위를 선명하게 보여주는 부분은 헌법이 사법기관인 법원에게 법률이나 지방성법규의 합헌성심사권을 수여하지 않고 있다는 점이다. 전인대 상무위원회에서 제정된 적당하지 않은 법률을 변경 혹은 폐기할 수 있는 권한은 전인대에 있고(헌법 제62조 제11항; 입법법 제88조 제1항), 법률의 이런 합헌성 심사의 전제가 되는 법률해석권을 법원이 아니라 입법기관 자신이 보유하고 있다. 또한 헌법과 법률에 저촉되는 지방성법규의 취소권 역시 전인대 상무위원회가 행사한다(헌법 제67조 제4항, 제8항; 입법법 제88조 제2항). 권력의 분리를 넘어 권력이 상호 분립되기 위해서는 사법기관 역시 입법기관의 권한에 대한 견제와 통제권한이 있어야 하는데 그런 제도적 장치가 마련되어 있지 않다는 점에서 볼 때 분명 중국의 입법기관은 다른 국가기관들 보다 우위에 서 있다.[1]

(2) 법원의 인민대표대회에 대한 책임

입법기관이 사법기관에 비해 우위에 있음을 보여주는 또 다른 헌법적 근거는 사법기관이 인민대표대회에 책임을 지도록 규정되어 있다는 점이다. 즉 최고인민법원은 전인대와 그 상무위원회에 대하여 그리고 지방 각급 인민법원 역시 동급 인민대표대회에 각 책임을 져야 한다(헌법 제128조). 최고인민검찰원 역시 마찬가지다(헌법 제133조).

여기서 책임을 진다는 의미의 해석은 입법기관의 사법기관에 대한 감독의 수준과 한계를 결정하는 전제가 된다는 의미에서 볼 때 중요하다. 책임의 의미에 대해서는 견해가 나뉘고 있는데 먼저 책임을 진다는 의미는 일종의 상하관계를 의미하고 이는 각급 인민법원이 동급 인민대표대회의 영도를 받아야 한다는 의미로 해석하는 입장이 있다.[2] 다른 입장은

---

1) 물론 의회주권이 강한 영국의 경우 의회를 통과하여 국왕의 승인을 받은 법은 국가의 법(the law of land)이 되어 영국법원에 의해 무효화 될 수 없다는 점은 중국의 경우와 같다. 그러나 영국의 경우 의회에 대한 견제는 강력한 행정부, 정당, 여론에 의해 이루어지고 있다는 점을 주목할 필요가 있다. 영국에서 법원은 미국의 법원처럼 헌법의 최종적인 수호자의 정도는 아니지만 민주주의 과정에서 필요한 존재로 여겨지고 존경을 받고 있다. Henry J. Abraham, *The Judicial Process*, 5th Edition, New York, Oxford: Oxford University Press, 1986, pp.288~289.

인민법원이 심판권의 독립행사를 통해서 엄격하게 법을 집행하고 공민과 법인의 합법적 권익을 보장함으로써 인민이 심판기관에 부여한 그 직책을 이행하는 것을 권력기관에 대한 책임으로 이해한다.[3] 이 입장에 따르면 사법기관의 인민대표대회에 대한 책임의 의미를 상·하급관계로 이해하여 인민대표대회가 입법과 사법기능을 함께 수행하게 되면 헌법이 입법권과 사법권을 분리한 정신에 위반하게 되기 때문에 책임을 전자와 달리 제한적으로 이해해야 한다는 것이다. 특히 인민대표대회가 법원의 영도기관이 되면 법원은 모든 구체적 심판활동에 대해 인민대표대회의 영도를 받아야 한다. 이렇게 되면 법원은 개별사건의 심판에 대해서도 모두 인민대표대회의 동의를 얻어야 하는데 이런 상황은 헌법이 보장한 독립심판의 원칙에 부합하지 않는다고 본다.[4]

책임의 의미에 관한 두 견해 모두 헌법에 그 근거를 가지고 있다. 그렇지만 후자의 입장이 법의 지배로 가는 중국의 입장과 부합한다. 사법권을 입법권, 행정권과 분리하여 인민법원에 귀속시키고 여기에 독립심판의 요청을 부과한 취지에 따라 권력기관의 감독권 역시 인민법원의 독립심판을 존중하는 방향으로 행사되어야 한다는 제한을 받는다. 이런 입장은 공화국 수립 후 1954년 헌법에서 규정되었던 법원의 독립심판규정[5]의 해석과 관련하여서도 나타났던 적이 있었다. 당시 법원의 입장에 따르면 법원은 관련되는 기관들과 일상적인 접촉을 해야 하고 관계되는 부분들에 관한 그들의 의견에 귀 기울여야 하지만 이런 의견들은 단지 사건에 대한 법원의 심리에 참고자료로서만 기능할 수 있다고 보았다.[6] 물론 이 견해

---

2) 徐功勛, "試論地方國家權力機關的司法監督及基權力界限", 全國人民代表大會常務委員會硏究室: 「我國當前法律實施的問題和對策」, 中國民主典法制出版社, 1997, 383면.
3) 王利明, 「司法改革硏究」, 法律出版社, 修訂本, 2002, 500면.
4) 王利明, 위의 책, 500면.
5) 1954년 헌법 제78조는 인민법원은 독립하여 심판을 하고 오직 법만을 따르고 어떤 행정기관, 조직 또는 개인인 구체적인 사건에 간섭할 수 없다고 규정하고 있었다.

는 정부기관의 감독과 인심배심원과 심판위원회의 관여까지 모두 받아들여야 한다고 보고 명확하게 당의 관여에 대해 분명히 밝히고 있지는 않지만 이런 관여와 심판기관의 독립 사이의 경계를 분명하게 제시하였다.

법원은 권력기관에 의해 구성되어 민주적 정당성을 확보하고 공민의 대표기관이 사후에 법원의 업무를 감독하는 방식은 법의 지배가 발전한 자유민주주의국가에서도 흔히 발견된다. 우리의 경우에도 대법원장을 대통령이 국회의 동의를 얻어 임명하고 대법관 역시 대법원장의 제청으로 국회의 동의를 얻어 대통령이 임명하고 있다(헌법 제104조 제1항, 제2항). 이렇게 구성된 법원이 국회에 대해 업무보고를 하고 국정조사와 감사를 받는 것은 당연한 것으로 간주되고 있다.[7] 이는 미국도 마찬가지인데 미국의 경우 대통령이 상원의 권고와 동의를 얻어(with the Advice and Consent of the Senate) 연방대법원 판사를 임명한다고 규정하고 있다(아메리카합중국헌법 Article Ⅱ, Section 2, Subdivision 2). 민주적 정당성의 두 축인 대통령과 국회가 사법부의 구성에 공동으로 관여함으로써 사법부에 민주적 정당성을 부여하고 임명과정에서 권력 상호간의 견제를 이루고 있다. 미국헌법의 제정자들도 법관의 임명권이 행정부나 입법부에게 위임될 경우에 법관이 임명권을 가지고 있는 부서에 대한 부적절한 순종의 위험이 있으며 두 부서 모두에게 임명권이 주어진다면 한 부서가 불만에 빠질 위험이 있고 만약 시민이나 시민에 의해 선출된 사람에게 직접 임명권을 부여한다면 대중적인 인기에 영합하려는 경향이 만연할 것이라고 보면서[8] 대통령과 입법부에 의한 이원적인 관여를 정당화한다. 이를 통해 사법부의

6) Jerome Alan Cohen, "The Chinese Communist Party and Judicial Independence: 1949-1959", *Harvard Law Review*, March 1969, pp.983~984. Liu Kun-lin의 견해라고 소개하는데 정확한 한자는 확인할 수 없다.
7) 권형준, 「헌법」, 신정3판, 법원사, 2007, 645면; 성낙인, 「헌법학」, 2007, 법문사, 882면; 장영수, 「국가조직론」 헌법학 Ⅲ, 홍문사, 2005, 269~271면, 361면; 정종섭, 「헌법학원론」, 2007, 박영사, 932면; 허영, 「한국헌법론」, 박영사, 2007, 909면.
8) 알렉산더 해밀턴·제임스 매디슨·존제이, 김동영 역 「페더럴리스트페이퍼」, 한울아카데미, 1995, 463면.

구성에 의회나 대통령이 관여하는 것은 일반적 현상임을 알 수 있다.

중국의 경우 중국 공민으로부터 민주적 정당성을 부여받은 인민대표
대회가 심판기관, 검찰기관을 구성하는 것은 민주집중제를 따르는 중국에
서 당연한 구성방법이라고 할 수 있다. 입법기관이 최고사법기관을 구성
하고 각급 인민대표대회 상무위원회에서 법원 내의 고위직급을 임명하는
방식 그 자체는 중국 헌법체계 내에서 정당성을 갖는다. 문제는 입법기관
에 의한 실질적인 임명이 아니라 사전에 당조직에 의한 승인절차를 거친
후 일정한 형식적인 절차에 불과하게 된다면 이는 민주적 정당성에 의문
이 제기될 수 있다.

2) 인민대표대회의 감독권과 법원의 독립

인민대표대회는 국가권력기관으로서 헌법상 다른 국가기관에 대한 감
독권을 행사할 수 있다. 인민의 대표기관인 권력기관이 자신이 구성한 다
른 국가기관의 인원이 헌법과 법률이 부여한 직무를 성실히 수행하고 있
는지를 감독하는 권한은 인민민주주의에 따른 귀결이다. 인민대표대회의
감독을 받는 기관에 법원과 검찰원은 당연히 포함된다. 그런데 인민대표
대회가 이런 감독권의 행사를 통해 사법에 대해 구체적인 간섭을 하게 되
면 사법의 독립은 훼손될 가능성이 있다.

(1) 인민대표대회 감독의 일반적 방법과 절차

인민대표대회가 인민정부와 인민법원 그리고 인민검찰원을 구체적으
로 어떻게 감독해야 하는지에 관한 구체적인 규율이 없어 그동안 감독체
제의 실효성에 대해 제기되어온 비판을[9] 받아들여 중국은 2006년 감독법
의 제정을 통해 2007년부터 시행에 들어갔다. 이 법의 시행으로 중국의

---

9) 王利明, 위의 책, 502면; Michael W. Dowdle, "The Constitutional Development
   and Operations of the National People's Congress", *Columbia Journal of Asian
   Law*, Spring 1997, p.114.

입법기관에 의한 감독체제의 혁신이 기대되고 있다. 아래에서는 새로 제
정된 ≪中華人民共和國各級人民代表大會常務委員會監督法≫(2006.8.27.
통과, 2007.1.1.시행; 이하 '감독법'이라 약칭함)을 중심으로 인민대표대회
의 감독의 수단과 그 절차를 간략히 살펴보기로 한다.

인민대표대회가 사법기관을 감독하는 방식 중 업무보고는 주요한 수
단이다.[10] 최고인민법원이 매년 업무보고를 제출하는 일은 일종의 헌법관
행이 되었다.[11] 보통 인민법원 역시 매년 동급 인민대표대회에 업무보고
를 하여야 한다. 각급 인민대표대회 상무위원회는 매년 개혁발전과 인민
의 절실한 이익, 그리고 사회의 보편적 관심이 있는 중대한 문제를 선택
하여 동급 인민법원과 인민검찰원의 업무보고를 청취하고 심의한다(감독
법 제8조). 물론 인민법원과 인민검찰원이 인민대표대회 상무위원회에 업
무보고를 요구할 수도 있다(감독법 제9조). 상무위원회는 필요하다고 여
길 때 업무보고에 대해서 결의를 낼 수 있고 동급 인민법원, 인민검찰원
은 결의에 규정된 기한 내에 결의 집행상황을 상무위원회에 보고해야 한
다(감독법 제14조).

각급 인민대표대회 상무위원회는 감독법 제9조 규정을 참조하여 개혁
발전, 인민의 이익, 그리고 사회의 보편적 관심과 관련된 중요한 문제를
선택하여 관련된 법률, 법규의 실시상황을 검사할 수 있다(감독법 제22
조). 전인대는 주요 법률의 실시에 관한 검사를 하는데 보통 일년에 3개
내지 5개의 법률의 집행을 중점적으로 조사한다. 간혹 어떤 법률들은 몇
년 간격으로 반복해서 조사하는 경우도 있다. 이런 조사를 통해 추가적인
입법적 보완을 하기고 하고 법 자체의 홍보효과도 높인다.[12] 상무위원회

10) Michael W. Dowdle, op. cit., p.95.
11) 예컨대, 1997년의 경우 전인대 대표의 31%가 최고인민법원의 업무보고의 승인
    을 거부하여 최고인민법원은 증가하는 범죄, 집행의 곤란, 그리고 사법부패와 같
    은 대표들의 관심 있는 문제들에 보고하기 위해 많은 조치들에 착수하였다.
    Randall Peerenboom, *China's Long March Toward Rule of Law*, Cambridge
    University Press, 2002, p.309.

구성원은 집법검사보고[13]의 심의의견과 집법검사 보고를 함께 동급 인민
법원, 인민검찰원에 교부하여 연구하고 처리하도록 하고 인민법원, 인민
검찰원은 연구처리상황을 동급 인민대표대회 관련 전문위원회 혹은 상무
위원회 관련 업무기구에 교부하여 의견청취 후 상무위원회에 보고서를
제출해야 한다. 상무위원회는 계속 직접 조사를 하든지 아니면 인민대표
대회 관련 전문위원회 혹은 상무위원회 관련 업무기구에 위탁하여 조사
를 계속 할 수 있다(감독법 제27조).

인민대표대회는 인민법원과 인민검찰원이 구체적 법률응용과 관련하
여 내린 해석에 대해서도 등록과 심사절차를 통해 감독을 할 수 있다. 최
고인민법원, 최고인민검찰원이 재판, 검찰업무에 속하는 구체적 법률응용
에 관해 내린 해석은 공포일부터 30일 이내에 전인대 상무위원회에 등록,
보존해야 한다(감독법 제31조). 국무원, 중앙군사위원회와 성, 자치구, 직
할시 인민대표대회 상무위원회는 최고인민법원과 최고인민검찰원이 내린
구체적 법률응용에 대한 해석이 법률규정과 저촉된다고 여길 때 그리고
최고인민법원 및 최고인민검찰원은 상대방의 구체적 법률응용에 대한 해
석이 법률규정과 저촉된다고 여길 때 전인대 상무위원회에 서면으로 심
사요구를 제출할 수 있는데 상무위원회 업무기구가 이것을 관련 전문위
원회에 이송하여 심사하고 의견을 제출한다(감독법 제32조).[14]

각급 인민대표대회 상무위원회 회의에서 의안과 관련된 보고를 심의
할 때 동급 인민법원 혹은 인민검찰원은 관련된 책임자를 회의에 파견하
여 의견을 청취하고 질의에 대해 대답해야 한다(감독법 제34조). 전국인민
대표대회 상무위원회 10명 이상 연명, 그리고 성, 자치구, 직할시, 자치주
그리고 구를 설치하고 있는 시의 인민대표대회 상무위원회 구성원 5인 이
상 그리고 현급 인민대표대회 상무위원회 구성원 3인 이상이 연명하면 각

---

12) Randall Peerenboom, op. cit., p.309.
13) 중국에서 집법은 법을 집행한다는 의미다. 집법검사보고는 입법기관이 제정한 법
    이 국가기관에 의해 집행되는 상황을 검사하고 제출하는 보고를 의미한다.
14) 이 부분은 제4장 법원의 사법심사의 범위와 한계에서 다시 상세하게 다룬다.

상무위원회에 서면으로 동급 인민법원, 인민검찰원에 대한 질문을 서면으로 제출할 수 있다. 질문은 질문대상, 질문문제와 내용을 기재해야 한다(감독법 제35조). 질문안을 제출한 상무위원회 구성원의 과반수가 질문을 받은 기관의 답변에 만족하지 못할 때 위원장회의 혹은 주임회의의 결정을 통해 질문을 받은 기관이 다시 답변을 하도록 할 수 있다(감독법 제37조).

각급 인민대표대회 상무위원회가 그의 직권범위 내의 사항에 대하여 결의·결정을 하고자 하지만 중요한 관련 사실이 정확하지 않을 경우에 특정문제의 조사위원회를 구성할 수 있다(감독법 제39조). 조사위원회가 조사를 진행할 때 관련된 국가기관, 사회단체, 기업, 사업조직과 공민은 필요한 서류를 제공할 의무가 있다. 이 서류를 제공한 공민이 서류의 출처에 대해 비밀을 요구할 때 조사위원회는 비밀을 지켜야 하고 조사과정 중에 조사의 상황과 내용에 대해 공표하지 않을 수 있다(감독법 제42조). 조사위원회는 상무위원회에 조사보고를 제출해야 하고 상무위원회는 보고에 근거하여 상응된 결의와 결정을 내릴 수 있다(감독법 제43조). 이에 따라 입법기관은 사법기관에 대해서 특정문제에 대한 조사를 하고 자료제출을 요구하고 있다.

현급 이상 지방각급 인민대표대회 상무위원회는 동급 인민대표대회 폐회 기간 중에 그가 임명한 동급 인민법원 부원장, 정장, 부정장, 심판위원회 위원, 심판원, 인민검찰원 부검찰장, 검찰위원회 위원, 검찰원, 중급 인민법원 원장, 인민검찰원 분원 검찰장의 직위를 해제할 수 있다(감독법 제44조). 직위해제안에는 직위해제대상과 이유를 기재하고 관련된 자료를 제출해야 하는데 직위해제안의 표결을 제청하기 전에 직위해제 대상인원이 상무위원회 회의에서 변명할 기회를 주거나 서면으로 답변서를 제출할 수 있도록 하여야 한다(감독법 제46조). 직위해제안의 표결은 무기명투표방식을 채택하는데 상무위원회 전체구성원의 과반수를 통과해야 한다(감독법 제46조).

(2) 입법기관의 법원판결에 대한 취소 가능성

인민대표대회는 위와 같은 감독수단들을 가지고 사법기관을 감독할 수 있는데 그 업무보고나 조사권 등을 행사하는 과정에서 인민법원의 구체적인 판결들을 직접 취소할 수 있는지가 문제된다. 인민대표대회는 국가권력을 통일적으로 행사하고 사법기관에 대한 감독권을 보유하고 있기 때문에 법원과 검찰의 사법권은 절대적인 독립권을 의미하지 않아 인민대표대회는 법원이 헌법, 법률, 행정법규, 그리고 지방성법규에 위반되는 판결을 내리는 경우 이에 대한 수정권을 가지고 있다는 입장도 있다.15) 이는 국가권력기관의 사법기관에 대한 감독의 의미를 상하관계 혹은 영도와 피영도관계로 보는 입장에서 가능한 주장이다.

그렇지만 이런 입장은 입법부가 사법권을 직접 행사하는 것이고 이는 헌법이 입법권과 사법권을 명확하게 구별하여 인민대표대회와 사법기관에게 각자의 직책을 명확하게 규정하고 있는 취지에 반하게 된다. 더욱이 인민대표대회가 직접 법원의 판결을 취소하게 되면 소송 당사자는 소송법상의 권리를 활용할 수 없게 된다. 법원의 판결과 재정(裁定)16)이 법률에 위배하고 불공정사유가 있다면 당사자는 절차법의 규정에 따라 상소를 제기할 수 있고 심판감독절차를 활용할 수도 있다. 인민대표대회가 직접 법원의 판결을 취소하게 되면 당사자는 이런 인민대표대회의 결정에 대해 법정절차를 통해서 정상적으로 다툴 방법이 없게 된다.17) 또한 법원이 아닌 국가기관이 심판권을 행사한다는 것은 법의 지배의 관점에서 볼 때 당사자의 법원으로 접근권18)을 침해한 것이 된다. 법원으로의 접근권에서 법원이란 법률에 의해서 심판권이 인정된 법관의 자격이 있는 사람이 심판하는 조직을 말한다. 헌법 역시 국가의 심판기관을 인민법원으로

---

15) 徐功勛, 위의 논문, 383면.
16) 우리의 결정(決定)에 해당하는 재판형식이다.
17) 王利明, 위의 책, 508면.
18) 이에 대해 상세한 설명은 제5장 제1절(사법행위보장청구권)을 참조하기 바람.

규정하고(제123조) 인민대표대회 상무위원회 구성인원은 국가행정기관, 심판기관, 검찰기관의 직무를 담임할 수 없다고(헌법 제65조, 제103조) 명시적으로 부인하고 있다. 또한 현실적으로 인민대표대회가 직접 사건에 대한 심판을 할 수 있는 객관적인 여건도 마련되어 있지 않다. 최고인민법원의 경우 매년 전인대 대표나 일반 공민들로부터 제기된 만 건 이상의 사건들에 대한 감독요구를 처리해야 한다.19) 이런 사건들의 구체적인 사실관계나 법률검토를 소송기록도 없는 입법기관이 직접 처리한다는 것은 물리적으로도 불가능하다. 심판은 엄격한 소송절차 속에서 당사자 간의 주장·입증을 통해 이루어지는 일련의 과정이고 이에 대한 전문적인 판단이 판결이라고 볼 때 사건에 관여하지 않은 제3자가 판결의 당부를 판단하는 것은 매우 어려운 일이다. 그리하여 전인대 상무위원회 역시 1989. 3. 28. 업무보고를 통해 절차에 위배하거나 법을 잘못 적용한 판결에 대해 인민대표대회는 단지 그 법원이나 상급법원에 그 사건의 재심사나 재심판을 요구할 수 있을 뿐이지 인민대표대회 자신이 자신의 판단으로 직접 법원의 판단을 대체할 수는 없다고 규정하였다.20) 이 입장에 따르더라도 인민대표대회는 직접 법원의 판결을 취소하거나 변경할 수 없다.

(3) 입법기관의 개별사건에 대한 감독가능성

인민대표대회가 직접 인민법원의 판결을 취소하거나 변경할 수는 없다 하더라도 인민법원에 소송계속 중인 개별사건에 대해 감독권을 행사할 수 있느냐가 현실적으로 문제된다. 개혁개방이후 사법의 불공정과 사법부패현상이 만연하여 지방 권력기관이 당해 사법기관의 개별사건을 감독해야 한다는 주장이 공감을 얻고 있다. 그런데 입법기관이 구체적인 사건에 대해 관심을 가지고 감독권을 행사하게 되면 사법의 독립은 훼손될 가능성이 많다.

---

19) Michael W. Dowdle, op. cit., p.109.
20) 王利明, 위의 책, 507면; Michael W. Dowdle, op. cit., p.110.

이의 허용여부에 대해서는 역시 입장이 나뉘고 있는데 먼저 긍정설은 인민대표대회의 사법기관에 대한 감독권은 추상적인 감독권이 아니고 구체적인 감독권이므로 인민대표대회가 개별사건에 대한 감독을 할 수 있다고 본다. 그리하여 인민대표대회는 인민법원이 사건의 처리를 부당하게 지연하면서 처리를 하지 않거나 잘못 심판하고 있는 사건들에 대해서 감독을 해야 하고 이를 태만히 하는 것은 인민대표대회가 헌법과 법률에 의해 주어진 자기 직책을 수행하지 않는 것이라고 보고 있다.[21] 다음 부정설은 인민대표대회의 사법에 대한 감독은 당연한 요구이지만 적합한 방법과 절차를 통해서 이루어져야 한다고 전제하면서, 개별사건에 대해 감독을 실행하면 법원의 독립심판권이 침해받을 가능성이 있고 인민대표대회가 법원을 대신해서 심판권을 행사할 가능성이 있어 개별사건에 대한 감독을 부정적으로 본다. 그러면서 인민대표대회가 개별사건에 대해 당해 법원이 심판활동을 법정절차에 따라 진행하는지를 감독하는 것은 가능하지만, 소송사건의 실체에 관한 문제에 관여하는 것은 허용될 수 없다고 본다.[22]

문제는 법원에 계속 중인 개별사건이 법정절차에 위배하여 현저히 불공정한 재판이 진행되고 있을 때에 입법기관이 개입할 수 있는가이다. 중국에서는 일반적으로 이런 수준의 감독은 사건의 실체형성과 관련되지 않으므로 가능하다고 보고 있다. 주로 재판의 지연이나 공개심판의 원칙에 위배한 경우를 말하고 있지만 이런 사유가 개별사건에 대한 입법기관의 감독권 행사의 동기가 될 수는 없다. 물론 1989년의 전인대 상무위원회가 발표한 가이드라인에는 법정절차의 위반에 대해 감독할 수 있다고

---

21) 徐功勛, 위의 논문, 383면.
22) 王利明, 앞의 책, 509면. 우리의 경우에도 입법기관이 법원의 사법행정에 대해 감사나 조사를 할 수는 있지만 구체적인 사건에 대해 조사나 감독을 할 수 있는지에 대해서는 견해가 나뉘고 있다. 국회가 법원에 계속 중인 사건에 관해 정치적 압력을 가하거나 재판의 실체심리에 개입하는 것은 허용되지 않는다는 것이 국내에서도 일반적인 지지를 받고 있다. 권형준, 위의 책, 646면 ; 성낙인, 위의 책, 882면 ; 장영수, 위의 책, 360면 ; 정종섭, 위의 책, 933면 : 허영, 위의 책, 909면.

규정되어 있지만[23] 이런 위반은 소송계속 중인 법원의 절차 내에서 다투어지거나 당사자의 상소를 통해 해결되어야 한다. 그리고 입법기관은 재판의 지연원인에 대한 업무보고를 최고인민법원에 요구하고 이를 개선하기 위한 정책을 마련하는 것이 사법기관에 대한 감독권을 둔 취지에 맞다. 그리고 필요하면 질문권을 행사하고 조사위원회를 구성하여 특정법원이나 심급에 대해 조사활동을 벌일 수는 있다.

입법기관이 사법기관의 심판활동에 개입할 수 있는 사유로 법률해석의 오류가 위 가이드라인에서 지적되고 있다.[24] 전인대 상무위원회가 법률 해석권을 보유하고(헌법 제67조 제4항) 법원은 명시적으로 법률 해석권을 가진다는 규정이 없는 상황에서 입법기관이 법률해석권을 근거로 법원의 개별적인 판결에 대해 감독을 할 수 있는 근거가 되고 있다. 2007년 발효된 감독법에도 최고인민법원이나 최고인민검찰원이 구체적 법률 응용과 관련하여 내린 해석이 법률규정과 저촉된다고 여길 때 국가기관 외에 일반 사회단체나 공민은 이를 전인대 상무위원회에 서면으로 심사건의를 제출할 수 있도록 규정하고 있다(감독법 제32조). 현 제도상으로는 법률해석의 오류를 이유로 입법기관에 감독권행사를 촉구하고 또한 최고인민법원의 법률해석이 다투고자 하는 판결의 전제가 되었다면 이 해석의 심사건의를 제출할 수 있다. 그렇지만 전인대 상무위원회가 이런 업무까지 다 처리하기에는 한계가 있다. 기본적으로 전인대 상무위원회는 입법 활동을 주 임무로 하고 구체적인 법률해석이 문제되는 경우 구체적인 사건을 통해 심사의 계기를 가지고 있는 사법기관이 더 전문적으로 심사를 수행할 수 있다는 점에서 앞으로 입법기관과 사법기관 상호간 사법심사의 범위에 대한 조정이 이루어져야 할 것으로 보인다.

그리고 입법기관이 법원의 개별적인 사건에 대해 감독하는 경우 사후심사가 원칙이다. 1989년의 전인대 상무위원회가 마련한 가이드라인에도

---

23) Michael W. Dowdle, op. cit., p.110.
24) Michael W. Dowdle, op. cit., p.110.

전인대는 조사활동을 시작하기 전에 그 사건이 종결될 때까지 기다려야 한다고 규정하고 있다.[25] 물론 현재 법원의 심판과 관련하여 사법인원이 뇌물을 수수하거나 기타 위법행위를 했다는 제보가 인민대표대회에 접수가 되면 이를 조사하고 필요하면 특별조사위원회를 구성하여 조직적으로 조사할 수도 있다. 혐의가 드러나면 파면절차를 통해 파면하고 필요하면 검찰기관이나 해당자가 고위직인 경우에는 당의 기율감찰기관으로 이송하여 처리한다.[26] 입법기관의 이런 조사활동은 법원의 심판활동과는 다른 목적에서 추구되는 것이므로 사건이 진행 중인 경우라도 가능하다.

2. 행정기관으로부터의 독립

1) 법원과 행정기관의 상호 지위

(1) 연혁적 고찰

공화국 수립 전 내전기간 동안에 공산당은 전국을 장악해 가면서 해방구의 통제를 강화하기 위해 인민법원을 계층적 구조로 수립하였는데 이 법원들을 정치권위로부터 독립적인 기관으로 구성하지 않고 정부구조 안으로 통합시켰다.[27] 인민정부 수립 후에 제정된 1951년의 임시규정과 1954년의 ≪중앙인민정부조직법≫규정에서도 중국 각급 사법기관은 동급 인민정부의 한 부분으로서 완전히 인민정부에 속하고 있었다.[28] 그렇지만 1954년 9월 중국의 첫 번째 헌법이 공포되면서 ≪인민법원조직법≫ ≪인민검찰원조직법≫이 동시에 제정되어 인민법원과 인민검찰원은 더

---

25) Ibid.
26) 王利明, 앞의 책, 510면
27) Jerome Alan Cohen, op. cit., p.976.
28) 馬駿駒, "當前我國司法制度中存在的問題與改進對策", 「司法改革論評」, 北京, 中國法制出版社, 2001, 2면; Susan Finder, "The Supreme People's Court of the People's Republic of China", *Journal of Chinese Law*, Fall 1993, p.146.

이상 동급 정부의 한 부분이 아니고 정부에서 독립된 사법기관으로 인정
되었다. 같은 헌법 제78조는 인민법원은 독립하여 심판권을 행사하고 오
직 법만을 따른다고 규정하였다. 이후 백화운동시기(1956)에 사법독립의
기운이 고조되었으나 이후 반우파투쟁(1957-1958)과 문화혁명 시기를 거
치면서 사법기관은 제 기능을 상실하였다. 문화혁명(1967-1978) 기간 동
안 대부분의 법원 구성원들은 농촌으로 보내졌고, 인민해방군이 1973년
까지 법원을 접수하였다.29) 1982년 헌법을 통해 사법기관은 제 기능을 회
복하고 1983년까지 국무원 산하 사법부30)가 주관하던 사법행정업무를
1983년 9월 2일 제6기 전국인민대표대회 상무위원회 제2차 회의에서 통
과된 ≪중화인민공화국인민법원조직법 수정에 관한 결정≫을 통해 최고
인민법원이 전국 인민법원의 사법행정업무를 주관하도록 변경하여 오늘
에 이르고 있다.31) 이와 같은 조치들은 문화혁명의 혼란을 수습한 중국이
법의 지배의 가치에 대해 재인식하고 이를 제도화하기 위한 일련의 조치
의 하나였다.32)

(2) 행정기관의 우월적 지위의 지속

사법기관과 인민정부는 그 구성에 모두 인민대표대회에 의존하고 있
어 상호간의 지위는 형식상으로는 평등하다고 할 수 있지만 현실적으로
는 인민정부가 우위에 있다고 볼 수 있다. 현재 헌법상 양자의 관계에 대

---

29) Susan Finder, op. cit., p.147.
30) 국무원 산하 기관으로 사법행정업무를 총괄하는 기관이다. 1978년의 개혁개방을 위
한 대전환을 이룬 후 1979년에 국무원 산하기관이었던 사법부가 다시 설치되었는데
1950년대부터 1979년까지 국무원 사법부는 설치와 폐지를 거듭하였다. 우리의 법
무부와 유사한데 공소권을 가진 검찰이 우리의 경우 법무부에 속해 있지만 중국
의 경우 독립된 사법기관으로서 인민검찰원이 공소권을 행사한다는 점이 다르다.
31) 範 愉 主編, 「司法制度槪論」, 中國人民大學出版社, 2003(1版). 145면.
32) William C. Jones, "The Constitution of the Republic of China", *Constitutional
Systems in Late Twentieth Century Asia*, Edited by Lawrence W. Beer, University
of Washington Press, Seatle and London, 1991, pp.68~74.

한 별다른 규정은 없지만[33] 실제상으로 중국에서 최고행정기관인 국무원과 그에 의해 통일적인 영도를 받는(헌법 제110조) 인민정부의 권한은 실로 막강하다. 다른 행정기관과 마찬가지로 서열구조를 가지고 있는 법원은 중국의 공식 서열상으로도 국무원보다 한 단계 낮게 설정되어 있다. 최고인민법원장은 국무원 부총리와 같은 서열을 가진다.[34] 계획경제시대의 경우 국무원은 공산당이 결정한 정책을 집행하는 수단으로서 중국공산당과 가장 밀접하게 관련되어 있었던[35] 헌법기관이었다. 지금도 국무원의 업무는 사실상 모든 국가작용에 관련되어 있다. 더욱이 국무원은 비교적 광범위한 입법권한을 보유하고 있다. 즉 헌법과 법률에 근거하여 전국적인 효력을 미치는 행정법규를 제정하여 실시할 수 있다(헌법 제89조 제1항). 이 행정법규는 상위의 법률을 실시하기 위한 역할도 하지만, 국무원은 독자적인 판단으로 자신의 직무영역에서 규율의 필요성이 있다면 직권으로 행정법규를 제정할 수 있다.[36] 물론 이와 같은 행정법규가 헌법과 법률에 위반하면 전인대 상무위원회에서 취소될 수 있다는 제한은 존재한다(헌법 제67조 제7항, 입법법 제88조 제2항). 개혁개방 이후 사회변화에 따라 행정의 역할은 증대되고 있으나 이를 법률의 형식으로 입법화하기에는 중국의 입법경험과 수준이 미치지 못했다. 그래서 빠르게 변화하는 행정환경에 대한 일차적인 행정규율은 주로 국무원을 중심으로 한 국가행정기관이 맡을 수밖에 없었던 것이 그 동안의 현실이었고 이런 현실

---

33) 張千帆, 「憲法學」, 法律出版社, 2004, 415면. 국무원만을 놓고 보더라도 국무원의 실질적인 권위는 전인대나 그 상무위원회 보다 더 높다고 평가하는 입장도 있다. 예를 들면 Chow Daniel C.K, *The Legal System of The People's Republic of China*, 2003, p.97. 참조. 그렇지만 최근 입법법과 감독법의 제정을 통해 나타나듯이 입법기관이 그 권한을 실질화하기 시작하면 국무원과의 상호위상은 달라질 가능성이 있다.

34) Susan Finder, op. cit., p.154.

35) Marc Rosenberg, "The Chinese Legal System Made Easy", 9 *U. Miami Int'l & Comp*. L. Rev. 2000-2001, pp.233~234.

36) Chow Daniel, op. cit., pp.146~147 ; Marc Rosenberg, op. cit., p.234.

은 지금도 계속 되고 있다. 그리하여 특정한 생활영역에서 발생하는 여러 가지 법률적 문제들에 대한 일차적 규율은 행정입법을 통해 이루어지고 있고 이것이 구체적인 문제 해결과정에서 중요한 역할을 한다. 이런 행정 입법들은 국가 최고행정기관인 국무원과 각급 인민정부에서 제정되어 실 행되고 있다. 그리고 이런 행정법규들은 인민법원이 행정사건을 심리할 때 근거로 해서 판단해야 한다(행정소송법 제52조). 즉 행정사건의 심리에 서 법원의 판단의 기준이 되는 법규37)에 해당한다. 또한 이런 풍부한 입 법경험과 전문성 그리고 행정적 필요에 근거하여 국무원은 그 산하기관 을 포함하여 전인대에서 제정되는 법률의 70% 정도를 발의하고 있다.38)

(3) 행정소송법의 제정과 법원의 사법심사

1989년 행정소송법의 제정과정처럼 중국에서 단일 입법을 놓고 오랜 기간 동안 논의를 거듭하며 활발한 의견교환을 벌였던 법도 드물었다. 고 유한 행정법국가의 전통을 보유하고 기본적으로 국가기관의 무오류성을 간직하고 있던 중국에서 행정소송법의 제정과정은 힘든 과정이었다. 행정 소송법 제정에서 나타난 논쟁의 과정은 행정소송의 목적을 둘러싸고 선 명한 입장의 차이를 보여주었다. 전통적인 행정직권의 보장에 중점을 두 는 입장과 공민의 합법적인 권리보장을 중심으로 한 입장의 대립은 행정 소송법 전 과정에 걸쳐 지속적으로 나타났다.39) 이런 논쟁은 결국 '균형 이론'이라는 일종의 절충적인 입장으로 타협을 보았고.40) 중국 행정법의

---

37) 법규의 개념에는 여러 입장이 있을 수 있지만 일단 "국민과 행정권을 구속하고 재판규범이 되는 성문의 법규범"을 총칭하는 의미로 사용하고자 한다.

38) Chow Daniel C.K, op. cit., p.101.

39) 행정소송의 범위, 행정규장의 문제, 원고적격과 피고적격의 문제, 행정내부의 심 사절차(행정복의)와 행정소송의 관계 등 여러 논쟁점들에서 다른 입장들이 개진 되었다. 상세한 설명은 제4장 제2절을 참조 바람.

40) 행정소송법은 「인민법원이 정확하고 신속하게 행정사건의 심리를 보장하기 위해 서, 공민, 법인, 기타조직의 합법적 권리를 보호하기 위해서, 행정기관이 법에 의 해서 행정직권을 행사하는 것을 유지·보호하고 감독하기 위해서 헌법에 근거하

발전에 커다란 이정표가 되었다.

중국 행정소송법의 제정은 행정권에 대한 일대 충격이었지만 이는 행정기관과 사법기관 특히 법원과의 권력분립에 긍정적인 영향을 미치고 있다. 행정소송법 제정 초기 행정기관은 자신이 내린 행정결정이 법원에 제소된다는 사실 자체가 자신의 권위를 손상시킨다고 생각했고 되도록 행정소송의 대상이 되지 않기 위해 회피수단을 찾기도 했다. 그리하여 행정소송법상 행정기관이 아닌 공산당의 결정형식으로 행정행위를 하기도 하고 서면으로 결정을 내리지 않거나 행정행위의 상대방에게 불복수단과 방법을 알리지 않기도 하였다. 또 일단 행정소송이 제기되더라도 여러 가지 수단을 동원해 원고에게 압력을 행사하여 소를 취하시키도록 유도하기도 하였다.41) 그렇지만 서서히 행정기관의 행정소송에 대한 관념이 변화하고 있는 것으로 조사되고 있다. 처음에 행정소송의 도입은 중국 현실에서 시기상조이고 정부의 효율성을 떨어뜨릴 것이라고 과반수 이상의 공무원들이 답변하였지만, 이제는 단지 공무원의 5%만이 이렇게 생각하는 것으로 조사되고 있다. 또한 초기 단지 35%만의 공무원만이 행정소송법의 제정이 법의식과 법제도를 향상시킬 것이라고 답변했으나 이제는 공무원의 75% 이상이 그렇게 생각한다고 조사되고 있다.42) 조사 통계의 정확성을 전적으로 신뢰할 수 없다고 하더라도 행정기관의 내부에서 상당한 의식의 전환이 이루어졌다는 것을 확인할 수는 있다. 자신의 내린 행정결정이 이제는 그 상대방에 의해 인민법원에 제소될 수 있다는 사실은 행정공무원들로 하여금 그들의 행위를 수정하게 만들고 더불어 일정한 억제효과를 발휘하고 있는 것이다. 이런 변화는 법의 지배로 가는 중국의 입장에서 볼 때 커다란 진전이라고 볼 수 있다.

여 본법을 제정한다」고 밝혀 행정소송법의 목적이 행정직권의 유지와 공민의 권리보호의 양자에 있음을 명확히 하였다(행정소송법 제1조).
41) Randall Peerenboom, op. cit., p.403. 심지어는 법원의 소환에 응하지도 않고 나아가 증거를 위조하거나 파괴하기도 하였다(ibid.).
42) Randall Peerenboom, op. cit., p.404.

2) 법원의 인민정부에 대한 재정적 의존

행정소송법의 제정과 그 실시는 법치행정의 중요한 발전임에 분명하지만, 아직 그 완전한 실현에는 극복해야 할 문제가 많이 남아 있다. 그 중에서 사법기관인 인민법원이 동급 행정기관인 인민정부에 재정적으로 의존하고 있다는 사실이 현실적으로 문제된다. 법원재정과 법관의 봉급 및 후생비는 최고인민법원이나 중앙인민정부가 아닌 지방인민정부에 의해 결정된다.43) 여기에 문제를 더 어렵게 만드는 요인으로 경제개혁은 국가권력을 지방으로 이전시켰고 이는 지방정부의 재정적인 자립의 요구로 이어졌다는 사실이다. 그런데 지방재정은 너무 단일한 재원에 의존하고 있어 지방정부의 세수확보는 한 개 혹은 몇 개의 기업에 집중되고 있는 경우도 있다. 더욱이 지방재정 사이의 불균형이 심해 지역별로 심한 차이를 보여주고 있다는 점이다. 이는 주로 경제발전의 차이를 반영하는 것으로 보이는데 동부지역의 성들의 경우 소송비용 등 예산 외 수입이 많아 재정예산을 지급하지 않는 경우도 있다.44)

지방 재정을 뒷받침하는 기업이 연루된 사건의 판결이나 그 집행이 지방재정에 미칠 영향을 생각하면 지방 인민정부가 인민법원에 재정적인 수단을 포함한 가능한 방법을 통해 압력을 행사할 것을 예상할 수 있다. 인민법원은 상급법원의 영도도 받아야 하지만 당장 인민정부의 이런 요구를 무시할 수 없는 형편이다. 이런 구조적인 측면이 인민법원의 활동의 폭을 좁히고 있다. 1999년 충칭의 100개 중급인민법원과 기층인민법원의

---

43) 張千帆, 앞의 책, 415면; 韓 波, 「法院體制改革研究」, 人民法院出版社, 2003, 264면 이하. 법원의 심판예산은 지방재정에서 부담한다고 기술하고 있는데 심판예산은 법관 등의 인건비와 일상 사무용 지출만을 의미하는지는 확실하지 않다. 법원의 인민정부에 대한 재정적인 의존을 지적하는 영미문헌으로는 다음을 참조 바람. Jerome Alan Cohen, "Reforming China's Civil Procedure : Judging the Courts", *American Journal of Comparative Law*, Fall 1997, p.800; Lubman Stanley B, *Bird in a Cage: Legal Reforms in China after Mao*, Standford : Stanford University Press, 1999, p.265; Randall Peerenboom, op. cit., p.311.

44) 韓 波, 위의 책, 269면, 274면.

법관을 상대로 한 조사에 의하면 인민법원의 법관들이 외부의 간섭순위로 32%가 인민정부를, 15%가 인민대표대회를, 12%가 공산당을, 12%가 법원 내부를, 11%가 그 밖의 간섭을 각 들었다.[45] 이를 보면 당이나 법원 내부의 간섭보다 인민정부나 인민대표대회의 간섭의 비중이 거의 절반에 가깝다는 것을 확인할 수 있다. 이는 인민정부가 인민법원의 독립성에 대한 가장 큰 위협요인임을 보여준다.

이렇게 지방 인민정부의 간섭의 비율이 높다는 것은 인민정부의 지방 정치에서의 역할이 높다는 점을 보여준다. 사실 인민정부 공무원의 대부분은 당원이라고 할 수 있다. 당원이 되는 것은 중국사회 내에서 영향력 있는 주류사회로 올라가는 통로이고 개인적으로는 대단한 영광이었다. 공직에서 자신의 성공을 추구하고자 하는 사람이라면 모두 입당지원을 하여 당원이 되는 것을 바라게 된다. 그런데 이런 분위기가 이제는 변화하고 있다. 당원의 신분과 행정기관의 직위를 겸하고 있는 사람들은 이제는 당보다는 행정기관을 자신의 준거집단(reference group)으로 삼으려는 경향이 나타나고 있다. 자신의 행정직함이 자신의 성공을 위해 더 필요한 경력이라고 여기고 있다. 종전에 공무원은 두 모자를 가지고 있으면서 상황에 따라 모자를 선택했으나 이제는 행정공무원이라는 모자를 일반적으로 선호하는 경향이 나타나고 있다. 이는 시장경제의 지속적인 발전 속에서 나타나는 유인구조(incentive structure)의 변화와 관련이 있는 것으로 보인다.[46] 이런 상황의 변화가 인민법원에 대한 간섭의 제 1순위로 인민정부가 나타나게 된 조사결과와 관련이 있다.

인민정부는 지역경제를 발전시키고 국영기업의 합리화조치를 통해 대량으로 발생하여 사회불안과 재정적 부담으로 돌아오는 실업자문제를 해결하기 위해 든든한 지방재정의 후원자를 찾으려 한다. 이를 위해 인민정부는 모든 노력을 다해 국내외 자본을 유치하고자 한다. 이를 통해 공무

---

45) Randall Peerenboom, op. cit., p.307.
46) Ibid., p.308.

원 자신은 투자유치의 실적을 쌓고 이는 다음 승진을 위한 업적이 된다.
이렇게 유치한 국내기업이나 외국기업에 대한 법률문제가 발생하는 경우
인민정부가 인민법원에 영향력을 행사하여 지방정부에 유리한 결과를 얻
고자 하는 것은 충분히 짐작할 수 있는 일이다. 국내외 자본 역시 법정절
차를 통한 법리적 해결보다 인민정부나 당조직을 이용한 방식이 더 효과
적이라는 것을 알고 있다. 이런 상황에서 인민법원이 선택할 수 있는 길
은 많지 않다. 그래서 소위 '지방보호주의'47)는 이와 같은 인민법원을 둘
러싼 문제상황에 대한 정확한 인식에 기초를 둔, 제도적인 개혁을 통해
극복될 수 있다는 것이 일반적인 지적이다.

II. 법원 심판의 독립

법원은 헌법에 의해 사법권을 부여받아 심판작용을 본질적인 임무로
하고 있다. 법원의 독립은 실질적으로는 심판작용에서 독립을 이루기 위
한 요청이다. 법원의 심판의 독립은 법원에 대한 사법개혁의 과제 중 가
장 논의가 활발한 분야이기도 하다. 법원의 심판의 독립에 영향을 줄 수
있는 요소로서 법원 내부의 심판위원회와 선례시스템, 그리고 법원의 경
비체제를 들 수 있다.

---

47) 일반적으로 지방보호주의라 함은 중국사법기관의 지역 편향적인 판결이나 결정을
부르는 용어로 사용되고 있다. 정확한 개념을 규정하기 어렵지만 일정한 지역에
기반을 두고 그 지역의 경제 분야에 일정한 영향력을 미치는 기업이나 단체를 상
대로 외지의 소송 당사자가 자신의 권리를 보호받기 어려운 경우(판결의 확보)나
이미 제3의 지역에서 문제되는 지역에 기반을 둔 기업이나 단체를 상대로 이미
법률적 효력이 발생한 판결이나 중재판정을 받아 해당 문제 지역에서 이를 집행
하기 어려운 현상을 일컫는 개념으로 사용되고 있다. 이는 물론 법적 측면에서
그 개념을 한정하는 경우이다. 지방보호주의를 보다 일반화한 개념으로 보면 "국
가 전체의 이익을 희생하면서 지방의 이익을 추구하는 일정한 지방 국가기관의
경향" 정도를 의미한다고 볼 수 있을 것이다. Chow, Daniel C.K, op. cit., p.99.

1. 법원 내부의 감독체제로서 심판위원회[48]

헌법도 국가권력을 입법, 행정, 사법으로 구분해서 다른 국가기관들이 행사하도록 하면서 사법권의 독립을 특별히 헌법에 규정하고 있다(헌법 제126조). 그렇지만 우리 헌법과 달리 중국의 사법독립은 법관 개인이나 합의정의 독립이 아니고 법원의 독립일뿐이다.[49] 개별 법관의 독립을 보장하지 않고 법원의 독립을 통해 사법의 독립을 지킬 수 있다고 보면서 법원에 심판조직으로서 심판위원회를 설치하도록 하고 있다. 그리하여 중국 법원에서는 일정한 사건을 심판위원회의 토론을 거치도록 하고 그 결정에 따라 판결을 내리도록 하여 심판위원회가 사실상 최종적인 결정권을 행사하는 것으로 관찰된다. 그런데 실질적 판단권을 행사하는 것으로 여겨지는 심판위원회의 토론과 결정과정은 철저히 외부에 공개되지 않고 있다. 그리하여 법원 외부의 당사자나 제3자가 볼 때 중국 법원은 투명하지 않게 보이고 이는 사법의 공정과 판결의 정당화에도 일정한 영향을 주고 있다.

아래에서는 이와 같은 중국 법원 내의 심판위원회가 실제로 어떻게 작용하는가를 살피기 위해 심판위원회가 중국의 법제상 어떻게 규율되고 있으며 현실의 운영현황은 어떠한 가를 먼저 자세하게 살펴 심판위원회의 실제 모습을 기술해 본 후에 여기서 밝혀진 제도의 본질을 중심으로 사법독립의 관점에서 이를 간략하게 평가해 보기로 한다.

1) 심판위원회의 의의

심판위원회[50] 제도는 신민주주의 혁명 시기에 법률이 정비되지 않고

---

48) 이 부분은 정철, "중국법원의 심판위원회에 관한 고찰", 성균관법학 제19권 제2호, 비교법연구소, 2007, 303~323면을 정리한 것임.
49) Jerome A. Cohen, op. cit., p.799.
50) 심판위원회를 그대로 심판위원회로 번역하기도 하지만 재판위원회로 번역하기도

사건이 많은 상황에서 많은 사건을 빨리 처리하고 오판을 줄이기 위해서
형성된 심판위원회와 평의소조에 그 기원을 두고 있다.[51] 이미 일찍이
1932년 6월 9일 중국소비에트공화국 중앙집행위원회가 공표한 ≪裁判部
暫行組織及裁判條例≫ 제7조의 규정에 따르면 현 이상의 재판부 즉 지금
의 법원은 재판위원회를 형성하여 구성원은 재판부장, 부부장, 재판원 및
경찰소장 등으로 구성하였다. 이 재판위원회는 심판위원회의 전신이라고
할 수 있다.[52] 1949년 중화인민공화국 건국 이후에도 심판위원회로 명칭
을 바꾸어 제도는 계속 유지되었다. 1954년 ≪中華人民共和國人民法院
組織法≫ 제10조는 심판위원회제도를 강화해서 심판위원회의 직권을 강
화했다. 심판위원회는 중대하거나 혹은 의문스럽고 어려운 사건(疑難事
件) 혹은 기타 재판업무에 관련된 문제에 대해 토론[53]한다고 하였는데 현
재의 심판위원회의 규정과 유사한 구조를 가지게 되었다. 건국 초기 인민
법원은 이와 같은 심판위원회를 통해 재판의 수준을 어느 정도 보장할 수
있었다. 심판위원회는 중요한 사건(要案)을 주로 그 대상으로 하였고 심판
경험을 문건으로 만들어 다른 법관들과 공유하였다.

　1979년에 공포된 ≪人民法院組織法≫ 역시 기본적으로 1954년의 규
정을 따랐다. 동법 제12조의 규정에 따르면 심판위원회의 임무는 심판경
험을 공유하고 중대하거나 의문스럽고 어려운 사건, 그리고 심판관련 업
무를 토론하는 것이었다. 1979년의 인민법원조직법은 아직까지 중대하게

───────

한다. 재판이라는 의미가 소송절차를 표현하는데 더 적합하고 민사소송법의 용어
법과도 일치하여 재판위원회가 더 적당한 용어법이라고 본다. 다만 심판위원회의
연혁에서 이미 신 중국이 재판위원회라는 용어를 사용한 적이 있음을 감안하여
이와 구별하기 위한 차원에서 중국 표기 그대로 심판위원회를 사용할 뿐이다. 이
에 대한 상세 부연과 심판위원회의 연혁은 정철, "중국헌법상 사법제도에 관한
연구", 서울대학교 대학원 법학박사학위논문, 2008. 2. 79면 이하를 참조 바람.

51) 韓 波, 앞의 책, 140면.
52) 王利明, 앞의 책, 201면.
53) 토론으로 그치지 않고 결정에 이른 것으로 보인다. 우북평·김연숙, "중국의 사법
제도", 법조춘추, 제143호, 서울지방변호사회, 137면.

개정되지 않은 채 심판위원회의 존속을 보장하고 있다.[54] 그 동안 심판위원회의 운영과 관련하여 통일적인 규정이 마련되지 않았다는 지적이 있었는데 최고인민법원은 1993년 9월 11일에 ≪最高人民法院關與印發最高人民法院審判委員會工作規則≫(이하 '공작규칙'으로 부름)을 제정하여 시행하였다. 이 규칙은 물론 최고인민법원의 심판위원회의 업무에 관한 규정이지만 하급법원은 이를 기준으로 자체의 심판위원회 규정을 제정하고 있다.[55] 2006년 10월 31일 개정되어 전인대 상무위원회에서 법원조직법수정에 관한 결정이 통과되었는데 이 법원조직법 제11조에서 여전히 심판위원회제도는 변함없이 유지되고 있다.

심판위원회는 일정한 사건을 토론하고 그 처리방향의 결정과 기타 재판연구 등을 실행하기 위하여 중국의 모든 인민법원에 상설적으로[56] 설치된 재판조직이다(인민법원조직법 제11조). 심판위원회는 중국에 독창적인 사법재판기구로서[57] 법원 내 단순한 심판자문기구가 아닌 재판조직이고[58] 최고 재판조직(공작규칙 제1조)이다. 심판위원회의 설립취지는 심판업무 중에서 단체지도의 원칙[59]을 강조하기 위한 것이었고 심판위원회는 한 법관 개인을 대표하는 것이 아니라, 심판위원 합동의 조직으

---

54) Jerome A. Cohen, op. cit., p.799. 인민법원조직법은 1983년에 개정되고 2006년에 개정되었다.

55) 韓 波,「法院體制改革研究」, 第1版, 人民法院出版社, 北京, 2003, 144면

56) 공작규칙 제3조는 심판위원회는 정기적으로 매주 화요일, 금요일 오전에 회의하고 필요할 때는 임시적으로도 회의를 할 수 있는데 회의를 연기를 할 수도 있다고 규정하고 있다.

57) 熊先覺,「司法制度與司法改革」, 中國法制出版社, 2003, 77면 ; 우북평·김연숙, 위의 논문, 137면.

58) 王利明, 위의 책, 201면 ; 馬駿駒, 위의 논문, 7면 ; Sida Liu, "Beyond Global Convergence: Conflicts of Legitimacy in a Chinese Lower Court", *Law and Social Inquiry*, Winter 2006, p.92.

59) 여기서 단체책임이 파생되는데 이런 측면은 서구의 법원과는 크게 다른 점이다. Stanley B. Lubman, "Dispute Resolution on China after Deng Xiaoping: Mao and Meditation Revisited", *Columbia Journal of Asian Law*, Fall 1997, p.322.

로서 심판권을 행사하는 기구이다. 그래서 ≪人民法院五年改革綱要≫중
에는 명확하게 심판위원회가 법원 내의 최고 심판조직이라고 명확하게
기술하고 있다.[60] 물론 재판과 관련이 없는 재판경험의 공유나 기타 재판
연구 업무를 수행한다는 점에서(인민법원조직법 제11조) 순수한 재판조직
은 아니다.

심판위원회의 존재는 법원에 행정적인 영향을 미치기 위한 공식적인
채널을 제공한다. 학자에 따라서는 각 법원의 심판위원회의 임무를 법관
들에게 중국공산당의 현재의 정책(current policy)에 그들의 결정을 일치시
키도록 충고하는 것으로 표현하기도 하는데[61] 여기서 충고(advice)는 사실
상 중국법원의 행정적 서열화의 구조 안에서 명령으로 이해하여야 한다.
그래서 심판위원회는 각급 인민법원 내부의 심판을 영도하는 조직기구라
고 할 수 있다.[62]

그리고 법관의 행정상의 서열은 사건들의 결론을 결정하는데 있어 중
요하게 작용한다.[63] 심판위원회가 행정조직이 아닌 법원 내 최고 재판조
직이지만 사실상 법원내의 행정조직화가 너무 현저하여 재판조직의 운영
에 있어서도 행정조직화에 따른 영향을 강하게 받는다. 실제 심판위원회
의 구성원으로서 원장이나 심판위원회 위원은 모두 1개의 투표권을 행사
한다는 점에서는 똑같지만, 원장이 법원의 행정업무의 총책임자라는 이유
로 심판위원회에서도 그 영향력을 강하게 행사할 수밖에 없는 구조이다.
이런 점을 강조하면서 사법독립의 문제와 관련해서 심판위원회 자체에
문제가 있기보다는 법원이 고도로 행정조직화된 점에 오히려 문제의 원
인이 있다는 주장도 있다.[64]

---

60) 韓 波, 앞의 책, 141면.
61) Tahirih V. Lee, "Exporting Judicial Review from the United States to China",
   Columbia Journal of Asian Law 19(2005), p.165.
62) 韓 波, 앞의 책, 141면.
63) Sida Liu, op. cit., p.92.
64) 張千帆, 위의 책, 397면.

2) 심판위원회의 구성

심판위원회의 위원은 법원 원장이 동급의 인민대표대회 상무위원회에 제청하여 동급 인민대표대회 상무위원회에서 임명하고 파면한다. 최고인 민법원 심판위원회 위원은 최고인민법원의 법원장이 전국인민대표대회 상무위원회에 제청하여 전국인민대표대회 상무위원회가 임명하고 파면한 다. 각급 인민법원 심판위원회 회의는 원장이 진행하는데(인민법원조직법 제11조) 경우에 따라 원장이 위탁한 부원장이 심판위원회를 주재할 수 있 다(공작규정 제6조). 합의정의 구성은 사건마다 변화할 수 있는 반면 심판 위원회의 구성원들은 변화하지 않는다.65) 각 법원의 심판위원회는 법원의 크기에 좌우되는데 보통 약 10명에서 25명으로 구성되는데 심판위원회는 보통 의장, 부의장, 각 부의 정장, 부정장 그리고 다른 중요한 법관들로 구성된다.66) 여기에는 정치부, 기율감찰실과 같은 법원의 행정부서의 인 원도 심판위원회의 구성원이 되는 경우도 있다.67) 상응하는 단위의 인민 검찰원의 수석 검찰은 투표권은 없이 심판위원회의 모임에 참석할 권리 를 가진다(공작규칙 제6조).

3) 심판위원회의 운영절차

각급 인민법원은 심판위원회를 설립하고 민주집중제68)를 실행한다(인 민법원조직법 제11조). 이로부터 집단책임이 나오는데 이를 위해 심판위 원회는 의제에 대해 충분한 토론을 하여야 하고 이를 위해 심판위원회에 비서를 두어 회의 전 준비, 회의기록, 회의 기타 관련된 사항을 미리 준비 할 책임을 맡기고 있다(공작규칙 제9조, 제12조). 심판위원회는 위원 반수

---

65) Daniel C.K, Chow, op. cit., p.211.
66) Jerome A. Cohen, op. cit., p.798. 상세히는 심판위원회의 운영현황을 참조하기 바람.
67) 韓 波, 앞의 책, 144면.
68) 민주집중제는 제2장 사회주의 법제의 구성요소부분을 참조하기 바람.

이상이 넘어야 회의를 할 수 있고 심판위원회의 결정은 반드시 과반수 이상의 심판위원회 위원의 동의가 있어야 이루어질 수 있다(공작규칙 제4조, 제9조).[69]

인민법원조직법 제11조에 의하면 중대하거나 의문스럽고 어려운 사건을 심판위원회에서 토론한다고 규정하고 있다. 의문스러운 사건은 사실관계가 문제되는 사건을 말하고 어려운 사건은 법원 내부나 상하급 법원 간에 다른 입장을 보이는 사건을 말한다.[70] 중대하거나 의심스럽고 어려운 사건이란 일률적으로 말할 수 없고 일반적으로 관할구역에 또는 전국적으로 중대한 영향을 미칠 수 있는 사건이나 섭외사건 같은 것이 여기에 속할 것으로 보는 견해도 있다.[71] 대부분의 경우 복잡한 인간적·제도적 관계 때문에 어려운 사건이 된다고 한다.[72] 구체적인 경우 어떤 사건을 심판위원회에 회부할 것인지를 결정하는 내부규칙은 각 법원에 의해 결정된다.[73]

재판경험의 정리·종합도 역시 심판위원회의 토론 대상이다(인민법원조직법 제11조). 심판위원회는 법률의 정확한 적용에 관한 각급 법원의 경험, 재판실무 및 직무태도에 관한 경험, 전형적 사건의 취급 등을 종합하여 이를 재판 관계자의 사법수준을 제고하고 재판사무를 지도하는데 이용하게 한다.[74]

심판위원회는 기타 재판업무에 관련된 사항도 심판위원회의 대상으로 하고 있다(인민법원조직법 제11조). 최고인민법원의 심판위원회는 재판과정 중 법률, 법령의 구체적 적용에 관한 최고인민법원장 혹은 부원장이

---

69) 여기서 토론과 결정을 위한 정족수로 과반수 이상이라고만 되어 있지만 출석한 위원의 과반수의 의미로 해석된다.
70) Stanley B. Lubman, op. cit., p.321.
71) 강신중, "중국의 사법제도", 민사법연구 제10집 제1호(2002.6.) 대한민사법학회, 144면.
72) Stanley B. Lubman, op. cit., p.321.
73) Jerome A. Cohen, op. cit., p.798.
74) 강신중, 위의 논문, 145면.

제청한 사법해석초안을 토론하여 통과시키고 최고인민법원공보에 등재할 사법해석과 판례를 토론하여 결정한다(공작규칙 제2조 제3항, 제4항). 또한 원장이 재판장을 할 경우 그에 대한 기피신청은 심판위원회에서 결정한다(민사소송법 제47조; 형사소송법 제30조). 또한 보조법관은 법관의 업무를 보조하는데 보조법관은 본원 원장이 추천하여 심판위원회를 통해 법관의 임무를 임시 대행할 수 있다(인민법원조직법 제37조).

각급 인민법원장은 재판감독절차에 따라 본원에 이미 법률효력이 발생한 판결과 재정(裁定)이 사실인정 혹은 법률적용에서 확실히 잘못이 있으면 반드시 심판위원회에 회부하여 처리해야 하는데(인민법원조직법 제11조), 이런 경우 심판위원회의 토론대상이 된다. 구체적으로 각급 인민법원장은 본원에 이미 법률효력이 발생한 판결과 재정에 확실히 잘못이 있는 것을 발견하여 재심이 필요하다고 여길 때는 심판위원회에 회부하고 토론하여 결정해야 한다(민사소송법 제177조). 형사사건의 경우에도 각급 인민법원 법원장은 본원에 이미 법률효력이 발생한 판결과 재정에 대하여 사실인정 혹은 법률적용에 확실히 잘못이 있는 경우 반드시 심판위원회에 회부하여 처리해야 한다(형사소송법 제205조). 심판위원회는 재판감독절차를 통해 당해 법원에서 볼 때 잠재적으로 잘못된 판단으로 드러난 민감하고 어려운 사건들을 다룬다.[75]

합의정은 법원장에게 제청하여 사건들을 심판위원회에 회부할 책임을 진다(≪最高人民法院關與人民法院合議廷工作的若干規定≫ 2002년 8월 17일 시행. 제5조. 이하 '약간규정'으로 부름). 원장이 이를 승낙하여 사건을 심판위원회에 회부할 수 있다. 재판장도 또한 원장에게 제청하여 원장이 사건을 심판위원회에 회부하여 토론·결정할 수 있다(약간규정 제6조). 합의정의 경우에는 일정한 제한이 새로이 부가되었다. 즉 합의정은 평의의견의 일치 혹은 다수의견이 형성된 사건에 대해서는 직접 판결과 재정을 내려야 하지만[76] 다음의 사건에 대하여 합의정은 원장에게 제청하여

---

75) Jerome A. Cohen, op. cit., p.798.

심판위원회에 회부하여 토론·결정해야 한다. 그런 사건이란 ① 사형을 선고할 사건, ② 의문 있고 어렵거나(疑難事件) 복잡하거나(複雜事件) 중대한 사건(重大事件) 혹은 새로운 유형의 사건들 중 합의정이 심판위원회에 회부하여 토론할 필요가 있다고 인정하는 경우, ③ 합의정이 법률 적용방면에 중대한 의견 차이가 있을 때, ④ 합의정이 심판위원회에 토론결정이 필요하다고 인정하는 기타 사건들 또는 본원 심판위원회가 심판위원회에서 토론해야 한다고 결정한 사건을 말한다(약간규정 제12조).

종전에 법원장은 중대사건과 의난(疑難)사건의 경우 심판위원회에 제출하여 토론하여 결정할 수 있었고 합의정은 심판위원회의 결정을 반드시 집행해야 할 의무가 있었다(민사소송법시행[1982년 10월 1일 시행] 제39조; 형사소송법시행[1980년 1월 1일 시행] 제107조). 그러나 새로 1991년 제정된 민사소송법과 개정된 1996년 형사소송법에서 이 규정들은 삭제되었다.[76] 그 대신 형사소송법은 의난사건이나 중대사건의 경우 합의정이 결정을 내리기 어렵다고 판단할 때 합의정이 원장에게 제청하여 원장이 심판위원회에 회부하여 토론해서 결정한다고 규정했다 (동법 제149조).

---

76) 임시 민사소송법의 시행(1982년 10월 1일 시행) 중에 법원장은 심판위원회에 사건을 회부하여 결정한 경우 합의정은 심판위원회의 결정을 반드시 집행하여야 한다고 규정하고 있어(제39조) 심판위원회는 합의정이 일치의견을 낸 경우에도 합의정의 의견을 변경시킬 수 있는 권한이 있었는데 이런 점에 대해 사법내부로부터의 비판이 많았다. 임시 민사소송법에서 심판위원회에 일정한 권한을 부여했던 규정들은 1991년 제정된 민사소송법에서 거의 제거되었다. 여기에 대해서는 Jerome A. Cohen, op. cit., p.799. 참조 바람. 특히 ≪最高人民法院關與民事經濟審判方式改革問題的若干規定≫(1998년 6월 19일 최고인민법원 심판위원회 제995차 회의통과) 제33조는 사실관계가 분명하고 법률관계도 명확하여 책임관계도 분명하면 합의정의견이 일치한 재판은 원장의 승인을 받아야 하는 경우는 제외하고 재판장 혹은 단독법관이 판결문을 작성할 수 있다고 규정하고 있다.

77) Jerome A. Cohen, op. cit., p.799. Cohen은 사법계에서 사법독립에 대한 행정적인 통제라는 점증하는 비난을 받아들인 결과라고 보고 있다.

≪最高人民法院關與人民法院合議廷工作的若干規定≫(2002년 8월 17
일 시행)은 원장, 정장이 합의정의 평의의견과 판결문을 심사하는 과정 중
에 평의결론에 대해 이의가 있을 때[78] 합의정에 대해서 다시 논의하라고
건의할 수 있는데 이 경우 원장, 정장은 다시 논의하라고 내려 보낼 때
서면의견을 제시해야 한다. 합의정이 다시 논의한 후에 정장이 이에 대해
여전히 이의가 있을 경우 해당사건을 원장에게 제청하여 원장이 심판위
원회에 회부하여 토론·결정한다(약간규정 제17조). 법원장은 재판감독절
차를 통해 사건을 심판위원회에 회부할 수 있는 권한이 있으므로(인민법
원조직법 제14조; 민사소송법 제177조; 형사소송법 제205조) 여전히 잠재
적으로는 합의정의 결론을 과오수정의 형태로 바꿀 수 있는 권한이 있지
만, 이미 합의정의 결론이 법률적 효력을 발생한 후에만 가능해 시기적인
제약을 받게 된다.

심판위원회가 동 위원회에서 토론해야 한다고 결정한 사건에 대해서
는 합의정 역시 원장에게 제청하여 심판위원회에 회부하여 토론·결정할
수 있다(약간규정 제1조 제4항). 경우에 따라서는 재판이 시작되기 전에
미리 심판위원회 앞으로 회부되는 경우도 있을 수 있다.[79]

사건이 심판위원회에 회부되고 나면 사건을 책임지고 있는, 합의정의
법관은 보통 그 사건을 어떻게 결정할지에 관하여 합의정을 지도할 수 있
는 심판위원회에 회의 전에 간단명료하고 정확한 보고서를 작성하여 제
출한다.[80] 책임자(사건을 맡고 있는 합의정의 법관을 책임자로 부른다)는
토론을 위해 미리 준비하여 회의의 진행자의 요구에 따라 회의에서 보고
하고 위원들 질문에 대해 답변하여야 한다(공작규칙 제8조). 합의정과 책
임자는 사건의 사실관계에 대해 책임을 져야 하고 처리의견에 대해 관련
된 법률근거를 적어야 한다(공작규칙 제8조). 심판위원회는 비서를 둬야

---

78) 아직 합의정의 의견이 결정되지 않은 상태를 전제로 한다.
79) Chow. Daniel, op. cit., p.211. 이렇게 되면 그 사건은 공개재판 전에 이미 결정되
    어 버려 나중의 재판절차는 의미 없는 것이 돼버린다.
80) Ibid.

하는데 그는 회의 전 준비, 회의기록, 회의 기타 관련된 사항을 미리 준비
할 책임을 진다(공작규칙 제12조). 심판위원회가 토론할 의제에 관한 서류
를 관련된 부서에 제공해야 하고 심판위원회의 비서는 회의 전날에 각 위
원과 회의참석자에게 미리 나눠줘야 한다(공작규칙 제7조). 심판위원회
위원은 시간을 준수하여 회의에 출석하여야 한다. 만약 출장, 휴가, 임시
적으로 사정이 있어 회의에 출석하지 못하는 경우에는 반드시 원장 혹은
심판위원회를 원장의 부탁 하에 진행하는 부원장에게 통보하여야 한다(공
작규칙 제5조).

심판위원회는 소송기록을 검토하거나 당사자를 심리하지 않고 책임 법
관의 짧은 보고에 근거하여 사건에 대해 토론하고 결정할 수 있다.81) 심판
위원회는 의제에 대해 충분한 토론을 하여야 하는데(공작규칙 제9조) 이
는 논란의 대상이 되기도 한다.82) 보통 한 번의 회의에서 20개 정도의
사건들이 검토되므로 심판위원회가 어떤 사건에 상당한 관심을 쏟기가
어렵고 하나의 구체적인 사건의 검토에 사용되는 시간은 제한되어 있
다.83) 토론에서 소수의견은 회의기록에 남겨두어야 한다(공작규칙 제9조).

심판위원회가 토론하고 결정한 사항에 대해서는 반드시 기록해야 하
며 회의내용을 기록한 문건은 회의 진행자가 심사한 후에 각 위원과 관련
된 부서에 배포하고 그 회의록을 정리해서 보존한다(공작규칙 제11조). 심
판위원회 위원, 출석인원, 비서, 서기원은 반드시 심판위원회의 토론과 결
정된 사항에 대해 비밀을 지켜야 하고 심판위원회의 회의기록은 기밀문
건에 속하기 때문에 비준을 거치지 않으면 어떤 사람도 밖으로 유출할 수
없다(공작규칙 제13조).

---

81) Chow. Daniel, op. cit., p.211. 인민법원조직법 제11조에는 단지 토론한다고만
규정되어 있으나 이를 구체화하는 민사소송법과 형사소송법은 결정까지 내릴 수
있음을 규정하고 있다(민사소송법 제49조, 제177조 ; 형사소송법 제30조, 제149
조). 공작규칙 제2조 역시 마찬가지다.
82) 상세히는 심판위원회의 운영현황 <표 7>를 참조하기 바람.
83) Chow. Daniel, op. cit., p.211.

4) 심판위원회 결정의 효력

합의정 혹은 법원은 심판위원회 결정을 반드시 집행해야 하고 독자적으로 위 결정을 변경할 수 없다(공작규칙 제10조). 합의정은 심판위원회의 결정을 집행할 책임을 진다(형사소송법 제149조, 약간규정 제5조). 심판위원회의 결정이 합의정의 결정을 대체해서는 안 된다는 주장에도 불구하고 실제로 심판위원회의 결정이 반드시 실현될 수밖에 없는 것은 심판위원회의 권위가 너무 크기 때문이다.84)

합의정은 일반적으로 심판위원회의 결정이 난 후 5일 안에 재판문서를 작성해야 한다(약간규정 제14조). 재판문서는 재판장 혹은 담당법관이 작성한다. 그러나 재판장 혹은 담당법관의 의견이 합의정의 결론 혹은 심판위원회 결정과 확실한 차이가 있는 경우에는 기타 합의정의 구성원이 재판문서를 작성할 수 있다.85) 작성된 판결문에 대해서 합의정 구성원은 공동으로 심사해야 하고 틀림없음을 확인하고 서명한다(약간규정 제15조). 심판위원회의 토론과 결정을 거쳤다고 하더라도 심판위원회의 결정에 따라 판결문을 작성한 합의정의 구성원들이 판결문에 서명을 한다.86) 그렇기 때문에 심판위원회가 합의정의 결론과 다른 결론을 내리고 합의정의 담당법관이 이에 따라 판결문을 작성한 경우 결정한 자와 심리한 자가 다른 현상이 발생하고 판결에 대한 책임이 문제될 소지가 있다.

만약 결정에 대해 이의가 있으면 원장 혹은 부원장에게 보고하여 심판위원회에서 다시 토론할 수 있는데 심판위원회에서 다시 논의할지 여부를 결정하는 것은 원장 혹은 부원장이다(공작규칙 제10조, 약간규정 제13조).

---

84) Stanley B. Lubman, op. cit., p.321.
85) 陳國輝·程春華, "我國裁判制度的觀察與思考", 司法改革論評, 제1집, 2001, 中國法制出版社, 352면에서 저자는 이런 심판위원회의 최종결정이 합의정의 다수의견과 다를 경우 내가 이런 사건을 맡은 심판원이라면 나의 생각으로는 이런 사건의 판결문을 쓰는 것은 대학가는 것보다 더 어려운 것이라고 그 어려움을 토로하고 있다.
86) 우북평·김연숙, 앞의 논문, 137면.

5) 성도시 심판위원회의 운영현황

심판위원회의 구체적인 운영현황은 심판위원회 제도의 정확한 이해를 도울 수 있고 제도 자체의 실질적인 문제점을 파악하여 올바른 평가를 할 수 있게 해준다. 성도시(成都市) 중급인민법원은 1998년부터 2000년까지의 심판위원회 제도의 운영현황에 대하여 조사와 분석[87]을 진행하였다. 이 보고 중에는 이 성도시 한 개의 중급법원과 스무 개 기층법원 심판위원회의 구성, 운영과정과 운영결과에 대한 상세한 고찰이 포함되어 있다.

우선 전체 운영결과에서 보면 개별 사건의 토론이 심판위원회 업무의 대부분을 차지하고 있음을 알 수 있다. 비록 심판위원회가 토론·결정한 안건이 법원 전체 안건 중에서 차지하는 비율은 여전히 적지만,[88] 조사결과는 이미 개별사건의 토론이 심판위원회 주된 업무가 되고 있음을 보여준다.

〈표 1〉 성도시 기층 및 중급인민법원의 심판위원회
운영결과분석(1998년~2000년)

구 분	총 사건수	심판위원회 총 사건수 중 운영결과별 분석			
		개별안건수	사법정책연구	심판경험연구	기타안건
기층인민법원	3,486건	3,307건(94%)	80건(2.9%)	44건(1.26%)	55건(1.58%)
중급인민법원	396건	379건(95%)	7건(1.77%)	4건(1.01%)	6건(1.51%)

이 조사에서 나타난 결과를 분석하면 심판위원회의 대부분의 의안은 구체적 안건에 대한 것이고 중급법원의 개별안건 연구비율이 기층법원의 평균보다는 더 높다는 것을 확인할 수 있다.[89]

---

87) 成都市中級人民法院硏究室, "審判委員會制度運作現狀調査及思考", 中國法學會訴訟法學硏究會 2001년 참석논문. 통계숫자에 달리 설명이 없으면 이 논문을 인용한 것으로 한다.
88) 같은 기간 위 법원의 심판위원회에서 토론한 3,000여 개의 사건은 전체 14만 사건의 2.5% 밖에 차지하지 않았다.

〈표 2〉 성도시 20개 기층법원와 중급인민법원의 개별사건 처리실태

구 분	개별안건 토론숫자	개별사건의 토론내용		
		사실인정의 문제	법률적용의 문제	사실과 법률적용문제
기층인민법원	2,841건	308건(10.84%)	1,635건(57.55%)	898건(31.6%)
중급인민법원	379건	129건(34.04%)	74건(19.53%)	176건(46.44%)

구체적인 안건에 대하여 사실문제가 토론의 중점이냐 아니면 법률문제가 토론의 중점인가는 사건의 구체적 상황과 심판위원회의 관심초점에 따라 결정된다. 그렇지만 명확한 것은 법률 적용문제의 논의와 사실문제 토론의 기초로서 법률 적용문제를 논의한 것이 다수를 차지한다는 것이다. 이런 특징은 기층인민법원에서 뚜렷하게 나타나는데 양 항목을 합치면 89.16%를 차지한다. 중급인민법원에서는 양 항목을 합치면 65.79%를 차지한다. 기층 심판위원회는 특별히 구체적 안건의 법률적용문제에 있어 아주 중요한 역할을 하고 있다고 보인다.[90]

다음으로 전체적으로 보면, 사실문제 토론의 비율이 개별안건 토론 중에서 상대적으로 낮다는 점이다. 그러나 이 비율은 중급법원과 기층법원에서 또 큰 차이를 보여준다. 전자는 후자보다 평균비율이 24% 더 높다. 이것은 기층법원의 심판위원회가 독임법관(獨任法官)[91]과 합의정이 일반 형사사건에서 인정한 사실관계에 대해서 구속을 많이 하지 않는 것을 보여주지만, 중급인민법원의 심판위원회는 중대한 형사사건의 사실인정에 대해서 신중하다는 것을 알 수 있다.[92] 개별 안건의 토론내용 중에 법률적용문제가 많이 나타난 것은 중국법관의 법적 소양이 독립심판의 요구에 미달한 것을 보여주는 것이다.[93] 이것은 상당한 기간 동안 심판위원회가 일정한 역할을 해야 한다는 주장의 근거가 될 수 있다.

---

89) 韓 波, 위의 책, 142면.
90) 韓 波, 앞의 책, 142면.
91) 우리의 단독판사를 의미한다. 독임심판원이라고도 부른다.
92) 韓 波, 앞의 책, 142면.
93) 馬駿駒, 앞의 논문, 7면. 이는 중국학자들의 공통적인 지적이다.

〈표 3〉 성도시 중급·20개 기층법원 심판위원회 위원의 구성비율

| 중급·기층심판 위원회 위원의 총수 | 위원의 직위별 구성비율 | | | 기 타 |
	법원장/부원장	정장/수석법관	행정부서주임	
191명	92명(48%)	78명(40.84%), 정장 75명, 수석판사 3인	21명(11%)	

심판위원회의 구성원을 보면 심판과정에서 제 역할을 못하고 있다. 성도시 중급인민법원과 20개의 기층인민법원의 심판위원회의 위원이 191명인데 법원 심판위원회 구성원 중에 원장, 부원장이 92명이고 이들이 심판위원회 구성원 중에 48%를 차지하고 있다. 또 심판업무부서의 정장(庭長)94) 75인, 수석법관(骨干) 3인으로 40.84%를 차지한다. 기율감찰실, 정치부, 판공실 등 행정부서 주임(조장) 21인으로 11%를 차지하고 있다.

〈표 4〉 성도시 기층·중급인민법원 심판위원회 연령조사

| 구 분 | 기층법원심판위원회 | | | 중급법원 심판위원의 평균연령 |
	심판위원 평균연령	위원 중 최고연장자	위원 중 최소연소자	
연 령	44세	59세	29세	49.6세

또 연령에서 보면, 기층법원 심판위원회 위원의 평균연령은 44세이고 제일 연장자는 59세로 조사되었다. 제일 연소자는 29세였다. 중급인민법원의 심판위원회의 평균연령은 49.6세였다.

〈표 5〉 성도시 기층 및 중급인민법원 심판위원회 위원의 학력 및 심판경력

| 구 분 | 학사학위 이상의 학력자 | | | 전문대졸업 | 기타학력 | 1년 이상의 심판 경력자의 비율 |
	석사학위	학사학위	비 율			
심판위원 (총191명)	5명	87명	48%	92명(48%)	3.66%	180명(94.24%)

---

94) 한국의 합의부의 재판장보다 더 높은 보직으로 한 법원의 각 합의부를 총괄하는 직책이다. 예를 들면 민사합의부를 총괄하는 민사 재판 정장, 형사 합의부를 총괄하는 형사 재판부 정장 등이 있다.

심판위원회 위원의 학력에 관한 조사결과를 통해 심판위원회 구성원 중 대다수는 (1) 심판경험이 있는 사람이고 (2) 재판을 아예 모르는 사람은 아주 적은 편임을 알 수 있고 (3) 구성원 연령은 법원 구성원 평균 연령보다 높으며 (4) 대다수 구성원은 법률전공이지만, 평균 학력이 높지 않음을 알 수 있다. 대학 이상의 학력은 50% 미만이었다. (5) 또한 전부 다 겸직이었고 상임 심판위원회 위원은 전혀 없었다는 점이 확인되었다. 이 조사보고를 통해 중국법원의 심판위원회의 구성에서 고위 보직자 중심의 구성, 고령화, 저학력, 겸직성 등의 특징이 나타나고 있음을 확인할 수 있다.[95] 상당수의 인민법원의 원장 중에는 비법률 전공자가 있었고 다른 부서에서 온 사람도 있었다. 대부분 정장은 자기 부서에 관련된 법률법규에 대해서는 잘 알고 있지만 다른 부서의 관련된 법률지식과 재판업무에 대해서는 잘 알지 못함에도 불구하고[96] 심판위원회의 표결절차에 참여하여 사건의 최종적인 결과에 영향을 미치고 있음을 알 수 있다.

또한 심판위원회의 위원 자격은 정치적 대우를 나타내고 있음을 알 수 있다. 가령 정치부, 기율감찰실과 같은 행정부서의 인원도 심판위원회의 구성원이 될 수 있다. 그들의 법률지식의 정도는 직접 사건을 심리하는 법관과 비교하면 그 법률지식의 차이는 있을 수밖에 없다.

성도시 중급인민법원은 최고인민법원이 1993년에 제정한 ≪最高法院審判委員會工作規則≫을 기준으로 1996년에 전도시의 중급·기층의 양급 법원에서 ≪審判委員會議事規則≫을 마련하여 실시했다.

이 규칙에 따르면 심판위원회는 전문기구를 설치하지 않고 연구실인원 중에서 겸임비서를 두고 있을 뿐이다. 심판위원회는 정기적으로 회의를 열어서 사건의 책임자가 이 비서에게 먼저 보고를 하고 그 후 비서가 의사일정을 마련한다. 심판위원회의 위원이 반수 이상 참석해야 심판위원

---

95) 韓波, 앞의 책, 143면.

96) 王利明, 앞의 책, 203면. 이는 일반적인 중국학자들의 지적이다; Jerome A. Cohen, op. cit., p.799. 서구의 연구자들도 마찬가지다.

회는 열릴 수 있고 심판위원회가 결정을 할 때에는 위원 반수 이상이 찬성해야 한다.

〈표 6〉 성도시 중급법원과 20개 기층법원 심판위원회 회부의안의 상정루트

구 분	심판위원회 규정	원장과 정장의 결정	언론이나 다른 방면에서 관심	합의정이 올린 사건	비 고
총 2,653건	1716건(65%)	600건(22%)	112건(4.3%)	207건(7.9%)	2년간 상정의안

심판위원회 의안의 상정경로는 주로 심판위원회 규정에 따라석 이루어진다. 그래서 성도시 중급법원과 20개 기층법원의 심판위원회의 2년간 토론한 2,653건 중에 심판위원회규정에 따라서 심판위원회에 올린 사건은 1,716건(65.12%)이고,[97] 원장과 정장의 결정에 따라서 심판위원회의 심판에 올려진 사건이 600건(22.77%)을 차지하고, 언론 등이 관심을 가져서 심판위원회의 심판에 올려진 사건이 112(4.25%)이고, 끝으로 합의정에서 올린 사건이 207건(7.86%)이다.

이런 결과를 보면 심판위원회의 의안의 절대부분인 90% 이상은 소송법의 규정에 따라 합의정이 중요하고 복잡하여 결정하기 어려운 사건을 심판위원회의 토론에 올려서 결정한 것이 아니고, 대부분 법원 내부규정에 의해 반드시 올려야 하는 사건이 반 이상을 차지한다. 원장, 정장의 결정과 사회단체가 관심을 가져서 심판위원회에 올린 사건도 상당한 비율을 차지하고 있다.

심판위원회 비서는 겸직인데 심판위원회의 비서는 의안의 준비뿐만 아니라 사전에 심판위원회의 의안을 심사하고 관련 연구자료를 수집하여 이를 심판위원회에 제출하여 심판위원회의 토론을 원활하게 이루어지도록 해야 한다. 그러나 비서의 업무량이 너무 많아서 이런 일들을 제대로 다 할 수 없기 때문에 자연히 심판위원회의 운영이 효율적으로 이루어지

---

97) 주로 심판위원회의사규칙에서 반드시 토론해야 하는 사건에 관한 규정이다

지 않았음을 보여준다. 결국 이로 인해 심판위원회의 토론과 결정 역시
충실하게 이루어지지 않았다.[98]

심판위원회에서 정식으로 토론하기 전에 준비절차(預先準備制度)가 마
련되어 있었는데 성도시 조사보고에 의하면, 성도시 중급인민법원과 20개
기층인민법원 중에서 13개 법원만이 형식상 이런 제도를 가지고 있었다.
나머지 7개 법원은 형식상 이런 제도를 가지고 있지 않았다. 이로 인해서
심판위원회의 구성원들은 거의 회의에서 처음으로 토론해야 하는 사건을
접하게 된다. 이에 의해서 심판위원회의 결정의 질이 영향을 받게 된다.

〈표 7〉 성도시 양급법원 심판위원회의 토론상황

구 분	토론의견의 일치성		토론의 충분성		비 고
	토론의견일치	의견불일치	충분한 토론	불충분한 토론	
총 3,092건	2,594건(83.89%)	498건(16.1%)	2,390건(77.3%)	702건(22.7%)	

심판위원회에서 토론한 사건은 활발하게 논란이 이루어지는 사건들이
아니고 대다수의 사건은 합의정의 의견을 동의하는 형식적인 특징을 보
여주었는데 이는 사건의 특징 때문에 그런 것이 아니라, 심판위원회의 운
영방식 때문이다.[99] 조사보고에 의하면 성도시 양급법원의 심판위원회가
토론한 3,092 안건 중에 심판위원회의 토론의견이 일치한 것은 2,594건
(83.89%)를 차지하고 토론의견이 불일치한 것은 498건(16.1%)이었고, 충
분한 토론을 한 후 결정을 내린 것은 2,390건(77.3%), 충분하지 않은 토론
에 기초한 것은 702건(22.7%)이었다.

보통 심판위원회의 구성원이 많이 있을 때에는 대다수의 사건에서 빨
리 의견의 일치를 낼 수 있는데, 대다수 사건은 복잡하지 않고 위원 간의
인식의 차이가 별로 크지 않아 대부분의 사건에서 토론의 논쟁성은 크지
않았다.[100] 심판위원회의 토론은 어떤 의미에서는 일종의 형식에 불과한

---

98) 韓 波, 앞의 책, 145면.
99) 韓 波, 앞의 책, 146면.

것이다. 심판위원회의 최종결정은 단체논의의 결과라고 볼 수 있지만, 실질적으로는 심판위원 간 서로 묵시적으로 상호이익의 균형을 잡은 결과라고 토로하는 법관들도 있다.[101] 중국 법원에 만연한 행정적인 서열시스템에 기초한 비공식적인 영향이 심판위원회제도보다 더 심하게 적법절차를 훼손한다고 지적하는 견해[102] 역시 심판위원회의 형식성을 지적하고 보다 중국 법원의 근원적인 문제점에 접근하고 있다.

〈표 8〉 성도시 양급법원 심판위원회의 토론결과와 합의정의견과의 관계

구 분	합의정의견에 동의	합의정 의견을 보충한 사건	부분적으로 합의정 의견을 수정	완전히 합의정 의견을 뒤집은 사건
총3,092건	2,294건(74.2%)	201건(6.5%)	326건(10.5%)	27건(8.76%)

대다수 사건의 토론결과는 합의정의 결론에 동의하는 것으로 확인된다. 심판위원회가 합의정 의견을 동의한 것과 합의정 의견을 보충한 것을 합치면 안건 총수의 80%에 가깝다. 이것은 합의정의 의견은 대다수 상황에서 정확하고 비교적 정확하다고 할 수 있다. 심판위원회가 이런 사건에 대해 토론한 것은 합의정의 의견을 정당화해주는 역할을 했을 뿐이다. 합의정 스스로도 중대하거나 의문스럽고 어려운 사건의 경우 권위적인 조력(authoritative assistance)이 필요하다고 여겨 심판위원회에 회부하려는 경향이 있다.[103]

성도시 양급법원의 심판위원회를 고찰한 결과 기층인민법원의 심판위원회는 법률적용의 면에서 일정한 역할을 하고 이것은 일정기간 하급 법원의 심판위원회가 계속하여 소정의 역할을 해야 할 필요가 있다는 것을

---

100) 韓 波, 앞의 책, 146면.
101) 陳國輝·程春華, "我國裁判制度的觀察與思考", 司法改革論評, 제1집, 2001, 中國法制出版社, 352면. 여기 저자들은 광동성 東莞市 중급인민법원의 법원장이자 고급법관, 법관이다.
102) Sida Liu, op. cit., p.93.
103) Jerome A. Cohen, op. cit., p.798.

보여준다. 또한 중급인민법원의 심판위원회도 중대한 형사사건의 경우 신중한 사실인정의 측면에서 일정한 역할을 하고 있는 것으로 보인다. 그렇지만 심판위원회의 인적구성에서 볼 때 전체적으로 행정조직 성격을 띤 고위직 위주의 인원구성이고 행정직책 등의 겸직율이 높아 사건처리의 전문적 지식과 경험을 보충함으로써 사건에 집중하고자 하는 원래 취지를 살릴 수 없는 상태이고 구성원의 기본적인 학력수준이 낮게 나타난다. 이런 결과는 날로 복잡하고 전문화되어가는 현대의 소송현실에서 심판위원회가 실질적으로 충분한 토론을 거쳐 초기의 설립취지를 실현하기에는 분명한 한계가 있음을 보여준다. 이런 결과는 합의정의 결론을 형식적으로 추인하여 재판책임을 희석시키는 결과로 나타나고 있다. 이런 측면에서 볼 때 심판위원회는 일정한 기능수행에도 불구하고 사법독립과 사법공정 그리고 재판책임의 측면에서 재고되어야 할 필요가 있다.

이와 같이 심판위원회가 합의정의 의견을 동의하고 보충해주는 역할에 그치고 있음을 볼 때 법원 합의제를 강화하여 심판위원회의 업무를 조정하고자 하는 방향으로 법원개혁을 추진하고 있는 청도시(靑島市) 양급법원의 성과는 심판위원회의 업무조정과 관련하여 괄목할만한 성과라고 볼 수 있다.104)

6) 사법독립과의 관계

건국 이래 심판위원회가 법원의 심판업무에서 일정부분 적극적 역할을 해 온 것은 사실이다. 심판위원회제도는 우선 사법활동에서 민주집중제의 원칙을 실현하여 사건처리의 질을 높였고 이런 심판위원회의 활동은 그 동안 법관의 업무소질이 일반적으로 높지 않고 사건처리경험도 부족한 하급법원에서105) 특히 사건처리의 수준을 담보해왔다. 그래서 중국

---

104) 任群先, "法官職業化在靑島法院的演進與思考 —1999년-2002년 靑島法院法官合議制改革 調硏報告—" 人民司法 2003.10. 상세한 내용은 정철, 앞의 학위논문, 97면 이하 참조 바람.

법관의 수준을 고려할 때 장래에도 심판위원회제도는 필요하다는 입장도
있다.106) 또한 심판위원회제도는 사법부패를 방지할 수 있다고 보는 입장
도 있다. 즉 심판위원회에 의한 집단결정의 형식으로 인해 사법업무 중에
서 인맥을 찾는 현상이 감소할 수 있어 사법부패를 효과적으로 막을 수
있다는 것이다.107) 또한 심판위원회를 전체조직으로서 법원의 독립을 의
미하는 중국식의 개념108)으로 이해하거나 대중에 의한 법관에 대한 견제
의 하나로서 정당화하거나109) 중국 법률문화와 국가기관 사이의 권력불
균형에 관련시키는 분석도110) 있다.

그렇지만 심판위원회제도는 제도의 법리적 분석과 구체적 운영현황을
통해 드러나듯이 절차법상의 법리적 측면에서 볼 때 여러 문제를 안고 있
는 것은 분명해 보인다. 이 점은 중국의 많은 학자들111)도 공통적으로
지적하고 있다. 즉 법원에서 심리하고 재판하여야 한다는 원칙에 반하여
심리하는(hear) 자와 결정하는(decide) 자를 분리시키는 문제, 재판의 공개
원칙에 위배되는 문제, 사건을 실질적으로 결정하는 심판위원회 구성원에
대한 기피신청이 불가능하다는 문제, 판결에 대한 책임이 모호하게 된다
는 문제 등이 공통적으로 지적되는 절차적 관점에서의 불합리한 점들이
다. 덧붙여 사건에서 쟁점이 된 문제에 대해 결정자 앞에서 충분히 의견
을 제시할 수 없어 법원 앞에서의 청문권112)이 보장되지 않아 판결에 대

---

105) Jerome A. Cohen, op. cit., p.799.
106) 蘇力, "基層法院審判委員會制度的考察及思考", 北大法律評論, 第1券 第2
　　輯, 361면.
107) 蘇力, 위의 논문, 361面.
108) Woo, Margaret Y. K. "Adjudication Supervision and Judicial Independence in
　　the P.R.C.", *American Journal of Comparative Law* 39, pp.95~119.
109) Tahirih V. Lee, op. cit., p.166.
110) Peerenboom, op. cit., p.98.
111) 王利明, 앞의 책, 203~208면 ; 韓波, 앞의 책, 140~146면 ; 馬駿駒, 위의 논
　　문, 4-22면 ; Zhong Jianhua·Yu Guanghua, "Establishing the Truth on Facts:
　　Has The Chinese Civil Process Achieved This Goal?", *Journal of Transnational
　　Law and Policy,* Spring 2004, p.435 이하.

한 정당화의 문제가 발생할 수도 있다.

결국 심판위원회는 당의 의지로 표현되는 국가정책(state policy)에 부합하게 사법결정을 조정하기 위해[113] 법원에 설치된 최고의 집단적 재판조직이라고 볼 수 있을 것이다. 심판위원회의 구성이 실질적으로 법원장에 의해 이루어져 심판위원회가 고위직 위주의 행정적 성격을 지니고 위원 역시 거의 당원이라는 점은 심판위원회가 사법의 독립 특히 법의 독자성을 위협할 수 있다는 것을 보여준다. 이와 같이 심판위원회가 사법의 독립을 위협할 수 있지만, 중국 헌법질서에서 특유한 제도로서 그 동안 사법질서에 통일적인 안정성을 부여한 것은 일정부분 사실로 여겨진다. 여러 비판에도 불구하고 2006년의 인민법원조직법의 개정에서도 유지된 것은 이런 측면과 관련이 있다고 보이며 향후 심판위원회를 어떤 모습으로 개선하느냐를 중국의 사법독립의 관점에서 주의 깊게 지켜볼 필요가 있다.

2. 상급법원의 감독체제로서 선례구속의 원칙

1) 최고인민법원의 하급법원에 대한 감독체제

중국 법원조직은 헌법과 인민법원조직법에 의해서 규율된다. 헌법에 따르면, 중화인민공화국은 최고인민법원, 지방 각급 인민법원과 군사법원 등 전문인민법원을 설치하고 인민법원의 조직은 법률로 정한다고 규정하

---

112) 정철, "청문권의 헌법적 수용가능성 —법원에 대한 청문권을 중심으로—", 공법학연구 제8권 제3호(2007.8.), 327면 이하 참조.

113) 실제로 심판위원회에 회부되어 토론된 많은 사건들은 합의정의 판단을 형식적으로 추인하고 있음을 확인할 수 있었다. 이것은 합의정이 판단이 정확하다는 것을 보여주고 이는 법관의 자질이 향상되고 있음을 보여준다. 그렇지만 문제는 일정한 사건의 경우 의무적으로 심판위원회에 회부하여야 하도록 되어 있고 여기서 심판위원회에 의해 일정하게 판단의 변경이 이루어지고 있다는 점이다. 앞으로 변경이 이루어지는 사건의 종류와 성격들에 대한 보다 실증적인 연구가 필요하다.

고 있다(헌법 제124조). 각급 지방 인민법원은 기층인민법원, 중급인민법원, 고급인민법원과 최고인민법원으로 나누어져 있어 중국 법원조직은 4급으로 구성되어 있다. 전문인민법원은 군사법원과 해사법원, 철도운송법원 등을 포함한다. 아래에서는 선례구속과 관련하여 최고인민법원의 사법해석권과 사법행정에 관해서만 한정적으로 살펴보고 이어서 선례구속에 관한 논의를 살펴보기로 한다.

(1) 최고인민법원의 사법해석

최고인민법원은 국가의 최고심판기관으로서 각급 법원 중 최고심급에 해당한다. 북경에 소재하고 원장 1인, 복수의 부원장, 정장, 부정장 및 심판원(법관)으로 구성되어 있다. 최고인민법원 안에는 몇 차례 변천을 통해 현재는 민사심판정, 형사심판정, 행정심판정의 3체제로 정비되었다.[114) 각 심판정 안에 몇 개의 하위 심판정이 있다. 예를 들어 민사심판정 안에는 네 개의 심판정이 있고[115) 형사심판정은 두 개의 하위 심판정을 가지고 있다. 그렇지만 중국은 2심 종심제를 채택하고 있으므로 최고법원이 직접 심판하는 사건은 한정되어 있다.[116) 최고인민법원의 주된 기능은 아

---

114) 1950년대에는 최고인민법원에는 審判委員會, 刑事庭, 民事庭, 監督處, 硏究室, 人民接待室, 辦公廳 등 기구만 설치하고 있다. 1980년대에는 行政審判庭, 經濟審判庭, 交通運送審判庭, 告訴申訴庭, 人事廳, 監察室, 司法行政廳, 敎育廳 등 기구를 신설했다. 최고인민법원은 심판과 사법행정기능을 모두 가지고 있다. 2000년대에 들어와서는 경제 심판정과 교통운송 심판정이 민사 심판정에 흡수되었다.

115) 제1정은 혼인, 가족, 그리고 재산, 제2정은 계약과 불법행위, 제3정은 지적재산권, 제4정은 해사와 외국투자분쟁을 맡고 있다. Randall Peerenboom, op. cit., p.284.

116) 첫째, 법률이 규정한 그 관할에 속하는 제1심 사건으로 형사소송법 규정에 따라 그 관할에 속하는 제1심 사건은 전국적으로 영향력을 가지는 중대한 형사사건, 또 민사소송법에 따라 그 관할에 속한 제1심 민사사건과 경제 분쟁 사건은 전국 범위 내에서 중대한 영향을 주는 사건이다. 행정소송법 규정에 따라 그 관할에 속하는 제1심 사건은 전국범위 내에 중대하고 복잡한 행정사건이다. 둘째, 고급

래에서 살펴보는 사법해석(司法解釋)에서 나타나고 있다.

최고인민법원은 각지의 인민법원이 심판과정 중에서 법률·법령을 구체적으로 어떻게 응용해야 하는지에 관한 해석지침을 내려 준다. 이런 최고인민법원의 사법해석은 법령에 대한 유권해석의 일종으로 법령에 내포된 추상적이고 모호한 내용을 구체화하는 중요한 역할을 하고 있다. 원래 이런 사법해석은 1981년[117] 전인대 상무위원회가 그 입법해석의 권한을 다른 국가기관에 위임한 결과 실시하게 된 ≪全國人民代表大會常務委員會關與加强法律解釋工作的決議≫(1981년6월10일 공포와 실시)에 의해 가능하게 된 해석이다. 사회주의 법제의 건설을 위해 입법해석업무를 강화하기 위한 조치의 하나로 사법기관에게 그 사법실천의 과정에서 구체적 법률과 법령의 응용의 문제에 대응하도록 그 해석의 권한을 부여한 것이다. 이에 근거하여 최고인민법원과 최고인민검찰원은 사법해석권을 행사하였는데 그 후 한 차례 수정을 거쳐 다시 2007년에 최고인민법원은 사법해석에 관한 자체 규정인 ≪最高人民法院關與司法解釋工作的規定≫(2007년 4월 1일 발효)을 마련하여 자신의 사법해석권한을 체계적으로 규범화하였다.

이런 사법해석의 기능은 명목상으로는 법률을 구체적으로 응용하는 과정에서 발생하는 구체적인 문제에 대한 해석이어야 함에도 최고인민법원은 다양한 형식을 통해 특히 조문형식의 해석을 내놓고 있다.[118] 이런 방식은 해석의 형식을 통해 사실상 새로운 법을 만드는 것과 같은 결과에

인민법원, 전문인민법원의 판결과 재정에 대해 상소한 사건, 셋째, 최고인민검찰원이 심판감독절차에 따라서 제출한 항소사건을 그 관할로 한다. 최고인민법원은 국가의 최고심판기관이지만 직접 재판하는 제1심 사건은 매우 적다. 제2심 심판사건 역시 마찬가지다.

117) 물론 1981년의 결의 이전에 1955년에 선례가 있었는데 1955년 규정은 최고인민법원의 심판위원회에 심판업무 중 해석권한을 부여했다. Susan Finder, op. cit., p.164. Fn 82.

118) Li Wei, "Judicial Interpretation In China", *willamette Journal of International Law and Dispute Resolution,* 1997, pp.95~99; Susan Finder, op. cit., pp.167~184.

이르기도 한다.[119] 그런데도 전인대나 그 상무위원회가 최고인민법원의
이와 같은 사실상 입법기능을 용인하는 것은 자신이 수행해야 할 과중한
업무를 사법기관이 대신해 주기 때문인데 특히 사회변화에 따라 개정을
해야 할 필요가 있는 경우에도 복잡한 재개정의 절차를 통하기 보다는 손
쉬운 사법해석의 추가를 통해 해결하려는 방법이 선호되기 때문이라는
분석도 있다.[120] 특히 최고인민법원이 사법해석을 제정할 때 국무원의 관
련부서와 법제국, 최고인민검찰원 등 관련 기관과 공동으로 작업을 하는
경우도 많고 그간 중국은 입법수준이 낮고 입법경험이 적어 법의 내용이
너무 추상적이고 일관성이 부족한데다 규율의 흠결이 많아 이로 인해 그
심판업무의 진행 중 구체적인 해석의 필요가 많이 발생한다는 점을 인정
하여 이를 감독해야 할 전인대 상무위원회 역시 최고인민법원의 사법해
석을 용인하고 있는 것으로 보인다. 당의 정법위원회를 통해 사법기관이
통일적으로 통제될 수 있고 최고인민법원 역시 당의 영도를 받아 당의 정
책을 해석을 통해 반영하는 경향이 있는 점도 공식적인 입법해석기관이
최고인민법원의 해석을 용인하는 이유로 여겨진다. 심지어 입법기관 역시
입법과정에서 최고인민법원의 사법해석을 참조하기도 한다.[121]

이와 같은 최고인민법원의 사법해석은 유권해석으로 그 영향력이 커
져감에 따라 이 해석을 둘러싸고 입법기관과의 관할문제가 나타나고 있
는데 향후 사법기관의 영향력 확대국면에서 더 큰 논란을 일으킬 것으로
보인다.[122] 그 동안 사법해석권자, 해석의 공포, 사법해석의 형식, 사법해
석 상호간의 충돌 등 여러 문제점이 나타나게 되어[123] 최고인민법원은 사
법해석의 규정을 2007년에 새로 개정하여 이런 점들에 대해 상세히 규정
하였고 새로 제정된 ≪中華人民共和國各級人民代表大會常務委員會監督

---

119) Li Wei, op. cit., p.103; Susan Finder, op. cit., p.186.
120) Li Wei, op. cit., pp.104~105.
121) Susan Finder, op. cit., p.191.
122) 이 부분은 제4장 사법심사의 확대에서 구체적으로 살펴볼 예정이다.
123) Susan Finder, op. cit., pp.185~190.

法≫(2006.8.27.통과 2007.1.1.시행) 역시 최고인민법원의 사법해석에 대해 공식적으로 다툴 수 있는 제도적 장치를 마련하였다(동법 제31조, 제32조 참조).

(2) 전국적인 사법행정업무의 지도·관리

최고인민법원은 위와 같이 사법해석을 통해 하급 법원을 지도할 수 있는데 그 외에 최고인민법원은 사법행정업무를 수행하고 있다. 헌법과 인민법원조직법은 인민법원이 국가의 심판기관임을 명확하게 규정하고 있으나, 현재 전국 각급법원의 사법행정 업무는 최고인민법원이 맡고 있다. 이것은 법원이 심판기관과 사법행정기관의 성격을 겸유하고 있음을 의미하고 이것은 국무원의 사법부가 이제 법원과 아무 관련이 없다는 것을 의미한다.124) 법원이 행정조직에 포함되어 있었던 시기도 있었고 또한 법원 내부의 구성이 관료제적인 특성을 보이고 있는 점을 고려하면 상급법원이 하급법원의 사법행정업무를 지도하는 것은 당연하다고 할 수 있다.

그리하여 심지어 심판업무를 진행하다가도 하급법원은 서면이나 구두의 질의를 상급법원에 보내고 상급법원 역시 이에 대해 답변을 해주는 것을 상급법원의 당연한 의무로 여기고 있다. 구체적인 사건의 심판과 관련하여 상급법원의 이런 답변을 따라야 할 의무는 없지만 대부분의 하급법원은 이를 존중하고 있다.125) 물론 이에 대해 상급법원의 답변은 구체적인 소송기록 없이 특정사건에 대해 일정한 결론을 미리 하급법원에 통지한다는 점에서 사실상 당사자의 상소권을 침해하는 것이라는 비판도 있지만 이런 관행은 쉽사리 사라지지 않고 있다. 최고인민법원의 하급법원에 대한 지도나 통제는 주로 이와 같은 관행을 포함하여 정보의 통제를 통해 이루어지고 있다.126) 사법행정의 지도원칙에 대한 규율의 제정과 배

---

124) 熊先覺, 「司法制度與司法改革」, 中國法制出版社, 2003, 74~75면.
125) Randall Peerenboom, op. cit., p.314.
126) Susan Finder, op. cit., pp.214~222.

포, 사법실무의 지도적인 판례의 제작과 행정계통을 통한 배포, 당의 사법에 대한 정책이나 노선이 담긴 정보의 제공, 외국과의 사법공조의 연락기능 등을 통해 최고법원이 하급법원을 실제적으로 지도할 수 있는 것이다. 법원의 이런 상황은 법원이 행정조직과 같은 특징을 가지고 있다는 것을 보여주는 것이기도 하다.

　물론 이와 같은 상급법원의 지도력이 과대평가되어서는 안 되는 측면이 있다. 중국의 법원은 우리 대법원과 같은, 사법행정에 대해 단일한 지도력을 보여주지는 못하고 있다. 상급법원의 명령을 공개적으로 불복하는 경우도 나타난다. 특히 민사판결이나 중재판정의 집행과 관련하여 상급법원의 집행명령에 대해 하급법원이 따르지 않는 경우도 종종 나타난다. 이는 사법의 지방화와 관련된 문제로 파악되며 중국법원이 그 인적 구성과 재정을 당해 지역의 권력기관과 인민정부에 의존하는 구조에서 발생하는 현상으로 볼 수 있다. 그 밖에 중국의 심급제도와도 관련이 있는 것으로 보인다. 중국은 4급 2심제도를 채택하고 있다. 즉 인민법원은 기층, 중급, 고급, 최고의 순으로 구성되어 있는데 상소제도는 한 심급 위로의 한 번의 상소만을 허용하는 2심제를 채택하고 있어 최고인민법원은 고급인민법원의 제1심사건을 제외하고는 하급법원의 재판에 대해 상급법원으로서 직접 통제할 수 없게 되어 있다. 선례구속의 원칙을 일반적으로 채택하지 않는 대륙법계 국가에서 심급의 제한은 최고법원으로서의 권위를 보장하지 못하게 한다. 물론 최고인민법원은 하급법원에 대해 심판감독권을 행사할 수 있지만 3심제보다는 그 한계가 있다. 이와 같이 최고인민법원을 포함한 상급법원의 지도력은 그 한계를 지니고 있다.

2) 인민법원 내부의 심판조직

　인민법원이 사건을 심판하는 내부 조직형식을 가리킨다. 인민법원조직법과 소송법의 규정에 따라서 독임정, 합의정, 심판위원회 3가지 종류로 나누어진다. 심판위원회에 대해서는 앞서 살펴보았고 여기서는 선례구속의 원칙과 관련하여 독임정·합의정과 원장 및 정장의 관계를 살펴보고 끝으로 인심배심원제도에 대해 간단히 보기로 한다.

(1) 독임정과 합의정

독임정은 법관 1인이 단독으로 간이한 사건을 심판하는 형식이다. 형사소송에서 간이절차가 적용되는 사건은 단임정의 관할인데 비교적 경미한 형사사건들이다.[127] 민사사건의 경우에도 원칙적으로 합의정이 심판하여야 하지만 예외적으로 독임정이 심판하는 경우가 있다.[128]

합의정은 3명 이상의 법관 혹은 법관과 인민배심원이 함께 사건을 심판하는 조직이다. 인민법원조직법과 형사소송법, 민사소송법, 행정소송법의 각 규정에 따라서 인민법원은 제1심 형사, 민사, 경제분쟁사건 중 일부분 간이사건의 독임심판을 실시하는 것을 제외하고는 모두 법관 3명 혹은 법관과 인민배심원 3명이 합의정을 구성하여 심판을 진행한다. 제1심 행정사건은 모두 합의정에서 심판한다(행정소송법 제6조). 제2심 사건, 재심사건, 사형인준사건도 모두 합의정에서 심판한다(민사소송법 제41조, 형사소송법 제202조). 인민배심원이 법관과 합의정을 공동으로 구성하는 경우 인민배심원은 법관과 동등한 권리를 가지고 있다. 중국법원의 합의정 구성원인 인민배심원은 심리권뿐만 아니라 결정권도 가지고 있다.[129] 이는 심리권과 결정권 양자를 분리할 수 없기 때문이다. 합의정

---

127) 형사소송법 제174조: (1) 법에 따라 3년 이하의 유기징역, 구역, 관제, 벌금에 처할 수 있는 공소사건으로서 사실이 명백하고 증거가 충분하며, 인민검찰원이 간이절차의 적용을 건의하거나 동의한 경우 (2) 고소가 있어야 처리하는 사건, (3) 피해자가 기소한 것으로 증명할 증거가 있는 경미한 형사사건.

128) 기층인민법원과 그의 하급 인민법정의 간단한 민사사건과 경제분쟁 사건이 여기에 해당한다(민사소송법 제40조, 제145조). 기타 특별절차(민사소송법 제15장)를 적용해서 심리하는 사건 중 선거권 자격사건 혹은 기타 중대하고 어려운 사건을 제외하고 법관 1인 단독으로 심판한다(민사소송법 제161조).

이 재판하는 경우에는 다수결의 원칙에 의한다(민사소송법 제43조). 또한 사건처리의 최후평의를 포함한 합의정의 일체의 활동은 서기가 조서로 작성하여야 하는데 평의에 관하여는 다른 의견까지 사실대로 기재하여야 하고 이 조서에는 합의정 구성원이 서명하여야 한다(민사소송법 제44조).

(2) 원장, 정장과 합의정 및 독임법관의 관계

헌법 제126조와 법원조직법 제4조는『인민법원은 법률의 규정에 따라 독립하여 심판권을 행사하고 행정기관, 사회단체 및 개인의 간섭을 받지 아니한다』고 하여 심판의 독립을 규정하고 있다. 그런데 이 조항은 우리 헌법 제103조와는 다르다. 즉 우리 헌법 제103조는『법관은 헌법과 법률에 의하여 그 양심에 따라 독립하여 심판한다』고 하여 법관의 독립을 선언하고 있는 반면에 중국의 경우에는 인민법원의 독립을 선언하고 있다.

중국 법원의 실제 내부작용에서 법원장, 부원장과 합의정 및 독임법관의 관계는 우리와는 매우 상이하다. 우리 법제에서는 사법행정에 관한 사항 이외에는 법원장등이 재판기관의 재판에 직접 관여하지 못하는 것이 대원칙이나, 중국에서는 院長 등에게 재판의 감독에 관한 강력한 권한을 부여하고 있다. 민사소송법 제177조 제1항은『각급 인민법원장은 이미 법률적 효력이 발생한 당해 법원의 판결, 재정에 착오가 있음이 확실한 것을 발견하여 재심이 필요하다고 인정하는 경우에는 심판위원회에 회부하여 토론·결정하게 하여야 한다』고 하여 법원장에게 자기 법원에 대한 재판감독권을 부여하고 있다. 따라서 원장, 정장은 합의정과 독임법관의 사건처리를 세심하게 살피고 그들의 사건처리에 관한 의견을 청취하여야 하는데 만약 합의정과 독임법관의 사실인정과 법률적용에 착오가 있음이 확실한 것을 안 때에는 즉시 보충조사 또는 새로 평의를 하라는 의견을 제출하여야 하며, 합의정과 독임법관이 자기의견을 고집하는 경우에는 사

---

129) 範 愉, 앞의 책, 150면.

건을 심판위원회에 넘겨 토론·결정하게 하여야 한다.[130] 합의정 또는 독
임법관은 심판위원회의 결정에 따라야 한다. 이와 같은 원장 등과 합의정,
독임법관은 법원 내에서 영도와 피영도의 관계를 이룬다.[131]

(3) 인민배심원제도

중국은 공화국 수립 이후 재판업무에 대한 대중의 참여의 이상을 실현
하기 위해 인민법원의 재판에 배심원제도를 1951년에 도입하였다.[132] 중
국은 인민배심원제도를 사법민주화의 한 형식으로 파악하고 있지만 원래
인민배심원을 도입한 배경에는 인민법원의 심판원의 부족문제를 해결하
기 위한 측면도 있었다.[133] 그 동안 인민배심원제도가 그 취지에 맞게 운
영되어 오지는 못한 것으로 평가된다. 실제로 민사사건이나 경제사건의
심판에는 고도의 전문성이 필요하고 법률지식과 재판업무에 정통해야 하
는데 배심원은 그렇지 못하다는 것이 현실이다. 인민배심원들은 심판과정
에 배석하나 심리하지 못하고 법관이 그들에게 사건의 정황을 설명해 주
어야 할 뿐만 아니라 법률 강의까지 해주어야 하는 폐단이 발생하고 있다.
그리고 경제개혁이후 배심원을 구하기가 힘들고 경비문제도 해결하기 힘
들어 민사소송법에서는 배심원의 합의부참가를 제1심에 한하여 임의적으
로 하고 있다(민사소송법 제40조).

이런 문제에도 불구하고 중국의 인민배심원제도는 그 전통을 살려 활
성화하면 만연한 사법부패를 감소시키고 법원의 의사결정구조의 전횡을
제약할 수 있는 측면이 있다. 최고인민법원도 2000년 하반기에 전인대 상
무위원회에 ≪인민배심원제도의 개선에 관한 결정≫이라는 의안을 제출
하여 인민배심원제도를 활성화하고자 하였다. 그리하여 인민배심원의 참

---

130) 앞서 살펴본 심판위원회의 심판위원회 회부권자를 참조 바람.
131) 範 愉, 앞의 책, 150면.
132) Chow. Daniel C.K. op. cit., p.202.
133) 馬駿駒, 앞의 논문, 14면.

여범위를 제1심 형사사건과 인신권에 관련된 제1심 민사사건에서 인민배심원제도를 시행하고 제1심 사건 중 사회적 영향력이 크거나 전문성이 요구되는 사건에서도 인민배심원이 참여할 수 있도록 하였다. 그리고 소송 당사자 역시 인민배심원의 참여를 신청할 수 있다고 규정하였다. 인민배심원은 준비절차와 법정심리와 평결에도 참여하여 의견을 진술할 수 있고 필요한 경우 합의정에 건의하여 법원장에게 사건을 심판위원회의 토론에 회부하여 줄 것을 요청할 수도 있게 하였다. 또한 일정한 보수도 지급할 수 있도록 하였다.134)

3) 법원의 의사결정구조와 선례시스템

중국 법원은 최고법원의 판례가 일반적으로 하급법원을 구속하는 효력을 인정하고 있지 않다. 즉 중국 법원은 상급법원의 선결례(precedent)가 나중에 선례로서 동일한 사건 또는 비슷한 사건의 판결을 내림에 있어 공식적인 구속력을 가지는 제도를 인정하지 않는다. 이와 같은 선례구속의 원칙(doctrine of stare decisis)은 영미법계 나라들에서 대체로 인정되고 있다.135) 그렇지만 영미법계 국가가 아닌 대륙법계의 성문법국가에서도 상급법원의 판례는 그 자체 하급법원에 대한 구속력을 가질 수는 없지만, 최고법원의 판례는 사실상 강한 구속력을 가지게 된다. 우리의 경우도 대법원의 판례는 당해사건만이(법원조직법 제8조) 아니라 일반적으로 동일하거나 유사한 사건에서 지도적인 구속력을 발휘하고 있다. 그리하여 실제 민사법이나 형사법의 구체적인 법률적용을 위해서 대법원 판례의 확인은 법률가의 필수적인 탐구영역이 되고 있다. 중국의 법원 역시 상급법

---

134) 강신중, 앞의 논문, 149~150면 참조.
135) 곽윤직, 「민법총칙」, 제7판, 박영사, 2003, 20면. 英國의 경우 상급법원인 貴族院의 판결은 자신을 포함하여 모든 법원을 구속하고, 항소법원과 고등법원의 각 부의 판결은 그보다 하급의 여러 법원을 구속하지만, 하급법원의 판결에는 구속력이 없다고 한다. 위와 같은 상급법원의 先決例의 구속력을 인정하는 원칙을 先例拘束性의 原則이라고 한다(같은 면).

원의 판례는 하급심에게는 사실상 구속력을 가지고 있다는 기술이 발견된다.136)

상급법원의 선례가 어떻게 하급법원의 사법의사결정(judicial decision making)에 영향을 주는지에 대해서는 의견이 일치되지 않는다. 먼저 그 설명을 법원의 계층제(hierarchy)에서 찾는 입장이 있다.137) 왜냐하면 하급법원 법관들은 그들의 판단이 상급법원에 의해서 뒤집어지는 것을 원하지 않기 때문에 그들은 그들의 상급자에 의해 수립된 선례를 지키게 된다는 것이다. 대법원에 의한 재검토의 위협이 중급법원의 법관들을 그들의 상급자들의 명령을 따르도록 유도할 수 있는 것이다. 일반적으로 사법계층제는 이를 뒷받침하는 심급제도를 유지하고 있는데 이를 통해 상급법원의 판례는 일정한 사실상의 구속력을 지니게 된다는 입장이다. 중국법원이 지니는 관료주의적 특성과 심급제도를 고려하면 이와 같은 설명은 설득력이 있다.138)

중국의 경우 심급제도가 4급 2심제이고 일반적인 사건은 중급인민법원이나 성 단위의 고급인민법원에서 종결되기 때문에 최고법원인 최고인민법원이 직접 사건을 판단하여 판례를 제시하는 구조는 아니다. 1985년에 최고인민법원이 공포한 사례집 역시 각급 인민법원에서 모범적 사례라고 추천을 받아 이를 최고인민법원 연구실에서 다시 정리하여 작성하고 최고인민법원 심판위원회에서 이를 검토한 후 최종적으로 공포한 책자이다.139) 1995년에 출판된 중화인민공화국최고인민법원공보전집 역시

---

136) 聶昭偉 "我國判例制度建立" 法律適用, 2004.5.(통권218호), 13면 ; 王利明, 앞의 책, 273면 ; Lubman Stanley, op. cit., p.285 ; Randall Peerenboom, op. cit., p.286.

137) Segal, Jeffrey A. "Decision making on the U.S. Courts of Appeals", in Lee Epstein (ed.), *Contemplating Courts*. Washington, DC: CQ Press, 1995, pp.227~246.

138) 聶昭偉, 위의 논문, 14면 역시 중국법원에서 상급법원의 판례가 하급법원에 대한 사실상의 구속력을 갖는 이유를 심급제도의 존재에서 찾고 있다. 저자는 항조우 고급인민법원의 법관이다.

139) 聶昭偉, 위의 논문, 15면; Lubman, Stanley, op. cit., pp.284~285.

같은 방법으로 만들어진 책이다. 이런 불완전한 심급제도와 중국법원의
지방보호주의적 특성에도 불구하고 실제 최고인민법원의 판결은 각 성이
나 시의 고급인민법원에 대하여 일정한 구속력을 가지고 있다. 일반적으
로 중국 재판실무 중에 하급법원은 상급법원의 판례를 아주 존중하는 경
향이 있다.[140] 또한 상급법원은 하급법원의 인사에 대한 일정한 권한[141]
과 심판감독권을 보유하고 있으므로 하급법원의 잘못된 판결에 대해 감
독을 할 수 있는 상태에 있다. 법관 스스로도 이를 잘 인식하고 있으므로
상급법원의 판결을 따르려는 경향도 나타난다. 일반적으로 상급법원의 판
결을 따르면 판결에 대한 책임의 문제에서도 한결 자유로울 여지가 있다.
지방 보호주의적 요구 역시 법관이 무시할 수 없는 사법의사결정에 대한
외부적인 제약요인이지만, 중국법원에서 상급법원의 영도 역시 상당한 영
향력으로 작용한다. 구체적으로 어느 종류의 사건에서 지방보호주의적 요
구와 상급법원의 영도 사이의 충돌이 일어날 수 있고 그리고 어떤 구조를
통해 해결되고 어떤 사건들에서 어느 한쪽에 대한 선호가 분명하게 나타
나는지 등에 대한 좀 더 경험적인 연구는 앞으로 필요하다.

　　다만, 상급법원의 판결을 따르지 않은 하급법원의 판결은 상급법원에
서 파기되고 이렇게 상급법원에 의해 파기된 판결은 잘못 심판한 사건으
로 분류되어 원심법관에 대해 일정한 불이익을 가하는 책임추궁제도가
법원 내부에서 실시된다는 점을 드는 견해가 있다. 이와 관련하여 1998년
제10기 전국인민대표대회 제1차 회의에서 최고인민법원장이었던 任建新
은 그 보고를 통해 오판에 대한 책임추궁제도를 완비하겠다고 밝혔다.
특히 사법절차 중 사법기관 및 그 종사자가 사법권을 위법하게 행사하여
공민, 법인, 기타 조직의 합법적 권익을 침범하여 손해를 입힌 경우에는
국가가 배상하는 제도(司法訴訟錯案賠償制度)가 마련되었다. 1995년에

---

140) 聶昭偉, 위의 논문, 15면; 王利明, 앞의 책, 273면.
141) 임명과 파면은 동급 인민대표대회의 권한이지만 그 임명과정에서 추천권의 행
　　사, 승진의 경우에도 상급법원의 당원인 고위법관의 추천은 상당한 영향력을 가
　　진다.

시행된 국가배상법은 사법소송에서 국가배상을 인정하고 있다.[142]

또한 일부 법원의 경우 비록 규정은 없지만 여전히 2심의 파기율을 업무업적의 한 평가자료로 삼아서 파기율이 높을수록 이 법관의 업무에 문제가 존재하는 것으로 평가한다고 한다.[143] 그리하여 본원의 원심에 대한 2심 판결이 제일 관심도 높고 제일 강한 설득력과 영향력을 구비하고 있다고 한다. 이와 같은 이유로 중국 법관들이 사실상 직속 상급법원의 판결에 대해 높은 관심을 갖는다면 이는 업무관련 구체적인 구속력을 강제하는 제도로 인해 법관들이 상급법원의 판결을 존중한다는 주장에[144] 설득력을 실어준다.

중국 법관들이 어떤 원인으로 상급법원의 판결을 따르는지는 사실 정확히 알 수가 없다.[145] 다만 중국에서 상급법원의 판례가 일반에게 공표되고 일반 시민들이 이를 사회적인 기준으로 인식하여 이를 기준으로 자신의 행동을 수정하고 이를 통해 장래 예측의 근거로 삼는다면 법관 역시 시민들의 이런 신뢰를 의식하지 않을 수 없을 것이다. 이는 사실상 법의 지배가 발전한 상황에서 최고법원의 판결이 사실상 구속력을 가지게 되는 경우에 가능한 설명일 것이다.[146]

---

142) 馬駿驅, 위의 논문, 25면.
143) 王利明, 위의 책, 272~273면.
144) Segal, Jeffrey A and Spaeth, Harold J. "The influence of stare decisis on the vote or United States Supreme Court justices", *American Journal of Political Science* 40, 1996, pp.971~1003. Segal과 그 동료들에 의하면 법관들이 상급자를 가지지 않고 그들이 종신제일 때 그들은, 그들이 입법부와 집행부의 선호에 민감할 필요가 없는 것과 마찬가지로 선례에 의해서도 제한받을 필요가 없어 그들은 그들 자신의 정책선호에 따라 결정하는 경향이 있다고 보고 있다.
145) 법의 지배가 발전한 나라로 보고 있는 미국과 같은 나라에서는 법관들은 자신의 선호와 상급법원의 태도가 상이한 경우에 일반인들이 상급판례에 대해 가지는 법적인 확신을 인식하고 이에 따르는 것이 법적인 안정을 이루고 원칙에 따른 것이라는 일종의 사회적 신념을 의식하고 자신의 선호를 유지하면서도 전략적으로 자신의 선호를 상급법원의 판례의 방향으로 수정한다는 입장도 있다. Knight, Jack and Epstein Lee, "The norm of stare decisis", *American Journal of Political Science* 40, 1996, pp.1018~35.

이와 같은 최고법원을 중심으로 한 판례의 구속력의 문제와는 달리 지방 인민법원 내부에서 또는 일정한 고급인민법원 단위에서 하급법원에 대한 선례시스템의 도입실험이 실제로 이루어지고 그 성과와 한계에 대한 논의가 있으므로 이를 아래에서 살펴보고 중국에서 판례의 구속력의 문제 일반을 다시 고찰하고자 한다.

4) 법원의 선례시스템의 도입실험

2002년 7월에 정주시(鄭州市) 중원(中原)지방법원은 중국 특색의 선례 구속의 원칙이라 부를 수 있는 '선례가이드시스템'을 만들어 이를 자신의 인민법원 내에서 실시하였다. 그리고 이런 방법은 성문법 체계의 결함을 최대한 해결하고 사법의 통일과 공정의 실현에 기여하는 것을 목표로 한다고 밝혔다. 이 제도를 중국 특색을 가진 것으로 보는 이유는 법관이 새로운 법을 창조하는 것은 아니고 그들이 법을 적용하는 과정에서 직면하는 재량행사의 기준을 제공함으로써 그 재량을 제한하는 의미로 파악하기 때문이다.[147]

이 법원이 채택한 선례가이드 시스템은 다음과 같은 방법과 절차를 통해 이루어진다. 먼저 전형적인 사건유형에서 나타나는 일정한 사례를 선택하는 단계인데 그 사례는 그런 사건들에서 첫 번째로 발생한 사건이어야 하고 심판의 가이드라인으로서 사용될 가치를 지니고 법령해석에 관한 논점들을 포함하여야 한다. 그 후 법원의 심판위원회에서 이렇게 선택된 사례가 선례(precedent)로서 취급될 수 있는지를 결정하는데 선례가 되기 위해서는 사실관계의 분석과 법적인 논증이 포함되어 있

---

146) 우리의 경우에도 법관들이 대법원의 판례를 따르는 이유를 단지 심급제도만에 의해 설명할 수는 없고 이렇게 최고법원의 판결이 가지는 사회 유도적 기능을 통해 형성된, 공동체가 그 판례에 대해 가지는 법적인 신념을 법관이 의식하는 측면이 있다고 생각한다.

147) Chris X. Lin, "A Quiet Revolution: : An Overview of China's Judicial Reform", *Asian-Pacific Law & Policy Journal* June 2003, pp.301~303.

어서 미래의 사건들을 안내하기 위한 중요한 이유가 제시될 수 있어야 한다.148)

이렇게 선택된 선례는 일정기간 선례로서 법원 내에 공표되고 다른 합의정이나 독임정의 법관들은 유사한 사건들을 다룰 때 이 선례를 언급하여야 한다. 이렇게 선택된 선례 역시 일정한 경우에는 새로운 선례에 의해 대체되기도 하는데 법이 새로 제정되거나 개정이 되는 경우, 또한 선례가 상소법원에 의해 파기되거나 환송되는 경우이다. 이런 경우 심판위원회는 그 선례를 폐지하거나 수정하여야 한다. 선택된 선례들을 법원 내에 공표하여야 하지만 순차로 일반 공민들도 이용 가능하도록 하기 위해 일정한 양에 이르면 승인절차를 거쳐 선례들을 정기적으로 출판한다.

중원 인민법원이 선례시스템을 채택한 첫 번째 법원인 반면 이를 성단 위로 확대하여 실시한 곳은 천진시(天津市) 고급인민법원이다. 이 법원 역시 2002년 8월 중에 이를 계획하여 동년 10월 15일에 이를 실행에 옮겼다. 천진시 고급인민법원은 그 아래에 두 개의 중급인민법원과 많은 기층 인민법원들을 거느리고 있는데, 고급인민법원 심판위원회에서 채택된 선례는 이들 하급법원에서 가이드라인으로서 준수되도록 하였다. 이 법원이 이 제도를 채택한 이유 역시 사법의 효율성과 통일성, 그리고 투명성을 보장하고 잘못된 판결을 예방하기 위한 것이었다.149)

중원 인민법원의 수석법관에 따르면 위와 같은 선례시스템은 실제 판결을 내리는 가이드로서 그리고 여러 가지 법률적인 개념들의 표준적인 해석으로 효과적으로 기능하였다고 밝히고 있다.150) 천진시 고급인민법원의 경험에 대해서는 아직 구체적인 논의를 찾을 수 없지만, 다른 성급 고급인민법원들을 자극할 수 있는 실험임에는 분명해 보인다.

---

148) Ibid., p.303.
149) Ibid., pp.302~303.
150) Ibid., p.301.

5) 선례시스템의 도입가능성

선례가이드시스템을 도입했던 정주시 중원인민법원은 자신들의 선례시스템은 그 자체에 의하여 새로운 법률을 창조하는 것이 아니고, 법관들이 구체적으로 법을 적용할 때 발생할 수 있는 재량의 행사를 위한 기준을 제공하는 것이므로 이는 입법적 성격을 지니지 않는다고 보았다. 그래서 이런 선례시스템은 중국 현행 법률시스템과 양립 가능하다고 주장하였다.151) 그리고 자기 법원이 정한 선례가 그 구성원인 법관에게 구속력 있는 효력을 발생한다고 하더라도 이는 인민법원조직법에 의해 설치된 심판위원회가 그 권한인 재판감독권한을 통해 의미 있는 규율을 제시한 것이기 때문에 당연한 것으로 보았다.152)

이와 같은 중국 법원에서의 선례시스템의 도입 움직임에 대해 이를 입법부에 부여된 입법권을 침해할 소지가 있다며 반대하는 입장도 나타나고 있다. 반대론자들은 주로 중국이 아직 보통법 나라들과 같이 선례적용에 있어 경험과 기술들이 부족하다는 점을 들며 아직 도입조건이 성숙하지 않았음을 지적하고 있다.153)

그렇지만 다수의 중국학자들은 선례시스템의 도입에 대해 적극적이다. 특히 王利明 교수는 선례시스템의 도입은 중국법의 발전을 위해 필요하다고 보고 있다. 먼저 선례들은 추상적이고 일반화된 법령들을 구체적인 사실관계에 적용할 때 법관들을 도와주고 논리적으로 잘 정리된 모범판결은 전체적으로 능력이 부족한 법관들에게 좋은 본보기가 된다고 본다. 또한 이런 상급법원의 선례를 적용함으로써 판결들의 일관성과 법원 판결들 사이에서 통일성을 보장함으로써 법의 예측가능성을 높일 수 있다는 점을 들고 있다.154)

---

151) Ibid., p.302.
152) Ibid., p.304.
153) 중국 국가연구소나 실무가들로부터 제기되는 반대이다. Chris X. Lin, op. cit., p.305.

중국법원의 선례시스템이 입법기관의 입법권을 침해할 소지가 있다는 주장은 중국 나름의 근거가 있는 주장으로 보인다. 중국은 아직 전인대 상무위원회가 헌법과 법률의 해석권을 독점적으로 보유하고 있다(헌법 제 67조 제1항).[155] 1981년 전인대 상무위원회는 자신의 법률해석권을 사법 기관에게 일부 위탁하였는데(≪全國人民代表大會常務委員會關與加强法 律解釋工作的決議≫(1981년6월10일 공포와 실시). 이 결의 제2조를 근거 로 최고인민법원은 구체적인 법령 응용문제에 관해 해석권을 보유하게 되었고, 이 규정에 근거하여 지금껏 사법해석을 실시하여 왔다. 최고인민 법원은 이처럼 준입법(quasi-legislation)권한을 이미 행사하여 왔고 이는 입 법기관의 권한공백을 법원이 메워 왔음을 의미한다. 이와 비교해 볼 때 법원의 선례는 법원이 구체적인 법률의 적용과정에서 해석을 내린 것이 어서 이를 통해 중국법이 지닌 추상적과 일반성을 보충할 수 있고 이런 해석을 사실상 구속력 있는 법원으로 받아들인다고 하더라도 그 동안의 중국 사법실무에 있어 큰 변화를 불러일으키는 것도 아니라고 하겠다.[156] 선례는 그 동안 중국 법원 내부에서 이미 일종의 공지의 행위규범이었다. 이를 통해 중국 사법해석이 지녔던 추상성과 사전적 해석의 한계를 보충 하여 사후적이고 구체적인 해석을 가능하게 하여 정확한 법률적용을 가 능하게 하였다.[157] 그리고 이와 같은 선례의 발견과 공표는 특히 추상적 이고 일반적인 중국 법령의 해석에서 발생하는 법관의 재량행사의 제한

---

154) Ibid., p.307.
155) Lubman Stanley, op. cit., p.285. Stanley 역시 현재의 당과 국가기관의 권력분 배는 법원의 선례시스템의 도입능력을 제한한다고 보고 있다. 이는 일종의 입법 기능을 전제로 한 입장으로 보인다.
156) 聶昭偉, 위의 논문, 15면; 王利明, 위의 책, 272면. 오히려 그는 하급법원의 판 결에 대한 (상급법원의 판결의) 구속력의 전통은 중국판례법 제도건립의 유익한 경험을 제공하고 있다고 보면서 이를 지지하고 있다.
157) 聶昭偉, 위의 논문, 15면 ; 王利明, 위의 책, 270면 ; Lubman Stanley, op. cit., p.285. 중국법의 틈을 메우는 법규범(legal norm)을 창조한다고 보는 입장을 소 개하고 있다.

을 통해 일정한 통일성을 기할 수 있어 사법공정과 사법의 통일성, 그리고 사법의 효율성을 이룰 수 있게 한다.[158]

이와 같이 판례제도를 건립하고자 한다면 판례형성의 주체와 발표주체가 문제된다. 정주시 중원 지방법원의 경우 그 지방법원 자체 내에서 심판위원회의 논의를 거쳐 선례를 선택하여 당해 법원과 그 관할 지역에 공표하는 방식이었고, 천진시의 경우는 그 범위를 넓혀 고급인민법원 관할 하의 모든 법원을 대상으로 하는 방식이었다. 이와 같이 각급 모든 법원이 사법해석권을 가지는 것을 전제로 선례를 만들고 공표하는 권리를 동시에 가질 수 있다는 견해도 있지만, 아직 판례법의 경험이 부족하고 특히 하급법원의 법관의 수준을 고려하면 적합하지 않은 면이 있다.[159] 우선 최고인민법원이 판례를 만들어 이를 발표하는 권한을 가지도록 하는 방안이 이론이 없을 것이다. 그 동안 최고인민법원은 사법해석을 통해 사실상 준입법기능을 수행하면서 축적한 경험과 전문성을 가지고 있다. 최고인민법원의 판례는 전국적인 구속력을 가질 수 있을 것이다. 물론 이를 보다 확실하게 하기 위해 중국이 앞으로 3심제를 채택할 수 있을지는 예측할 수 없다. 그 다음 하급 단계의 법원들이 자신이 내린 판례를 선례로서 구속력을 인정할 수 있을 지는 경제발전의 수준과 공민의 수용태도 등을 고려하여 순차적으로 진행하여야 한다는 견해[160]가 타당하다고 본다. 즉 직접 상급법원의 판례가 하급법원에 대해 구속력을 가지는 것은 바로 지금 단계에서도 가능하지만, 다른 지역의 상급법원의 판결이 하급법원에 구속력을 가지는 문제와 동급의 법원 간의 구속력의 인정문제는 단계적으로 이루어져야 하고 위의 여러 요소들을 함께 고려하면서 이루어져야 한다. 전반적으로 중국 법관의 자질이 향상되고 법원 전체의 재판능력이 제고된 기초 위에서 판결정보의 완전한 공유를 통해 사법의 통일

---

158) 聶昭偉, 위의 논문, 14면 ; 王利明, 위의 책, 270면.
159) 王利明, 위의 책, 273면.
160) 王利明, 위의 책, 274면.

이 이루어진 단계에서 선례의 인정범위를 점차 넓혀갈 수 있을 것이다.

중국에서 판례제도의 건립은 중국법이 지닌 추상성을 보완하고 법관으로 하여금 보다 정확한 법을 적용하고 판결의 수준을 제고할 수 있다는 점에서 매우 바람직한 일이다. 더욱이 이를 통해 동급 법원 간 그리고 다른 법원 간에 존재하던 상이한 판결로 인해서 우려되는 사법의 공정성에 대한 의문을 해소하고 법의 통일적 적용을 보장함으로써 일반 공민들 역시 판례에 대한 신뢰를 통해 법이 지닌 예측가능성을 높인다는 점에서 일정한 범위의 선례시스템의 도입은 중국이 법의 지배로 가는데 있어 중요한 진전으로 여겨진다.

3. 법원의 경비체계와 사법의 독립

1) 인민법원의 경비관리체계

1982년 현행 헌법이 발표된 후 사법기관의 독립성은 헌법적으로 인정되었으나 이런 독립성을 보장할 수 있는 인사권과 재정적 독립은 동시에 보장되지 않았다. 최고인민법원으로부터 기층인민법원까지 모두 중앙과 지방권력기관에 의해 법원 구성원의 임명과 파면이 좌우되는 체제가 계속 유지되고 있다. 이로 인한 사법의 지방화의 문제는 이미 사법독립을 가로막는 방해요소임을 살펴본 바 있다. 여기서는 인민법원의 독립성을 약화시킬 수 있는 또 다른 요인으로 법원의 재정문제를 살펴보고자 한다. 법원이 재정적으로 독립하지 못하게 되면 재정적으로 의존하게 되는 기관의 감독과 간섭을 받지 않을 수 없는 것이 현실이다.

중화인민공화국 건국부터 1984년까지 중국은 30여년 동안 소송무상의 시대였다. 1984년 최고인민법원이 전국 통일적으로 적용되는 첫 번째 ≪民事訴訟收費方法施行≫을 발표하였고[161] 1989년에 최고인민법원이 국무원

---

161) 당시 민사소송의 비용을 당사자로부터 부담한다는 제도개혁을 둘러싸고 중국에

재정부와 같이162) 《關于加强訴訟費用管理的潛行規定》을 발표하였다.

소송비용관리는 법원경비체계의 중요한 부분으로 소송비용 징수제도와 법원경비의 보장문제는 밀접한 관계가 있다. 인민법원의 수입은 재정예산과 예산외수입, 그리고 기타 합법적 수입으로 구성되는데 이 중 재정예산과 예산외수입이 인민법원의 주요수입을 구성한다. 그런데 소송비용은 법원의 예산외수입의 대부분을 차지한다. 그래서 소송비용은 법원운영을 위해 중요한 역할을 하게 된다.

(1) 1989년부터 1996년까지 법원경비 관리체제

1989년의 잠행규정에 따르면 각급 인민법원이 받은 소송비용은 국가재정에 속하게 되어 있었지만, 당시 국가가 법원에 분배한 재정예산은 크게 부족하여 인민법원이 심판업무를 원활히 수행하도록 하기 위해 위 잠행규정은 법원이 받은 소송비용을 위 정부재정에 산입시키지 않고 자체 사용하도록 하였다(《最高人民法院財政部關于加强訴訟費用管理的暫行規定》 1989년 9월 18일, 이하 '1989년 잠행규정'으로 부름, 제1조). 그리고 지방 각급 인민법원이 납부 받은 소송비용의 일부를 상급 인민법원에 보내서 통일적으로 필요한 업무설비를 구입하든지 혹은 기타 어려운 지역의 법원경비를 지원하기도 하였다(1989년 잠행규정 제3조). 소송비용은 국가재정에 속하는 것이어서 각급 인민법원의 소송비용에 대한 지출은 동급163) 재정부서의 감독을 받아야 했는데 인민법원은 정기적으로 상급인민법원과 동급 재정부서에게 소송비용지출상황을 보고해야 했다(1989년 잠행규정 제4조).

서는 논의가 활발했는데 결국 국가의 재정지출을 줄여 인민대중의 부담을 감경하고 남소의 예방, 그리고 개혁개방 이후 다른 국가와의 상호주의의 필요를 이유로 입법화되었다. 법무부, 「중국법연구(Ⅲ)」, 1992, 240~250면.

162) 중국에서 국무원은 국가예산을 편성하고 집행하는 권한을 가지고 있으므로(헌법 제89조 제5항) 최고인민법원 이하의 모든 법원의 예산은 국가행정기관이 담당하고 있다.

163) 여기서 동급은 동급 인민정부를 줄여서 부르는 말이다.

(2) 1996년부터 1999년까지 법원경비 관리체제

1996년 1월 16일 국무원 재정부와 최고인민법원 연합으로 ≪人民法院訴訟費用管理的潛行規定≫(이하, '1996년 잠행규정'으로 부름)을 발표하였다. 이를 통해 중국의 법원경비관리체제는 새로운 단계로 진입하게 되었다. 이 규정은 소송비용 수납제도를 중요한 사법제도의 일부로 인식하고 소송비용의 납부, 소송비용의 사용과 관리, 소송비용의 감독의 세 방면에서 개혁을 이루고자 하였다. 이 규정에 따라 각급 인민법원이 받은 소송비용은 국가의 통일된 규정에 따라서 엄격하게 집행되어야 하고 어떤 기관이나 부서도 별도의 수납방법을 만들 수 없도록 하였다. 또한 납부항목164)과 납부범위, 그리고 납부기준을 변경시킬 수 없도록 하였다(1996년 잠행규정 제5조).

주목할 만한 이 시기 법원경비체제의 변화는 소송비용의 수납자와 법원경비의 사용자가 분리되었다는 점이다(1996년 잠행규정 제6조).165) 종전의 심판업무를 담당하는 심판부서에서 당사자로부터 소송비용을 직접 받던 방식에서 이제는 심판업무부서가 아닌 법원의 재무부서로 하여금 당사자로부터 소송비용을 받도록 바꾸었다. 실제 소송비용을 사용하는 자와 소송비용을 수납하는 자가 분리되도록 하였다. 이렇게 받은 소송비용은 해당사건에 필요한 업무지출에 사용하고 남는 부분은 동급 재정부서에 반환하여야 했다(1996년 잠행규정 제9조). 이 제도를 시행하기 전에 일부 법원은 마음대로 비용납부기준을 정하여 납부범위를 확대하였다. 쉬운 사건만 받아들이고 어려운 사건은 받아들이지 않는 경향이 있었고 소송가액이 큰 사건은 관할규정을 위반해서라도 인민법원이 서로 자기 사건

---

164) 이 규정이 실시된 이후의 논문에서 법원이 권한 없이 부가적인 소송비용을 부과한다는 기술이 나타나고 있는데(Randall Peerenboom, op. cit., p.285) 이 규정에도 불구하고 계속 별도의 항목을 신설하여 부과하였는지는 확실하지 않다.

165) 「소송비용은 이를 확정하는 부서 즉 심판업무부서와 구체적 비용을 받는 부서 즉 재무 부서를 분리하는 원칙을 시행한다. 심판업무부서는 비용의 적용기준과 구체적 액수를 확정한다. 법원의 재무부서에서 통일적으로 이를 수납 한다.」

화 하려는 경향이 있었다.166) 어떤 법원은 자기 사건으로 만들기 위해 당사자에게 특별한 대접을 하는 일도 있었다.167) 이것은 심판기관의 신용과 권위에 큰 손상을 가했고 공정한 심판을 이루는데 장애가 되었다.

(3) 1999년 이후의 법원경비 관리체제

1999년 7월 22일 국무원 재정부와 최고인민법원이 연합하여 ≪人民法院訴訟費用管理方法≫을 발표하였다. 1996년의 방법에 따르면 심판업무부서는 소송비용수납의 적용기준, 구체적 액수를 정한 후에 법원 재무부서가 당사자로부터 소송비용을 통일적으로 수납하였다. 1999년 소송비용 납부방법은 먼저 인민법원이 사건에 적용한 소송비용기준에 따라 구체적 액수를 확정한 후, 서면형식으로 당사자에게 소송비용납부를 통지하고 당사자는 인민법원이 보내준 이 납부통지서를 가지고 지정은행에 가서 납부하도록 하였다. 그 후 당사자는 지정은행의 납부영수증을 가지고 소송비용 납부사실을 증명하고 인민법원에 가서 소송비용 납부영수증을 다시 발부받는다. 1996년 규정에 따르면 소송비용은 지방각급 인민법원 예산에 들어가서 필요한 업무처리비용을 지출하는 방식으로 통일적으로 사용·관리되고 남은 부분을 동급 재정부서에 반환하면 되었지만, 1999년의 규정에 따르면 지방 각급 인민법원의 소송비용은 성급 재정부서가 집중적으로 관리하게 되어 당사자는 직접 소송비 전액을 성급재정이 그 지역에 지정한 은행계좌에 입금하여야 한다는 점이다. 이렇게 한 후 최고인민법원과 고급인민법원은 각급 인민법원의 소송비용 관리에 대하여 정기적인 감독을 강화하였다.

2007년 4월 1일 소송비용 납부방법이 다시 개정되었다. ≪訴訟費用交納辦法≫(국무원령제481호, 2007.4.1.발효, 이하 '소송비용납부법'으로 부

---

166) Randall Peerenboom, op. cit., p.294. 상급법원의 재판감독시 자주 발견되는 위반사항이 관할위반사항이다.
167) 韓波, 위의 책, 256면.

름)에 따르면 여기서도 당사자는 성급 재정부서가 지정하는 은행에 소송비용을 납부하여야 하고(소송비용납부법 제52조) 사건의 심리가 끝난 후 인민법원은 소송비용의 상세한 사용내역과 당사자가 부담한 액수를 서면으로 당사자에게 통지해야 할뿐만 아니라 동시에 판결문, 재정서, 화해조해서 중에 당사자 각자 부담하는 액수를 정확하게 기재해야 한다고 규정하였다(소송비용납부법 제53조).[168] 또한 당사자에게 소송비용을 반환하는 경우에는 인민법원은 법률문서가 법정효력을 발효하는 날로부터 15일 이내에 관련 당사자에게 반환하여야 한다(소송비용납부법 제53조). 물가관리부서 및 재정부서는 비용관리의 직책에 따라서 소송비용에 대해서 관리와 감독을 진행하고 이 규정을 위반하여 소송비용을 납부 받는 경우 법률, 법규, 국무원 관련된 규정에 근거하여 처벌한다고 규정하고 있다(소송비용납부법 제54조).

2) 법원경비체제와 사법의 독립

중국법원 경비관리체제의 개혁의 중요한 문제는 소송비용을 낮추어 당사자의 소송부담을 덜고 한편 법원 업무비용을 보장함으로써 법관의 대우를 향상하여 법원심판업무의 조건을 개선하는 일이다. 당사자의 소송비용의 문제는 법원으로의 접근[169]의 측면에서 제5장 민사소송절차에서

---

168) 당사자의 소송비용 부담비율을 판결문에 적고 나중에 소송비용 확정절차를 거치는 것이 아니라 바로 구체적인 부담액수를 판결당시에 확정하여 판결문에 기재하도록 한 것이다. 그리고 동시에 당사자에게도 당사자가 부담한 소송비용액수를 서면으로 통지하도록 하였다. 이를 통해 소송비용 사용의 투명성을 보장하고자 하려는 것으로 보인다.

169) 법원으로의 접근은 사법행위보장청구권의 보호범위에 속한다. 국가는 일정한 자격을 갖춘 법관을 보유한 법원을 마련하여 공민들 사이에 발생한 법적분쟁을 법원을 통해 해결하도록 해주어야 한다. 이 경우 공민이 법원으로 접근하기 위해서는 국가법원의 존재해야 하는데 법원에 소를 제기할 때 일정한 부담을 당사자에게 요구하게 되면 공민의 법적분쟁해결의 요구는 일정한 제한을 받게 된다. 상세히는 제5장 법원에 대한 접근 부분을 참조 바람.

다시 고찰하기로 하고 여기서는 사법의 외부적 독립의 조건으로서 재정적인 독립의 개혁으로 논의를 한정한다.

(1) 인민법원의 재정구조

인민법원의 주요수입은 재정예산과 소송비용 수입으로 구성되어 있다.[170] 인민법원이 심판업무의 비용과 법관과 다른 구성원들의 월급 그리고 사회보장비용을 충분히 마련하기 위해서는 소송비용의 증가나 재정예산의 확대가 필요하다. 그런데 소송비용의 증가나 추가항목의 신설은 공민들의 법원으로의 접근의 측면에서 많은 반대에 부딪힐 가능성이 높다. 경제발전이 이루어져 분쟁사건의 수가 많고 충분한 소송비용을 받기 때문에 재정예산이 필요하지 않은 법원을 제외하고 보통의 인민법원은 재정예산에 의존할 수밖에 없는 구조이고 사실 법원경비 중 재정예산의 비중이 높아가고 있는 것이 현실이다.[171] 이 경우 국가의 재정부담 능력이 법원의 재정상황에 실질적으로 중요하다. 중국의 재정은 국가재정과 지방재정을 나누어져 있는데 문제는 국가재정의 상황이 좋지 않다는 점이다.[172] 그리고 1980년 이후 개혁·개방정책이 실시된 이래 중국의 지방정부는 중앙정부로부터 재정적으로 독립하는 관리체제를 시행하고 있다. 개혁개방의 과정에서 중앙은 지방에 자율권을 확대하면서 동시에 재정적인 자립을 요구하였다. 이와 같은 지방자율권의 강화는 각급 지방정부의 지방 경제발전에 대한 적극성을 자극하여 지방정부 자치능력을 강화한 동시에 중앙정부의 재정부담을 상당부분 덜어주었다.[173] 이런 상황에서 현

---

170) 韓 波, 위의 책, 265면.

171) 韓 波, 위의 책, 274면, 266면. 강서성 각급 인민법원의 예산 외 수입이 총수입에서 차지하는 비율이 1997년에는 65.6%, 1998년에는 64.3%, 1999년은 62.5%로, 2000년은 49.1%로 점차 낮아지고 있는데 이는 총수입에서 재정예산이 점점 증가하고 있음을 보여주는 자료이다.

172) 韓 波, 위의 책, 269면. 1978년부터 1995년까지는 국가재정수입은 5.1배 증가하였지만, 재정지출 중 행정비용은 17.8배로 증가하였다.

재 인민법원의 재정예산은 동급 인민정부가 부담하도록 되었다.[174] 그런데 지방재정은 그 지방의 경제상황에 의존하고 있다. 그러므로 지방 인민법원의 재정이 지방의 경제상황에 의존한다는 볼 수 있다. 이런 상황에서 지방의 국영기업이나 중요한 세수확보의 대상이 되는 기업이 당사자가 되는 경우 해당 법원은 지방인민정부나 지방 권력기관으로부터 명시적인 혹은 묵시적인 압력 하에 놓일 개연성이 있고 인민법원 스스로도 공정한 재판을 하기 어려운 상황 하에 놓이게 된다. 물론 상대방이 다른 제3의 지역에서 관할을 취득해 당해 지역 유력 기업을 상대로 받은 확정판결을 가지고 집행하고자 할 때 그(당해) 지역의 인민법원이 판결집행에 협조적으로 나올 가능성 역시 낮다. 여기에 인민법원의 경비조달체계와 사법의 지방화문제의 근본적인 원인 중의 하나가 있다.

(2) 지방 경제의 발전과 공정한 사법

지방경제의 발전을 위해 법원이 일정한 역할을 할 수 있고 해야 한다는 사고 역시 중국에서 보편화되어 있지만, 이는 공정한 사법 나아가 법의 지배의 관점에서 볼 때 바람직하지 않다. 법원이 지방보호주의 경향을 보이면 당연히 그 지역민이 아닌 사람이나 외국의 투자자들은 투자결정에 주저하게 될 것이다. 당장은 지방재정의 확보에 유리할 수 있지만 장기적으로 투자를 위한 법률환경을 악화시켜 투자자가 안심하고 그 지역에 투자결정을 할 수 없게 한다. 이를 인식하고 중앙정부가 제약을 가하는 세금혜택보다는 투자자를 보호하는 법률환경을 제공하겠다고 나서는

---

173) 馬駿駒, 위의 논문, 3면. 이런 분권화는 정치적으로 계산된 것으로 보는 견해도 있다. 지역경제의 발전을 통해 중국전체의 발전을 유도하기 위해 경제발전에 소극적인 지방을 적극적으로 유인하기 위한 정책이라고 보는 입장이다. Randalll Peerenboom, op. cit., p.210.

174) 馬駿駒, 위의 논문, 3면; 韓波, 앞의 책 269면; Randall Peerenboom, op. cit., p.311; Chow Daniel C.K. op. cit., p.221; Jerome A. Cohen, op. cit., p.800 ; Lubman Stanley, op. cit., p.265.

지방도 나타나고 있다. 광동성의 경우 그 동안 자의인 법집행과 법집행공무원의 부패로 유명하였지만 이제는 법의 지배를 실현하여 다른 성이 갖지 못한 경쟁력을 키워 외국인의 투자를 유치하겠다는 계획을 실현하고 있다.[175) 구체적으로 지적재산권의 보호나 허가절차의 투명성을 높이려는 조치들을 적극적으로 실행하고 있다. 물론 우리의 평가지표인 법의 지배의 관점에서 볼 때 이런 식의 발전전략이 객관적으로 법제도와 이를 실행하는 인원들의 수준의 향상을 가져온다면 긍정적으로 평가할 수 있다. 그렇지만 법의 지배는 인민정부나 법원이 경제발전이라는 특정한 목표를 두고 계획적으로 실현함으로써 이루어지지 않는다. 이런 조치는 오히려 사법의 편향성을 불러올 가능성이 높다. 법 그 자체의 논리나 독자성의 인정을 통한 법의 지배가 이루어지는 것이 아니라, 특정한 목표를 설정하고 법의 지배가 그 목표달성을 위한 수단으로 기능하도록 하는 사고는 진정한 법의 지배의 정신을 아직 이해하지 못한 것이다. 사법기관에게 심지어 직접 외자유치의 임무를 주는 지방정부도 있다.[176)

지역경제의 발전과 관계없이 사법의 독립이 보장되고 법의 지배가 이루어지면 지방경제의 발전은 더욱 촉진될 수 있다. 서구에서도 자본주의의 발전은 절대주의시대의 관료제의 발전의 터전 위에 발전된 합리주의적 정신과 법률가계급의 형성을 통한 법의 독자성이 확립된 기초 위에서 가능하였다. 지역보호주의는 중국 법원의 독립성이 보장되지 않았기 때문에 생성될 수 있었던 사법의 지방의존성을 반영하는 현상이다. 진정 중국이 사법개혁을 통해 사법의 독립을 이루고 법의 지배를 실현하기 위해서

---

175) Randall Peerenboom, op. cit., p.222.
176) 인민일보는 "독립재판은 왜 이렇게 어렵냐" 는 기사에서 흑룡강성 모 지역은 법원에 외자유치업무를 맡기고 그 법원에 1000만웬을 유치하라는 구체적인 목표까지 제시하였다는 기사를 보도하고 있다(人民日報 2003.10.15.). 또한 호북성 어느 현 법원은 기층법원에게 법원재판 말고 돈이 되는 일을 하도록 하고 경제업무성과에 따라 봉급을 지급하겠다고 하였다는 기사가 있다(法制日報 2004.3.7.).

는 지역경제의 발전과 공정한 사법의 관계를 올바르게 정립하는 것이 필요하다.[177] 지역경제의 보호를 위해 지역편향적인 판결을 내리지 말고 지역경제의 발전을 위해 사법을 도구로 이용하는 겉포장만 된 공정이 아닌 진정하게 사법을 지방권력으로부터 독립시켜 사법이 독자적으로 법을 발견하고 실현할 수 있는 제도적 개혁을 할 때 사법독립이 이루어지고 지방이 바라는 지방경제의 발전도 지속될 수 있다.

(3) 인민법원의 경비체제의 개혁방안

중국 기층인민법원의 봉급문제는 법원 경비보장에서 제일 기본적인 문제이다. 2001년 국무원이 전국 공무원 봉급인상을 실시했지만 기층인민법원은 인상분을 지급하지 못하고 서류상으로만 인상하였다. 2000년 말까지 강서성 전 성의 전문법원을 제외한 112개 법원 중에서 월급을 다 지급하지 못한 법원의 수가 87개에 이르고 법원 총수의 77.68%를 차지하였다.[178] 인민법원경비의 보장정도는 그 법원 소재 지역의 경제발전수준, 재정상황과 밀접한 관계가 있다. 특히 지방재정은 너무 단일한 재원에 의존하고 있는데 이런 재원의 단일성으로 지방정부의 세수확보는 한 개 혹은 몇 개 기업에 집중되고 있다. 이로 인해 지방재정은 불안정하고 불균형성을 보이고 있다. 중국 각 지방에 따라 경제발전의 수준에 차이가 있어 지방간의 재정상황의 차이는 다시 사법기관의 공정성에 영향을 주고 있다. 풍족한 급여수준을 자랑하고 복지시설도 잘 되어 있는 지역의 법관들은 심판업무 외에 다른 일에 신경을 쓰지 않고 본연의 임무에 충실할

---

177) 陳歡水, "正確認識和處理司法公正與地方經濟發展的關係", 中共貴州省黨校
    學報, 2005.2.(96호), 23면.
178) 韓 波, 앞의 책 271면. 그 중에 업무수당을 받지 못한 법원은 77개이고 월급도
    못 받고 업무수당도 받지 못한 법원은 10개에 이른다. 심지어 소수 법원은 연속
    몇 개월 동안 생활비만 일부 지급하고 월급을 지급하지 못한 경우도 있었다.
    성의 전체 법원에서 월급을 덜 받은 인원수는 3,836명이었고 그 월급액수는
    1,398만 위엔에 이른다고 기술하고 있다.

수 있고 사법기관이 사회의 고급인재를 유치할 수 있어 사법심판업무의
전반적 수준이 향상될 수 있다.[179]

　이와 같은 지역적인 재정상황의 차이와 재정의 불안정성을 타개하기
위해서는 법원의 재정을 지방정부로부터 벗어나게 하는 것이 필요하
다.[180] 사법기관이 재정적으로 동급 지방정부로부터 독립한다면 지방보
호주의라는 사법편향을 극복할 수 있는 법원 외부에서의 단서는 마련될
수 있을 것으로 보인다.[181] 법원의 재정을 지방재정으로부터 독립시키기
위해서는 상급행정단위에서 재정조달체계가 이루어져야 할 필요가 있다.
중국의 현상황을 고려하면 단계적인 개혁방안이 현실적인 방안으로 보인
다.[182] 즉 먼저 최고인민법원이 본원과 전문인민법원 경비예산을 편성하
여 전국인민대표대회의 비준을 거친 후에 국가재정예산에서 지출하고 고
급인민법원 이하의 법원경비는 성급 인민대표대회에서 예산을 편성하여
성급재정에서 예산을 집행하여 성 단위에서 재정적 균등을 통한 각급 법
원의 재정적 안정을 이루는 방법이다. 이 단계를 거치고 난 후 그 다음으
로는 전국법원경비를 최고인민법원이 전국인민대표대회에 예산을 제출하
여 국가재정으로부터 통일적으로 예산을 확보하여[183] 최고인민법원이 전
문법원을 포함한 전국 각급 법원에 그 예산을 각각 나누어 집행하는 방안
이다. 당사자도 소송비용 전액을 동급 국고로 납부해서 중앙국고로 집중
해야 한다. 이렇게 되면 지방의 인민법원은 동급 인민정부로부터 재정적
인 의존을 더 이상 받지 않게 되어 재정적인 독립을 이루게 되고 이는
법원의 심판작용에 있어 독립으로 이어질 수 있을 것이다.

---

179) 陳歡,水, 앞의 논문, 23면.
180) 陳歡水, 앞의 논문, 25면.
181) 물론 재정적인 독립 외에 사법기관의 인사(임명과 파면) 역시 지방권력기관으로
　　부터 분리될 필요가 있다. 이렇게 인사와 재정 면에서 지방권력기관과 지방정부
　　로부터의 독립을 이룬다고 해서 사법독립이 저절로 이루어지는 것은 아니다. 이
　　는 중국에서 사법독립의 방해요소 중 외부적 방해요소에 해당할 뿐이다.
182) 韓 波, 앞의 책, 276면.
183) 馬駿駒, 앞의 논문, 11면, 23면.

Ⅲ. 법관의 독립의 보장

1. 법관의 선임과 직책의 법정화

법관은 사법기관인 법원을 구성하는 기본적인 구성원으로 법원의 기본적인 업무인 법률적 분쟁의 심판을 담당하는 기관이다. 사법의 독립이 법의 지배를 위해 필요한 구성요소라고 인식하는 입장에서 볼 때 사법의 독립을 이루기 위해서는 사법의 독립에 영향을 줄 수 있는 외부와 내부의 제도적인 측면을 고찰하고 사법의 기능을 다른 국가기관의 기능과의 관련 하에서 살펴보는 것이 필요하다. 그렇지만 기관 자체와 그 기능에 대한 이런 고찰에 못지않게 중요한 것은 그 기관을 구성하고 그 기능을 수행하는 구성원의 역할에 대한 인식이다. 특히 독립심판의 요구가 강하게 요청되는 사법에서 심판업무를 담당하는 개별 법관의 임명과 자격기준, 급여, 승진, 그리고 징계제도는 법관의 자질을 결정하고 법관의 자질은 심판의 수준으로 이어지고 심판의 수준은 그 나라 사법의 질을 결정하게 된다. 이런 관점에서 법관의 임용과 처우는 신중하게 형성되어야 한다. 그러므로 법관제도를 국가가 법관의 자격조건, 임명, 파면, 승진, 법적 보장 등 방면의 과학적 관리를 진행해야 하는 제도로 바라보는 입장[184]은 매우 타당하다. 중국 역시 이런 중요성을 인식하고 1995년 2월 18일에 ≪中華人民共和國法官法≫(이하 '법관법'이라 부름)17장 42조를 공포하고 2001년 6월 30일에 이를 수정하여 법관에 관한 기본적인 사항을 이 법을 통해 규율하고 있다.[185]

---

184) 熊先覺,「司法制度 與 司法改革」, 中國法制出版社, 87면.
185) 법관법 이외에도 최고인민법원은 법관제도에 관련된 많은 규정과 문건들을 발표하였다. 상세히는 정철, 위의 박사학위논문, 125~126면 또는 範 愉 主編,「司法制度槪論」, 中國人民大學出版社, 2003(1版). 148면 이하 참조 바람.

1) 법관의 자격

법관은 법에 의해서 국가의 심판권을 행사하는 자로서 각급 법원의 원장, 부원장, 정장, 부정장, 심판원을 포함하고 있다(법관법 제2조). 법원 원장, 부원장, 심판위원회 위원, 정장, 부정장은 모두 2중 신분을 가지고 있는 것이다. 원장, 부원장은 법원의 수석법관이고 정장과 부정장은 법원내부 심판정의 행정직함이다.186) 이들은 모두 우선 법관이어야 하는데 심판원으로 부른다. 이들 외에 법원에는 보조법관(助理審判員)들이 있는데 이들은 당해 법원의 필요에 따라 인민법원이 임면한다.187)

이와 같은 법관을 하기 위해서는 일정한 법관자격을 반드시 구비하여야 한다. 1995년 시행된 법관법이 제정되기 전에 법관이 되는 경로는 주로 네 가지였다. 첫 번째는 법과대학을 졸업하고 일정한 관계를 통해 바로 법원에 들어가는 방식이 있고 두 번째는 특히 1970년대와 1980년대에는 군인들로부터 종종 채용되었다. 세 번째는 검찰과 공안기관 같은 정부기관들 또는 정법위원회와 같은 당 조직이 법관의 공급원이었다. 네 번째는 법원 내에의 하급인원들도 그들의 관계나 경험을 통해 때때로 법관으로 승진되었다.188) 1995년 법관법이 시행된 후 법관이 되기 위해서는 반드시 아래의 조건을 구비하여야 한다. ① 중화인민공화국 국적을 가진 자일 것, ② 만 23세 이상일 것, ③ 중화인민공화국헌법을 옹호해야 할 것, ④ 양호한 정치업무소양과 품행을 갖춰야 할 것, ⑤ 신체건강한 자일 것, ⑥ 고등교육기관(전문대학 및 4년제 대학)에서 법률전공한 자 혹은 고등교육기관에서 비법률전공으로 법률지식을 가진 자로서 업무를 만 2년 이상 종사한 자이어야 한다. 법률전공 학사학위자는 1년, 법률전공 석·박사학위자는 업무경력을 필요로 하지 않았다. 그런데 2001년 6월 30일 개정된 ≪중화인민공화국법관법수정에관한결정≫에 의해 2002년 1월 1일부

---

186) 熊先覺, 앞의 책, 88면.
187) 강신중, 앞의 논문, 146면 ; Chow, Daniel C.K. op. cit., p.203.
188) Randall Peerenboom, op. cit., p.290.

터 시행되고 있는 법관법 제9조 6항은 다음과 같이 수정되었다. 즉『4년
제 대학의 법률전공자 혹은 4년제 대학의 비법률 전공자로서 법률지식을
가진 자는 법률업무에 만 2년 이상 종사한 자이어야 하고 그 중에서 고급
인민법원, 최고인민법원 법관은 법률업무를 만 3년 이상 종사한 자이어야
한다. 법률전공 석·박사학위자 혹은 비법률 전공 석·박사학위자 중 법률
지식을 구비한 자는 법률업무에 만 1년 이상 종사한 자이어야 하지만,
석·박사 학위자가 고급인민법원이나 최고인민법원의 법관이 되기 위해서
는 법률업무에 만 2년 이상 종사해야 한다.』법관법의 시행 전의 법관들
이189) 위 요건을 구비하지 못할 경우 규정된 기한 내에 연수를 받아 본
법 규정의 조건에 도달해야 한다(법관법 제9조). 이에 따라 초임심판원,
예비심판원의 채용은 공개시험의 방법으로 법관조건을 구비한 자 중에서
선발한다(법관법 제12조). 이를 위해 인민법원은 법관평가위원회를 설립
해야 한다(법관법 제46조).

　　법관법 제12조에 따라 초임법관은 국가 통일 사법고시를 통과해서 법
관조건을 구비한 인원 중에서 선발한다고 수정되어 인민법원의 법원장,
부원장은 초임법관을 선발하고 인민대표대회가 초임법관을 임명한다. 국
가는 초임법관·검찰원과 변호사 자격취득자를 선발하기 위해 통일된 사
법고시제도를 실시해야 했는데 이에 따라 2002년 3월 30일, 31일 양일간
에 걸쳐 제1회 통일사법고시가 중국 전역에서 실시되었다. 이런 국가사법
고시가 시행됨에 따라 현재 중국에서는 약 30여만명, 12,000여개 고시장
에 이르는 대규모의 국가사법고시가 해마다 실시되고 있다.190) 이를 위해
국무원 사법부는 최고인민법원, 최고인민검찰원과 같이 사법고시 실시방
법을 공동으로 제정하고 국무원 사법행정부서에서 이를 책임지고 실시하

---

189) 1995년 말 법관의 80%는 최소 2년간의 법적 훈련을 요구하는 전문대학을 다녔
　　고 5% 정도는 법학분야의 4년의 학사학위를 가졌고, 0.25%는 석사학위소지자
　　였다. Randall Peerenboom, op. cit., p.290; 馬駿驅, 앞의 논문, 8면.

190) 상세히는 이용민, "중국 국가사법고시 소개", 법조 576호(2004.9), 214면 이하
　　참조.

도록 하였다(법관법 제51조).

최고인민법원은 심판업무의 수요에 따라 그 지역에 관련된 부서와 같이 각급 인민법원 법관의 인원수를 관련된 부처와 같이 결정하도록 되어 있다(법관법 제51조). 법관의 인원은 법관선발 자격과 밀접한 관련이 있는 문제인데 이는 동시에 법관의 사회적 지위와 대우 등 문제에도 큰 영향을 준다. 1976년 중국법관의 수는 6만여 명이었는데, 지금은 대략 30만여 명이 되어 이미 세계 최다 법관을 보유한 나라가 되었다. 그에 비해 변호사는 10만여 명에 불과하다.[191]

이런 법관수의 적정여부에 대해서는 논란이 있다. 법원이 처리해야 하는 사건의 양이 점점 증가하고 있는 추세를 감안하면 법관의 수가 많지 않은 것이라고 주장하는 입장도 있다.[192] 이에 비해 중국법관의 수가 많다고 주장하는 입장도 있는데 중국변호사의 숫자는 적고 그에 비해 법관의 수는 너무 많으므로 심급과 관할구역에 따라서 지금 있는 법관의 정원을 다시 배정해야 할 필요가 있다는 것이다. 즉 이 입장은, 사법종사자들의 직업화, 전문화 정도를 강화하여 사법의 질을 향상할 필요가 있으므로 최고인민법원의 법관숫자는 20에서 30명 정도로, 고급인민법원의 법관은 10에서 20명 정도로, 중급인민법원의 법관숫자는 10명에서 15명으로, 기층인민법원은 5명으로 해서 전국법관의 숫자를 2만 명으로 줄여야 한다고 주장한다. 그런 다음 심판방식개혁을 진행하여 간이절차의 적용범위를 확대하고 지금 법원에 있는 법관 외의 보조법관이 법관의 업무를 도와주는 역할을 해야 한다는 것이다.[193] 중국의 법관의 수가 많은 것은 법관이 법원의 행정조직화 현상으로 심판업무 외에 종사하는 비율이 높고 또한

---

191) 陳海光, "中國法官制度에 關한 硏究", 中國政法大學 博士學位論文, 2002, 112면. Chow. Daniel는 약 20만 명이라고 보고 있다(op. cit., p.205). Randall Peerenboom은 약 18만 명 정도로 추산한다(op. cit., p.281).
192) 陳海光, 위의 논문, 112면.
193) 賀衛方, "通過司法實現社會正義", 夏勇 主編 「走向權利的時代」, 中國政法大學出版社, 1995, 217면 이하.

법관의 효율적인 배치가 이루어지지 않은 측면도 있다. 법관법에 의해 법관의 자격기준이 강화되었으므로 장차 법관의 수는 조정되어야 할 필요가 있다고 본다. 법관의 수와 법관의 권위는 어느 정도 상관관계가 있으므로 일반 행정직무는 법원의 일반 직원들에게 맡기고 법관은 심판업무에 집중하여야 재판의 수준도 향상될 수 있고 나아가 법관의 권위도 높아질 수 있다. 현재 중국의 상황에서 법관의 사회적 권위의 향상은 사법의 독립의 측면에서도 바람직하다.

2) 법관의 선임방식과 절차

중국의 현행 법관임명방식은 선거제와 임명제의 두 종류가 있다. 선거제는 각급 인민법원 법원장에 적용되고 기타 법관은 임명제를 채택하고 있다. 법관법 규정에 따르면 법관직무의 임면은 헌법과 법률규정의 임면규정과 절차에 따라 처리한다(법관법 제11조, 법원조직법 제35조). 최고인민법원장은 전국인민대표대회에서 선출과 파면을 한다. 최고인민법원의 부원장, 심판위원회 위원, 정장, 부정장, 심판원은 최고인민법원장이 전국인민대표대회 상무위원회에 제청하여 임면한다. 지방각급 인민법원장은 지방각급 인민대표대회에서 선출과 파면을 한다. 그 부원장, 심판위원회 위원, 정장, 부정장, 심판원은 본원 원장이 후보명단을 작성하고 동급 인민대표대회 상무위원회에 제청하여 임면한다. 중급인민법원장은 성, 자치구, 직할시 인민대표대회 상무위원회 주임회의에서 결정한다. 그 부원장, 심판위원회 위원, 정장, 부정장, 심판원은 고급인민법원 법원장이 제청하여 성, 자치구, 직할시 인민대표대회 상무위원회에서 임면한다. 민족자치지역에서 설치된 지방각급 인민법원 법원장은 민족자치지방 각급 인민대표대회에서 선출하고 파면한다. 그 부원장, 심판위원회 위원, 정장, 부정장, 및 심판원은 본원 원장이 동급 인민대표대회 상무위원회에 제청하여 임면한다. 인민법원의 보조심판원은 본원 원장이 임면한다. 인민대표대회

가 회기 중이 아닌 때에도 당해 상무위원회는 인민법원 원장을 교체할 필
요가 있다고 인정하는 경우에는 상급 인민법원에 보고하여 당해 상급인민
대표대회 상무위원회의 비준을 받아 교체할 수 있다(법원조직법 제36조).

입법부인 인민대표대회와 그 상무위원회가 법관을 임명하고 파면하는
방식은 법관의 지위의 중요성과 법관제도에 대한 민주적 정당성의 측면
에서는 일정한 역할을 하고 있지만, 실제 운영과정에서는 많은 문제들이
나타나고 있다. 법관의 임명·파면권을 지방에 부여한 것은 법관이 지방의
견제를 직접 받게 되는 원인이 되었다.194) 이를 사법의 지방화의 한 원인
으로 지적하기도 한다.195) 그러나 당장 지방 인민법원의 법관 임명방식을
변경한다고 해서 사법의 지방화에 대한 인사방면의 원인이 사라지고 중
립적이고 공정한 법원이 이루어질 수 있다는 주장은 성급한 판단으로 보
인다. 법관의 임명과정에 대한 당의 관여가 실질적으로 임명절차를 좌우
하는 현실에서 입법부의 관여절차를 배제한다고 해서 바로 변화가 이루
어질 가능성은 거의 없다. 성급 단위나 최고인민법원 차원에서 통일적으
로 법관을 선발한다고 하더라도 당의 관여를 어느 정도 허용하느냐에 따
라 사법의 독립은 영향을 받을 것이다.

3) 법관의 직책과 의무

법관은 법에 의해서 합의정심판사건과 독립심판사건을 심리하고 법률
의 규정에 의한 기타 직책을 수행하여야 한다(법관법 제5조). 법원장, 부
원장, 심판위원회 위원, 정장, 부정장은 심판직책을 이행하는 외에 그 직
무에 상응하는 직책도 이행하여야 한다(법관법 제6조). 이들은 이중신분
으로 이중의 직책을 수행하여야 한다. 특히 법원장의 경우 지방 정부와
당조직을 포함한 다른 기관들과 협의하는 업무를 책임지는 직책으로 정
법위원회의 구성원으로서 주로 대외적으로 활동을 하고 실제 법원의 내

---

194) 陳海光, 위의 논문, 103면.
195) Jerome A. Cohen, op. cit., p.800; Chow. Daniel C.K. op. cit., p.221.

부 업무는 주로 법학을 전공하고 법률지식이 많은 부원장이 책임을 지는 구조로 이루어진다.[196]

법관법은 법관의 의무를 상세히 규정하고 있다. 이는 법관이 그 직책을 이행할 때 반드시 준수하고 위배해서는 안 되는 행위규범이다. 만약 이행하지 않거나 그 이행이 부당한 경우에는 그에 상응한 법률책임을 반드시 져야 한다(법관법 제7조).[197] 그 외에 법관은 인민대표대회 상무위원회 구성원을 겸임해서는 안 되고 행정기관, 검찰기관, 기타 기업의 직무를 겸임해서도 안 되며 변호사 역시 겸할 수 없다(법관법 제15조, 헌법 제65조, 제103조). 또한 중국의 경우 법관 상호간의 임직의 기피를 규정하고 있다(법관법 제16조). 그리고 법관은 인민법원에서 이임 이후 2년 이내에는 변호사 신분으로서 소송대리인, 변호인을 할 수 없고, 법관은 인민법원에서 이임한 후에 원래 임직한 법원에 그 소송사건의 소송대리인, 변호인을 할 수 없고, 법관의 배우자, 자녀는 해당법관이 임직한 법원에 소송사건에 관하여 소송대리인, 변호인을 할 수 없다(법관법 제17조). 이는 사법부패와 관련될 소지를 사전에 차단하기 위한 조치로 보인다. 이와 관련하여 법관이 이유 없이 재판을 지연시키거나 신속한 판결을 위해 사무기기의 교체를 요구한다든지 또는 검증을 이유로 호화대접과 향응을 받으려하거나 법관의 자녀나 처가 운영하는 컨설팅회사에 사건을 수임하도록 하는 등의 사법부정의 예들이 지적되고 있다.[198]

2. 법관의 신분보장

1) 법관의 임기

법관을 얼마 동안 봉직하게 하는가는 사법의 독립의 측면에서 중요

---

196) Randall Peerenboom, op. cit., pp.284~285.
197) 구체적으로는 법관법에 규정된 법관 징계제도와 법관의 면직과 사직제도를 참조 바람(동법 제13조, 제40조, 제41조).
198) Randall Peerenboom, op. cit., pp.295~297; Jerome A. Cohen, op. cit., p.801.

한 헌법적 문제이다.[199] 법관의 임기가 종신직일 때 그는 임명권자인 집행부나 입법부 혹은 선출권자로부터 상대적으로 자유로울 수 있어 그들로부터 덜 영향을 받을 수 있다.[200] 어떤 나라의 사법부의 법관들의 임기가 정년이나 종신으로 규정되어 있지 않고 주기적으로 특정한 평가를 통해 재임용을 받아야 한다면 법관들의 독립은 제한받을 수 있다. 그 만큼 법관의 임기를 어떻게 규정하느냐는 헌법적으로 중요한 고려사항이다.

중국 법관의 임기에 관한 규정은 통일적으로 규정되어 있지는 않다. 분명한 것은 종신직은 아니라는 사실이다.[201] 단지 각급 법원장의 임기는 규정되어 있는데 그 임기는 그를 선출한 동급 인민대표대회의 인민대표의 임기와 동일하여 인민대표의 임기가 5년으로 연임할 수는 있지만 2회를 초과할 수는 없게 되어 있는데 법원장 역시 이 규정의 적용을 받는다. 법원장 이외의 기타 법관의 임기는 전문규정이 없고 국가의 통일된 인사행정관리제도의 정년제한에 따랐으나[202] 법관 직업특성에 적합한 정년제도를 수립하기 위해서 법관법 제42조가 신설되어 법관의 정년제도는 심판업무의 특징에 따라서 국가가 따로 규정하도록 하고 있다. 법원장을 제외하고 기타 법관의 전문적 정년규정은 아직 마련되지 않아 국가 통일 인사관리규정 중의 정년규정에 따라서 통상 만60세 그 중 여성법관은 55세로 정해져 있다.[203]

---

199) 미국 헌법제정과정에서 헌법제정의 기초자들은 사법부를 종신직의 법관으로 구성함으로써 사법부의 확고부동함과 독립성에 기여할 수 있다고 생각하여 사법부를 구성할 때 종신제도를 사법에 필수불가결한 요소로 인식하였다. 알렉산더 해밀턴 외, 김동영 옮김, 「페더럴리스트페이퍼」, 한울아카데미, 1995, 459면 참조.
200) Segal, Jeffrey A and Spaeth, Harold J. "The influence of stare decisis on the vote or United States Supreme Court justices", *American Journal of Political Science* 40, 1996, pp.971~1003.
201) Randall Peerenboom, op. cit., p.294.
202) 종래 법관의 정년제도는 국가 행정공무원의 정년제도를 적용하여 즉 남자는 만 60세, 여자는 만 55세가 정년이었다.
203) 陳海光, 위의 논문, 169면.

2) 법관의 승진·평가

법관법 규정에 따르면 법관은 12개 등급으로 나누어져 있다. 최고인민 법원 원장은 수석대법관이고, 최고인민법원 부원장, 고급인민법원 원장은 2급 대법관인데, 법관은 2급부터 12급으로 대법관, 고급법관, 법관으로 나누어져 있다(법관법 제16조).[204] ≪中華人民共和國法官等級暫行規定≫ 제3조에 따르면 법관등급은 법관의 급별과 신분을 나타내는 것이고 국가가 법관에 대해 업무수준을 확인한 것이다. 법관등급은 법관의 업무능력, 실무경력을 상징하는 것이고 행정직책은 아니다.

법관등급 부여기준은 법관이 현재 어떤 직무를 수행하고 있는지, 법관의 직업도덕 수준, 업무 수행능력, 심판실무의 실적, 업무 수행기간 등이다. 등급심사는 매년 이루어지는데 법관에 대한 업무평가는 법관이 근무하는 인민법원에서 실시한다(법관법 제21조). 법원은 법관평가위원회를 설치해서 법관의 교육과 평가를 하는데 법관평가위원회의 구성원은 최소 5-9인이고 법관평가위원회의 주임은 본원 원장이 담당한다(법관법 제39조). 그리고 법관에 대한 평가는 객관적으로 공정해야 하고 평상업무에 대한 평가와 년도 별로 하는 평가를 동시에 실시한다(법관법 제22조). 구체적 평가내용은 심판업무 실적, 사상과 품행, 심판업무와 법학이론 수준, 업무태도와 심판능력을 보고 그 중 재판업적을 중점적으로 본다. 연도별 평가의 결과는 우수, 적합, 부적합의 3개의 등급으로 한다(법관법 제24조). 평가결과는 법관의 장래와 징계, 연수기회, 면직, 사퇴·승진, 그리고 봉급의 근거가 될 수 있다. 법관의 평가결과는 서면형식으로 본인에게 통지되고 본인이 평가결과에 이의가 있는 경우에는 재평가를 위해 이의신청을 할 수 있다(법관법 제25조).

---

204) ≪中華人民共和國法官等級暫行規定≫ 제5조, 제6조 역시 참조. 상세한 직급별 법관등급의 구조는 강신중, 위의 논문, 147면 내지 148면 참조 바람.

3) 법관의 보수

법관의 보수는 법관의 신분보장에서 중요한 부분이다. 특히 중국과 같이 법관이 관련된 사법부패가 문제되는 나라에서 법관으로 하여금 부패의 유혹을 떨치게 하고 법원으로 좋은 인재를 모아서 법관자질을 향상시키기 위해서는 법관에 대한 물질적 보상은 매우 중요한 고려요소이다. 법관법 역시 이를 염두에 두고 있다. 법관은 규정에 따라서 노동보수를 획득할 수 있고 보험, 사회보장의 혜택을 받을 수 있다. 법관법은 전문적으로 보수와 복지의 장을 마련하여 법관은 정기적으로 그 보수가 인상되도록 하고 주기적인 인사평가를 통해 법관이 우수, 업무적합평가를 받으면 이에 따라 그 보수가 인상되도록 규정하고 있다. 그리고 특별한 공헌이 있으면 그 규정에 따라서 그 보수인상을 조기에 실시할 수 있다(법관법 제37조). 법관은 그 규정에 따라 심판업무수당, 지역수당, 기타 수당 및 복지대우를 받는다(법관법 제38조).

종래 법관은 독립적인 보수체계를 가지고 있지 않고 국가행정공무원의 보수체계를 적용했는데 법관법은 법관의 보수제도와 보수기준을 규정하여(법관법 제36조) 이제 법관의 보수체계는 보통 행정인원의 보수체계에서 분리되어 심판업무의 특징에 따른 특성을 고려할 수 있게 되었다. 중국 법관의 수가 너무 많아(법원 계통 32만명) 국가가 높은 보수를 지급하는 것은 국가재정에 큰 부담이 되고 전체 국가공무원의 보수수준이 함께 향상되지 못하는 상황에서 법관의 보수만 상향하는 것은 여러 방면의 거부감이 있는 것이 사실이다. 또한 중국 법관의 전반적인 소양이 낮아 법관의 직업은 일반적인 직업으로 인식되어 높은 보수를 지급하는 것은 사회일반에게도 받아들여지기 어렵고 그 수준은 일반 공무원 수준이라고 소개되고 있다.205) 현새 전형적인 법관의 보수는 매달 2,000위엔 정도로 중급관료의 수준이라고 한다.206) 2007년 11월까지 중

---

205) 陳海光, 위의 논문, 171~172면.

국은 법관법이 재판업무의 특성에 따라 국가가 따로 규정한다고 하였지만, 아직 법관의 보수체계를 따로 마련하지 않고 있다. 법관은 여전히 기타 공무원과 같이 동일한 보수기준을 적용받고 있다. 2007년 7월 1일부터 국가인사부와 재정부에서 연합하여 현지 법관에 대해서 법관의 재판수당을 실행한다고 발표하였다. 그러나 그 규정에 따르면 법관의 재판수당에 필요한 경비는 여전히 법관의 보수지급 항목에서 지급하도록 하고 있어 그 지급여부는 지방재정상황과 지방의 법관수당에 대한 관심의 정도에 달려 있다.207)

4) 법관의 징계제도

법관에 대한 징계처분의 사유의 제한과 그 절차의 투명화는 법관의 신분보장을 위해 중요한 제도적 장치이다. 법관이 함부로 상급자의 명령이나 지시에 의해 불리한 처우를 받게 되면 법관에 대한 독립성은 훼손될 수 있다. 법관법은 법관이 일정한 의무에 위반하는 경우 그 위반의 정도에 따라 징계를 할 수 있도록 규정하고 있다(법관법 제32조 내지 제34조). 이에 따르면 법관은 수뢰할 수 없고 진술인이 임의로 진술을 하지 못하도록 해서는 안 된다. 또한 법관은 직무를 소홀히 하여 사건을 잘못 심판해 당사자에게 중대한 손해를 입혀서는 안 되고, 법관은 심판을 정당한 이유 없이 지연하지 말아야 하고, 법관은 사석에서 당사자 및 대리인을 만나 접대나 선물을 받지 말아야 한다. 법관이 위 의무를 위반하면 그 법관은 처분을 받고 범죄에 해당하면 법정절차에 따라 형사처벌를 받는다. 그 위반에 대한 처분으로 첫째 경고, 둘째 기과(記過, 과오를 기록함), 셋째 기대과(記大過), 넷째 강등, 다섯째 해임보직, 여섯째 파면

---

206) Chow. Daniel C.K. op. cit., p.204. 물론 법원에 따라서는 월급을 제때 주지 못하는 법원도 있음은 이미 살펴보았다.
207) 현재 법원의 상황에 대해서는, 林操場, "完善我國法官職業保障制度之構想", http://chinacourt.org/public/detail 법원업무 부분 참조.

이 있다(법관법 제33조). 해임보직의 경우에는 등급과 봉급을 강등하게 된
다(법관법 제34조).

법관은 본인에 관한 징계에 대해 불복하는 경우에는 그 인민법원에 징
계의 결정을 받은 날로부터 30일 이내에 원 징계기관에 이의신청을 할
수 있다. 또한 원 처분기관의 상급기관에 자신의 억울함을 호소하기 위해
직접 불복할 수 있다. 이의신청을 받은 기관은 그 처분결과를 내려야 한
다. 그리고 이의신청을 제기하더라도 징계결정의 집행이 정지되지 않는다
(법관법 제44조).

3. 법관의 독립을 보장하기 위한 방안

헌법은 인민법원의 심판권의 독립행사를 보장하고 있을 뿐 개별 법관
의 심판독립의 원칙은 받아들이지 않고 있다(헌법 제126조). 중국 사법기
관은 그 동안 행정관리방식으로 사법업무를 수행하고 심판업무 역시 이
런 방식으로 이루어져 왔다.[208] 그리하여 법관은 법원의 일원으로서 법원
을 대표해서 직권을 행사하고 법관 개인자격으로 심판활동에 등장하지
않는다. 그리하여 법원내부의 사법의사결정 역시 상당부분 심판위원회나
정무회(庭務會)에서 단체명의의 심판권의 행사를 통해 이루어져 실제 심
리하는 자와 심판하는 자의 분리현상이 나타나고 있음은 심판위원회에서
이미 자세히 고찰하였다. 이는 상당부분 법관의 자질이 부족하여 단독으
로 심판권을 행사할 능력이 부족한 현실에 기초한 것이었고 이는 타당한
면이 있었다. 그렇지만 법관법의 제정에서 보듯이 중국법관의 자질이 향
상될 수 있는 조건이 마련되고 한편 개혁개방 이후 소송사건의 수가 증가
하여 소송효율을 고려하지 않을 수 없게 되자 최고인민법원은 법원 내에
서 법관의 권한을 확대하는 방향으로의 개혁을 강구하게 되었다.

---

208) 馬駿駒, 위의 논문, 5면.

1) 심판장 선임제도의 도입

중국이 사법개혁을 통해 보다 독립적이고 능률적인 사법을 이루기 위해서는 개별 법관의 권한이 강화되고 심리하는 자가 최종적으로 심판을 하는 구조로 변화되어야 한다. 중국의 인민법원조직법은 인민법원의 심판사건은 합의제를 원칙으로 한다고 규정하고 있는데(인민법원조직법 제10조), 이 합의정은 최종적으로 담당한 사건에 대해 결정을 할 수는 없었다. 얼마 전까지 합의정의 심판장과 주심법관이 사건에 대해 심리를 하고 결정을 하지만, 내부적으로 정장, 정무회, 법원장, 또는 심판위원회의 승인과 같은 내부 절차를 거쳐야 했다. 그러나 1999년의 새로운 규칙은 합의정의 심판장과 주심법관에게 대부분의 사건을 결정할 권한을 부여하였다. 그리하여 이제는 중대하고 어려운 사건이거나 합의정 안에서 중대한 의견의 차이가 있는 사건에서만 승인을 필요로 한다. 이는 최고인민법원이 제정한 ≪人民法院五年改革綱要≫에 따른 조치로 각 지역법원은 심판장선임제를 실시하였다. 심판장으로는 현직 법관 중에서 법관의 품행, 능력, 근무업적, 시험, 고찰 등을 통해 우수한 법관으로 선발된 자를 선임한다. 심판장은 봉급과 대우에 있어 특혜를 주고 합의정은 반드시 심판장을 두어야 한다.

개혁개방 이후 사건의 증가로 사건을 제때 처리하지 못하는 일이 발생하여 소송효율을 높이기 위한 방안의 일환으로 심판장선임제는 도입되었다. 종전의 법관은 심리할 권리는 있으나 판결할 권리는 적어 실제적으로 전국의 법관 수는 많았지만 사건의 처리속도가 늦었다. 여기에 각 법관의 수준차이가 심해 전국의 법관에게 모두 판결권한을 주는 방안도 문제를 야기할 소지가 있어 이런 상황을 고려하면서 심판의 효율을 높이기 위해 심판장 선임제도를 도입하게 된 것이다. 2000년 7월 최고인민법원 심판위원회 제203차 회의에서 ≪人民法院審判長選任制辦法試行≫이 통과되었다.

또한 심판장 선임제도의 목적은 법관 전체 소양을 높이고 법관의 독립심판을 점차적으로 실현하려는 것이다. 2000년 8월에 최고인민법원이 공개적으로 심판장 선임제도를 실행하였는데 여기서 47명 법관이 심판장에 선임되었다. 동시에 전국 각지 법원에서도 심판장 선임제도가 시행되었다.[209] 심판장선임제도는 과거의 합의정 심판장을 임시로 지정한 것과는 달리 엄격한 선임절차를 통해 우수법관을 선발하여 법원장이 심판장으로 지정하여 이를 상임하도록 한 것이다. 이를 통해 심판장이 합의정의 지휘를 확실히 하도록 그 직권과 직책을 강화하여 합의정이 지니는 장점이 발휘되도록 하였다. 심판감독과 책임추궁제도를 강화하여 사건을 심리할 때 위법행위를 한 것이 밝혀지면 심판장과 심판원을 모두 엄격하게 처벌하도록 하였다. 그리고 법원에서 업무 수행능력과 소양을 갖춘 법관이 심판장으로 선임되어 심판권을 행사함으로써 특히 상급 법관으로부터의 영향을 차단할 수 있을 것으로 보인다.[210] 이로써 구체적으로 사건을 심리하는 합의정의 권한이 심판장을 통해 강화됨으로써 심판장 선임제는 개별 법관의 책임재판을 실현하여 법관의 분쟁해결능력을 제고하는데 기여하게 될 것으로 보인다.

심판장 선임제도가 현행 인민법원조직법 제10조의 합의정에 의한 심판과 충돌할 가능성이 있을 수도 있으나, 심판장이 책임지고 합의제를 운영하여 합의정이 최종 결론을 내릴 수 있다는 점에서 볼 때 오히려 합의정에 의한 심판원칙을 강화시킬 수 있다. 현행 중국에서 문제는 심리를 주도하는 합의정이 실제 판결을 내리지 못하는 데 있으므로 심판장 선임제는 합의정의 권한을 확대하여 실제적으로 합의정을 통해 분쟁이 해결되도록 한다는 점에서 법관의 독립심판에 기여할 수 있는 제도이다.

2) 독임법관제도의 확대

중국 소송법은 합의정에 의한 심판을 원칙적인 형태로 규정하고 예외

---

209) 2001년의 최고인민법원의 업무보고에 따라 모든 고급인민법원과 중급인민법원 그리고 기층인민법원의 50% 정도가 2000년 말까지 새로운 심판장선임제 (presiding-judge system)를 채택하였다고 한다. Randall Peerenboom, op. cit., p.286, Fn. 21.

210) Randall Peerenboom, op. cit., p.297, p.324.

적으로 독임정에 의한 심판을 규정하고 있다. 형사소송의 경우 간이절차에 의하는 경우에만 심판원 1인이 단독으로 심판할 수 있고(형사소송법 제174조), 민사소송의 경우에도 합의정을 구성하여 심판하여야 하고 간이절차와 민사특별절차에 의하는 경우에만 단독법관의 심판이 가능하다(민사소송법 제40조, 제145조, 제161조). 중국 법관의 전반적인 법률적 소양이 부족한 상황을 고려하고 인민배심원에 의한 심판민주화를 실현하기 위해 합의정을 원칙적인 심판형태로 규정하였지만, 실제로 독임정에 의한 심판형태가 법관의 독립을 실현하기 위해서 바람직한 형태라고 할 수 있다. 이제 중요사건을 제외하고 독임정에 의한 심판을 원칙적인 심판형태로 규정하는 법원이 나타나고 있다. 산동성의 청도 중급인민법원의 경우 1999년에 이미 이런 독임법관 심판 시스템을 시작하였다.211)

독임법관 심판형태는 한정된 사법자원을 효율적으로 분배하는 작용도 하지만 보다 법관의 책임재판을 실현하여 법관의 독립에 기여할 수 있다. 중국 법원에서 하급 법관은 대다수를 차지하지만 독립된 심판권한을 갖지 못하고 사법보조관의 역할 아니면 행정적인 보조기능을 하는데 그치고 있다. 사건들은 합의부에서 심리되어 심판위원회에서 이를 주재하는 법원장에 의해 결정되는 전형적인 관료주의적 방법에 의해 처리된다. 심판위원회가 중국의 상황에서 쉽게 사라지지 않는다면 개별 법관이 독립적으로 판단할 수 있는 권한을 확대하는 방법이 심판위원회의 영향을 줄이는 방안이 될 수 있다.212)

3) 판결문에 반대의견을 공표하는 방안

형사소송법은 1996년의 개정에서 합의정이 평의를 진행할 때 의견이 나뉘는 경우에는 다수의 의견에 따라 결정을 해야 하지만 소수의견은 기록에 기재하여야 한다고 규정하고 있다(형사소송법 제148조). 물론 여기

---

211) Chris X. Lin, op. cit., p.312.
212) Chris X. Lin, op. cit., p.313.

의 기록은 판결문이 아니고 평의기록을 의미한다. 같은 조문에서 합의정의 구성원은 평의기록에 서명을 하여야 한다고 규정하고 있기 때문이다. 그런데 합의정의 법관의 의견이 나뉘는 경우 그 의견을 판결문에 적도록하는 경우 이는 합의정의 의견의 불일치를 보여주는 것으로서 상소심에서 법적인 논쟁을 예고할뿐더러 판결결과의 번복가능성도 내포하는 것이어서 당사자에게 초미의 관심이 될 수 있다. 실제로 광주(廣州) 해사법원과 상해(上海) 제2중급인민법원에서 이런 방식을 채택하였다.213)

특히 법원 입장에서 견해의 불일치를 그대로 보이기 위해서는 각각의 입장에서 그 입장을 근거지우는 구체적인 논리를 표시해야 하는 부담을 안게 된다. 이를 통해 법원은 심판에 있어 공정을 기하게 되고 법적인 분석이나 논리의 전개에 노력을 기울일 수밖에 없어 자연스럽게 법관의 자질의 향상을 가져올 수 있다. 이런 판결문의 공표를 통해 법원은 사법에 대한 시민의 신뢰를 얻을 수 있게 된다. 특히 중국의 경우 합의정에 의한 심판형태가 원칙적인 형태로 규정되어 있는 상황에서 반대의견의 공포를 포함한 판결이유의 상세한 기재를 의무화하는 것은 판결에 대한 신뢰와 사법절차의 공정을 확보하는데214) 있어 중요한 진전이라고 할 수 있다. 이는 선례구속의 원칙의 실현과 동시에 추구된다면 더욱 판결문의 완성도가 높아지고 사법의 권위성 역시 고양될 것이다.

4. 사법의 독립과 사법부패

중국 법원의 독립의 요구는 일정한 상황적 제약을 가진 독립을 의미한다. 현 단계에서 무조건적인 독립의 요구는 실현가능성도 없을뿐더러 실현되더라도 사법의 독립이 법의 지배의 실현에 기여할 수 없는 방향으로 전개될 가능성도 내포하고 있다. 중국 법원이 독립성과 자율성의 보장을

---

213) 法制日報 2002.9.12.자.
214) 王利明, 위의 책, 272면.

요구하기 위해서는 우선 그 심판능력의 전문성과 사법부패에 대한 철저한 청산이 전제되어야 한다. 이런 당면한 요청들을 뒤로하고 섣부른 독립 요구는 그 요구만큼 성과가 나타나지 않을 수 있다. 법의 지배의 입장에서 볼 때 사법의 독립은 결국 시민의 자유와 권리를 보다 확실하게 보장하고 책임 있는 사법을 실현하기 위한 수단인 것이지 기관 자체의 권한확대의 방안일 수 없다.

법관법의 시행과 통일사법고시의 전국적인 실시를 통해 일정한 자질을 갖추고 전문성을 구비한 인재들을 법원으로 흡수함으로써 법관의 자질을 향상시키고자 하지만 아직까지 법원은 젊은 인재들에게 매력적인 직업이 아니다. 법원의 지닌 행정 관료주의적 의사결정구조는 젊은 법관들이 자신의 능력을 자유롭게 펼치기에는 아직 제한적인 구조이다. 또한 앞서 보았듯이 중국에서 법원은 다른 국가기관에 비해 상당히 그 위상이 낮은 것이 사실이다. 법과대학을 졸업한 재원들은 외국으로 유학을 가서 학위를 취득하고 법과대학의 교수가 되는 것이 훨씬 매력적인 도전이 된다. 중국에서 대학교수는 상당한 사회적 대우를 받고 그 보수나 지위 면에서 법관에 비교할 수 없다.215) 법과대학의 교수는 학교에서 받는 보수 외에 그 전문성을 이용한 폭넓은 대외활동을 통해 훨씬 많은 보수를 받을 수 있다. 중국 법관의 수에서 보았듯이 중국은 변호사의 수보다 법관의 수가 훨씬 많은 나라이다. 그 만큼 법관의 지위가 낮다고 볼 수 있다. 유망한 법과대학 졸업자들은 지명도 있는 국내외 로펌에 취직하는 것이 법관의 길보다 더 현명한 선택이라고 여긴다. 공무원이 되려는 법대 졸업자들도 법원보다는 국무원의 법제국이나 행정부 쪽의 관료를 더 선호하는 것이 사실이다. 중국에서 국가행정기관의 위상은 사법기관의 그것보다 훨씬 높은 것이 엄연한 현실이다. 이런 상황에서 법관법의 엄격한 기준은 규범상의 요구일 뿐 실제로는 이를 충족시키기 힘든 것이 현실이다.

사법부패에 관해 언급하게 되면 중국 법원의 사법독립은 그 주장의 정

---

215) Randall Peerenboom, op. cit., p.320.

당성을 많은 부분 상실하게 된다. 사법의 부패는 법원의 권위를 약화시키고 법의 지배에 대한 신뢰를 무너뜨리고 결국 법원에 대한 외부의 간섭을 불러일으키게 된다. 최근 인민대표대회와 그 상무위원회는 자신이 구성하는 인민정부와 인민법원, 그리고 인민검찰원에 대한 통제를 강화하고 있는데 2007년 1월 1일부터 발효된 ≪中華人民共和國各級人民代表大會常務委員會監督法≫의 시행은 이를 반영한 것이다. 같은 사법기관이면서 국가의 법률감독기관인 인민검찰원 역시 심판감독권을 통해 법원에 대한 감독을 강화하고 있다.216) 또한 직접 법원의 인원에 대한 부패관련 수사 역시 빈번하게 이루어지고 있다. 이런 외부의 간섭은 사법의 독립을 약화시키는 방면으로 작용할 가능성이 많다. 이런 상황에서 사법의 독립만을 강조하는 것은 오히려 법의 지배의 측면에서 바람직한 결과를 산출하기 어려울 것으로 보인다. 최고인민법원은 사법개혁 5개년 계획을 계속하여 내놓으면서 사법개혁 작업을 진행하고 있다. 여기에는 앞서 보았던 심판장선임제도, 법관순환근무제도,217) 법관의 이익충돌의 방지를 위한 구체적인 규정도입 등이 포함되어 있다. 더불어 사회 전체의 법의식의 변화가 동반되어야 하고 법관의 자질이 향상될 수 있는 여러 유인책이 마련되고 법관 스스로 전문가로서의 책임의식을 수립하여야 한다. 이런 조건들을 구비할 때 중국에서 사법의 독립은 이루어질 수 있다.

---

216) Randall Peerenboom, op. cit., p.313.
217) 중국 인민법원의 법관은 임명되면 동급법원에서 평생을 근무하고 우리와 같은 주기적인 인사이동이 거의 없다. 물론 다른 지역으로 옮겨가는 법관도 있으나 이는 정규적인 인사가 아니고 자신이 더 좋은 조건을 찾아 이전하는 것이다. 李溶民, 앞의 논문, 215면.

제2절 중국 검찰의 독립성의 보장

Ⅰ. 중국 검찰의 지위

1. 개혁개방 이전의 시기

중국의 검찰제도는 전 소련 검찰 모델의 영향을 받은 것으로 공화국 수립 후 전국적으로 법제의 통일과 법률의 집행을 보장하기 위해 강력한 법률실시를 보장하는 기구를 창립해야 한다는 요구에서 나타났다.[1] 1936년 소련 헌법은 최고검찰원을 최고소비에트 정부의 직속에 두고 그 직권을 독립적으로 행사하여 기타 기관의 간섭을 받지 않도록 하였는데[2] 신중국은 이런 검찰제도를 참조하였으나 검찰원을 독립적인 사법기관으로 인정하였다(1954년 헌법 제81조, 제83조).

인민검찰원과 사법절차에 관련된 다른 기관과의 관계를 살펴보면 헌법은 이에 관한 조항을 하나 두고 있는데 인민법원, 인민검찰원과 공안기관은 형사사건을 처리함에 있어서 업무와 책임을 분담하고 서로 협조하며 상호 제약하여 정확하고 유효하게 법률을 집행하도록 하여야 한다고 규정하고 있다(현행 헌법 제135조). 그리하여 사법기관들은 현재 상호 기능적으로 독립을 유지하면서 형사사건을 처리하고 있다. 그렇지만 전통적으로 공안기관이 가장 강한 권한을 행사하였고 그 다음 인민검찰원, 그리고 법원의 순서였다. 공안기관은 중국헌법상 사법기관은 아니지만 형사소송절차와 관련되어 있으므로 인민검찰원의 지위를 이해하기 위해 함께

---

1) 陳麗玲·諸葛暘, "淺談當代中國檢察機關憲法地位的合理性", 中共桂林市委黨校學報 第4卷 第3期(2004.9.), 19면.
2) 陳麗玲·諸葛暘, 위의 논문, 19면.

고찰할 필요가 있다. 공안기관은 국무원 소속의 국가행정기관이다. 역사적으로 마오쩌뚱의 시대에는 인민법원과 인민검찰원, 그리고 경찰을 포함한 공안기관은 국가의 이익에 봉사하기 위해 함께 일하도록 되어 있었다. 아직도 이런 전통이 유지되고 있다고 보아야 한다. 특히 당의 정법위원회를 통한 사법기관의 통제는 계속 유지되고 있고 사법기관에 대한 인사 역시 당의 사전 검토를 통해 추천되고 있다. 이들은 정기적으로 회의를 열면서 당의 정책과 노선을 일반적으로 전달하기도 하고 통일적인 사법질서의 유지를 위해 상호 의견을 조율한다. 이 정법위원회의 대표는 전통적으로 공안기관의 장이 맡아왔다. 특히 문화혁명기간 동안에는 인민검찰원은 폐지되고 법원의 권한은 약화되었는데 공안기관의 권한은 강화되어 이를 중심으로 사법권한이 집중되기도 하였다. 인민검찰원은 현재 국가의 법률감독기관으로서(헌법 제129조) 법원에 대해 감독할 권한을 가지고 있다. 인민검찰원은 이미 법률적 효력이 발생한 법원의 판결과 재정에 대해 심판감독절차에 따라 항소권을 행사할 수 있다(민사소송법 제185조; 형사소송법 제205조). 전통적으로 인민검찰원은 인민법원보다 우월하다고 여겨졌다.

2. 개혁개방 이후의 변화

이와 같은 전통적인 서열관계가 경제개혁정책 이후 일련의 사법개혁의 진행을 통해 변화하고 있는 경향을 보여주고 있다. 경제발전에 수반하는 사회변화에 따라 수많은 분쟁들이 법원에 제기되었는데 그 분쟁들은 주로 경제문제를 포함한 민사분쟁이었다. 이 과정에서 법원은 그 해결을 위해 많은 자원을 동원하여 그 전문적 역량을 강화하였다. 그 과정에서 최고인민법원은 무수한 사법해석을 제정하며 때로는 관련 법률기관들과의 협력을 유도하면서 구체적인 법률응용의 문제의 해결을 주도하였다.

이를 통해 법원은 전문적인 규범해석과 적용의 능력을 배양시켜왔다. 한편 경제개방과정에서 국제적인 기준에 따른 형사소송절차를 마련해야 한다는 국내외의 압력을 받아 중국정부는 1996년 형사소송절차를 대폭으로 개혁하였다. 이 개정의 특징은 전통적인 직권주의적 형사소송절차를 영미의 당사자주의적 소송절차로 개편하는 것이었다.3) 이를 통해 피고인과 그 변호인의 지위가 향상되고 피고인은 소송절차상 소송의 주체로서 여러 권리를 보장받게 되었다.4) 이런 형사소송법의 개정을 통해 검찰과 공안기관의 인신체포 그리고 수사에 관련된 권한은 합리적인 통제를 받게 되었다. 실제로 이들 기관은 형사소송법의 개정작업에서 범죄혐의자의 체포권한이나 변호사의 조력을 받는 시점, 그리고 증거증력의 제한에 관한 규정들에 대해 강하게 반대하였다.5) 실제 1996년의 형사소송법의 개정을 통해 이들 기관들의 권한은 약화되고 상호간에 수사권한의 통제시스템이 더 정교하게 마련되었다.

이런 형사소송절차의 변화는 바로 인권의 신장으로 귀결되지는 않고 상당기간 긴장관계는 계속될 것으로 보인다. 공안기관과 검찰은 법원의 소송절차에 비협조적인 자세를 유지하기도 하는데 대표적인 것이 법정에 출석하지 않는 것이다. 이들 기관의 구성원은 법정에 출석하는 것을 법원의 소송지휘권에 복종하는 것으로 여기기도 한다. 또 다른 비협조의 예는

---

3) Randall Peerenboom, "What Have We Learned About Law and Development? Describing, Predicting, and Assesing Legal Reforms In China", *Michgan Journal of International Law*, Spring 2006, pp.844~849. 여기에서 저자는 중국에서 당사자주의가 실현되지 못하는 이유를 역사적·문화적 관점에서 설명하고 있다. 범죄필벌의 사고는 피고인의 보호를 범죄와의 전쟁에 방해물로 인식하는 경향이 있고 급격한 경제발전과 사회변화로 높은 범죄율은 당사자주의에 따른 형사절차의 운영을 어렵게 한다고 밝히고 있다. 그리고 공안기관과 검찰의 개혁에 대한 저항 역시 그 원인으로 꼽고 있다.

4) 이에 대해 상세한 고찰은 제5장 형사소송절차를 참조바람.

5) Randall Peerenboom, *china's Long March Toward Rule of Law*, Cambridge University Press, 2002, p.313.

법원에 의해 요청된 증거나 서류를 제출하지 않는 것이다. 또한 피고인을 적극적으로 변호하는 변호사가 범죄자를 보호하고 함께 공모를 한다는 혐의로 그를 체포하는 등 피고인의 권익보장제도를 여전히 범죄와의 전쟁에 대한 방해로 인식하기도 한다. 특히 검찰은 자신이 보유한 사법해석의 권한을 사용하여 법원의 사법해석과 상반되는 해석을 제정하곤 하였다. 그리하여 2007년 감독법에서는 이런 사법기관 사이의 해석의 불일치를 조정하기 위한 적극적인 장치가 마련되기도 하였다(감독법 제32조). 나아가 검찰원은 그 동안 적극적으로 활성화되지 않았던 법원에 대한 심판감독절차를 보다 더 진지하고 정기적으로 사용하여 법원의 민사결정에 대해서까지 감독을 하고 있다. 인민검찰원은 2007년에 심판감독에 대한 청원을 받아 그 중 조사를 통해 11,459건의 민사·행정사건에 대해 재판감독권을 행사하였다(2008년 최고인민검찰원 전인대 업부보고). 특히 사법부패의 만연과 관련하여 법원 내부의 부패혐의에 대해 조사를 강화하고 있다.

이런 검찰의 움직임은 사법기관 내부의 상호견제를 통한 정당한 법의 집행을 보장하는 측면도 있지만 법원의 독립성을 위협하고 법원의 권위를 훼손할 수 있는 가능성을 내포하고 있는 것도 사실이다. 그렇지만 사법개혁의 긴 과정을 통해 법원의 권한이 상대적으로 강화될 것은 분명해 보인다. 개혁개방에 따른 경제발전의 진행에 따라 형사문제에 비해 민사문제를 둘러싼 분쟁의 빈도가 높아지고 중요한 경제상의 문제가 법원을 통해 해결될 수밖에 없으므로 소송을 통한 해결과정에서 법원의 주도권은 강화될 것이 분명해 보인다. 특히 구체적인 법률에 대한 적용과 사법해석을 통해 인민법원이 그 동안 축적한 전문성과 경험은 앞으로 헌법해석과 행정입법에 대한 사법심사영역으로 확장될 개연성이 높고 이는 중국이 WTO에 가입할 때 이미 국제사회와 약속한 부분이기도 하다.[6]

---

6) Chris X. Lin. op. cit., p.289; Veron Mei-Ying Hung, "China's WTO Commitment on Independent Judicial Review: Impact on Legal and Political

II. 검찰권의 독립

중국 검찰의 독립에서도 법원과 마찬가지로 다른 국가기관으로부터의 독립과 내부적인 독립, 그리고 특히 당의 영향력의 배제가 주된 고찰의 대상이다. 입법기관이 검찰의 인사에 관여하고 감독을 하는 구조는 법원에 대한 구조와 같으므로 여기서 별도로 설명할 필요는 없고 법원부분을 참조하면 될 것이다. 다만 법원과 다른 부분은 성, 자치구, 직할시의 인민검찰원의 검찰장의 임면은 전인대 상무위원회의 직권사항이라는 점(헌법 제67조 제12항)과 현급 이상 지방 각급 인민대표대회는 본급 인민검찰원 검찰장을 선거하고 파면할 권한이 있지만 이 경우 상급 인민검찰원 검찰장에 보고하여 해당 인민대표대회 상무위원회의 비준을 제청하도록 요구하고 있는 점이다(헌법 제101조 제2항). 인민법원에 비해 인민검찰원의 인적구성과 그 변화에는 상급 국가권력기관의 비준을 요구하는 것은 국가법률감독기관으로서 검찰권을 중시하는 헌법적 배려로 보인다. 한편 검찰과 행정기관과의 관계는 주로 국무원 소속인 공안기관과의 관계를 중심으로 고찰할 필요가 있는데 이 부분은 앞서 검찰의 지위에서 고찰하였으나 구체적인 상호관계는 여기서 기술할 예정이다. 또한 검찰조직 내부의 검찰위원회 역시 법원 내부의 심판위원회와 그 기능이 유사하므로 간략하게 고찰하고 여기서는 당의 기율감찰위원회를 주로 살펴보기로 한다.

1. 검찰의 내부적 감독체제 : 검찰위원회

인민검찰원은 최고인민검찰원, 지방각급 인민검찰원, 군사검찰원, 전문인민검찰원 등이 있는데 각급 인민검찰원은 검찰장 1인과 부검찰장과

Reform", *American Journal of Comparative Law,* Winter 2004, p.78.

검찰원 몇 명으로 편제되며 검찰장이 검찰원의 업무를 영도한다. 인민검찰원의 검찰원 역시 1995년에 검찰관법을 법관법과 함께 제정하여 시행하면서 시험을 통과한 사람만이 인민대표대회로부터 검찰원으로 임명을 받을 수 있었다(검찰관법 제14조). 그런데 2001년 6월 30일 전인대에서 ≪국가사법고시실시에 관한 규정≫이 포함된 검찰관법이 개정되어 2002년부터 이 사법고시에 통과된 사람만이 검찰관 임명자격을 가지게 되었다. 이런 검찰원 자격의 강화는 검찰의 인적 수준을 향상시켜 독립적인 검찰권의 행사에 기여할 것으로 보인다. 법조를 구성하는 법원, 검찰, 변호사가 모두 통일적인 국가사법고시를 통해 배출된다는 것은 법조의 발전에 의미 있는 진전이고 이는 검찰권의 독립에 기여할 것으로 보인다.

검찰위원회는 인민검찰원의 검찰장의 지도아래 민주적 집중제 원칙에 따라서 중대한 사건과 기타 중요한 문제를 토론하고 결정하는 의사결정 기구이다. 검찰위원회는 중국 특색 사회주의 검찰제도의 중요한 내용이고 전체 검찰업무 중에서 중요한 지위를 차지하고 있다. 검찰위원회제도는 1949년 12월 ≪中央人民政府最高人民檢察署試行組織條例≫로부터 창설되었다. 1954년과 1979년의 인민검찰원조직법도 이에 대해 명확한 규정을 두었다. 1980년 제정된 ≪人民檢察院檢察委員會組織條例≫는 검찰위원회제도를 구체적으로 규정하였다.[7] 각 인민검찰원 내부에는 모두 검찰위원회가 설치되어 검찰권의 조직적 행사를 감독하고 있다. 또한 최고인민검찰원은 국가 최고검찰기관으로서 지방각급 인민검찰원과 전문인민검찰원의 업무를 영도한다(헌법 제132조). 그래서 인민검찰은 상급 인민검찰원으로부터 감독을 받고 인민검찰원 내부적으로는 검찰위원회에 의한 내부적 감독을 받는다.

검찰위원회는 지금까지 두 단계의 과정을 거쳐 변화를 겪어왔다. 먼저 첫 번째 단계는 1954년 1979년까지이다. 인민검찰원조직법 제2조는 각급

---

7) 趙志堅 外 5人, "檢察委員會工作機制改革研究", 慕平 主編 「檢察改革的新探索」, 法律出版社, 2007. 33~34면.

인민검찰원은 검찰위원회를 설립하고 검찰위원회는 검찰장의 영도 아래 검찰업무에 관련된 중대한 업무를 처리한다고 규정하였다. 이 시기에 종전의 검찰위원회의를 검찰위원회로 그 명칭을 바꾸어 위원회의 형식으로 조직이 변경되었다. 그리고 검찰장은 검찰위원회의 때에는 주석으로 불렸는데 검찰위원회로 변경하면서 주석명칭을 폐지하였다. 그리고 검찰위원회의 시기에는 그 임무를 검찰업무의 정책방침, 중대사건, 기타 중대상황을 논의하고 경험을 공유하는 것으로 규정하였지만, 검찰위원회로 변경하면서 검찰업무의 중대한 업무를 논의하는 것을 그 임무로 규정하였다. 이런 변화는 검찰장의 권한을 확대하는 것으로 귀결되어 검찰장은 검찰위원회를 영도하였는데 검찰위원회 토론의제를 결정하였고 다수의 위원들이 그와 다른 의견을 가지더라도 검찰장이 최후의 결정권을 행사하였다.[8] 1963년 8월에 통과된 ≪最高人民檢察院關于審査批捕·審査起訴·出庭公訴工作的試行規定≫ 제2조에 따르면 그 당시 사건처리는 사건 담당자의 심사와 단체토론 그리고 마지막으로 검찰장의 사건에 대한 결정권 행사를 통해 진행되었다. 현, 구 인민검찰원은 사건 담당자가 직접 검찰위원회에 참석하여 단체토론을 하였다. 성, 시 이상의 인민검찰원의 경우 일반사건은 사건을 직접 처리하는 부서에서 단체토론을 하였지만, 중대·복잡하고 논쟁이 있거나 혹은 검찰장이 검찰위원회의 토론이 필요하다고 본 사건은 검찰위원회에서 토론하였다.

두 번째 단계로 1979년 인민검찰원조직법은 검찰위원회의 의사결정방식에 중대한 수정을 하였다. 이제 검찰장은 검찰위원회를 영도하지 않고 검찰위원회를 주재만 하도록 하였다. 동법 제3조 제2항의 규정에 따르면 각급 인민검찰원은 검찰위원회를 설립하고 민주집중제를 실행하여야 했는데, 검찰위원회는 검찰장의 주재 하에 중대한 사건과 기타 중대한 문제를 토론·결정하였다. 이 규정에서 처음으로 민주집중제 원칙을 검찰위원회의 조직원리로 규정하였고 다수결원칙을 검찰위원회의 의사결정방식으

---

8) 趙志堅 外 5人, 위의 논문, 37~38면.

로 시행하도록 하였다. 이와 같은 수정은 문화혁명의 역사적 교훈을 받아들여 당의 단체영도원칙을 반영한 것으로 설명되고 있다.[9] 검찰장 영도하의 검찰위원회 시기는 검찰장이 마지막 결정권을 가지고 있었기 때문에 이의처리절차의 규정이 필요 없었으나, 검찰장이 검찰위원회를 주재하는 방식에서는 검찰장이 다수의견에 동의하지 않는 경우 이의처리절차가 필요하였다. 그래서 인민검찰원조직법 제3조 제2항은 검찰장이 중대한 문제에서 다수인의 결정에 동의하지 않는 경우 동급 인민대표대회 상무위원회에 보고한다고 규정하였다.[10] 그러나 이런 규정은 인민대표대회의 감독권의 본질에서 볼 때 문제가 있다고 지적을 받았다. 즉 인민대표대회 및 그 상무위원회는 국가권력기관으로서 검찰업무에 대해서 거시적으로 영도하고 감독하는 것을 그 임무로 하지 구체적인 사건처리에 참여하는 것을 그 임무로 하는 것은 아니기 때문에 위 규정은 감독의 본질을 벗어났다는 주장이었다.[11] 그리하여 1999년 최고인민검찰원이 발표한 ≪關于改進和加强檢察委員會工作的通知≫에서 이런 문제를 반영하여 검찰장이 중대한 문제에서 다수인의 의견에 동의하지 않는 경우 상 일급 인민검찰원에 보고하여 결정하고 동시에 동급 인민대표대회 상무위원회에는 이를 통지한다고 규정하였다. 검찰기관은 헌법규정에 따르면 상급검찰원이 하급검찰원을 영도하도록 규정하고 있으므로(헌법 제133조) 사건에 대한 직접적인 영도는 상급 검찰원으로부터 받아야 한다는 점을 근거로 하였다. 그렇지만 이런 인민검찰원이 제정한 규정이 국가입법기관이 제정한 국가 법률인 인민검찰원조직법의 취지에 정확히 부합하는 것인지는 의문이 있다.

---

9) 趙志堅 外 5人, 위의 논문, 40면.
10) 우북평·김연숙, 위의 논문, 143면. 검찰장이 중대문제에 대해 다수인의 결정에 동의하지 아니하는 때에는 자기의 의견을 보류하고 동급 인민대표대회 상무위원회에 보고하여 결정을 받는다고 표현하여 인민대표대회 상무위원회가 구체적인 결정권을 행사하는 것으로 기술하고 있다.
11) 趙志堅 外 5人, 위의 논문, 40면.

검찰위원회는 중요한 검찰권 행사의 문제를 다루기 때문에 누가 구성
원이 될 수 있느냐는 중요한 문제이다. 그런데 ≪人民檢察院檢察委員會
組織條例≫제2조에는 각급 인민검찰원 검찰위원회의 위원 숫자에 대해
서는 명확히 규정하고 있다. 그런데 이 규정에 따르면 검찰장은 당연히
검찰위원회의 구성원이지만, 다른 검찰위원회의 구성원에 대해서는 구체
적인 규정이 없다. 검찰실무에 의하면, 검찰위원회 위원은 검찰장, 부검찰
장, 기타 당조직 구성원, 개별 업무부서의 책임자로 구성되는데 부서 책임
자 직무를 담당하는 보통 검찰관은 거의 검찰위원회의 구성원이 될 수 없
다.[12] 즉 일정한 영도 지위가 있어야 검찰위원회의 구성원이 될 수 있다.
법원의 심판위원회에도 심판업무와 관련되지 않는 인원들이 위원으로 참
석할 수 있음을 보았다. 검찰위원회에도 검찰권 행사와 직무관련성이 없
는 검찰 내 다른 조직부서의 책임자가 검찰위원회에 참석할 수 있다. 이
는 검찰위원회도 사법기능을 중심으로 운영되지 않고 행정기능적 색채를
띤다는 것을 보여준다.

2. 당의 기율감찰위원회를 통한 인민검찰원의 영도

최고인민검찰원은 전국인민대표대회와 그 상무위원회에 대하여 책임
을 지고 지방 각급 인민검찰원은 그 기관을 설치한 국가권력기관과 상급
인민검찰원에 대하여 책임을 진다(헌법 제133조). 인민검찰은 위와 같이
입법기관과 상급 인민검찰원에 대한 책임을 지는 외에 당의 정법위원회
를 통한 지도를 받는다. 문제는 검찰의 수사권은 당의 기율감찰위원회에
의해 영향을 받을 수 있다는 점이다.

중국공산당은 당원의 기율을 검사하는 기관으로 기율검사위원회을 건
립하여 1955년에는 그 기능을 강화하여 기율감찰위원회로 그 명칭을 변경
하였다. 이런 조치는 조직상의 강화뿐만 아니라, 직권상의 확대도 가져와

---

12) 趙志堅 外 5人, 위의 논문, 41면.

종래 당의 기율위반행위만을 검사하던 권한에서 이와 함께 국가법규의 위반행위도 그 검사대상으로 포함하게 되었다.13) 물론 당의 기율감찰위원회는 당원만을 대상으로 하지만 국가기관 공무원의 다수가 당원이라는 점에서 볼 때 당의 기율감찰권의 확대는 인민검찰원의 국가공무원에 대한 수사기능에 영향을 줄 수 있고 상호 경합을 일으킬 수 있는 측면이 있다.

인민검찰원의 국가공무원의 수뢰죄에 대한 조사는 당의 기율감찰업무와 관련을 가질 수밖에 없다. 당 외부의 반탐국(反貪局)은 국가공무원 특히 영도적 지위에 있는 간부에게 수뢰나 횡령과 같은 범죄혐의가 있을 때 그를 조사하는 경우 이런 사실을 당의 기율감찰위원회에 통보하고 의견을 들어야 한다.14) 기율감찰위원회는 당위원회의 동의를 얻어 당의 기율감찰조례에 따라 당의 기율을 위반한 당원에 대한 조사를 마친 후 처벌을 하고 만약 형법에 위반한 경우에는 인민검찰원에 이송해서 법률절차에 따라서 기소하게 한다. 이런 기율감찰위원회와 인민검찰원 그리고 반탐원의 업무를 조정하기 위해 당의 기율감찰위원회 부서기가 인민검찰원 검찰장을 겸임하는 경우가 많다.15) 기율감찰위원회가 업무를 수행하는 과정에서 인민검찰원과 행정부서의 감찰국이 합동으로 조사를 하는 경우도 있다.16) 이는 당이 고위영도자들에 대한 비리적발과 처벌에서 인민검찰원을 지도하며 사실상 주도한다는 점을 보여준다.

3. 공안기관과 인민검찰원

공안기관은 국무원의 공안부에 소속된 행정기관이고 인민검찰원은 사법기관으로 국무원과는 독립된 헌법기관이다. 그런데 형사사법절차에서

---

13) 이만희, "중국의 재판·검찰조직과 사법권의 독립", 형사정책연구 제5권 제1호 (1994), 232면.
14) 張千帆, 위의 책, 414면.
15) 張千帆, 위의 책, 414면.
16) 張千帆, 위의 책, 414면.

수사기능과 관련하여 양 기관은 일정한 상호관련을 맺고 있다. 형사사건
에 관한 수사, 구류, 구속의 집행, 그리고 예심은 공안기관이 책임을 지고
형사소송에 대한 감독, 구속의 비준, 검찰이 직접 수리한 사건에 대한 수
사와 공소의 제기는 인민검찰원이 책임을 지고 있다. 전통적으로 중국은
공안기관이 검찰보다 우위를 점하여 왔다. 정법위원회에서도 공안기관의
장이 전통적으로 위원장을 맡는 것이 관행이었다. 그렇지만 개혁개방 이
후 공안기관과 인민검찰원 사이의 관계도 변화하고 있다. 인민검찰원이
실질적으로 수사지휘를 하면서 공안기관으로부터 독립적인 사법기관으로
서 위상을 정립할 수 있을지 주목된다.

1) 공안기관의 수사 활동에 대한 인민검찰원의 감독

수사에 대한 감독과 관련하여 인민검찰원은 주로 구속비준권한을 통
하여(형사소송법 제69조) 공안기관의 수사 활동의 적법성을 통제할 수 있
다. 즉 인민검찰원은 구속비준심사를 함에 있어 공안기관의 수사 활동에
위법한 상황이 있음을 발견한 때에는 공안기관에 통지하여 이를 시정하
도록 하고 공안기관은 그 조치상황을 인민검찰원에 통지하여야 한다(형사
소송법 제76조). 또한 공안기관의 불입안 결정[17]에 대해서도 인민검찰원
은 일정한 통제를 할 수 있다. 즉 공안기관이 입안·수사하여야 할 사건임
에도 입안·수사하지 않았다고 인민검찰원이 판단하는 경우 또는 피해자
가 공안기관의 이런 처분에 대해 인민 검찰원에게 그 시정을 제기하는 경
우 인민검찰원은 공안기관에게 불입안한 이유를 설명할 것을 요구하여야
한다(형사소송법 제87조). 인민검찰원은 공안기관의 불입안 이유가 성립
되지 않는다고 판단되면 공안기관에 입안할 것을 통지하여야 하고 공안
기관은 그 통지를 받은 후 입안을 하여야 한다(형사소송법 제87조). 이는
공안기관의 불입안 결정을 인민검찰원이 통제하고 있음을 보여준다.

---

17) 우리의 불송치결정 정도로 볼 수 있다. 중국 공안은 일정한 경우 수사종결권을
  가지고 있다.

또 인민검찰원은 공안기관의 수사를 지휘할 수도 있다. 즉 인민검찰원은 사건을 심사하면서 보충수사가 필요한 경우에는 공안기관에 사건을 다시 돌려보내 수사를 하게 할 수 있고, 공안기관에 법정심판에 필요한 증거자료를 제공하라고 요구할 수 있다(형사소송법 제140조). 또한 인민검찰원은 사건을 심사하면서 공안기관의 검증 또는 검사에 대하여 재검증 또는 재검사를 할 필요가 있다고 인정될 때에는 공안기관에 대하여 재검증 또는 재검사를 요구할 수 있다(형사소송법 제107조).

2) 공안기관의 인민검찰원에 대한 견제수단과 그 자율성

공안기관은 수사활동에 있어 인민검찰원의 감독을 받지만, 공안기관 역시 인민검찰원의 권한행사에 대하여 일정한 견제수단을 가지고 있다. 공안기관이 구속비준을 제청한 사건에 대하여 인민검찰원이 구속불비준의 결정을 하는 경우에는 그 이유를 설명하여야 하는데 공안기관이 인민검찰원의 구속불비준의 결정에 잘못이 있다고 판단하는 경우에는 재심의를 요구할 수 있고 만약 그 의견이 받아들여지지 않으면 직근 상급 인민검찰원에 다시 재심사를 청구할 수 있다(형사소송법 제68조. 제70조).[18] 또한 공안기관이 기소의견으로 이송한 사건에 대하여 인민검찰원이 불기소결정을 하는 경우 인민검찰원은 그 불기소결정서를 공안기관에 송달하여야 하는데 공안기관은 그 불기소결정에 잘못이 있다고 인정할 경우에는 재심의를 요구할 수 있으며 의견이 받아들여지지 않을 경우에는 직근 상급 인민검찰원에 재심사를 청구할 수 있다(형사소송법 제144조). 상급 인민검찰원의 재심사결과에 다시 불복할 수 있는 방법은 없지만, 수사기관 상호간의 공식적인 견제수단을 인정하고 있다. 이를 통해 공안기관과 인민검찰원은 적어도 상명하복의 관계는 아닌 것을 알 수 있다.

한편 공안기관은 수사에 관해 일정한 수사종결권을 가지고 있다. 수사

---

18) 물론 재심사청구를 한 경우에도 공안기관은 피구류자를 석방하여야 한다.

과정 중에 범죄혐의자에 대하여 형사책임을 추궁할 수 없음을 발견한 경우에 공안기관은 사건철회를 하여야 한다. 범죄혐의자가 이미 구속된 경우에는 즉시 석방하고 석방증명서를 발급해야 하며, 구속을 비준한 인민검찰원에 이를 통지하여야 한다(형사소송법 제130조). 공안기관은 범죄혐의자에 대한 강제조치가 부당하다는 것을 발견할 때에도 역시 이를 취소 또는 변경하여야 하고 구속된 자를 석방하거나 구속조치를 변경한 경우에는 처음 비준한 인민검찰원에 이를 통지하여야 한다(형사소송법 제73조). 공안기관은 사건에 대한 철회권을 행사하여 자체적으로 수사종결권을 행사할 수 있다(형사소송법 제130조, 제73조).[19] 그리고 구속을 포함하여 강제조치들의 취소·변경권도 있고 단지 구속의 경우에는 구속을 비준한 인민검찰원에 이를 통지할 의무만 부담한다.

3) 수사기관 상호간의 견제와 균형

중국의 수사절차는 수사기관 외부의 감독 특히 법원의 감독이 이루어지지 않고 있다. 오히려 인민법원 역시 자소사건(自訴事件)[20]의 경우 일정한 수사권한까지 행사할 수 있게 되어 있다. 이렇게 수사기관 외부의 감독체제가 없는 구조 하에서 수사기관의 권한을 남용할 가능성이 존재한다. 이런 문제점을 의식해서인지 공안기관은 검찰의 구속비준권·공소제기권을 견제하고, 인민검찰원은 공안의 수사활동을 특히 구속비준권을 통해 견제하고 있다. 이런 상호 견제수단은 수사기관의 권한남용의 가능성을 어느 정도 차단할 수 있을 것으로 보인다.

---

19) 같은 취지로 이해하는 견해로는 법무부 특수법령과, 「중국 형사소송법 해설」, 2004(原著, 王國樞, 「刑事訴訟法學」, 北京大學出版社, 2001), 500면, 편역자 각주476 참조.

20) 자소사건의 범위는 첫째로 고소가 있어야 처벌할 수 있는 사건, 둘째로 피해자가 증거를 가지고 있는 경미한 사건, 셋째 공안기관 또는 인민검찰원이 형사책임을 추궁하지 않은 사건인데 피해자는 인민법원에 직접 가해자나 범죄혐의자의 형사처벌을 요구할 수 있다(형사소송법 제170조).

그렇지만, 전반적으로 공안기관은 자체적으로 수사를 종결할 수 있고 구속을 제외하고 강제조치권을 자체적으로 행사할 수 있다는 점에서 공안기관의 수사권 남용의 문제를 견제하기 위해서는 결국 수사기관 외부의 통제장치가 마련될 필요가 있다. 특히 압수와 수색을 강제조치에 포함시키지 않고 수사의 필요성만으로 이를 허용하는 태도는 자칫 수사권의 남용을 불러일으킬 소지가 있다.

III. 검찰권 재조정의 필요성

1. 검찰의 권한

인민검찰원은 중국의 국가법률감독기관이다(헌법 제129조). 중국의 검찰제도는 구 소련의 procuracy의 제도를 그 모델로 하였는데[21] 법률감독이란 인민검찰원이 검찰권을 행사하여 법률의 통일과 정확한 실시를 유지하는 것을 말한다.[22] 그렇지만 검찰의 법률감독권은 국가권력기관 아래에서 행정기관, 심판기관과 동등한 지위에서 수행되는 권한이고 국가권력기관의 영도 하의 제한된 권한임에 주의하여야 한다.[23] 인민검찰원의 법률감독의 대상은 국가기관 및 국가공무원, 그리고 공민을 포괄한다. 헌법상 인민검찰원은 국가의 법률감독기관으로 규정되어 있으므로 문언 그대로 보면 인민검찰원은 행정기관, 사법기관 나아가 입법기관까지 감독의 대상으로 할 수 있는 듯하다. 실제 인민검찰원이 국가권력기관을 상대로 자신이 헌법에서 부여받은 법률감독권한을 행사하면 중국 국가권력 상호간에 견제와 균형이 이루어질 것이라는 지적도 있다.[24] 그러나 이는 스스

---

21) 陳麗玲·諸葛暘, 위의 논문, 19면; Chow. Daniel op. cit., p.215.
22) 우북평·김연숙, 위의 논문. 142면.
23) 許安標·劉松山,「中華人民共和國憲法通釋」, 中國法制出版社, 2004, 357면.

로 밝히고 있듯이 국가조직원리와 감독관계의 성격에 부합하지 않는 주장이다. 중국 인민검찰원의 법률감독권은 국가권력기관의 영도 하의 감독권이다. 그 감독권은 국가권력기관인 전국인민대표대회로부터 수여받은 것이고 이는 구체적인 법률감독이고 절차적인 성격을 가진다.[25]

더욱이 이제 국무원 각 부서, 지방 각급 국가기관의 법률준수여부에 대한 일반적인 감독직권은 더 이상 법률감독권한에 포함되지 않는다. 1979년 인민검찰원조직법은 종전의 규정과 달리 더 이상 이들 기관에 대한 일반적인 감독직권을 규정하지 않았고, 1982헌법 역시 종전의 1978년 헌법(제43조)과 1954년 헌법(제81조)이 규정하였던 국무원 소속부문과, 지방 각급 국가기관, 국가기관 업무인원과 공민이 법률을 준수하는지 여부를 감독한다는 규정을 삭제하였다.[26] 현재 인민검찰원의 법률감독의 대상에는 공안기관과 국가안전기관의 수사활동, 인민법원의 재판활동, 감옥, 노동교도기관의 활동의 합법여부가 포함된다.[27] 현재는 법원의 구체적인 재판에 대한 감독권이 법원에 대한 감독의 형태로 부각되고 있다.

한편, 앞서 보았듯이 인민검찰원은 우선 형사사법절차에서 공안기관·법원과 함께 형사사법업무를 분담하고 서로 협조하여 서로 제약하면서 이를 수행한다(헌법 제135조). 중국의 검찰은 형사사법절차에서 공안기관의 인신체포에 대해 승인을 하는 권한을 가지고 있다. 인신체포에 대한 승인권한은 보통의 자유민주주의국가에서 법원의 법관이 가지는 권한이지만, 중국의 인민검찰원은 법률감독기관으로서 이를 행사한다. 또한 인민검찰원은 수사의 결과를 기초로 기소를 할 권한을 가지고 있다.[28]

---

24) Mo Jihong, "Several Theoretical Issues Related to Establishment of Constitutional Review System in China", 世界憲法硏究 第一輯, 主編 莫紀宏, 2007.6. 群衆出版社, 102면.

25) 許安標·劉松山, 위의 책, 357면.

26) 許安標·劉松山, 위의 논문, 358면.

27) 우북평·김연숙, 위의 논문, 143면.

28) 우리처럼 기소독점주의는 아니고 일정한 경우 피해자가 직접 인민법원에 자소

2. 검찰의 법률감독권과 공소권의 개혁

인민검찰원은 헌법에 의해 부여받은 법률감독권으로 인해 법원보다 상위의 국가기관으로 인식되었다. 그렇지만 개혁개방 이후 법원의 민사분쟁에 대한 권한이 확대되어 가면서 법원에 대한 인식은 바뀐데 비해 상대적으로 검찰에 대한 인식은 크게 변화하지 않았다. 그런데 1996년 형사소송법의 개정을 통해 당사자주의 요소가 형사소송에 도입됨으로써 검찰은 한 당사자로서 법원의 심판규칙에 복종해야 할 처지에 놓이게 되었다. 공안기관과 검찰원이 형사소송법의 개정작업에 반대한 것은 이와 같은 지위변화 때문이었다.29)

검찰은 최근 법원 내부의 부패에 대한 수사를 통해 법관에 대한 감독을 강화하고 있으며 종전에 활발하게 사용되지 않았던 법원에 대한 심판감독권을 빈번하게 행사하고 있다.30) 이는 개혁개방 이후 권리의식이 강화된 시민들이 2심 종심제의 한계를 극복하기 위해 국가권력기관이나 인민검찰원에 대해 청원의 형식으로 감독권한의 발동을 촉구하는 경향이 빈번하게 나타나고 있는 것에 일차적인 원인이 있지만, 다른 한편 인민검찰원이 인민법원과의 균형을 회복하기 위해 법원에 대한 심판감독권을 활용하고 있는 것으로 추측된다.

(自訴)하는 권리를 가지고 있다. 자세히는 제5장 형사소송절차를 참조 바람.

29) Randall Peerenboom, op. cit., p.313; Randall Peerenboom, "What Have We Learned About Law and Development? Describing, Predicting, and Assessing Legal Reforms In China", *Michigan Journal of International Law*, Spring 2006, pp.844~849.

30) Randall Peerenboom, op. cit., p.313. Fn. 21. 1998년에 검찰은 민사사건에서 심판감독청원에 대한 131,859건의 사건을 처리하면서 54,492건을 조사하고 그 중 11,925건에서 법원의 결정에 대해 항소를 제기하였다(1999년 최고인민검찰원 업무보고 참조); Chow에 따르면 2000년에 21,098건의 법원의 결정에 대해 항소를 제기하여 그 중 4,697건에서 변경이 이루어졌고 7,440건에서 원래 결정 그대로 유지되었다. Chow. Daniel op. cit., p.216.

그런데 이런 검찰의 법원 심판에 대한 감독권이 법의 지배의 관점에서 볼 때 정당화될 수 있는 것인가를 고찰해 볼 필요가 있다. 검찰이 법원의 구체적인 심판에 대해 감독권을 행사하게 되면 이는 사법의사결정 과정에 대한 외부의 간섭이 된다. 이런 감독권이 공민의 구체적인 개별사건에 대한 청원에 기초하여 행사된다면 개별적인 사건에 대한 상고심을 인정하는 결과가 될 수 있다. 이 경우 검찰이 법원과 같은 심판기관의 일부라면 문제될 소지가 없으나, 검찰은 국가의 법률 감독기관일 뿐 구체적인 개별 민사사건에 대해서는 아무런 이해관계를 가질 수 없는 기관이다.[31] 이런 검찰이 민사영역에서 당사자의 청원을 근거로 개별사건의 당부에 대해 감독을 하게 되면 법원의 심판권은 위축되고 법원의 권위는 실추된다. 법원은 심판권을 가진 중립적인 최종적인 심판자라는 점에서 그 권위를 유지하고 있는데 이 판단작용을 외부의 국가기관이 행정감독을 하듯 법원을 감독하게 되면 사법의 권위는 손상 받고 이는 사법의 독립에 역행하게 된다. 이런 현상은 법의 지배의 관점에서 볼 때도 바람직하지 않다. 현재 검찰원의 법원에 대한 심판감독권으로 인해 양 기관의 갈등이 현실화될 가능성이 상존하고 있다.

향후 검찰의 법원에 대한 심판감독권은 폐지하고 그 권한은 소송의 당사자에게 맡겨두는 방식으로 변화되어야 할 필요가 있다. 법원 외의 다른 국가기관이 가지고 있는 개별사건에 대한 감독권을 폐지하는 대신 당사자에게 이를 3심제의 형태로 허용하고 최고인민법원이 당사자의 상고를 제한적으로 통제하면서 전국적인 법률해석의 통일을 기하는 방식이 사법의 권위의 향상과 독립의 측면에서 바람직하다고 판단된다. 또한 이런 변화는 법원이 법률해석권을 보유하고 이를 공식화하는 제도개혁이나 법원의 이런 관행을 인정하는 것을 전제로 한다.

---

31) 국가는 민사소송에 대해 아무런 이해관계를 가질 수 없다는 것이 변론주의의 이론적 기초가 된다. 호문혁, "민사소송에 있어서의 이념과 변론주의에 관한 연구", 서울대학교 법학 제30권 3·4권(1989), 223면.

검찰의 법원에 대한 감독권의 폐지가 곤란하다면 검찰의 법원에 대한 감독권과 공소권을 분리하는 것이 체계 조화적이다. 법원을 감독하는 기관이 공소권을 행사하는 것은 공소인과 피고인의 평등을 보장하기 어렵게 하고 이는 피고인의 합법적인 권리보호를 어렵게 할 수 있기 때문이다. 그래서 현재와 같은 검찰과 별도로 국가공소인제도를 마련하여 공소권을 전담시키자는 주장도 나타나고 있다.[32]

앞으로 인민검찰원이 법률감독권을 어떻게 행사하여 행정기관과 법원을 감독할 수 있을지를 주목할 필요가 있다. 현재와 같이 검찰이 행정기관에 대한 일반적 감독권한을 약화시킨 채 공소권한과 재판감독권한만을 행사하는데 만족할 것인지 아니면 적극적으로 헌법이 부여한 권한을 사용하여 독립적인 사법기관으로 거듭 날지는 아직 확실하지 않다. 물론 1978년 헌법과 1954년 헌법과 같이 명시적으로 국무원을 포함한 국가기관에 대한 포괄적인 법률준수감독권을 행사한다는 규정이 현행 헌법(1982년 헌법)에서 비록 삭제되었지만, 헌법은 인민검찰원을 일반적인 국가의 법률감독기관으로 인정하고 검찰권을 부여하고 있으므로 헌법의 개정 없이도 인민검찰조직법의 개정을 통해 인민검찰원이 법률감독권을 적극적으로 행사하는 일이 가능할 수 있다. 헌법에서 일반적·포괄적인 법률감독권을 조건 없이 부여하고 있으므로 이를 구체적으로 형성하는 것은 입법을 통해 가능하기 때문이다.

---

32) 王公義, "中國的 司法體制現況及改革趨勢", 「法律人才與司法改革」－中日法學家的對話, 115面 以下.

제4장 중국 법원의 입법·행정기관에 대한 통제

이 장에서는 중국 법원이 입법기관과 행정기관에 대해 일정한 견제수단을 통해 그 권한을 통제하는 측면을 살펴보기로 한다. 이는 법의 지배의 가치가 요구하는 국가권력 상호간의 견제와 균형의 관점에서 사법기관인 법원을 중심으로 중국의 권력 상호 간의 통제 시스템을 고찰하려는 것이다. 우리는 보통 입법부에 의해 행정부와 사법부가 구성되는 의회제 국가에서 권력 상호 간의 견제와 균형의 구조가 존재하지 않는다고 보는 경향이 있지만, 중국헌법상 국가권력 상호 간의 견제와 균형의 메커니즘에 대한 정밀한 고찰을 통해 실제로 이를 확인하는 작업이 필요하다. 지금 중국 법원에서 진행되고 있는 규범해석권을 둘러싼 논의를 보면 법원이 이제 행정기관을 견제하려는 명확한 목표를 가지고 있고 당을 포함한 국민들 그리고 WTO와 같은 외부세력 역시 법원의 권한확대를 지지하고 있는 상황이다.

이하에서는 의회제 국가에서 사법심사를 할 수 있는 범위를 입법에 대한 부분과 행정작용에 대한 부분으로 나누어 각각 입법기관과 행정기관에 대한 통제로 구분하여 고찰하고자 한다. 헌법을 포함한 입법에 대한

법원의 통제를 살펴보기 전에 중국에서 법규범의 제정절차를 먼저 살펴
볼 필요가 있어 아래에서는 각종 입법기관과 여기서 만들어지는 법규범
의 종류와 그 서열, 그리고 입법절차를 차례로 살펴보고자 한다. 이는 입
법절차와 관련되어 중국법의 특색을 고찰할 수 있는 부분이라는 점에서
중국의 법치에 대한 이해의 출발점이 되리라고 본다.

제1절 중국 법원의 입법기관에 대한 통제

I. 중국의 입법절차

1. 헌법상 입법권

중국은 자유민주주의 국가의 권력분립주의를 채택하지 않고 이와 반대되는 단일하고 통일된 정치적·법적 시스템을 가지고 있다. 전국인민대표대회가 국가의 최고권력기관이고(헌법 제57조) 이 기관에 의해 다른 국가기관들이 구성된다. 그리하여 중국의 국가기관을 기능을 중심으로 일반적으로 입법기관, 행정기관, 그리고 사법기관으로 나눌 수 있지만 이 세부분 모두는 엄격한 권력분립을 유지하지 않는 하나의 시스템의 일부라고 할 수 있다.[1]

헌법은 국가입법권을 전인대와 전인대 상무위원회에서 행사하도록 하고 있다(헌법 제58조). 그리고 반드시 형식적 의미의 법률로 제정해야 할 사항을 입법법 제8조에 규정하고 있다. 즉 ① 국가주권에 관한 사항, ② 각급 인민대표대회, 인민정부, 인민법원, 인민검찰원의 선출조직과 직권, ③ 민족구역자치제도, 특별행정구제도, 기층자치제도, ④ 범죄와 형벌, ⑤ 공민정치권리의 박탈, 인신자유를 제한하는 강제조치와 처벌, ⑥ 비국유재산에 대한 징수, ⑦ 민사기본제도, ⑧ 기본경제제도 및 재정, 조세, 세관, 금융과 대외무역의 기본제도, ⑨ 소송과 중재제도, ⑩ 반드시 전국인민대표대회 및 그 상무위원회가 제정해야 하는 기타 법률사항이다.

헌법 제58조는 국가입법권을 인민의 대표기관에서 행사한다는 원칙을

---

1) Chow, Daniel C.K, *The Legal System of The People's Republic of China*, Cambridge University Press, 2003, p.171.

선언한 것이고 그 밖에 우리와 같은 실질적 입법의 권한은 전인대에 의해 구성되는 국무원, 지방각급 인민대표대회와 지방각급 인민정부, 민족지방의 자치기관에 부여하고 있다(헌법 제89조, 107조, 116조). 이는 우리 헌법질서에서 확인할 수 있는 행정입법권, 자치입법권에 상응하는 것이다. 이런 폭넓은 행정·자치입법권의 허용은 개혁개방과정에서 직면하는 전문적이고 기술적인 문제들을 행정입법을 통해 해결하려는 의도로 여겨진다.

그렇지만 입법기관들이 너무나 산재되어 있고 경제개방의 진행과정 중에서 우후죽순과 같이 많은 규제관련 입법들을 양산해 내어 규범 상호간의 불일치가 심하다. 특히 지방정부는 개혁개방과정에서 중앙정부로부터의 재정적 자립을 요구받아 자기 지역의 경제발전을 이끌어 내기 위해서 중앙정부의 규정을 따르지 않고 자체의 지방성 규범을 만들어 외국인 투자자들을 유인하고 있는 실정이다. 그 결과 전국단위의 규범체계와 부합하지 않는 지방성규범들이 산재하고 있어 객관적인 규범력을 가지는 법을 확정하는 일이 쉽지 않다.

이런 문제의식 하에 2000년에 중국 당국은 입법법을 제정하여 입법권의 소재를 명확히 하고 입법의 절차를 통일적으로 규율함으로써 법규범 상호간의 저촉의 문제를 해결하고자 하였다. 입법법은 중국 입법절차의 통일성의 부족, 입법 상호간의 불일치와 저촉, 입법절차에 대한 사회의 참여 부족 등 중국 입법의 문제점으로 지적되어 온 부분들을 보완하기 위해 제정된 법률이다. 이로 인해 입법에 관한 통일적인 규율이 마련되었다는 점에서 큰 의미가 있다. 특히 입법법에 의해 제정된 규범만이 법규범으로서의 자격을 가질 수 있게 되었다는 입장도 확인된다.[2] 일단 이 법의 제정으로 입법에서의 법치주의의 실현을 위한 최소한의 전제는 마련되었다고 할 수 있지만 그 실효성에 대해서는 더 검토해 보아야 할 것으로 보인다.

입법법의 제정으로 중국 입법과 입법절차에 걸친 핵심적인 법치주의의 요구가 마련되었는지를 아래에서 살펴보고 사법심사의 문제를 다루기로 한다.

---

2) Chow, Daniel C.K, op. cit., p.145.

2. 입법의 과정

1) 입법기관

중국의 입법기관은 헌법과 입법법에서 규정하고 있다. 전국적으로 효력을 갖는 입법권은 전국인민대표대회와 그 상무위원회 그리고 국무원이 가지고 있다. 여기에 지방자치에 따라 지방인민의회와 지방정부가 자치입법권을 가지고 있다.

(1) 전국인민대표대회

먼저 전국인민대표대회는 중국의 최고 입법기관이다. 전국인민대표대회는 모든 기본법률을 제정하고 수정할 권한을 가지고 있는 바, 구체적으로 형사, 민사, 국가기구 및 기타 기본법률의 제정과 개정 권한이 있다(헌법 제62조, 입법법 제7조). 여기서 기본법률이란 헌법이나 법률에 그 의미가 규정되어 있지는 않으나, 일반적으로 학계에서는 민사, 정치적 권리, 개인적 자유 그리고 국가와 사회의 조직과 구조에 관한 법률을 포함하면서 전체사회에 기본적으로 영향을 미치는 법률을 말한다고 보고 있다. 이를 구체화하는 명확한 실질적인 기준은 없다고 보면서 어떤 법률부서, 행정관리부서의 제일 기본적인 법률제도와 규범을 말한다고 보고 있다. 예를 들면 교육영역에서는 교육법, 국방영역에서는 국방법, 또한 형사, 민사와 국가기구 조직방면의 법률 등으로 현재는 입법주체를 기준으로 형식적으로 구별하는 방법을 사용할 수밖에 없음을 밝히고 있다. 실질적인 기준을 만들더라도 전인대의 소집이나 활동에서의 비효율성으로 인해 실제이에 따라 법률을 제정하기가 사실상 어렵다고 기술하고 있다.3) 중국 학자들은 회사법을 기본법률로 간주하여 이것은 전인대의 입법권한에 속한

---

3) 許安標·劉松山,「中華人民共和國憲法通釋」, 中國法制出版社, 2004, 183·195면.

다고 보았으나, 사실 그 법은 전인대 상무위원회에서 제정되었다. 또한 형사소송법은 전인대에서 제정되었음에 반해 민사소송법은 전인대 상무위원회에서 제정되었다.[4]

또한 전인대는 헌법 개정권한을 가지고 있어 전인대 상무위원회 또는 5분의 1 이상의 전인대 대표의 제의에 의하여 전인대 전체대표의 3분의 2 이상의 다수로 통과되면 헌법개정이 이루어진다(헌법 제64조).

(2) 전국인민대표대회 상무위원회

전인대 상무위원회는 전인대가 당연히 제정해야 할 법률 이외의 기타 모든 법률을 제정하고 수정할 권한이 있다(헌법 제67조, 입법법 제7조). 또한 전인대 폐회기간 동안 전인대가 제정한 법률에 대해 부분적인 보완과 개정을 할 수 있지만, 그 보완과 개정은 당해 법률의 기본원칙과 저촉할 수 없다(헌법 제67조, 입법법 제7조). 입법은 인민의 의지를 표현한 것이고(입법법 제5조) 국가최고권력기관이 표현한 인민의 의지가 가장 우월하다는 것은 헌법구조상 당연한 논리로 파악된다. 그런데 문제는 무엇이 수정이고 그 수정이 원래 법률의 기본목적에 어느 경우에 저촉되느냐에 관한 기준이 명확하지 않다는 점에 있다. 이를 통해 전인대 상무위원회가 전인대에 의해 제정된 법률에 대해 본질적인 변경을 가함으로써 실질적으로 기본 법률을 제정할 수도 있게 된다. 사실 1979년에 형법이 제정된 후 1997년 신형법이 전인대에 의해 제정되기까지 전인대 상무위원회에 의해 형법이 20차례 이상 수정되었는데 대부분의 형법학자들은 이 수정이 원래 형법의 기본원칙을 확대하고 변경시켰다고 주장한다.[5]

원칙적으로 전인대 상무위원회가 제정할 수 있는 법률은 기본법률을 제외한 보통의 법률이다. 여기서 보통법률이란 사회의 특정한 방면에 영향을 미치는 법률이라고 이론상 해석을 하고 있으나,[6] 이것은 이론상의

---

4) Chow, Daniel C.K, op. cit., p.145, p185.
5) Chow, Daniel C.K, op. cit., p.186.

구별이고 전인대와 그 상무위원회의 입법관할 사이의 정확한 한계를 설정하는 것은 종종 어려운 문제를 야기한다.[7] 특히 위에서 보았듯이 전인대의 폐회 중의 기본법률에 대한 상무위원회의 수정권한은 이런 구별의 어려움을 가중시키고 있다. 사실 입법법 제정 당시에도 기본 법률과 보통 법률의 실질적인 구별을 명문화하자는 제안이 있었으나, 전인대의 최고권력기관으로서의 성격상 기본법률 이외의 법률도 제정할 권한도 있어야 한다는 주장이 제기되어 받아들여지지 않았다. 그래서 헌법의 규정을 입법법이 그대로 받아들였고 헌법의 모호성은 입법법에서 그대로 유지되었다.[8]

끝으로 전인대 상무위원회는 헌법에 대한 해석권을 가지고 있는바(헌법 제67조), 헌법에 대한 해석권은 헌법감독부분에서 상세히 다루기로 한다.

(3) 국무원

국무원은 중화인민공화국 최고권력기관의 집행기관이며, 최고 국가행정기관이다(헌법 제85조). 국무원은 중앙인민정부로도 불리고 있는데 중국공산당과 가장 밀접하게 관련된 헌법기관이다.[9] 국무원은 헌법으로부터 일정한 입법권을 부여받고 있는바, 크게 나누면 다섯 가지로 나누어볼 수 있다.

국무원은 그 권한 범위에 속하는 구체적인 문제들을 규율하기 위해 행정법규를 제정할 권한이 있다(헌법 제89조 제1항, 입법법 제56조 제2항). 이런 행정법규는 국무원 자신의 입법절차를 통해 제정되고 전인대나 그

---

6) 許安標·劉松山, 위의 책, 184면.
7) Chow, Daniel C.K, op. cit., p.145.
8) 許安標·劉松山, 위의 책, 195~196면.
9) Marc Rosenberg, "The Chinese Legal System Made Easy : A Survey of the Structure of Government, Creation of Legislation, and The Judicial System Under the Constitution and Major Statutes of the People's Republic of China", 9 U. Miami Int'l & Comp. L. Rev. p.233.

상무위원회는 관여하지 않는다.[10] 국무원과 그 부속기관은 중국의 행정을
책임지고 있고 그 행정권이 미치는 범위는 전국적이기 때문에 국무원의
입법권은 독립적이고 포괄적이다.[11]

그런데 국무원의 입법권은 헌법감독의 대상이 되도록 규정되어 있지
만, 실제 전인대나 그 상무위원회가 국무원의 입법권을 승인하는 완전한
권한 가지고 있지 않아 모순이 존재한다는 주장도 있다. 이 주장은 법에
서 국무원의 입법권의 범위를 명확히 하는 것이 필요하다고 보면서 국무
원의 입법권을 독립적인 입법(independent legislation)이라고 평가하고 있
다.[12] 그렇지만, 입법법에 따르면 국무원의 행정법규에 대한 등록을 요구
하고(동법 제89조 제1항) 전인대 상무위원회가 상위법에 저촉된 행정법규
의 폐기권을 보유한다고 다시 한 번 확인하고 있는 점(동법 제88조 제2항;
헌법 제67조 제7항)을 볼 때 이 주장이 표현한 '완전한 권한'은 실제 규범
통제의 현실을 고려한 평가적 표현으로 이해된다.

국무원은 전인대와 그 상무위원회가 제정한 법을 집행하기 위하여 필
요한 행정법규를 제정할 권한이 있다(헌법 제89조 제1항, 입법법 제56조).
중국의 경우 일반적으로 특정 법률만으로는 일정 영역에 대한 규율의 전
반적인 체계가 이해되지 않고 오히려 국무원이 제정한 행정법규를 살펴
보아야만 오히려 전체적인 절차와 필요한 요건들을 확인할 수 있는 경우
가 많다. 예를 들어 1979년에 제정된 중외합작경영기업법의 경우 16개의
조문밖에 가지고 있지 않은데, 국무원이 1983년에 제정한 중외합작경영
기업법실시조례는 118개의 조문을 가지고 있다.

국무원은 전인대에 의한 기본법률이나 전인대 상무위원회에 의한 보
통법률이 제정되어야 할 영역에서 전인대나 전인대 상무위원회로부터 권

---

10) Chow, Daniel C.K, op. cit., p.147.

11) Chow, Daniel C.K, op. cit., p.147; Marc Rosenberg, op. cit., p.233.

12) Mo Jihong, "Several Theoretical Issues Related to Establishment of Constitutional
    Review System in China", 世界憲法研究 第一輯, 主編 莫紀宏, 2007.6. 群衆出
    版社, pp.96~98.

한의 위임을 받아 먼저 행정법규를 제정할 권한을 가지고 있다(입법법 제 9조, 제56조 제2항). 국무원의 이 권한은 법률을 구체적으로 집행하기 위해 제정하는 행정법규와는 다른 성질의 것으로 파악된다.[13] 국무원의 이런 권한은 아직 법률이 제정되지 않은 영역에서 개혁으로 인해 계속적인 변화가 일어나고 있고 이로부터 긴급한 규율의 필요성은 있으나 의회의 입법을 위한 시간과 조건이 충족되지 않은 상황으로 인해 전인대나 그 상무위원회가 우선 국무원에 행정법규 제정권을 부여함으로써 주어진 경우이다. 이는 중국의 개혁·개방과정에서의 특수성이 나타나는 부분이라고 할 수 있다. 물론 이런 위임에는 제약이 따르는 바, 범죄와 형벌, 공민의 정치권리박탈, 인신자유를 제한하는 강제조치와 처벌, 그리고 사법제도 등의 사항은 반드시 법률로 미리 정해야 한다(입법법 제9조 단서).

국무원은 전인대 혹은 그 상무위원회에 의안을 제출할 수 있는데 그 의안에는 법률안이 포함된다(헌법 제89조 제2항, 입법법 제12조). 국무원은 이런 법률안제출권을 활발하게 행사하여 1979년 이래 전인대와 그 상무위원회에서 제정된 법률의 약 70%가 국무원이 제출한 법률안이었다.

국무원의 각부, 각 위원회는 법률과 국무원의 행정법규, 결정, 명령에 근거하여 본 부문의 권한 내에서 명령, 지시, 그리고 규장을 제정할 수 있다(헌법 제90조, 입법법 제71조). 규장은 일반적으로 법을 실행하는 과정에서 법이 너무 일반적이어서 적용과정에서 유용하지 않을 경우에 그 법이 속하는 영역을 담당하는 국무원 내의 부서가 만드는 것으로 상세하고 기술적인 성격을 가진다. 규장은 법을 집행하는 과정뿐만 아니라 법 자체에 대한 설명과 해석을 다루기도 있다. 특이하게 국무원은 법률이나 행정법규가 제정되지 않은 영역에서 이와 같은 규장제정권을 위임하는 경우도 있다.[14] 법률이 제정되지 않은 영역에서 긴급한 규율의 필요가 있을 때 국무원은 행정법규를 제정할 수 있는데 이 권한을 다시 하부기관에

---

13) Chow, Daniel C.K, op. cit., p.149.
14) Chow, Daniel C.K, op. cit., pp.150~151.

위임하여 규장의 형식을 사용할 수 있도록 하고 있다.

각부나 각위원회가 제정하는 규장은 국무원의 입법절차를 따르지 않고 각부나 각위원회에 의해 직접 만들어지는데 수권법률, 행정법규에 따르거나 국무원으로부터 직접적인 입법권의 위임을 받아서 제정되어야 한다. 그런데 모든 규장은 공표되어야 한다는 법적 요구가 없어서 규장들의 상당부분은 내부용이고 공표되지 않는다.[15]

(4) 지방의 입법권

전국적인 입법기관과 별도로 지방에도 입법권이 부여되어 있다. 먼저 성, 자치구, 직할시 인민대표대회 및 그 상무위원회는 본 행정구역의 구체적 상황과 실제수요에 근거하여 헌법, 법률, 행정법규와 저촉되지 않는 전제하에서 지방성법규를 제정할 수 있다. 그리고 비교적 큰 시[16]의 인민대표대회 및 그 상무위원회는 해당 시의 구체적 상황과 실제적 수요에 근거하여 헌법, 법률, 행정법규와 본 성 자치구의 지방성법규와 저촉하지 않는 전제하에서 지방성법규를 제정할 수 있는데 성, 자치구의 인민대표대회 상무위원회의 비준을 거친 후에 시행해야 한다(헌법 제100조, 입법법 제63조). 시, 직할시의 인민대표대회와 그 상무위원회가 제정한 지방성법규 역시 전인대 상무위원회에 보고·등록해야 한다.

민족자치지방의 인민대표대회는 그 지역의 정치, 경제, 문화의 특성에 따라 자치조례와 단행조례를 제정할 권한이 있는데 자치구의 자치조례와 단행조례는 전국인민대표대회 상무위원회의 비준을 거쳐서 효력을 발생한다. 자치주, 자치현의 자치조례와 단행조례는 성, 자치구, 직할시의 인민대표대회의 상무위원회의 비준을 거쳐서 효력을 발생하며, 효력발생 이후 전국인민대표대회 상무위원회에도 보고·등록해야 한다. 자치조례와

---

15) Ibid., p.151.
16) 여기의 비교적 큰 도시는 성, 자치구의 인민정부 소재지의 시, 경제특구 소재지의 시, 그리고 국무원이 비준한 비교적 큰 도시를 가리킨다(입법법 제63조).

단행조례는 그 지역 민족의 특징에 의하여 법률과 행정법규의 규정을 약간 변형할 수 있다. 그러나 법률 혹은 행정법규의 기본원칙에 위배되어서는 아니 되며 헌법, 민족구역자치법의 규정 및 기타 법률, 행정법규가 전문적으로 민족자치지방을 위해서 만든 규정은 변형할 수 없다(헌법 제116조, 입법법 제66조).

입법기관의 계통과 법적규범들

입법기관의 계통	법규범들	비 고
전국인민대표대회	* 헌법, * 기본법률	
전국인민대표대회 상무위원회	* 기본법률 이외의 다른 법률들 * 전인대가 폐회 중일 때 기본법률의 수정과 보충	
국무원	* 행정법규와 규장[17]	
성, 자치구, 중앙정부가 직접관할하의 시들, 성과 자치구의 성도, 특별경제구역의 도시들, 그리고 국무원에 의해 승인된 시들의 인민의회와 그 상무위원회	* 지방성 법규들(자치조례와 단행조례 포함)	민족자치지방의 인민대표대회(헌법 제116조)
성, 자치구, 중앙정부가 직접관할하는 시들, 성과 자치구의 성도, 특별경제구역의 시들, 그리고 국무원에 의해 승인된 시들의 인민정부	* 지방성 규장들	

성, 자치구, 직할시와 비교적 큰 시의 인민정부는 법률, 행정법규, 본 성, 자치구, 직할시의 지방성법규에 근거하여 규장을 제정할 수 있다. 지방정부는 첫째로, 법률, 행정법규, 지방성법규를 집행하기 위해서 둘째로, 본 행정구역의 구체적 행정관리사항에 속하는 사항을 규율하기 위해 규

---

17) 규장이 법(law)인가에 대해서는 견해가 나뉘어져 있다. Lubman, Stanley B., *Bird in a Cage: Legal Reform in China after Mao*, Stanford: Stanford University Press, 1999, p.143.

장을 각각 제정할 수 있다(입법법 제73조). 지방정부의 위와 같은 규장제
정권은 국무원의 행정법규 제정권에 상응하는 것으로 볼 수 있다. 또한
경제특구 소재지의 성, 시 인민대표대회 및 상무위원회는 전국인민대표대
회로부터 권한을 수여받아 법규를 제정해서 경제특구 범위 내에서 실시
한다(입법법 제65조).

2) 입법의 절차

법의 지배의 실현을 위한 기본적인 전제 중의 하나는 입법절차의 투명
성(transparency)과 입법절차에의 국민의 참여(public participation)이다. 법
의 지배는 법의 내용 자체의 확실성과 예측가능성도 중요한 요소이지만
법이 제정되는 과정에서 수범자들이 입법과정에 적극적으로 참여하여 법
규범의 규범력을 제고하고, 법제정주체들이 중립성을 벗어나 기관자체의
독자적 이익을 추구하려는 일반적인 경향[18]을 견제하는 것 역시 법의 지
배의 중요한 기초라고 할 수 있다.

중국은 개혁·개방정책의 실현과 시장경제의 발전을 위해 여러 제도들
을 정비하는 과정에서 많은 법규범들을 제정하여 왔다. 그렇지만 그 법제
정과정은 전문가집단이나 행정관료에 의해 주도되었고 법규범의 수범자
인 일반 공민이나 기타 관련자들의 참여는 거의 없었다고 할 수 있다. 인
민대표들은 선거민들에 대한 책임의식이 약하고 시민사회에 대한 통제가
이익단체의 형성과 발전을 방해하였다.[19] 그 결과 기본적으로 시민사회의

---

18) 최근의 공공선택이론의 지지자들은 입법기관이 자주 공익보다는 기관자체의
    이익을 우선하려 하고 사회의 특수한 이익에 사로잡힐 수 있음을 강조한다. 예
    를 들면 Macey, Jonathan, "Promoting Public-Regarding Legislation through
    Statutory Interpretation: an Interest Group Model", *Columbia Law Review,*
    March 1986, pp.223~268.
19) 1998년에 개정된 사회조직의 등록과 관리에 관한 규정은 사회조직에 더 많은 제
    약을 가하고 있다. 그리고 당은 이런 사회조직을 흡수하려고 했고 그들을 여러
    국가후원제도를 통해 국가에 종속시키고자 하였다. Randall Peerenboom, *China's*

미성숙으로 사회 각 부분의 부분이익들을 대변하는 이익단체들의 성장이 늦었다.

그렇지만 최근 중국도 경제발전과 더불어 다양한 사적 단체들이 나타나고 있다. 일반적인 당과 국가의 퇴조로 인해 나타난 당의 지배력의 공백을 다양한 사회조직들이 채워나가고 있다.[20] 이런 사회영역의 확대는 자연스럽게 부분이익을 추구하는 여러 사적단체들의 형성과 그들의 입법 과정에의 참여로 나타나고 새로 제정된 입법법 역시 이를 규정하기에 이르렀다. 특히 그동안 행정법규의 제정과정에서 입법절차의 투명성이 많은 비판의 대상이 되어왔는데 행정절차법이 마련되지 않은 상황에서 입법법의 제정으로 그 변화가 기대되고 있다.

(1) 전국인민대표대회의 입법절차

전인대에 법률안을 제출할 수 있는 기관이나 인원은 크게 세 부분으로 나눌 수 있다. 첫 번째는 전인대의 주석단이다(입법법 제12조). 주석단은 전인대의 공식적인 활동들에 대한 통제를 위해 조직된 임시지도부인데 이 주석단은 정기총회가 지속되는 동안만 존재하는 한시적인 조직으로서 대략 150명 정도로 구성된다. 이들은 주로 각 성과 10만을 넘는 소수민족 그룹의 대표들이다. 물론 전인대 대표가 아닌 공산당의 지도자들, 인민해방군의 대표들, 다른 사회적 이익그룹의 대표들도 포함된다. 이 주석단의 구성원들은 상임위원회에서 지명되고 정기총회에서 승인된다. 의장단 역시 자신의 지도부를 또 선출하는데 이들은 상임주석단(Standing Chairman)이라 부르는데 이들이 주석단의 의제를 주도한다.[21] 주석단은 표결을 위해 전인대의 의제로 법률안을 올릴 것인가를 결정할 수 있는데(입법법 제

Long March Toward Rule of Law, Cambridge University Press, 2002, p.201.

20) Saich, Tony, "Negotiating the State: the Development of Social Organizations in China", *The China Quarterly* 161, p.124.

21) Michael W. Dowdle, "The Constitutional Development and Operations of The National People's Congress", 11 *Colum. J. Asian L.*, 1997, pp.29~30.

12조, 제13조) 주석단은 이를 거부함으로써 제안된 법률안을 폐기할 수 있다. 현재 주석단의 이와 같은 결정을 뒤집을 수 있는 어떤 수단도 없다는 점에서 주석단의 의안상정 결정권한은 입법제안에 대한 사실상의 거부권이라고 볼 수 있다.22)

두 번째로 법률안을 제출할 수 있는 기관은 전인대 상무위원회, 국무원, 중앙군사위원회, 최고인민법원, 최고인민검찰원, 전인대 각 전문위원회이다(입법법 제12조). 이런 기관들은 자신의 권한범위 내에 해당하는 문제들과 관련된 법률안을 전인대에 제출할 수 있다.

세 번째는 대표단 혹은 대표 30인 이상이 연명하면 법률안을 제출할 수 있다(입법법 제13조). 대표단은 정기회의 동안 대표들이 토론의 효율을 높이기 위해 32개의 대표그룹으로 나뉘어서 만들어진 것이다. 이 대표단은 임명관할에 따라 형성되는데 이 대표단이 독립적으로 정기회의에 입법적 제안(법률안)을 제출할 수 있다.23)

주석단은 제출된 법률안을 전인대의 의제로 올리기 위한 결정을 하기 전에 전인대의 전문위원회가 심의를 하도록 결정할 수 있다. 전인대에는 민족위위회, 재정경제위원회, 법률위원회, 교육과학문화위생위원회, 외교위원회, 화교위원회와 기타 필요한 전문위원회를 둘 수 있다(헌법 제70조). 위 전문위원회 중에 법률위원회는 각 전문위원회가 법률초안에 대해 조사한 결과에 대해 검토의 책임을 지고 있어 각 전문위원회를 위한 접촉점으로서 역할을 한다.24)

법률안과 심의의견은 사전에 인쇄해서 대표들에게 배포하여야 한다. 전인대 전체회의에서 그 법률안을 제출한 자의 설명을 들을 뒤 각 대표단에서 심의를 진행한다. 법률안이 전인대 전체회의에 상정되어 전체대표의 과반수의 찬성을 얻으면 법률로 통과된다. 전인대에서 통과된 법률은 국

---

22) Chow, Daniel C.K, op. cit., p.157; Marc Rosenberg, op. cit., p.230; Michael W. Dowdle, op. cit., p.26. 이는 미국법상의 "floor manager"에 해당한다고 보고 있다.

23) Michael W. Dowdel, op. cit., p.29.

24) Chow, Daniel C.K, op. cit., p.158.

가주석이 서명하여 공포한다(입법법 제22조, 제23조).

(2) 전인대 상무위원회의 입법절차

전인대 상무위원회에 법률안을 제출할 수 있는 기관이나 인원은 전인대에 법률안을 제출할 수 있는 범위와 같으나, 단지 상무위원회의 구성원 10명 이상이면 상무위원회에 법률안을 제출할 수 있다는 점이 다르다(입법법 제24조, 제25조). 의안을 상무위원회 회의일정에 올릴지 그리고 전인대 전문위원회에 예비심사를 위해 의안을 보내서 보고하게 할 것인지를 결정하는 기관은 위원장회의이다(입법법 제24조). 전인대의 주석단의 경우와 같이 위원장회의의 결정에 대해 다툴 수 있는 절차는 존재하지 않는다.[25]

위원장회의에서 법률안을 상임위원회의 의제로 상정하기로 결정한 후 그 법률안은 표결하기 전에 3단계의 심의단계를 거치게 된다. 첫째로, 상임위원회의 첫 번째 모임에서 법률안의 제출자가 상무위원회 회의에 법률안에 대한 설명을 한다. 그리고 상무위원회의 두 번째 모임에서 법률위원회가 법률안초안의 수정에 대한 첫 번째 보고와 더 고려가 필요한 주요한 쟁점들에 대한 보고를 하고 상무위원회는 조를 나누어 회의를 하면서 심의를 진행한다. 세 번째 회의에서 법률위원회가 그 법률안에 대한 조사의 결과를 보고하고 상무위원회는 다시 조를 나누어 혹은 전체회의를 하면서 법률초안 중의 주요문제에 대해 토론을 진행한다(입법법 제27조). 상무위원회 회의일정에 포함된 법률안에 대한 각 방면의 의견이 비교적 일치하는 경우 세 번째의 검토 없이 바로 상무위원회 심의를 거쳐서 두 번 표결을 할 수 있고 부분 수정된 형태로 법률초안에 대한 사소한 변경만이 있고 각 방면의 의견이 비교적 일치할 경우 상무위원회 회의를 한번만 거쳐도 표결을 할 수 있다(입법법 제28조). 그런데 법률안이 상무위원회의 3차례 심의를 거친 후에도 여전히 중대한 문제가 있어서 더 연구할 필요

---

25) Ibid., p.160.

가 있다고 여겨지면 위원장 회의에서 연합회의 혹은 전체회의의 동의를 얻어서 잠시 표결을 중지할 수 있고 법률위원회와 관련된 전문위원회가 더 심의하도록 한다(입법법 제38조).

상무위원회 회의일정에 포함된 법률안에 대해 법률위원회, 관련된 전문위원회와 상무위원회의 업무기구는 각 방면의 의견을 청취해야 한다. 의견을 청취할 때에는 좌담회와 토론회, 청문회 등 다양한 형식을 채택할 수 있다(입법법 제34조, 제35조). 그 후 법률안을 표결에 부쳐 상무위원회 전체 구성원의 과반수의 지지를 얻어 상무위원회에서 통과된 법률은 국가주석이 서명하여 공포한다(입법법 제40조, 제41조).

(3) 국무원의 입법절차

국무원에서 법이 규율하는 영역을 담당하는 국무원의 부서가 먼저 입법초안을 마련하고 이를 국무원 법제국이 심사한다(입법법 제57조). 국무원 법제국은 국무원이 승인하는 입법의 제정과정에서서 중심적인 역할을 한다. 한 개 부서 이상이나 국무원 하위기관에 관련되는 입법은 국무원 법제국이 직접 입법초안을 마련하기도 한다. 법제국은 입법초안을 검토한 후에 설명과 보고서를 작성하고 이를 원래 입법초안과 함께 국무원의 집행회의에 제출한다(입법법 제59조). 국무원 집행회의는 제출된 문건들을 검토하고 토론을 한다. 집행회의에는 총리를 포함한 국무원 고위인원과 관련 입법제안부서의 책임자가 함께 출석한다. 법제국과 관련부서가 입법초안과 주요한 쟁점들을 설명하고 국무원 구성원들에 의해 제기된 문제들에 대해 답변을 한다. 그 후 법제국과 관련부서는 집행회의에서 제기된 관점들을 반영하여 그 입법초안을 수정하고 최종적인 입법안은 승인을 위해 집행회의에 다시 제출된다. 국무원에서의 행정법규안의 채택과정은 전인대 및 그 상무위원회에서 법률안 채택과정과 같이 다수결원리에 의하는 것이 아니라, 총리가 회의참가자들의 의견에 근거하여 민주집중제의 원리에 따라 최종결정을 한다.[26] 입법의 유형이 행정법규라면 그 제정과정 중에서 관련된 기관, 조직, 공민의 의견을 광범하게 청취해야 하는데 의견청취는 좌담회, 토론회, 청문회 등 다양한 형식을 채택할 수 있다(입법법 제58조).

입법의 유형이 법률로 통과시킬 성질이면 법률초안제안에 총리가 서명하고 전인대나 그 상무위원회에 승인을 위해 제출한다. 입법의 유형이 행정법규의 성질이라면 이것은 국무원의 고유한 입법권의 범위에 속하므로 집행회의가 이를 승인하면 총리가 법령에 서명하고 공포한다. 입법의 유형이 행정규장이라면 각 부, 각 위원회, 그리고 다른 부서에서 국무원이 사용하는 절차와 유사한 절차를 통해 제정한다(입법법 제74조). 그렇지만 전체적으로 그 절차는 국무원의 절차보다 덜 형식적이고 더 탄력적이다. 대부분의 부와 위원회들은 행정규장의 제정을 담당하는 법률부서를 가지고 있다. 각 부의 부회의 혹은 위원장회의는 규장을 채택 또는 거부하거나 추가적인 작업과 고려를 위해 규장의 승인을 연기할 권한을 가지고 있다(입법법 제75조).[27] 부장(장관)이 규장을 서명하고 공포한 후에 그 규장은 공포 후 30일 이내에 국무원에 기록을 위해 등록하여야 한다(입법법 제76조, 제89조 제4항).

(4) 지방의 입법절차

지방차원의 입법절차는 중앙차원의 입법절차와 유사하다고 볼 수 있다. 지방의회에서 제정되는 지방성 법규들과 지방차원의 인민정부가 제정하는 지방성 규장의 제정을 위해 지방의회나 지방정부에는 각 법률부서를 두고 있다. 그러나 지방차원에서는 비록 많은 성이나 시에서 입법절차를 상세히 규율하는 절차를 만들어 왔음에도 불구하고 많은 경우 입법절차에 관한 규정들이 없어 일정한 형식성이 부족한 것이 사실이다.[28] 문제

---

26) 한대원 외 14인, 「현대중국법개론」, 박영사, 2001, 55면.
27) 그러나, Chow, Daniel C.K., op. cit., p.165에서 Chow는 부의 장관(부장)이 이를 결정할 완전한 권한을 가지고 있다고 기술하고 있다.

는 갈수록 지방성법규의 제정이 증가하고 있다는 데 있다. 1978년 이후 전인대와 그 상무위원회에서 제정된 법률이 300여개이고 행정법규가 770개 정도인데 비해 1993년부터 1997년까지 지방성 법규가 4,200여개에 이른다는 사실이다.[29]

II. 법원의 헌법해석권

1. 중국의 헌법감독제도

중국은 헌법을 정점으로 하여 단일한 입법체계를 취하고 있다. 즉 헌법을 국가최고법으로 하여(헌법 제5조, 입법법 제78조), 그 다음의 효력을 지니는 법규범은 전인대와 그 상무위원회가 제정하는 법률이고 그 다음은 국무원이 제정하는 행정법규다(헌법 제67조. 입법법 제79조). 그 하위에 지방성법규, 규장이 존재한다. 그리고 이런 입법형식들 간에 그 효력의 상하관계가 이론상으로는 명확하게 헌법과 관련 법률에 규정되어 있다. 효력의 순위 상 하위규범은 상위규범과 저촉될 수 없으며 저촉이 이루어지면 권한 있는 기관에 의해 그 효력이 부인되어 법질서의 통일성은 보장된다.

일반적으로 단일한 입법체제를 취하는 나라에서는 하위규범이 상위규범에 위반되는가하는 문제를 일반적으로 사법심사[30]라는 개념으로 포괄

---

28) Chow, Daniel C.K, op. cit., p.166; Randall Perenboom, op. cit., p.244에서 그는 중국 내몽고의 한 도시에서 1990년부터 1995년까지 제정된 규칙과 규장 242개 중 단지 34개만이 지방의 입법절차규정에 따라 제정되었다는 연구를 인용하고 있다.

29) Chow, Daniel C.K, op. cit., p.166.

30) 사법심사(Judicial Review)는 법률이나 법에 근거한 공적인 행위 또는 공무원의 다른 행위가 헌법이나 법률에 충돌하거나 위반되어 이를 집행할 수 없다고 선언할 수 있는 법원의 권한을 의미한다는 개념을 여기서 수용한다. Henry J. Abraham, *The Judicial Process*, 5th Edition, New York, Oxford: Oxford University Press, 1986, p.271. 이러한 사법심사의 개념을 받아들이면 우리가 통

하여 입법부가 아닌 사법부 혹은 제3의 기관으로 하여금 이런 권한을 행사하도록 하여 법질서의 통일성을 유지하도록 하고 있다. 그렇지만 현대 중국은 사법심사의 개념을 정식으로 수용하지 않고[31] 이와는 다른 헌법 감독이나 법률감독 등 입법자가 법의 실시상황을 감독하는 체제에 입각하고 있다.

1) 헌법감독의 개념과 연혁

헌법감독제도란 중국의 위헌심사제도라고 할 수 있는데 중국법학에서는 이를 헌법감독이라 부르고 있다.[32] 이는 입법기관에 의한 위헌심사제도를 채택한 사회주의 국가에서 사용되는 개념인데 인민주권을 대표하는 국가권력기관이 타 국가기관보다 상위에서 그 권한행사의 헌법 준수 여부를 감독하는 제도로서 위헌심사제도를 포괄하는 더 넓은 개념이다. 단지 중국은 사법기관 혹은 준사법기관의 위헌심사제를 수립하지는 않고 있어 헌법 표현대로 이렇게 부르고 있는 것으로 보인다. 그 개념의 범위에 위헌심사 이외의 입법권, 행정권, 사법권, 그리고 정당, 사회조직, 공민까지 포함하여 고찰할 것인지에 대해 중국에서도 논란이 있으나[33] 여기서는 입법권에 대한 감독에 한정하여 고찰하기로 한다.

현재의 헌법감독제도는 소비에트 유니언(소련)으로부터 수입된 이론인데 구체적으로 스탈린시대 특히 비신스키 법이론의 영향을 받은 것이라

상 부르는 위헌법률심사권과 명령·규칙심사권, 그리고 행정재판권이 모두 사법
심사의 개념에 포괄될 수 있다. 이 경우 사법심사는 행정권과 입법권을 모두 통
제할 수 있는 권한이 된다.
31) Li Wei, "Judicial Interpretation in China", *Willamette Journal of International Law
& Dispute Resolution*, 1997. 5. p.89. 중국은 국민당 시절 서구로부터 사법심사의
개념을 수용하였으나, 현재의 헌법감독제도는 이와 아무런 관련이 없다(ibid.).
32) 范愉 主編,「司法制度槪論」, 中國人民大學出版社, 2003, 390면; 張千帆 主編
「憲法學」, 法律出版社, 2004, 91면.
33) 중국에서의 헌법감독의 범위에 대한 소개는 신우철, "중국의 헌법감독", 공법연
구, 제31집 제4호(2003.5), 107~108면 참조.

고 한다.[34] 공화국수립 후 1954년 헌법을 제정할 당시에도 헌법이 국가권력을 제한하는 작용을 한다는 점을 이미 의식했고 이를 위해 헌법실시의 보장이 필요하다는 점 또한 인식했다. 류샤오치는 1954년 전인대 1차 회의 헌법초안보고에서 헌법의 기본임무는 법률적 형식으로 사회제도와 국가제도를 규정한 것이고 그것은 국가생활 중에서 제일 중요한 문제이고 헌법은 전 인민과 국가기관이 반드시 준수해야 한다고 말했다.[35] 1954년 헌법은 헌법감독제도를 규정하였는데 그 권한은 전인대에게만 부여하고 전인대 상무위원회에는 부여하지 않았다(동 헌법 제27조, 제31조). 당시 상무위원회의 권한은 상대적으로 약했다고 한다.[36]

그 후 1975년 헌법에서 헌법감독 규정이 삭제되었다. 1975년 헌법은 문화혁명기간 중에 제정되었는데 그 시기는 법에 대한 존중심이 가장 낮았던 시기여서 헌법 역시 전인대의 권한만 간단하게 적어놓는 수준이었고 헌법감독이나 헌법해석의 문제는 규율하지 않았다.[37] 1978년 헌법은 다시 전국인민대표대회가 헌법을 감독하는 직권을 가진다고 규정하였다.[38]

1982년 헌법은 문화혁명 기간 중의 법의 파괴를 경험하고 헌법의 권위를 지켜 다시는 그런 비극이 반복되지 않게 하겠다는 생각으로 헌법감독제도를 강화하였다. 특히 전인대 상무위원회의 헌법상 권한을 확대·강화하였다. 그리하여 헌법은 전인대가 헌법의 실시를 감독한다고 표현하고 전인대 상무위원회에게 기존의 헌법해석권에 추가하여 헌법실시의 감독권을 부여하여 실질적으로 헌법감독권이 전인대 상무위원회로 이전되었다.[39] 조직체계에서 볼 때도 전인대는 3,000여명의 대표로 구성되고 매년

---

34) Li Wei, op. cit., p.89.
35) 張千帆, 위의 책, 91면.
36) Cai Dingjian, 1995. "Constitutional Supervision and Interpretation in The People's Republic of China", *Journal of Chinese Law* 9, p.220.
37) Cai Dingjian, op. cit., p.221.
38) 范愉, 위의 책, 390면. 이 때 전인대 상무위원회에 헌법해석권을 부여하는 규정이 추가되었다. Cai Dingjian, op. cit., p.221.

사실상 15일에서 20일의 회의 중에 국무원, 최고인민법원, 최고인민검찰원의 업무보고, 국민경제와 사회발전보고, 입법감독 등 각종 반드시 심의·표결하는 것을 수행해야 한다. 사실상 전인대는 조직체계상 시간적, 의사절차에서 헌법감독직책을 수행하기 어렵다는[40) 점을 고려하면 전인대 상무위원회의 권한강화는 이해할 수 있다. 이로써 헌법해석기관과 헌법감독기관이 연결되었는데 이는 헌법감독의 정신에 부합한다고 보고 있다.[41) 1982년의 헌법감독제도가 현재까지 유지되고 있다.

2) 헌법감독기관

중국의 헌법감독기관은 현재 전인대와 전인대 상무위원회이다. 현행헌법은 헌법실시의 감독권을 전인대와 전인대 상무위원회에 부여하고 있다(헌법 제62조 제2항, 제67조 제1항). 국가입법권을 가진 입법기관에 헌법실시의 감독권을 부여하고 있다.

3) 헌법실시의 감독요건

헌법감독의 대상이 되는 법규범에 전인대와 그 상무위원회가 제정한 법률이 포함된다. 이에 대한 직접적인 근거조문을 헌법에서 찾을 수는 없다. 다만 헌법 제5조에서 일체의 법률은 헌법과 저촉되어서는 안 된다고 규정하고 있을 뿐이다. 전인대 상무위원회에서 제정한 법률은 그 자체 헌법해석기관이 제정한 법률이어서 헌법에 위반된다고 관념하기 어렵다. 단지 전인대는 전인대 상무위원회의 부적당한 결정의 변경 혹은 취소를 할 수 있고(헌법 제62조 제11항) 또한 최고국가권력기관으로서 당연히 행사할 기타의 직권(같은 조 제15항)을 행사할 수 있으므로 전인대 상무위원

---

39) Cai Dingjian,, op. cit., p.222.
40) 張千帆, 위의 책, 92면.
41) 范愉, 위의 책. 391~392면.

회가 제정한 보통 법률이 부적당함을 이유로 폐기할 수 있다고 보았다.
그러나 전인대 상무위원회의 입법권의 행사가 전인대 상무위원회의 결정
에 해당하는지에 대해서는 의문이 있었다. 그렇다면 그 근거는 헌법 제62
조 15항에서 도출되어야만 했다. 이런 불명확함이 있어 헌법감독의 공백
이 존재하였으나, 새로 제정된 입법법은 전인대가 그 상무위원회에서 제
정된 적당하지 않은 법률을 변경 혹은 폐기할 수 있다고 명백히 규정하였
다(동법 제88조 제1항). 그렇지만 전인대 자신이 제정한 법률에 대한 위헌
심사에 대해서는 규정하지 않고 있어 이 부분에 대한 규율의 공백이 존재
한다.[42]

그리고 헌법감독의 대상에는 국무원이 제정한 행정법규(헌법 제67조
제7항, 입법법 제88조 제2항), 성·자치구·직할시 제정의 지방성법규(헌법
제67조 제8항, 입법법 제88조 제2항), 민족자치지방의 인민대표대회가 제
정한 단행조례와 자치조례(헌법 제67조 제8항, 입법법 제88조 제1항)가
포함된다.

국가기관의 권한행사가 헌법에 저촉되는 경우 헌법감독의 요건에 해
당된다. 헌법에 저촉될 수 있는 행위를 할 수 있는 자는 주로 국가기관을
의미하지만 여기에 사회단체와 일반공민도 포함될 수 있는지에 대한 논
란이 이론적으로 제기되고 있다.[43] 사회단체에 중국공산당이 포함되어 논
란이 있을 수는 있으나 이론상의 논란에 그칠 뿐이고 헌법감독이 실제적
으로 이루어지지 않은 상태에서 큰 의미는 없어 보인다.

4) 헌법감독의 절차

그 동안 헌법감독의 구체적인 절차 특히 사후의 구제절차가 마련되지
않아 헌법감독의 실효성이 떨어진다는 지적이 많았다. 그런데 중국은 이
런 비판을 받아들여 입법법에 헌법감독절차를 명시적으로 규정하였다. 헌

---

42) 范愉, 위의 책. 392면.
43) Cai Dingjian, op. cit., p.224.

법감독절차는 사전감독절차와 사후감독절차로 나누어 고찰하는 것이 일반적이다.

(1) 사전 감독절차

입법기관의 입법권의 행사가 헌법에 위반되지 않도록 하기 위한 사전조치로서 헌법과 입법법은 하위 입법기관이 상급감독기관에게 자신이 제정한 법규범을 등록하도록 하고 있다. 국무원이 제정한 행정법규는 공포 후 30일 이내에 전인대 상무위원회에 등록·보존해야 한다(입법법 제89조 제1항). 성, 자치구, 직할시 인민대표대회 및 그 상무위원회에서 제정된 지방성법규는 전국인민대표대회 상무위원회와 국무원에 등록·보존하고 비교적 큰 시의 인민대표대회 및 그 상무위원회에서 제정된 지방성법규는 성, 자치구의 인민대표대회 상무위원회가 전국인민대표대회 상무위원회와 국무원에 등록하고 보존해야 한다(헌법 제100조, 제116조, 입법법 제89조 제2항). 그리고 자치주, 자치현에서 제정된 자치조례와 단행조례는 성, 자치구, 직할시 인민대표대회 상무위원회가 전국인민대표대회 상무위원회와 국무원에 등록·보존해야 한다(입법법 제89조 제3항). 자치구의 단행조례와 자치조례는 전인대 상무위원회의 비준을 받아야 효력이 발생한다(헌법 제116조). 이것은 효력발생 전의 보고와 비준의무이다.

(2) 사후 감독절차

입법법은 국가기관이 청구한 경우와 기타 국가기관과 사회단체나 조직, 공민이 청구한 경우에 있어 진행절차를 다르게 규정하여 이원적인 감독구조를 보여주고 있다.

국무원, 중앙군사위원회, 최고인민법원, 최고인민검찰원과 각 성 자치구, 직할시 인민대표대회 상무위원회는 행정법규, 지방성법규, 자치조례,

단행조례가 헌법 혹은 법률과 저촉된다고 여길 때 전국인민대표대회 상
무위원회에 서면으로 심사요구를 제출할 수 있다. 상무위원회의 업무기구
가 관련된 전문위원회에 전달하고 여기서 심사하고 의견을 제출한다(입법
법 제90조).

기타 국가기관, 사회단체, 기업, 사업조직, 및 공민 역시 행정법규, 지
방성법규, 자치조례, 단행조례가 헌법 혹은 법률에 저촉된다고 여길 때 전
인대 상무위원회에 서면으로 심사건의를 할 수 있다. 상무위원회 업무기
구가 연구를 통해서 심사가 필요하다고 여길 경우 관련된 전문위원회에
심사를 요청할 수 있다(입법법 제90조). 이 경우에는 전인대 상무위원회의
업무기구가 검토해 보고 필요하다고 여길 때 관련된 전문위원회의 심사
를 요청할 수 있는 구조로 되어 있다. 입법법은 상무위원회 업무기구가
관련 전문위원회에 언제까지 심사를 요청할 수 있는지를 규정하고 있지
않다.44) 업무기구가 필요성을 인정해야 하고 그 기간도 규정되어 있지 않
은 점을 볼 때 공민이나 사회조직이 이 절차를 통해 법규범의 하자를 다
투기에는 아직 절차적인 정비가 더 필요하다. 한 예를 들면, 북경의 한
외국회사가 두 행정기관에 의해 부과된 서로 충돌하는 규제들로 인해 어
려움을 겪자 그 회사는 새로 제정된 입법법에 따라 그 규제들이 헌법과
법률에 합치하는지를 심사해 달라고 청원하였다. 그러나 그 회사는 일 년
을 넘게 아무런 대답도 받지 못한 채 기다려야 했다고 한다. 그 후 그 회
사는 입법법의 불충분함을, 시민들을 입법에 참가하도록 허용할 때, 입법
법은 벽에 너무 높게 붙어 있는 창문과 같아 불행하게도 그곳에 도달할
수 있는 사다리가 없기 때문에 아무도 그곳에 도달할 수 없었다고 표현하
였다.45)

그럼에도 입법법 제정 이후 공민이 국무원 행정법규의 위헌을 청구한

---

44) Randall Peerenboom, op. cit., p.243.
45) Chris X. Lin, "A Quiet Revolution: : An Overview of China's Judicial Reform",
    Asian-Pacific Law & Policy Journal June, 2003, pp.275~276.

첫 번째 사례가 발생하였는데 끝으로 이를 간단히 소개해 본다. 2003년 순즈강(孫志剛)이라는 청년이 광동성 광주에 민공으로 일하러 갔는데 그는 임시 거주증을 소지하지 않았다. 그런데 광주시 인민정부가 관할하는 수형소는 국무원 행정법규 ≪城市流浪乞討人員收容遣送辦法≫에 따라 그를 수용했다. 행정법규에 따라 수용되었던 순즈강이 60여 시간 만에 비정상적으로 사망하였다. 5월 14일 다른 공민 세 명이 입법법 90조 2항의 규정에 따라서 전인대 상무위원회 법제위원회에 위 행정법규의 심사에 관한 건의서를 제출하였다. 여기서 그들은 1982년 국무원이 발표한 이 행정법규 중 인신자유의 제한에 관한 내용은 헌법 및 관련 법률과 저촉되고 또한 이 행정법규는 입법법이 규정한 권한을 초월하여 하위법이 상위법을 위반한 행정법규에 속한다고 보아 변경 혹은 폐지되어야 한다고 주장하였다. 이 청구는 중국 공민이 전인대 상무위원회에 국무원 행정법규의 위헌심사을 요청한 첫 번째 사건이었다. 이 사건은 전국적으로 관심을 집중시켰는데 동년 6월 20일 국무원이 ≪城市生活無着的流浪乞討人員救助管理辦法≫을 새로 발표하면서 동시에 ≪城市流浪乞討人員收容遣送辦法≫을 폐지함으로써 종결되었다.[46]

5) 현행 헌법감독제도의 문제점

국가입법기관이 자신이 제정한 법률을 다시 헌법에 저촉된다고 심사하는 일은 자기모순에 해당한다. 중국 공법학자인 莫紀宏(Mo Jihong)교수는 헌법을 창조하는 권력과 법률을 제정하는 권력의 주체가 결합되어 있기 때문에 전인대에서 제정된 법률이 헌법과 저촉된다는 일은 불가능하다고 주장하면서 법률이 논리적으로 헌법에 위반할 가능성은 없다고 보고 있다.[47] 蔣南成(Jiang Nancheng) 교수 역시 입법기관의 자율적인 판단

---

46) 張千帆, 위의 책, 97면.
47) Mo Jihong, "Several Theoretical Issues Related to Establishment of Constitutional Review System in China", 世界憲法研究 第一輯, 主編 莫紀宏, 2007.6. 群衆出

과정의 실효성은 낮다고 기술하는 것으로 보아 마찬가지로 위와 같은 자기모순을 인식하고 있는 것으로 보인다. 그 역시 전인대와 그 상무위원회가 헌법과 법률 사이의 충돌을 무마하기 위해 헌법개정이나 입법을 통해 감독을 회피할 것이기 때문이라고 기술하고 있기 때문이다.[48] 이런 점을 보면 중국 헌법학계에서도 위와 같은 모순을 인식하고 있는 것으로 이해된다.

물론 전인대 상무위원회가 전속적으로 행사하는 헌법해석권과 법률해석권(헌법 제67조 제1항, 제4항)의 행사관점이 그 구성원의 변경으로 달라지면 기관의 관점 역시 변화할 수는 있다. 그러나 이런 권한의 집중은 감독제도의 실효성을 약화시키고 권력분립의 정신에 맞지 않는다. 헌법이나 입법법 역시 명확하게 법률이 헌법에 저촉된 경우 이를 취소 혹은 폐기할 수 있다는 규정을 두고 있지 않다.[49] 단지 전인대는 그 상무위원회의 부적당한 결정의 변경 혹은 취소를 할 수 있고 최고국가권력기관으로서 당연히 행사할 기타의 직권을 행사할 수 있다고 규정하고 있는 점을 볼 때 전인대는 그 상무위원회가 제정한 법률을 변경하거나 폐기할 수 있는 권한을 유보하고 있음을 확인할 수 있다(헌법 제5조, 제62조 제11항, 제15항, 입법법 제88조 제1항). 그러나 전인대가 그 상무위원회 제정법률을 변경하거나 폐기하는 사유가 '적당하지 않은 경우'로 규정되어 있는 점을 보면 이는 입법기관인 전인대가 또 다른 입법기관인 전인대 상무위원회를 내부적으로 감독하는 성격을 반영한 것으로 이해된다. 헌법과 입법법이 규정한 변경·폐기사유를 위헌심사의 기준으로 볼 수는 없기 때문이다.

版社, p.93.
48) Jiang Nancheng, "The Tendency and Diversity of Constitutional Litigation and Its Enlightenment to China", 世界憲法研究 第一輯, 主編 莫紀宏, 2007.6. 群衆出版社,. p.65
49) 같은 취지로 이를 지적하는 Jiang Nancheng, op. cit., pp.64~65. 그는 입법법 제88조 (1)항이 법률의 헌법위반 가능성을 배제하였다고 이해하는 것으로 보인다.

이렇게 법률의 위헌가능성에 대해서는 인정하면서(헌법 제5조) 그 구체적인 절차와 심사기준을 마련하지 않고 있는 점을 보면 중국의 법률에 대한 헌법감독제도는 제 기능을 발휘하지 못하고 있다고 판단된다.[50] 아직 기타의 대안적인 방법이 있어서 그렇다는 지적도 있다. 즉 그 동안 중국은 헌법구조를 통한 문제해결 방법에 익숙하지 않았다고 밝히면서 그 이유는 현실상황에서 중국공산당의 집중통일영도 하에서 내부의 협상과 소통을 통해 각종문제를 해결할 수 있었기 때문이라는 것이다. 그래서 헌법구조를 통해 법률의 위헌문제를 해결할 필요성이 아직 나타나지 않고 있다는 것이다.[51] 이런 상황의 개선 가능성에 대해서는 뒤에서 다시 살펴보기로 한다.

입법법에 처음으로 사회단체나 공민이 법규범의 위헌·위법성에 대해 의견을 제출할 수 있는 규정을 마련한 것은 중국감독제도의 발전으로 평가할 수 있지만, 그 감독절차가 이원적이고 구체적이지 않다. 감독절차에 관한 규정이 입법법에 신설되었으나 국가기관이 감독을 청구한 경우와 사회단체가 신청한 경우 그 절차를 이원적으로 구성하여 사회단체가 신청한 경우 전인대 상무위원회 업무기구의 판단에 따라 이후 심사절차가 진행되도록 하여 그 실효성을 약화시켰다.[52] 그리고 관련 전문위원회의 심사절차에 있어서도 엄격한 절차규정이 마련되지 않았다.

이처럼 중국의 헌법감독제도는 헌법의 가치를 입법권의 침해로부터 보호하기에는 근본적인 장애를 가지고 있다. 우선 국가입법권을 보유한 전인대와 그 상무위원회가 자신이 만든 법률에 대해 위헌여부를 심사하는 자기규율을 인정하더라도 이를 작동시키기 위해서는 최소한 외부의 적극적인 문제 제기자가 존재할 필요가 있다. 이런 위헌심사의 청구인은

---

50) 그런데 일부 문헌에서 전인대 상무위원회가 법률의 합헌성문제를 판단한 첫 번째 사례가 1978년 헌법 하에서 있었다고 소개하고 있다. 상세히는 정철, 위의 학위논문, 181면 참조.

51) 許安標·劉松山, 「中華人民共和國憲法通釋」, 中國法制出版社, 2004, 195면.

52) Randall Peerenboom, op. cit., p.265; Chris X. Lin, op. cit., p.276.

기본적으로 그 법률의 적용을 받는 수범자나 법률을 적용하여 분쟁을 해
결하는 심판자이어야 합리적이다. 이런 사후적인 제도를 수용할 수 없다
면 법의 제정단계에서 입법절차에 대한 다양한 참가를 허용하여 헌법가
치를 중심으로 헌법적합성의 문제가 제기되어 사전에 위헌입법의 제정을
차단할 필요가 있다. 이는 기본적으로 사전적·예방적 규범통제의 방식을
가리키는데 프랑스와 독일에서 이루어지고 있는 방식이다. 프랑스의 경우
법률안 제안 후 의결 전 단계의 위헌심사와 그 의결 후 공포 전 단계에서
의 위헌심사로 나뉘고 국가기관만이 위헌을 주장할 수 있고 국민은 위헌
주장을 할 수 없으며 일단 공포·시행된 이후에는 이를 다툴 길이 없다.[53]
독일의 경우 조약의 동의법에 대해서만 판례에 의해 예외적으로 예방적
규범통제를 인정한다.[54]

그런데 중국의 경우 입법법의 제정으로 위헌문제의 청구인의 폭이 국
가기관에서 사회단체나 공민으로까지 확대되었으나, 그 청구권자의 범위
나 그 심사절차 등이 구체적으로 규정되어 있지 않아 제도의 실효성을 담
보하기에는 한계가 있어 이런 자기시정의 장치는 아직 작동되기 어려운
상태에 있다.

6) 헌법감독제도의 개선방안

중국인 역시 헌법감독제도의 문제점을 잘 파악하고 있다. 중국은 주로
헌법감독의 전문기구와 위헌심사의 구체적 절차, 그리고 위헌심사의 이론
과 기준을 구체화하지 못하고 있는데, 이는 중국 헌법감독제도의 운영에
큰 영향을 주고 있다.[55] 학자들 외에 중국 법원인사와 최고지도자 역시
이 문제의 심각성을 잘 인식하고 있다. 이를 위해 2007년 1월 1일 ≪中華
人民共和國各級人民代表大會常務委員會監督法≫이 제정되었으나 기대

---

53) 성낙인, 「프랑스헌법학」, 법문사, 1995, 662면.
54) 정종섭, 「헌법학원론」, 제2판, 박영사, 2007, 226면.
55) 張千帆, 위의 책, 97면.

와 달리 헌법감독제도의 개선안에 대해서는 별 규정이 없어 앞으로의 논의를 더 기대해 볼 수밖에 없다. 아래에서는 중국학계와 실무계의 논의를 살펴보기로 한다.

(1) 중국학계의 헌법감독 개선방안

1992년 王叔文은 전인대 혹은 그 상무위원회에 헌법감독위원회를 신설하는 방안을 제안하였다. 헌법 제70조 규정에 따르면 전인대는 민족위원회, 법률위원회, 재정·경제위원회, 교육·과학·문화·위생위원회, 외사위원회, 화교위원회 및 기타 필요한 전문위원회를 설립한다고 규정하고 있으므로 헌법감독절차의 구체적 실시를 보장하기 위해서 적당한 시기에 헌법 제70조에 근거하여 전인대에 헌법실시 감독위원회를 신설하자는 방안이다. 아니면 전인대 상무위원회에 헌법실시 감독위원회를 설립할 수도 있다는 입장이다. 이런 방안의 장점은 현행 헌법을 수정하지 않는 전제에서 헌법 제70조 규정을 직접 인용하여 전문 헌법감독기구를 설립할 수 있고 이것은 전국인민대표대회 체제에도 맞고 현 단계 정치체제의 실제 상황에도 부합한다는 점이다.[56] 이 입장이 헌법감독체제의 개선방안 중 많은 지지를 받고 있다. 그 외 전인대의 법률위원회를 헌법·법률위원회로 명칭을 고쳐서 원래의 직권 위에서 새로운 헌법감독의 직권을 신설하자는 방안도 있다. 이 역시 기본적으로 전인대 산하에 전문 헌법감독기구를 두는 방안이다.

王克穩·吳慶榮은 독립된 헌정법원을 설립하자고 제안하였는데 이것의 성격과 지위는 전인대 및 그 상무위원회, 국무원, 최고인민법원, 최고인민검찰원, 국가주석, 중앙군사위원회 등 기구와 동격이고 이 헌정법원

---

56) 張千帆, 위의 책, 98~99면; Mo Jihong(莫紀宏) 교수 역시 명시적으로 헌법감독위원회를 적시하지는 않았지만, 기본적으로 헌법을 해석하는 권한은 전인대 상무위원회가 행사하여야 옳다고 보고 있다는 점에서 여기에 인용하기로 한다. Mo Jihong, "Judicial Review and Its Basis of Democracy in China", 世界憲法硏究 第一輯, 主編 莫紀宏, 2007.6. 群衆出版社, p.111, p.108.

이 각 국가기관의 헌법실시를 감독하는 방안이다.57)

陳云生은 최고인민법원이 위헌심사권을 행사하고 혹은 전문헌정법원을 설립하여 헌법감독을 실시하는 방안을 제시하고 있다.58) 이 방안은 현재의 인민법원에 헌법감독권을 부여한다는 방안으로 미국의 연방대법원의 권한을 그대로 중국의 최고인민법원에도 부여하자는 주장이다.

李忠은 복합형 헌법감독체계를 건립하여 하급, 중급, 고급의 각 단계로 나누어 각 단계의 헌법감독기구로 전인대 아래에 전문 헌법감독기구(전문위원회)와 입법기관으로부터 독립된 헌정법원을 두어 이들 기관이 공동으로 단계별로 헌법감독의 역할을 수행하는 방안을 주장하였고, 胡肖華는 전인대 헌법감독과 헌정법원의 전문심사의 결합방식을 제안하면서 헌정법원 위주로 하고 전인대 상무위원회의 헌법감독에 관한 규정은 폐지해야 한다고 주장한다.59)

(2) 헌법감독 개선안의 평가

중국학계나 실무계는 현재의 헌법감독제도가 그 실효성을 거두지 못하고 있는 이유로 주로 전인대와 그 상무위원회가 헌법감독의 업무를 전문적으로 수행할 여유가 없음을 들고 있다. 즉 전인대는 조직 자체가 거대해서 개회 자체가 힘들고60) 전인대 상무위원회는 기본적으로 수행하여야 할 업무들이 과중하여 헌법감독업무를 수행할 여유가 없다는 점을 지적한다.61) 이런 상황에서 헌법감독을 위한 구체적인 절차와 심사기준 등

---

57) 張千帆, 위의 책, 102면; Jiang Nancheng, op. cit., p.68. Jiang 교수는 중국이 대륙법계의 영향을 깊게 받았으므로 독일이나 프랑스와 같은 특별 헌법법원이나 헌법위원회를 전인대 외부에 설립하는 것이 바람직하다고 밝히고 있다. 그는 분명히 의회주권(parliamental sovereignty)의 한계 내지 부적당함을 인식하고 있다 (ibid. p.67).

58) 張千帆, 위의 책, 102면.

59) 張千帆, 위의 책, 102면.

60) W. Dowdle, op. cit., pp.28~29.

이 마련되지 않아 현실적으로 위헌심사를 수행할 여건이 마련되지 않은 것 역시 지금까지 위헌심사가 이루어지지 않은 주요한 원인이었다.

그렇지만, 지금까지 헌법감독이 이루어지지 않은 보다 근본적인 원인은 헌법감독기관과 입법기관이 동일기관이라는 데 있다. 최고 헌법감독기관인 전인대가 자주 개회되지 못하고 조직 자체가 너무 방대해서 효율적으로 운영되지 못한다는 점은 또 다른 헌법감독기관인 전인대 상무위원회가 존재하므로 이유가 되지 못한다. 전인대 상무위원회가 헌법감독을 실시하지 못하는 이유는 이 상무위원회가 주로 입법활동에 자신의 역량을 동원하고 있는데다 자신이 제정한 법률을 헌법에 위반된다고 판단하는 일은 자기모순적인 일이어서 이를 행사할 동기 자체가 발생할 수 없는 구조 아래 있기 때문이다.[62] 공식적인 헌법해석기관인 전인대 상무위원회가 국가입법권을 행사하여 제정한 법률은 그 자체 헌법해석의 산물이어서 헌법위반을 관념한다는 것이 곤란하다. 최근에 중국학자들 사이에서도 민주집중제에 기반한 권력의 실질적인 분립이 없는 구조가 문제라는 지적이 확인되고 있다. 張千帆교수는 어떤 사람도 자기 사건의 법관이 될 수 없다는 법치주의의 기본원리를 지적하면서 현행 제도의 모순을 지적하기도 한다.[63] 이런 관점은 1982년 헌법의 개정 시에 제기된 헌법감독기구의 설립주장에 대한 당시 헌법개정에 관여한 대다수의 사람들의 반대에서도 확인된다. 즉 그들은 우선 헌법감독위원회나 헌법법원의 설치는 인민의회의 조직원리인 민주적 집중제와 일치하지 않는다고 보았다. 전인대가 그 아래에 두 개의 상무기관을 두게 되고 그들이 서로 충돌하는 방향으로 권한을 행사한다면 매우 어려운 문제가 발생할 수 있으므로 새로운 감독기구를 설립하는 것보다 현재의 시스템이 제대로 작동하도록 감독기관의 질과 법적 능력을 개선하는 것이 필요할 뿐, 헌법은 특별히 전

---

61) 范愉 主編,, 위의 책, 392면; 張千帆, 위의 책, 96면.
62) 같은 취지로 Jiang Nancheng, op. cit., p.65면 참조.
63) 張千帆, 위의 책, 102면.

인대 전문위원회의 설립을 요구하지는 않는다는 것이었다. 그리하여 새로운 헌법감독기구의 설립주장은 1982년 헌법 개정 시에 받아들여지지 않았다.64) 이 후 1987년에도 다시 헌법감독기관 논의가 중국공산당 제13차 회의보고에서 이루어졌으나, 1982년과 같은 이유로 반대에 부딪혀 좌절되었던 것이다.65)

한편, 국가 입법기관으로부터 제3의 기관으로 헌법감독권을 이전한다는 사고 역시 현행 중국의 헌법원리와 충돌하게 되는 문제를 발생시킨다. 전국인민대표대회로의 권력의 집중을 권력의 기초로 하고 있는 중국헌법에서 국가최고법의 감독권한을 전인대가 아닌 기관에 부여한다는 발상은 아주 힘든 사고의 전환을 필요로 하고 물론 헌법의 수정을 전제로 한다. 이런 수정이 헌법제정권력자의 근본적인 결단에 해당한다면 헌법개정을 통한 변화 역시 곤란할 것이다.66) 그렇지만 중국에서 헌법감독권을 전인대 외부기관에 부여해야 한다는 주장을 어렵지 않게 확인할 수 있는 것은 중국의 헌법학이 이제 서구 입헌주의의 영향을 많이 받고 있음을 보여주는 것이다. 이런 흐름과 함께 국민의 의식수준도 서서히 자유와 권리위주로 변화되어 가고 있음을 볼 때 헌법감독제도의 변화 방향을 미리 단정하는 것은 성급한 태도이다.

현 단계에서 헌법원리와의 충돌을 피하면서 전문 헌법감독기관을 마련하는 방안은 전인대 산하에 전문 헌법감독위원회를 설치하는 방법으로

---

64) Cai Dingjian, op. cit., pp.240~241.
65) 그러나 이후 1990년에도 지속적이고 증대되는 사회로부터의 압력으로 공산당 중앙위원회는 헌법감독체계를 강화하려는 움직임을 보였고 이런 움직임은 감독법의 제정으로 이어졌는데(Cai Dingjian, op. cit., p.242.) 드디어 감독법이 2007년 1월 1일부터 발효되었다.
66) 우리 헌법의 경우에도 헌법 개정권력의 한계를 긍정하는 입장이 다수의 입장으로 확인되고 개정금지사항으로는 보통 국가형태, 국민주권주의, 핵심적인 기본권, 경제체제 등을 공통적으로 제시하고 있다. 권형준, 「헌법」, 신정3판, 법원사, 2007, 20면 ; 성낙인, 「헌법학」, 제7판, 박영사, 2007, 55~56면; 장영수, 「국가조직론」 헌법학Ⅲ, 홍문사, 2005, 101~102면 ; 정종섭, 위의 책, 97면.

보인다. 중국학계에서도 이 방안을 다수가 지지하고 있다. 전인대와 그 상무위원회의 업무부담을 고려할 때 전인대나 그 상무위원회의 감독을 받으면서 전문적으로 헌법 감독업무만을 전담하는 기구를 설치하는 방안이 헌법감독의 실효성을 제고할 수 있다는 분석이다. 이 방안은 헌법개정의 부담을 덜 수 있다는 점도 장점으로 지적된다. 현행 헌법 제70조에 따르면 전인대 산하에 전문위원회를 예시하고 있고 기타 위원회를 설치할 수 있다고 규정하고 있으므로 헌법개정의 문제는 없다.

그리고 전인대의 감독을 받으면서 직접 전인대에만 책임을 지는 헌법 전문감독기관을 설치하는 방안 역시 헌법의 개정을 전제로 가능한 방안이다. 현행 헌법에서 전인대 상무위원회는 헌법실시의 감독권과 헌법해석권을 보유하고 전인대가 폐회 중일 경우 국가입법권을 행사하는 헌법기관이다. 위 방안이 전인대 상무위원회의 헌법감독권을 존속시킨다면 이는 기능의 중복이고 전인대 상무위원회의 헌법감독권을 폐지하는 것을 전제로 한다면 현행 헌법의 개정을 필요로 한다.[67]

그렇지만, 이런 방안들은 입법기관과 입법에 대한 감독기관이 일치한다는 근본적인 난점을 지닐 수밖에 없다. 즉 전인대와 그 상무위원회 감독 아래에 헌법감독기관 혹은 헌법법원을 설치하는 방안은 그 감독기관의 권한을 제한적으로 규정할 수밖에 없어 법률에 대한 위헌심사는 사실상 제외되고 단지 국무원과 지방권력기관을 감독하는 데 한정될 것으로 보인다.[68] 또한 이 방안들은 헌법감독에 있어 문제 제기자인 청구권자의 문제를 해결하지 못하는 한 그 실효성을 발휘하지는 못할 것으로 보인다. 입법기관과 헌법감독기관이 일치하는 문제를 해결하지 못한다고 할 때 현행 제도에서 헌법감독을 활성화하는 차선의 방안은 청구권자의 확대와 이 절차의 명확한 보장에 있다. 입법법의 제정으로 사회단체나 공민이 직접 심사를 청구하는 것이 가능하게 되었지만, 그 참여자의 절차적 보장

---

67) Cai Dingjian, op. cit., p.244.
68) 같은 의견으로 Cai Dingjian, op. cit., p.245.

장치가 부족하다는 것을 이미 살펴보았다. 그러므로 현 상태에서는 공민
이 직접 전인대 상무위원회에 심사 건의하는 방법 외에 법률의 구체적인
적용에 관한 법적 분쟁(법률상 쟁송)을 해결하는 법원에서 당사자가 해당
법원에 당해 사건에 적용되는 법규범의 위헌심사를 요청하고 그 법원이
최고인민법원을 통해 전인대 상무위원회에 위헌심사를 요청하는 방안을
생각해 볼 수 있다. 구체적으로 살펴보면, ≪最高人民法院關與司法解釋
工作的規定≫(2007년 4월 1일 발효) 제10조에 근거하여 기층인민법원이
나 중급인민법원이 최고인민법원에게 사법해석을 요구하면서 위헌문제를
제기하고 최고인민법원이 이를 받아들여 직접 전인대 상무위원회에 심사
요구를 제출하는 방안이다. 이 방법에 의할 경우 바로 관련된 전문위원회
의 심사를 통해 전인대 상무위원회의 판단을 받을 수 있는 장점이 있다.
이 경우 다만 사건이 계속된 법원과 최고인민법원의 판단이 단계별로 필
요하다는 점에서 법원이 이 과정에서 적극적일지 의문이 드는데, 특히 법
관의 자질과 중국 법원의 행정 관료제적 성격을 볼 때 더욱 그러하다.

결국 현행 중국의 헌법감독방식은 중국의 법치주의의 발전단계에 조
응한 것으로 판단된다. 헌법이 입법의 정당성의 판단기준으로 등장하기
위해서는 법치주의가 높은 단계로 발전할 것을 요구한다는 것이 각국 헌
정사의 경험이다. 현재 중국의 개혁개방의 기간과 그 동안의 법제의 발전,
그리고 무엇보다도 헌법을 국가의 최고법으로서 생활 속의 가치규범으로
여기는 헌법의식의 수준 등을 고려한다면 아직 헌법감독권, 구체적으로
위헌법률심사권을 전인대 외부의 다른 기관 특히 법원으로 이전하는 방
안은 앞으로 오랜 동안 중국에서 법치주의의 진전이 이루어진 후에 자연
스럽게 받아들여질 수 있을 것이다. 현 단계 중국의 법치주의는 형식적
법치주의 혹은 법치주의 핵심적 가치를 실현하는 수준에 집중해야 하고
이를 통한 법치의 경험이 축적되고 사회 각 방면의 시민사회 세력들이 성
장하여 국가권력을 견제하는 실제적인 역량을 발휘하게 될 때 중국의 헌
법감독제도는 근본적인 변화를 겪을 것으로 보인다. 물론 이 과정에서 권

력의 재분배를 통해 사법부로 권력의 이동이 이루어져야 이 방안은 가능할 수 있고 이 과정은 근본적인 정치개혁을 수반할 것이다.

2. 법원에 의한 헌법해석의 필요성

1) 법원의 헌법해석 : 헌법의 사법화

1982년 헌법을 공포한 이래 전인대와 그 상무위원회는 헌법감독권을 행사하여 명시적으로 입법이 헌법에 위반된다고 판단하는 감독을 아직 실시해 본 적이 없지만, 건국 이후 구체적인 사건과 관련하여 헌법에 대한 해석권을 공식적으로 행사해 본 적은 몇 번 있었다.[69] 이것은 헌법의 실시가 잘 되어 헌법에 위반하는 입법권이나 행정권의 행사가 없었다는 것을 보여주는 것은 아니다.

그러나 이제 헌법규범과 헌법현실과의 괴리를 구체적으로 인식하는 사회조직과 공민이 늘어나고 있다. 1978년 개혁·개방으로 대전환을 이룬 후 이런 노선은 이제 근 30년 동안 지속적으로 지속되어 왔다. 이 기간 동안 사적 경제의 범위는 확대되어 왔다. 특히 1970년대 후반 그리고 1980년대의 농촌에서 시작된 농업분야의 사유화는 농업생산성을 높였고 풍부한 잉여 노동력은 경제발전을 위한 대규모의 예비 노동력을 제공하였다. 또한 사적 영역에서 기업의 성장과 외국자본의 유입은 국영기업의 경쟁력의 약화를 불렀고 이는 국영기업의 매각이나 합리화로 이어져 결과적으로 전체 경제에서 공적부분이 차지하는 비율은 낮아지고 있다. 이런 현상은 날로 가속화될 것으로 보인다. 개혁과제의 하나로 지속적으로 추진되어 온 사법개혁은 행정행위에 대한 사법심사의 가능성을 열어 행정권의 규제정책에 대한 쟁송사건이 해마다 증가하고 있다. 전국법원의 1심사건 기준으로 1990년의 경우 12,040건(結案基準)에 이르고 해마다

---

69) 이에 대한 소개는 정철, 위의 학위논문, 188~189면 참조.

증가하고 있다. 1995년에는 51,370건이었고, 2000년에는 96,614건이었고 2003년에는 88,050건이었다.[70) 1995년은 1990년에 비해 326% , 2000년은 1995년에 비해 88% 각 증가하였다. 2003년은 일시적으로 8.8% 감소하였으나 다른 통계를 보면 1990년부터 1999년 사이에 민사사건은 그 사건 수에서 2배 증가하고 경제사건은 1.5배 증가한 반면 같은 기간 행정사건은 7배 증가하였다고 한다.[71) 이는 개혁개방을 통해 재산을 축적하고 경제적인 이권을 확보한 세력이 빠른 속도로 증가하고 있고 이들이 자신들의 재산과 경제적인 이권을 법적으로 보호받기를 강렬하게 요구하고 있기 때문이다. 이들 경제력을 보유한 세력의 정치진출 역시 활발하다. 중국공산당 역시 당원의 자격을 경제인들에게까지 확대하는 조치를 취하였고 전체 당원의 15%가 이미 사기업 소유자들이다.[72) 이들은 이제 당의 이념적 매력에 끌리기 보다는 자신의 재산을 보호하고 사업의 기회를 넓히기 위해 정치의 세계로 나가고 있는 것이다. 이들은 자신들의 재산과 권리의 보호를 비공식적인 방법 외에 공식적인 방법인 법원을 통해 해결하려 하고 이 과정에서 헌법에 호소하는 경향을 더욱 자주 그리고 강하게 보여주고 있다.

그런데, 현재와 같은 헌법구조에서 법원의 사법심사의 범위는 매우 제한되어 있다. 법원은 점증하는 사회세력의 헌법실현에 대한 요구를 구체적 사건을 통해 해결할 수 없는 구조를 가지고 있다. 법원이 위헌법률심사권은 물론이고 헌법해석권을 가지고 있는지에 대해서 명확한 규정이 없는 실정이다. 헌법은 단지 전인대 상무위원회에 헌법해석권을 명시적으로 부여하고 있을 뿐이다. 입법기관만이 전속적으로 헌법해석을 할 수 있

---

70) 中國司法年監 1990, 1995, 2000, 2003년 각 참조.
71) Qianfan Zhang, "From Administration Rule of Law to Constitutionalism?: The Changing Perspectives of the Chinese Public Law", *Constitutionalism and Constitutional Adjudication in Asia*, Edited by Sung Nak-in, College of Law, Seoul National University·Korea Legislation Research Institute, 2005, p.22.
72) Randall Peerenboom, op. cit., p.197.

다는 의미인지 아니면 다른 기관 역시 헌법해석의 가능성을 열어두고 단지 최종적인 헌법해석권자로서 전인대 상무위원회를 헌법이 규정한 것인지에 대해서도 명확하지 않은 상태이다.

그렇지만 법원이 헌법감독권의 하나로 위헌법률심사권을 행사하는 일은 중국 헌법의 구조적인 변화 없이는 불가능하지만, 현실적인 재판과정에서 헌법을 해석하여 재판의 근거로 사용할 수 있는가에 대해서는 논란이 있다. 왜냐하면 헌법은 인민법원과 인민검찰원에게 국가의 재판권과 검찰권을 각 부여하고 있는데(헌법 제123조. 제131조) 이 재판권과 검찰권의 행사과정에서 헌법과 법률해석의 필요성이 나타나고 있기 때문이다. 이것은 또한 중국법제가 빠르게 변화하는 경제발전의 속도를 따라가지 못해 법률로 규율을 하지 못하는 영역이 발생하여 법의 흠결현상이 곳곳에서 나타나면서 헌법이 효력의 우위를 넘어 직접 적용에서도 그 우위를 보일 수 있는가 하는 가능성이 현실적으로 논의되고 있다. 최근 이 문제에 관한 중국학계와 실무계에서 논의가 활발하다.

2) 법원의 헌법해석권

현재 헌법에 따르면 공식적인 헌법해석기관은 전인대 상무위원회로 되어 있다. 여기에 대해 전국인민대표대회 역시 헌법해석권을 가지고 있다는 주장이 있다. 이는 타당한 것으로 보인다. 전인대 역시 헌법실시의 감독기관으로서 전인대 상무위원회의 부적당한 결정을 변경 혹은 취소할 수 있고 국가최고권력기관으로서 당연히 행사하여야 할 기타의 직권을 행사할 수 있으므로(헌법 제62조 제11항, 제15항) 전인대가 이런 직권을 행사하여 헌법해석을 할 수 있음은 당연하다. 그런데 헌법은 국가권력을 입법권, 행정권, 재판권, 검찰권으로 나누어 전인대 및 그 상무위원회, 국무원, 최고인민법원, 최고인민검찰원이 각 행사하도록 하고 있다. 국가기관이 헌법에 의해 각자에게 부여된 직권을 행사하는 과정 중에서 헌법 규정의 해석과 설명은 피할 수 없다. 문제는 헌법해석기관으로 전인대 상무위원회를 인정한 명문의 규정이 다른 국가기관의 헌법해석권을 배제한 것인가이다. 다른 국가기관들이 헌법에 의해 부여된 국가권력의 일부를 행사하는 과정에서 헌법문제에 직면하는 경우 이들 기관이 헌법에 대한 해석권을 보유할 수 있느냐의 여부이다.

(1) 헌법학계의 입장

① 부정설

전인대 상무위원회만이 헌법 제67조 제1항에 의해 헌법해석을 할 수 있고 다른 국가기관이나 기타 사회조직 및 공민은 일체 헌법해석을 할 수 없다는 입장이다. 이 입장은 현재 중국 헌법학계와 전인대 상무위원회 등 실무계의 주류적인 입장이다.[73] 이 입장은 헌법감독권과 헌법해석권을 결합된 권력으로 파악하고 있다. 즉 헌법해석권을 전제로 헌법감독권이 발생하므로 헌법해석권은 헌법감독권이 없는 기관에게 발생할 수 없다는 논리이다. 또 헌법적 판단은 인민의 의사를 반영할 수 있는 대표기관에 의해 이루어져야 한다는 것을 전제로 법원과 같은 대표기관이 아닌 기관은 민주주의의 기초가 부족하기 때문에 이런 권한을 행사할 수 없다는 것이다.[74] 그 외에 국가의 최고법인 헌법을 여러 다른 기관에서 해석을 하게 되면 헌법해석의 차이가 발생하여 헌법의 최고규범성이 손상을 받을 수 있다는 측면도 염두에 두는 것으로 보인다. 전인대 상무위원회에 헌법해석권을 부여하기로 결정했던 1978년 헌법개정 당시를 돌아보아도 이런 해석은 타당한 것으로 여겨진다. 즉 중국공산당과 중국인민들은 문화혁명으로 헌법질서가 무참히 무너지고 법의 권위가 짓밟힌 비극을 겪고 나서 법질서의 회복 그리고 다시 회복한 헌정질서의 안정에 최우선을 두어야

---

73) 張千帆, 위의 책, 113면; Mo Jihong, op. cit., p.108.
74) Mo Jihong, op. cit., p.108.

한다고 생각하였다. 중국은 헌법감독제도를 복구하고 헌법해석기관을 헌법에 명문으로 규정함으로써 앞으로 소수의 세력이 헌법을 자의적으로 해석하여 현재의 헌법을 파괴하려는 시도에 대해 단호하게 대응하고자 하였다. 이런 시도의 결과로 중국은 헌법 자체에 헌법보장수단을 마련하고자 하였던 것이다.[75] 이렇게 헌법해석기관이 헌법에 규정된 연혁에 비추어 볼 때 헌법이 명문으로 규정한 헌법해석기관 외에는 공식적인 헌법해석을 할 수 없음을 보여준다.

특히 헌법은 사법해석의 대상이 될 수 없다는 주장은 건국 후 공식적으로 확인된 적이 있었다. 1954년 헌법제정 후 그 다음해인 1955년에 헌법규정이 인민법원의 형사재판 중에서 직접적으로 적용될 수 있는가에 대해 당시 류샤오치(劉少奇)는 이를 부정적으로 보았다. 1955년 최고인민법원 형사재판 중에 헌법을 직접 인용하여 판결을 할 수 없는 근거로 류샤오치(劉少奇) 위원장은 다음과 같이 밝혔다:『헌법은 국가의 근본법이며 모든 법률의 모법이다. 헌법 초안 보고 중에서 헌법은 국가생활에서 제일 중요한 문제에 대해 어떤 일은 합법적이고 혹은 반드시 집행해야 한다는 것과 어떤 일은 불법적이고 반드시 금지하여야 한다는 것을 규정한 것이다. 형사사건에서 헌법은 어떤 행위가 처벌을 받고 어느 정도의 처벌을 받는지에 관한 규정이 없다. 형사판결 중에 헌법은 판결의 근거가 될 수 없다.』[76] 이는 당시 소비에트연합의 영향을 받은 것으로 추측된다. 중국학자들은 항상 스탈린의 말을 인용하고 있는데 스탈린은 "헌법은 국가의 근본법이고 그것은 단지 근본법일 뿐이고 일반 입법을 대체할 수 없다"고 했다.[77]

---

75) William C. Jones, "The Constitution of the Republic of China", *Constitutional Systems in Late Twenties Century Asia*, Edited by Lawrence W. Beer, University of Washington Press, Seatle and London, p.64.

76) 張千帆, 위의 책, 114면 참조.

77) 王眞民, "法院與憲法", 司法改革論評, 中國法制出版社, 2001. 137면.

② 긍정설

헌법 제67조의 규정이 다른 국가기관의 헌법 해석권을 배제한 것은 아니라는 이 입장은 최근에 등장한 것으로 헌법운영상의 실제적 필요와 확대해석의 정당성에 근거하여 이와 같은 주장을 펼치고 있다.78) 이 설은 위에서 살펴본 전문 헌법감독기구의 설치가 헌법구조상의 한계에 부딪히자 다른 방면으로 헌법감독권을 확대해 보려는 시도가 아닌가 하는 추측을 하게 한다.

이 설은 앞서 보았듯이 국가기관은 헌법으로부터 국가권력을 기능별로 부여받아 이를 실시하는 것을 그 임무로 한다. 국가기관이 이런 권한 행사의 과정에서 국가의 최고법인 헌법을 해석할 필요가 필연적으로 발생할 수밖에 없다. 그렇다면 국가기관은 그 부여받은 직무의 수행과정에서 발생하는 문제의 해결을 위해 그 필요한 범위 내에서는 헌법을 해석할 수 있어야 한다. 긍정설은 이런 점을 근거로 내세우면서 이는 헌법 전체의 체계적인 해석의 산물이고 헌법 운영상의 실제적 필요성의 소산으로 본다.

그리고 그 동안 사법기관의 실제 경험도 이와 같은 해석의 중요한 단서가 될 수 있다. 즉 전인대 상무위원회가 1981년 6월 10일 공포하고 실시한 ≪全國人民代表大會常務委員會關與加强法律解釋工作的決議≫제2조는 재판업무 중에서 구체적 법률, 법령 응용의 문제에 대해서 최고인민법원은 해석을 진행할 수 있고, 검찰원 역시 검찰업무 중에 구체적 법률·법령 응용문제에 관하여 최고인민검찰원이 해석을 진행할 수 있다고 규정하였다. 그리고 같은 결의 제2조는 만약 최고인민법원과 최고인민검찰원의 해석 사이에 본질적인 의견차이가 있을 경우에는 이들 사법기관은

---

78) 張千帆, 위의 책, 113면; Jiang Nancheng, op. cit., pp.65~68. Jiang 교수는 의회 주권의 한계를 인식하고 있고(ibid. p.67) 독립적이고 종신의 법관에게 헌법해석 권을 부여하는 방안이 헌법발전을 위해 가장 타당하다고 주장하고 있다(ibid. pp.67~68). 그가 헌법 67조에 대한 위와 같은 해석가능성을 염두에 두고 있는지 아니면 전반적인 정치개혁을 전제로 이런 주장을 하는지는 분명하지 않다.

전국인민대표대회 상무위원회에 해석을 요청하고 이 결론에 따라 해석하고 결정하도록 규정하였다. 전인대 상무위원회의 이 결의는 최고인민법원의 법률해석의 근거가 되어 이후 이 권한의 확대해석의 근거가 되었다.[79] 최고인민법원과 최고인민검찰원은 분명히 이 결의에 의해 그 업무를 수행하는 도중에 발생하는 법률·법령의 응용문제에 대해서 각각 법률해석을 진행할 수 있는 권한을 부여받았다. 전인대가 부여한 이 권한과 헌법 제67조 제4항의 법률 해석권을 함께 고찰해 보면 분명히 법률 해석권을 전인대 상무위원회에 부여한 헌법규정에도 불구하고 전인대 상무위원회는 법률의 해석권을 전속적으로 행사하지 않고 다른 국가기관과 병행하여 행사하도록 자기 스스로 규율하였다는 점이다. 그렇다면 위 논리는 인민법원이나 인민검찰원이 그 업무를 수행하는 과정에서 헌법·법률 그리고 법령의 응용문제가 발생한다면 그 문제에 관하여 헌법해석을 전인대 상무위원회와 병행적으로 할 수 있는 가능성을 시사한다. 그 결과 헌법의 해석권 역시 전인대 상무위원회가 배타적으로 보유하는 것이 아니라, 단지 최종적인 헌법 해석권만을 가지고 있음을 헌법이 확인하고 있다고 해석할 수 있게 된다. 헌법은 전인대 상무위원회에 헌법해석권을 부여하고 다른 국가기관 특히 최고인민법원과 최고인민검찰원에는 사법적용해석권을 부여한 것으로 나누어 볼 수 있다는 중국 학자의 주장[80] 역시 이런 가능성을 피력한 것으로 여겨진다.

　이와 같은 확대해석 내지 전체 법질서를 고려한 체계적인 해석은 공민의 헌법상의 권리 확대와 강화에 기여할 수 있다는 점에서 그 정당성을 지니고 있다. 또한 이와 같은 해석론은 헌법해석의 불일치로 인한 헌법갈등이나 헌법파괴로 이어질 염려가 없다는 점이 장점이다. 왜냐하면 헌법

---

79) 《最高人民法院關與司法解釋工作的規定》 법발 2007.12호로 2007년 4월 1일 발효되어 시행되고 있다. 이는 감독법이 2007년 1월 1일 시행되고 난 후에 최고인민법원에서 제정된 것이어서 향후 법률해석권에 관한 주도권과 관련하여 주목되는 문건이다.

80) 張千帆, 위의 책, 113면.

에 대한 최종적인 해석권은 헌법 규정에 따라 전인대 상무위원회가 보유
한다는 점에서 헌법상의 요구에 여전히 충실하기 때문이다.

더욱이 다른 국가기관이 헌법상의 업무를 수행하는 과정에서 헌법해
석권을 행사한 경험은 어렵지 않게 발견된다. 즉 국무원은 헌법 제89조에
따라 헌법과 법률에 근거하여 행정조치를 하고 행정법규를 제정하고 결
정과 명령을 발표할 수 있다. 국무원은 이렇게 헌법이 부여한 직무를 수
행할 때 헌법실시를 보장해야 할 의무를 가지고 있다. 특히 국무원의 경
우 구체적인 입법이 마련되지 않은 상황에서 헌법상 공민의 기본적 권리
의 보장이 필요한 경우 행정법규 제정의 방식으로 공민의 기본권리를 보
장해 줄 의무가 있다(입법법 제56조).[81] 이 과정에서 국무원이 실제로 헌
법해석을 한 사례도 확인된다. 국무원이 헌법을 해석한 사례는 1983년 12
월 19일 국무원이 발표한 《토지에 대한 매매와 임대를 금지한 통지》인
데 그 내용은 다음과 같다:『해당 규정에 따르면 최근 어떤 농촌, 국가기
업 등 국가의 법률규정을 위반하여 단체소유와 국가소유 토지를 매매하
고 임대하는 행위가 발생하고 있는데, 어떤 농촌에서는 토지를 상품과 같
이 매매하고 임대해서 많은 돈을 벌고 있다. 이것은 엄중한 헌법 위반행
위인데 헌법규정에 따르면 어떤 조직과 개인도 토지를 불법점유하고 매
매, 임대, 혹은 불법형식으로 토지를 양도할 수 없다.』이 국무원의 해석
은 보통 법률이 제정되기 전에 헌법이 사인 행위에 대해서 직접적 효력을
미치느냐의 문제를 언급한 것이다. 토지관리법을 발표한 후 이 해석은 행
정기관이 원용할 수 있는 근거가 될 수 없었지만, 토지관리법 발표 전에
는 국무원의 이런 통지는 법적 효력을 가진 헌법해석이었다.[82] 또 다른
예로 광동성 교육과학문화위원회의 안락사허용에 대한 의안이 헌법에 위
반된다고 해석한 판단도 있다.[83]

---

81) 물론 전인대와 그 상무위원회로부터 권한의 위임을 받아야 하지만 행정법규의
　　제정필요성을 판단하는 주체는 국무원이고 이를 위해서는 헌법해석이 전제된다.
82) 張千帆, 위의 책, 117면.
83) 이에 대한 소개로는 정철, 위의 학위논문, 196면 참조.

나아가 법제가 정비되지 않은 상태에서 법률의 흠결을 보충하기 위해서 헌법소송을 활성화해야 한다는 주장도 제기된다. 즉 헌법조항이 너무 추상적이지만 헌법의 사법적 효력을 부인할 수는 없다고 보면서 이는 세계 각국 헌법의 일반적인 특징으로 각국 법원의 헌법해석 운영에 아무런 영향을 주지 않고 있다는 것이다.[84] 이제는 최고인민법원이 1981년 이후 구체적 사건과 사법해석 중에 이렇게 헌법을 적용해서 재판을 진행하는 것은 이미 중국헌법의 관례가 되었다고 하는 주장도 나타나고 있다.[85]

(2) 법원의 헌법해석에 관한 입장

최고인민법원은 인민법원의 재판업무 중 헌법 규정이 구체적인 사례와 관련하여 문제된 경우 헌법해석을 시도한 경우로 평가될 수 있는 사법해석을 발표한 적이 있다. 이를 통해 최고인민법원이 헌법을 어떻게 구체적인 사법업무에서 해석하고 있는지를 확인해 볼 수 있다.

① 1988년 최고인민법원의 천진시 당구취 인민법원
손해배상사건에 대한 사법해석[86]

1988년 최고인민법원은 천진시(天津市) 당구취(塘沽區) 인민법원 손해배상사건 재판 중에 ≪最高人民法院關于雇工合同公傷槪不負責是否有效的批複≫을 발표하였는데 여기서 최고인민법원은 사법재판 중에 헌법상의 기본권리인 노동권(헌법 제42조)의 효력에 대해서 해석을 하였다.

이 사건의 사실관계는 다음과 같다: 1986년 피고 장학진의 남편 서광추는 시공현장에서 자기가 직접 장구승 등으로 하여금 시공을 하게 하였다. 그러나 장구승은 시공 중에 부상을 당하여 병원에서 치료 중 사망하

---

84) 王眞民, 위의 논문. 136~140면.
85) 張千帆, 위의 책, 113면.
86) 張千帆, 위의 책, 114면.

였다. 그 결과 장구승이 부상당한 후 망인의 부모는 그의 의료비 등 비용으로 17,600.30元을 전 비용으로 지출하였다. 그 후 그의 부모는 당구취 인민법원에 소를 제기하였다. 피고가 입은 경제손실의 전부를 배상하라고 청구하였으나 피고는 원고의 자인 장구승이 여기서 일하고자 서류를 접수할 당시 시공현장에서 다칠 경우 책임을 지지 않겠다는 문구에 동의를 하였기 때문에 망인의 가족에게 일정한 생활비의 보조를 할 수는 있지만, 전 손해에 대한 책임은 질 수 없다고 주장하였다.

이 사건과 관련하여 최고인민법원은 사법해석 중에서 다음과 같이 설명하였다:『헌법은 명문으로 국가가 노동자에 대해서 보호의무를 진다고 규정한다. 노동자는 국가 법률의 보호를 받을 권리를 가진다. 이 권리를 어떤 개인과 조직도 침범할 수 없으므로 장학진은 고용주로서 자신이 고용한 사람에 대해서 법에 의해서 노동보호를 해주어야 한다. 그래서 시공현장에서 다쳐도 책임을 지지 않는다는 규정은 헌법과 노동법규에 위반되고 사회주의 공공도덕에 위반된 것이므로 무효의 민사행위에 속하고 피고 장학진은 민사책임을 져야 한다.』

최고인민법원은 이 사법해석 중에 헌법, 법규, 사회주의 공공도덕을 인민법원 재판의 근거로 삼았는데 이 사건이 발생할 때 이 사건의 노동계약의 약정에 대해서 법률이나 행정법규에 금지규정이 없었기 때문에 그것을 무효라고 판정할 수 없는 상황이었다. 왜냐하면 장구승과 피고측이 합의한 문구는 사인간의 약정이기 때문에 공공이익의 범위에 들어갈 수 없었고 또 민법통칙 제58조 제5항이 규정하는 법률위반 혹은 사회공공의 이익을 위반한 민사행위는 무효라는 규정[87]도 이 본안에 직접 적용하기에 어려움이 있었다. 그런데도 최고인민법원은 헌법에서 노동보호권의 효력을 사인 간에도 확대할 수 있다는 법리를 근거로 하여 배상책임 면제합의를 무효화시켰다.

---

87) 우리 민법총칙 제103조의 규정과 같은 조항으로 이해된다.

② 2001년 8월 최고인민법원의 성명모용사건에 대한 사법해석

최고인민법원은 2001년 6월 28일 사법해석을 통해 성명모용의 수단으로 헌법이 보장하는 공민의 교육 받을 권리를 침해한 자는 민사책임을 져야 되는가에 관하여 발표하였다.[88]

이 사건의 사실관계는 다음과 같다: 1990년 원고 치위링(齊玉苓)은 전문기술대학교 시험에 통과하여 산동성 지녕시의 상업대학교에 입학할 수 있었는데 같이 시험을 보고 낙방한 피고 천샤오치(陳曉琪)가 자신들의 고등학교에 도착한 원고에 대한 입학통지서를 훔쳐서 이를 취득하였다. 그 후 피고는 원고의 명의로 이 학교에 입학하여 수학을 했고 졸업 후에 다시 원고의 명의로 중국은행 타이쬬우시 지점에서 취직하여 근무하였다. 그런데 1999년 원고 취위링은 몇 년 동안 음식가판을 전전하며 낮은 임금의 일을 하면서 지내다가 피고 천샤오치가 자기의 이름으로 학교를 다니고 취업까지 한 사실을 뒤늦게 알게 되었다. 그러자 원고 취위령은 덩쬬우 중급인민법원에 천샤오치, 학교(고등학교와 대학교), 시교육위원회, 지방정부 그리고 중국은행을 공동피고로 자신의 성명권과 교육권을 침해받았다고 침해의 중지와 경제적·정신적 피해배상을 요구하는 소를 제기하였다.

이에 대해 최고인민법원은 산동성 고급인민법원의 요청에 따라 2001년 8월 이 문제에 관하여 짧은 사법해석을 발표하면서 다음과 같이 명확하게 밝혔다:『피고 천샤오치는 원고의 성명권을 침해하는 수단으로 원고 취위령이 헌법에 근거하여 가지는 교육을 받을 권리를 침해하였다. 그리고 구체적 손해도 발생하였으므로 피고는 이에 상응한 민사책임을 져야

---

88) 張千帆, 위의 논문, 115~116면; 王眞民, 위의 논문, 136-140면; Chris X. Lin, op. cit., p.271~272; Qianfan Zhang, "From Administration Rule of Law to Constitutionalism?: The Changing Perspectives of the Chinese Public Law", *Constitutionalism and Constitutional Adjudication in Asia*, Edited by Sung Nak-in, College of Law, Seoul National University·Korea Legislation Research Institute, 2005, p.26.

한다.』 산동성 고급인민법원은 이를 근거로 원고가 헌법상 보장된 기본
권리를 침해 당했음을 이유로 각 피고가 공동으로 책임을 져야한다고 판
결하였다. •

　최고인민법원이 사법해석 중에서 원용한 헌법상 기본권리의 해석을
헌법해석이라고 볼 수 있는지에 대해서는 논란이 있었다. 그런데 최고인
민법원 제1정 정장이자 최고인민법원 부원장 黃松有 법관은 최고인민법
원이 해당 사법해석을 발표한 당일 최고인민법원의 인민법원보를 통해서
최고인민법원의 이 사건에 대한 신중한 입장을 다음과 같이 표명하였
다:[89] 『최고인민법원의 이 사건에 대한 해석은 지방법원의 법률적용문제
에 대한 간단한 관례성 답변으로 볼 수 없고 우리는 이 사건의 배후에
깊은 의미가 있음을 알 수 있었다. 중국 국민이 헌법규정에 의해서 향유
하는 상당부분의 권리는 사법실천 중에서 수면 또는 반수면 상태에서 장
기간 처해 있다. 국민의 교육을 받을 수 있는 권리는 헌법상에는 명확한
규정이 있는데 구체화된 보통의 법률 규정에는 없는 권리이다. 이 판례는
처음으로 침묵을 깨고 공민이 헌법상 향유하는 기본 권리는 보통 법률 규
범상의 권리로 전환하지 않더라도 침해를 당할 때에는 보호를 받아야 한
다는 것을 밝히고 있다. 이 사법해석은 헌법명의로 국민이 향유하는 교육
을 받을 수 있는 권리를 보호함으로써 헌법의 사법화(司法化)의 선례를
개척한 것이다. 중국 사법실천 중에서 헌법을 직접적 법률근거로 해서 법
률문서에서 인용한 것은 없었다. 이로 인해 헌법이 중국 법률적용 과정에
서 굉장히 난처한 처지에 처해 있다. 한편으로 헌법이 중국 법률체계 속
에서 근본법의 지위에 있고 최고의 법률효력을 지니고 있지만, 다른 한편
으로 그 대부분의 내용은 사법실천의 과정에서 장기간 방치되어 있었다.
즉 실질적 법률효력이 발생하지 않았다. 만약 헌법에 규정된 내용이 사법
영역에서 관철되지 않으면 공민이 헌법상 향유하는 기본권리의 보장도
할 수 없게 된다.』

---

89) 王眞民, 위의 논문, 136~140면.

이 사건은 공민이 민사소송을 통해서 헌법상의 기본권리를 보호해줄
것을 공식적으로 법원에 요구하였던 사건이었다. 해당사건에서 최고인민
법원은 공민의 교육받을 권리를 민사권리로 보지 않고 헌법의 기본권리
로 보았다.90) 이 사건은 전국적으로 큰 영향을 주었는데 사회 각 계층과
법학계는 이 사건을 통해서 중국헌법의 사법화과정 중에서 아주 큰 의미
가 있다고 긍정적으로 받아들이고 있다.

③ 그 밖의 사법재판 중 헌법적용 사건들

법원은 형사재판이나 행정재판의 영역에서는 여전히 헌법적용문제를
회피하고 있으나 이에 적극적인 판결도 확인된다.91) 사법재판 중에 지방
인민법원은 민사, 형사, 그리고 행정사건 중에서 헌법의 관련규정을 직접
원용하기도 한다. 상해(上海) 중급인민법원은 형사사건(87滬中刑上字第
531號)에서 헌법규정에 따르면 국가는 공민의 언론출판의 자유를 보장해
야 하지만 신문기자는 모든 공민과 같이 권리를 행사할 때 반드시 법률규
정을 이행하는 의무가 있으므로 기자 역시 국가, 사회, 그리고 단체의 이
익 및 기타 공민의 합법적 자유와 권리를 침해하면 안 되는바, 어떤 방법
으로도 공민에 대해서 모욕, 비방하는 것을 금지한다고 하였다. 행정사건
에서 많은 행정판결은 헌법의 관련규정을 원용했다. 사천성 난총시(南中
市) 중급인민법원은 그 행정판결서(1999南中法行終字第136號)에서 선거
권과 피선거권은 헌법이 공민에게 부여하는 권리인데 원고는 그의 가족을
대표해서 향 인민대표대회 대표선거에 참여하는 투표권을 얻지 못했는바,
원고는 자신의 합법적 권리를 획득하기 위해서 선거를 주체하는 선거관리
위원회에게 자신의 투표권을 요구하는 것은 정당하다고 판단하였다.

사법재판 중에 당사자가 법원에게 명확하게 헌법에 근거하여 권리보

---

90) 張千帆, 위의 책, 116면.
91) 이하 판결은 莫紀宏, 『實踐中的憲法學原理』, 中國人民大學出版社, 2007年,
北京. 621-623면 참조. 위의 책, 612-620면에서 인용하였다.

호를 받겠다고 요구하는 경우가 점차 증가하고 있다. 그렇지만 법원은 당사자의 헌법적용의 요구에 대해서 거부해버리는 경우도 많다. 예를 들면 사천대학 학생이었던 원고는 중국인민은행 청두분행(피고)을 상대로 공무원 시험에서 일정한 신장을 요구한 것을 다툰 사건에서 피고가 2001년 12월 23일 발표한 중국 인민은행 청두분행 신입사원 모집공고에서 피고가 모집대상에 신장조건에 대해서 제안한 것은 헌법이 보장한 자신의 국가공직담임에 있어 평등권을 침해하였다고 주장하였으나 청두시 우호구 인민법원은 행정재정서(2002武侯行初字第3號)에서 본 사건이 중국 행정소송법 수리범위에 속하지 않는다고 보아 원고의 소를 각하해 버렸다. 이로 인해 원고는 헌법을 원용해서 법원으로부터 공민의 기본권리를 보장받는 기회를 상실당하였다.

한편, 법원은 헌법을 사법재판 중에 적용할 때 공민의 권리를 보호하는 법적 근거로 삼기도 하지만, 어떤 경우에는 헌법의 규정을 공민의 권리를 제한하는데도 원용하기도 한다. 하남성 지방 인민법원은 헌법 및 혼인법 규정에 따르면 부모는 미성년자 자녀에 대해서 부양하고 교육할 의무가 있음을 근거로 원고의 권리를 제한하였다(1999新上民初字第79號). 또한 북경시 시청구 인민법원은 헌법에 근거하면 공민은 헌법에 의해 보호되는 언론출판·집회·결사의 기본적인 자유가 있으나 모든 자유는 절대적이지 않아 법률이 권리주체에게 자유권을 부여하는 동시에 자유권을 행사할 때 필요한 제한도 규정할 수 있는바, 언론, 표현, 그리고 신문자유 역시 절대적인 권리는 아니므로. 이런 자유를 행사할 때 그 자유를 평계로 타인의 사권을 침해하는 행위를 할 수 없다고 밝혔다(1998西民初字第547號). 그 외 지방법원의 판결 중에는 헌법이 확립한 권리·의무의 일치원칙을 원용해서 당사자가 법률에 규정된 권리를 향유하는 동시에 법률에 규정된 의무도 이행해야 한다는 것을 요구하는 판결도 있다.

(3) 법원의 헌법해석권

① 헌법감독권과 헌법해석권의 결합의 타당성

헌법실시의 감독권과 헌법해석권을 결부지어 헌법감독권을 보유한 기관만이 헌법의 해석을 할 수 있다는 주장은 일반적으로 타당하지 않다. 중국의 헌법감독권은 헌법위반행위에 대한 최종적인 판단자가 누구인가의 문제이고 헌법의 해석권은 헌법을 전체 국가와 사회영역에서 실현하기 위해 필요한 예비작업과 같다.[92]

입법법은 최고인민법원을 포함한 일정한 국가기관이 법규범이 헌법에 위반된다고 여길 때 서면으로 전인대 상무위원회에 심사청구를 요청할 수 있다고 규정하고 있다(동법 제90조).[93] 즉 이들 기관에게 위헌판단권은 없지만 위헌이 아니라고 즉 합헌이라고 판단할 권한은 최고인민법원을 포함한 국가기관에게 있는 것이고 이런 판단을 위한 헌법해석권은 당연히 이들 기관에 속하는 것으로 볼 수 있다.

중국에도 권력의 상호 통제와 견제의 의미에서의 완전한 권력분립 작용은 아니지만 국가권력의 분리와 그에 따른 기능적인 분립은 헌법에 의해 규정되어 있다. 이렇게 국가권력의 한 부분을 담당하며 이를 실현하는 헌법적 직무를 맡고 있는 국가기관은 그 영역에서 헌법실시의 임무를 맡고 있는 것이다. 이러한 국가기관이 헌법실시의 임무를 수행하는 도중에 헌법 해석의 문제는 필연적으로 나타날 수밖에 없다. 그렇지 않으면 그 국가기관은 헌법가치를 실현하는 방식으로 그 업무를 수행할 수 없을 것이고 이는 헌법이 요구하는 헌법실시의 임무를 방기하는 것이다. 여기

---

92) 우리 헌법의 경우에도 법원이 헌법해석권(합헌판단권)을 가지느냐의 문제가 위헌법률심판제청권의 법적성격과 관련하여 논의되고 있는데 이를 긍정하는 입장이 다수 학자의 입장이다. 권형준, 앞의 책, 747면; 성낙인, 앞의 책, 1110면.

93) 우리의 경우에도 법원이 재판의 전제가 된 법률이나 법률조항이 위헌이라고 헌법재판소에 제청할 때, 헌법재판소법 제43조 제4호에 따라 위헌법률심판제청서에 위헌이라고 생각되는 이유를 기재하도록 규정한 점이 법원에 합헌판단권을 인정하는 유력한 논거가 된다. 성낙인, 위의 책, 1109면 참조.

서 헌법실시란 헌법이 추구하는 전체로서의 가치를 그 권한의 행사를 통해 실현하는 것을 의미하고 단지 헌법에 의해 부여받은 권한의 행사 그 자체만을 의미하지는 않는다. 이런 관점에서 보면 헌법감독권자만이 헌법해석권을 독점적으로 보유할 수 있다는 해석론은 그 입법당시의 연혁과 달리 변화하는 중국의 헌정에 비추어 볼 때 타당하지 않은 일종의 도그마로 보인다.94)

헌법감독기관과 헌법해석기관의 일치를 통해 헌법해석의 통일성을 유지할 수 있다는 주장 역시 나름의 근거를 가지고 있으나, 헌법해석의 통일을 기할 수 있는 방법이 마련되어 있다면 타당한 논거가 될 수는 없다. 중국에는 법해석의 차이를 통일하기 위한 방안이 이미 실시되고 있다. 법률해석의 경우 각 기관의 업무 중에 발생하는 법률응용의 문제에 관한 각 기관의 해석에 차이가 발생하여 이것이 본질적이라면 이를 최종적으로 권위적인 해결을 할 수 있는 장치가 구비되어 있다. 1981년 전인대 상무위원회가 발표한 ≪全國人民代表大會常務委員會關與加强法律解釋工作的決議≫제2조는 최고인민법원과 최고인민검찰원의 법률해석이 만약 본질적인 의견차이가 있을 경우 전인대 상무위원회에 요청하여 해석하고 결정한다고 규정하고 있다. 그리고 2007년 1월 1일 발효된 ≪중화인민공화국각급인민대표대회상무위원회감독법≫ 제31조에 의하면 최고인민법

---

94) 완전히 같은 견해로 여겨지지는 않지만 Mo Jihong 사회과학원 교수의 견해도 유사하다. 그는 중국헌법상 민주적 대표제(민주적 집중제) 때문에 헌법해석권을 인민법원이 행사할 수는 없지만 그 판결에서 헌법규정을 인용할 수는 있고 그 규정에 모호함이 있는 경우 전인대 상무위원회에 그 심사를 구해야 한다는 절충적 입장으로 이해된다(Mo Jihong, "Judicial Review and Its Basis of Democratism in China", *Constitutionalism and Constitutional Adjudication in Asia*, Edited by Sung Nak-in, College of Law, Seoul National University·Korea Legislation Research Institute, 2005, pp.134~136). 그런데 법원이 판결에 헌법규정을 인용할 수 있다는 말은 그 헌법규정의 해석을 전제로 할 수밖에 없다고 보이기 때문에 결론적으로 저자와 같은 입장이나 의식적으로 법원의 헌법해석권을 부인하는 태도는 이해하기 어렵다.

원과 최고인민검찰원이 재판·검찰업무 중에 구체적 법률응용에 대해 내린 해석은 공포일로부터 30일 이내에 전인대 상무위원회에 등록·보존하도록 하고 있고 그 해석이 법률과 저촉된다고 여길 때 일정한 청구권자의 요구로 전인대 상무위원회에서 심사절차를 진행하도록 규정하고 있다(동법 제32조). 이러한 법률해석의 통일절차를 헌법해석의 경우에도 실시할 수 있을 것이다. 헌법은 헌법해석권과 마찬가지로 법률해석권도 전인대 상무위원회의 권한으로 명시적으로 규정하고 있으므로 헌법해석의 문제도 법률해석의 문제와 같은 구조로 해석권자의 범위를 넓힐 수 있는 가능성이 있고 이를 위한 필요성과 정당성이 구비되면 충분하다. 여기에 헌법개정의 문제는 발생하지 않을 것으로 판단된다.

② 최고인민법원의 사법해석의 평가

이런 관점에서 볼 때 앞서 소개한 최고인민법원의 사법해석은 기본권이론의 측면에서 문제는 있지만 중국의 법제현실에서 나름의 타당성을 가진 것으로 보인다. 1988년의 사례의 경우 사인간의 손해배상책임 면제약정의 효력을 국가법원이 인정할 수 있느냐가 문제였고 최고인민법원은 헌법상의 노동보호권의 효력을 사인 간에도 확장시켜 위 민사행위(약정)를 무효화시켰던바, 이를 기본권의 대사인적 효력에 관한 간접적 효력설[95]로 이해할 수 있을지 의문이 든다. 중국 민법통칙 제58조 (5)항은 법률과 사회공공의 이익에 위반되는 민사행위의 효력을 무효라고 규정한다. 사인 간의 책임면제 약정이 이를 금지하는 법률이 없는 상황에서 사회공공의 이익에 위반되는지 의문이 드는 경우 법원이 노동보호권의 효력을 사회공공의 이익의 해석에 반영하여 이 사유를 확대해석하였다면 이는 기본권을 사인간의 약정에 간접적으로 적용한 것이라고 볼 수 있다. 그런

---

95) 독일에서 기본권의 대사인적 효력에 관한 간접적 효력설은 기본권이 사법상의 일반규정을 통해 간접적으로 적용된다는 입장으로 현재 독일의 다수설의 입장으로 국내 교과서에서 소개하고 있다. 예를 들면 정종섭, 위의 책, 284면.

데 최고인민법원이 민법통칙 제58조 (5)항을 통해 책임면제약정을 무효라고 판단한 것이 아니라, 직접 헌법상의 노동보호권을 근거로 하여 민사행위를 무효라고 판단한 것이라면 이는 기본권을 사인 간에 직접 적용한 것으로 볼 수 있다. 이는 기본권을 주관적 사권(私權)으로 구성하는 방식이며 이런 적용방식으로 인해 사법과 공법의 구별의 체계는 무너지게 된다. 최고인민법원이 사법해석을 발표한 2001년의 사례 역시 최고인민법원은 헌법이 규정한 공민의 권리를 사법판단의 논증과정에 직접적인 법적 근거로 제시하였다. 공민의 교육을 받을 권리가 사인96)에 의해 침해받은 경우 그 공민은 사인을 상대로 손해배상청구를 할 수 있는데 그 보호의 대상으로97) 민법통칙은 교육을 받을 권리를 포함하지 않고 있음에도 불구하고 최고인민법원은 헌법상의 교육을 받을 권리를 그 보호대상으로 인정하여 이에 대한 위법한 침해로 인한 손해를 배상하여야 한다고 해석하였다. 이 역시 헌법상 권리가 직접 사법관계에 적용된 경우라고 할 수 있어98) 헌법의 사법화의 예가 된다.

최고인민법원이 헌법을 직접 재판의 근거로 사용하고자 하는 이런 태도는 위와 같이 헌법이론상의 문제점이 지적될 수 있지만, 법의 지배의 관점에서 중국법제의 현실에 비춰 보면 긍정적으로 이를 평가할 수 있다. 발전하고 있는 중국법제의 현실에도 불구하고 입법이 사회 각 방면에서의 변화를 완전히 규율하지 못하고 있는 경우가 많다. 그렇지만 헌법규범은 그 추상성과 포괄성으로 인해 이렇게 입법이 마련되지 않은 영역에서

---

96) 지방정부나 교육청은 국가기관인데 이에 대한 배상책임 역시 행정배상의 요건에 해당한다면 인정 가능할 것으로 보인다.

97) 중국 민법통칙 제106조의 불법행위 책임(侵權責任)이 성립하는 보호객체의 제한의 문제점에 대해서는 정철, 위의 학위논문, 203~204면 참조.

98) Qianfan Zhang, op. cit., p.27. 2005년에 서울에서 열린 아시아 헌법학자대회에서 발표한 논문에서 저자는 역시 이 사건의 경우 법원이 헌법조항(교육권)을 공적 기관(고등학교, 기술대학, 그리고 지역 교육위원회)에게만 적용하였더라면 완전했을 것이라고 기술하고 있다.

의 국민의 기본적인 권리를 헌법적으로 보호할 수 있다. 이런 상황에서 법원이 공민이 제기한 헌법상의 권리 침해를 이유로 한 권리구제에 대해 입법의 불비를 이유로 재판을 거부한다면 이는 사법권의 또 다른 직무유기일 수 있다. 원칙적으로 이런 상태는 입법권의 입법의무의 불이행을 확인하고 이를 강제하는 헌법재판의 형식으로 해결되어야 할 문제이지만, 중국 헌법감독제도의 특성상 이런 수준의 헌법감독을 기대할 수 없다면 우선 법원이라도 적극적으로 헌법을 근거로 재판을 해야 하는 필요성은 긍정할 수 있다.

법원의 적극적인 태도를 지지하는 입장 역시 중국에서 쉽게 확인된다. 헌법 제5조에 의해 모든 국가기관과 공민·사회조직은 헌법 준수의무가 있고 동 헌법 제123조에 의해 법원이 가지는 심판권을 근거로 법원은 헌법재판을 할 수 있는데 여기에는 입법, 정부행위의 위헌성에 대한 심사도 포함되고 헌법이 사법관할권에 관해 명확하게 규정하지 않은 이상 헌법관할권 또한 법원이 미국처럼 적극적으로 쟁취해야 한다고 하는 주장도 있다.99) 또한 미국의 Marbury v. Madison 사건에서와 같은 강한 형태 즉 법률에 대한 헌법적 판단을 통해 위헌에 이르는 형태가 아니라, 법률의 구체적인 흠결의 경우에 헌법이 정한 공민의 권리규정을 통해 구제의 흠결을 메우고자 한 약한 형태의 헌법의 적용가능성을 대변하였다는 점에서 최고인민법원의 태도를 지지하면서 이런 시도를 타당한 것으로 평가하는 주장 역시 확인된다.100)

최고인민법원의 이런 적극적인 태도에는 향후의 헌법논쟁에서 우위를 점하려는 약간의 전략적인 측면도 포함되어 있다고 보인다. 최고인민법원이 구체적인 심판업무의 과정에서 헌법의 사법화를 이루어 중국 공민으로 하여금 헌법에 관한 관심을 갖게 하고 이런 헌법에 대한 우호적 관심과 지지를 자신의 헌법해석권을 정당화하는 외부적 기초로 사용하려는

---

99) 王眞民, 위의 논문, 139~140면.
100) Qianfan Zhang, op. cit., p.27.

의도가 보인다는 점이다. 헌법에 의해 부여된 공민의 기본권리가 사인 간에 적용되는 문제에서 최고인민법원이 적극적인 판단을 하고 있다는 점을 보면 여기에는 전략적인 선택이 자리 잡고 있음을 추측할 수 있다. 사실 헌법의 기본권은 원칙적으로 대국가적 효력을 기본으로 하고 공권력의 작용에 대한 국민의 대응수단이다. 그리고 기본권을 헌법에 명문으로 확인하여 그 방어적 성격을 명확하게 하는 것은 우리 자유민주주의 헌법에서는 상식인바, 중국인들 특히 사법부 역시 이런 점을 명확하게 인식하고 있다는 점에서 이런 추측이 가능하다. 아무튼 향후 중국법원이 헌법해석권을 완전하게 보유하느냐의 문제는 중국 공민의 헌법의식의 각성101)과 사회세력의 조직화의 정도, 당의 사법개혁102)을 포함한 정치개혁의 의지 등을 지켜보면서 앞으로 관심 있게 바라볼 수 있는 법치주의에 관한 한 포인트임에는 틀림없다.

Ⅲ. 법원의 법률해석권

중국에서는 헌법감독이라는 개념 아래서 법률에 위반되는 하위규범들의 심사와 통제가 다뤄지고 있다. 우리의 경우 명령·규칙의 위헌·위법심

---

101) 성명모용사건에 대한 최고인민법원의 해석에 고무되어 3명의 고등학생이 중국 교육부를 상대로 대학입학시험 성적통보 중 이해가 안 되는 성적에 대해 다투는 소를 제기하면서 자신들의 교육권과 평등보호를 요구하였다. Chris X. Lin, op. cit., p.274. 또한 2002년에 신체조건을 채용요건으로 공고한 중국인민은행의 청두지사가 헌법에 의해 보장된 공직에 대한 평등한 권리를 침해하였다고 법과대학 학생에 의해 제소되었고, 바로 최근에는 중국건설은행 역시 남녀에 대한 차별적인 정년규정 때문에 제소되었다. Qianfan Zhang, op. cit., pp.29~30. 바야흐로 헌법상의 권리 특히 평등권에 대한 중국공민의 각성은 현저할 정도이다.

102) 중국공산당의 새 지도자인 후진타오(胡錦濤)는 당의 제16차 총회에서 공개적으로 헌법감독을 포함한 헌법상의 권리에 대한 존중을 보장하기 위한 메커니즘을 수립하는 것에 대한 지지를 표명하였다. Chris X. Lin, op. cit., p.274.

사권을 헌법재판소와 별도로 법원이 가지고 있음을 고려할 때 중국 법원이 법률해석권을 행사할 수 있는지 궁금하다. 중국 법원이 법률에 대한 독자적인 해석권을 보유한다면 이를 근거로 하위 규범에 대한 규범통제를 할 수 있는 전제가 될 수 있을 것이다.

1. 최고인민법원의 법률해석권의 의의

1) 헌법상 법률해석권과 입법의 문제점

전국인민대표대회 상무위원회는 헌법을 해석할 권한과 헌법실시를 감독할 권한뿐만 아니라 법률규정의 명확화와 보충을 위해 법률을 해석할 권한까지 가진다(헌법 제67조 제1항, 제4항). 국무원, 중앙군사위원회, 최고인민법원, 최고인민검찰원, 전국인민대표대회 각 전문위원회, 그리고 성·자치구·직할시 인민대표대회의 상무위원회는 전인대 상무위원회에 법률해석을 요청할 수 있다(입법법 제43조).

전국인민대표대회 상무위원회는 법률의 구체적 의미를 더 명확하게 할 필요가 있을 경우, 법률제정 후에 새로운 상황이 나타날 때, 그리고 법률의 적용근거를 더 명확하게 할 필요가 있을 경우에 법률을 해석한다(입법법 제42조). 전인대 상무위원회 업무기구는 법률해석 초안을 연구하여 작성하고, 위원장회의는 제출된 법률해석초안을 상무위원회 회의일정에 포함시킬지 여부를 결정한다(입법법 제44조). 법률해석 초안에 대해 전인대 상무위원회가 회의에서 심의를 한 후 법률위원회가 상무위원회 구성원의 심의의견에 기초해서 심의와 수정을 진행하여 법률해석초안 표결문을 제출한다(입법법 제45조).

법률해석의 결과 하위 법규범이 법률에 저촉되는 경우 전인대 상무위원회는 그 하위규범들을 무효화할 수 있는데(헌법 제67조 제7항, 입법법 제88조 제2항) 이런 하위규범은 행정법규, 지방성법규, 그리고 자치조례와 단행조례를 포함한다. 법률에 저촉되는 경우에 관한 해석이 불분명하였는데 입법법은 이 경우에 지침이 될 수 있는 규정을 마련하였다. 즉 입법법은 법률이 부여한 권한을 초월한 경우, 하위법이 상위법인 법률의 규정을 위반한 경우, 법정절차에 위배한 경우 등이 법률에 저촉되는 경우로 규정하고 있다(입법법 제87조 제1항, 제2항, 제5항). 이를 위한 사전절차로서 보고와 등록 그리고 심사절차는 입법법의 규정을 따른다(입법법 제89조, 제90조, 제91조).

법률해석 초안 표결문이 상무위원회 전체구성원의 과반수의 찬성을 얻어 통과되면 전인대 상무위원회가 공고하여 이를 공포한다(입법법 제46조).[103] 이런 해석은 일반적으로 결의로서 공표된다.[104] 이런 절차를 통해 이루어진 전인대 상무위원회의 법률해석은 법률과 동등한 효력을 가진다(입법법 제47조). 법률해석의 절차도 법률의 입법절차와 유사한 구조를 통해 이루어지고 그 효력 역시 법률과 동등하게 취급된다.

법률 하위의 법규범이 법률해석의 결과 법률에 저촉된다고 판단이 된 경우 이 법규범은 폐기된다. 이런 폐기권한은 전인대와 그 상무위원회가 보유한다. 먼저 전인대 상무위원회는 헌법과 법률에 저촉되는 국무원 제정의 행정법규, 결정과 명령을 취소할 수 있고 또한 헌법과 법률 그리고 행정법규에 저촉되는 성, 자치구, 직할시 지방권력 기관제정의 지방성법규와 결의를 취소할 수 있다(헌법 제67조 제7항, 8항, 입법법 제88조 제2항). 그래서 전인대 상무위원회는 법률에 위반되는 행정법규, 지방성법규를 폐기할 수 있다.[105] 전인대 역시 전인대 상무위원회의 부적당한 결정

---

103) 그러므로 전인대 상무위원회가 발표하지 않은 법률해석은 법적 효력이 없다고 볼 수 있다. 특히 전인대 상무위원회의 하부 업무기구인 법제국이 입법법에 따른 절차를 거치지 않고 직접 발표하는 의견은 법적 효력을 가질 수 없다. 왜냐하면 법제국은 상무위원회의 기관에 불과하지 그 자체 입법권이나 입법해석권을 부여받지 않았기 때문이다. Chow, Daniel C.K, op. cit., p.174. 그렇지만 입법법 제55조에는 구체적인 법률문제에 관한 질문에 답변할 권한은 인정하고 있다.

104) Marc Rosenberg, op. cit., p.244; Chow, Daniel C.K, op. cit., p.171.

의 변경이나 취소권이 있으므로 전인대 역시 이런 권한을 행사할 수 있음
은 당연하다(입법법 제88조 제1항). 이 경우 일반 업무감독기관과 달리 폐
기만 가능하다. 폐기의 효력이 소급하는지 장래효만 가지는지는 규정되어
있지 않다.

현재 중국은 전인대 상무위원회가 법률해석권을 가지고 법률에 대한 감
독권 역시 같은 기관이 독점적으로 보유하고 있다. 이렇게 규범통제가 입
법기관에 의해 이루어지는 구조 속에서 구체적인 규범통제의 계기를 발견
하기는 어렵다. 일반적으로 법규범의 수범자들이 자신들의 구체적인 법적
분쟁의 해결을 구하는 과정 속에서 자연스럽게 법률에 대한 해석의 문제에
직면하고 이와 관련하여 법원의 권위적인 해결을 요구하는 경향이 많다.
그런데 법원이 법률해석권을 기반으로 법률 이하의 규범에 대한 규범통제
를 수행하지 못하면 재판의 효율성과 권위성이 저하될 가능성이 많다.

중국 법원이 법률해석권을 보유해야 할 현실적인 이유는 중국 입법의
문제점에 있다. 이런 입법의 문제점이 구체적으로 인식되는 계기가 법원
에서의 소송절차 중에 나타난다. 중국의 입법은 상위법과의 불일치성과
불안정성106)을 일반적인 특징으로 한다. 중국법이 이와 같은 면을 보이는
중요한 이유 중의 하나가 입법의 불완전성에 있다. 실제적 경험이 부족한

---

105) 그 외 자치조례와 단행조례도 입법법 제88조 (2)항과의 관련상 법률감독의 대상
이 되는지 논란이 있을 수 있으나, 입법법 제66조에서 자치조례와 단행조례는
그 지역 민족의 특징에 의해 법률과 행정법규의 규정을 약간 변형할 수 있으나
그 기본원칙에 위배될 수 없다고 규정하고 입법법 제88조 (2)항 역시 입법법
제66조 제2항에 위반한 경우 폐기될 수 있다고 보고 있는 점을 볼 때 법률감독
의 대상이 될 수 있다.

106) 중국에서 법의 안정성의 약화에 기여하는 요소로 임시규정에 대한 의존이 너무
높다는 점이다. 사회적 실천을 거친 후 이론을 정립한다는 정신은 타당한 면이
있으나, 사회의 중요한 영역에 대한 규율에서 임시규정의 남용은 법적 불안정성
을 가중시키고 있다. 그 규정이 운 좋게 성공한다면 그 규정은 법의 형태로 변
화하든지 하면서 영구히 지속될 것이지만, 만약 실패한 것으로 확인되면 그런
입법적 실험은 끝이 나고 이를 믿고 행위를 한 자들은 이로 인한 손해를 감수해
야 한다.

상태에서 부실하게 이루어지는 입법 작업, 너무나 추상적인 규정들, 모호하거나(vague) 알 수 없는 간단한 규정들 때문에 입법의 수준이 낮다는 것이 일반적인 평가이다. 이런 법을 모법으로 한 하위 법규범 역시 지역의 특수성을 강조한다 하더라도 상위법의 내용과 저촉되는 경우가 많다. 또한 기관 자체의 고유한 입법권능을 주장하며 사실상 법률에 근거만 가지고 있을 뿐 그 구체적인 위임에 의한 한계와 같은 법리는 지켜지지 않고 있다. 이런 중국법의 특성 때문에 법제의 통일성의 요구는 지속적으로 중국법이 해결해야 할 과제로 지적되어 왔다.

중국 법률의 일반적인 약점으로 지적되어 온 위와 같은 규정의 불명확성과 규율의 흠결로 인해 법률해석의 필요성은 중시되고 있다. 앞서 보았듯이 중국에서 법률해석은 국가입법기관인 전인대 상무위원회의 권한으로 규정되어 있지만 1981년에 전인대 상무위원회는 그 법률해석 권한을 다른 기관에 부분적으로 위임 하였다. 그런데 위임을 받은 기관들의 법률에 대한 해석이 오히려 법률 자체보다 더 상세하고 체계적이어서 사실상 준입법(quasi-legislation)이라고 할 정도로 권위 있게 받아들여지고 실제 법률생활에도 영향력을 발휘하고 있다. 특히 최고인민법원과 최고인민검찰원이 그 법률실천 과정에서 발생하는 응용문제에 대해 발표하는 사법해석은 법의 수범자들에게는 하나의 또 다른 입법으로 여겨지고 있다.

2) 최고인민법원의 법률해석권의 연혁과 기능

1954 헌법은 인민법원이 독립하여 재판하고 오직 법에만 복종한다고 규정하였는데 1955년에 이미 최고인민법원에 법률해석권을 부여하는 결정이 나왔다.107) 그러나 이 결정은 바로 이어진 반우파투쟁으로 빛을 보지 못했다. 사법독립은 자본주의 법제의 원칙이라고 철저히 비판을 받아 대학에서 법학과정은 사라졌고 법률전문가 역시 배척되었다.108) 법과 법

---

107) Li Wei, op. cit., p.89.

률가 그리고 사법제도에 대한 불신과 배척은 문화혁명 시기에 극에 달해 법과 제도는 철저히 무시되고 파괴되었다. 노도와 같았던 문화혁명을 지나고 중국인들은 자신들에게 벌어졌던 비극의 원인을 규명하고자 하였고 그 과정에서 법과 사법제도의 역할에 주목하였다. 다시는 문화혁명과 같이 소수의 세력에 의해 헌법체제가 위협받는 일은 없어야겠다는 생각으로 새 헌법을 제정하고 법률제도를 정비하기 시작하였다.

이런 과정에서 1981년 ≪全國人民代表大會常務委員會關與加强法律解釋工作的決議≫(이하 '1981년 사법해석결의'로 부름)가 나오게 되었다. 법률제도를 복구하기 위해 필요한, 법률지식과 경험이 있는 법률가들이 부족하였고 제정된 법률이 종종 불명료하고 애매하여 법률이 사람마다 다르게 해석되었다. 이런 현상을 바로잡고 법률에 대한 전국적으로 통일된 해석을 이루기 위해 이 결정은 마련되었다.[109]

그렇지만 1981년의 사법해석결의는 최고인민법원에게 제한적인 해석권한을 부여했다. 그리고 국무원 및 주관부서에게도 재판과 검찰업무에 속하지 않는 기타 법률, 법령의 구체적 응용의 문제에 대한 해석권을 부여하였다(제3조). 행정권이 우월한 중국의 현실에서 볼 때 최고인민법원의 해석권은 상대적으로 약하였고 그 해석범위 역시 좁았다. 중국 법제에서 소송법 정도를 제외하고는 국무원이 관여하지 않는 영역은 사실상 거의 없었다. 이런 이유로 최고인민법원은 국무원과 함께 법률해석을 내놓는 전통이 생기기 시작했다.

그리고 1981년 사법해석결의를 제정할 당시 전인대와 그 상무위원회는 이와 같은 법원과 검찰원의 사법해석을 중요하게 여기지 않았다. 1981년 사법해석결의는 최고인민법원과 최고인민검찰원이 재판과 검찰업무 중에 구체적 법률, 법령의 응용문제에 관하여 해석을 할 수 있다고 규정

---

108) 王利明, 「司法改革硏究」, 法律出版社. 2002, 296면.

109) Li Wei, op. cit., pp.90~91; Susan Finder, "The Supreme People's court of the People's Republic of China", *Journal of Chinese Law*, Fall 1993, p.165.

하고 있을 뿐, 그 밖에 법령의 개념이나 한계에 관련된 문제 등은 모두 전인대 상무위원회의 해석영역으로 남겨져 있었다.110) 그리고 국무원의 법률해석권 역시 넓은 영역에서 존재하였다.

그런데 최고인민법원의 법률해석권은 법원 내에서는 강력한 것이었다. 왜냐하면 최고인민법원은 이 권한을 다른 기관에 전혀 위임하지 않고111) 그동안 자신이 줄곧 행사하여 왔는데 하급법원으로 하여금 재판 중에 의문이 있으면 최고인민법원에 질의를 하도록 하고 그 해석에 따르도록 강제하였기 때문이다.112)

최고인민법원은 1981년 사법해석결의에 의해 부과된 해석권의 제한을 진지하게 고려하지 않은 채 그 해석권한을 행사하여 왔다. 1981년 사법해석결의에 따르면 최고인민법원은 단지 재판업무 중에 구체적 법률의 응용문제에 관하여 해석을 하도록 되어 있었다. 그런데 실제로 최고인민법원은 그 한계를 벗어나 전인대 상무위원회의 해석권한을 침해하는 정도에 이르렀는데 이런 상황은 법률해석 권한을 둘러싼 중대한 해석의 문제를 제기하고 있다. 여기서 최고인민법원의 법률해석권의 기능을 구체적으로 살펴볼 필요가 있다.

원래 1981년 사법해석결의에 따를 경우 법률조항에 대한 설명권한은 위임권자인 전인대 상무위원회에 유보되어 있다고 해석되었다. 그러나 최고인민법원이 발표한 사법해석의 대부분은 법률조문에 대한 설명방식으로 이루어져 있다. 이는 주로 하급법원이 법률조문에 대해 질문을 하는 경우 그 조문에 대한 최고인민법원의 입장을 제시하는 과정에서 나타나게 된 것이었다.113) 그리고 이런 작업은 앞서 보았듯이 단독으로 혹은 국

---

110) Li Wei, op. cit., p.91.
111) 그렇다고 하급법원이 그 동안 사법해석권한을 행사하지 않은 것은 아니었다. 최고인민법원의 사법해석이 이미 존재하는 경우 하급법원은 이런 관행으로 인해 비난을 받았다. Susan Finder, op. cit., p.186.
112) Li Wei, op. cit., p.94.
113) Ibid., p.100.

무원, 국무원의 각 부서, 최고인민검찰원 등과 공동으로 이루어졌다. 최고인민법원은 하급법원이 탄력적인 적용을 할 수 있도록 법조문의 적용을 자유롭게 확대하기도 하고 보충하기고 하고 때로는 제한하기도 하였다. 예를 들면 경제범죄사건을 재판할 때 발생한 법적용에 관한 질문에 대한 답변에서 사기(fraud)의 개념을 계약에 대한 사기로까지 확대하여 결국 형법에 포함되지 않은 새로운 범죄유형으로까지 확대하기도 하였다.114)

최고인민법원의 해석은 종종 특정한 조문을 수정하기도 하였다. 중국 형법은 1997년 사회변화에 따라 개정되었는데 그 이전에는 최고인민법원의 법률해석이 없었다면 법원이 재판을 거의 할 수 없을 정도였다고 한다.115) 인민법원은 법률개정 없이 사실상 최고인민법원의 법률해석에 의해 형사재판을 진행하였다. 사실 형법이나 형사소송법은 정치적으로 민감한 법률이어서 이를 개정하는 작업은 전인대의 결정이 필요하다. 이런 경우 법원은 형법개정을 사법해석으로 대체하였다고 볼 수 있다. 그렇다면 이는 사실상 법원이 입법기능을 수행한 것이라고 볼 수 있다.

최고인민법원이 전인대 상무위원회가 부여한 법률 해석권을 재판업무에서 확대 사용하여 온 이와 같은 경향은 1981년 법률해석결의에 비추어 보면 위임의 범위를 넘어선 것이지만, 사법기능의 일반적 성격과 중국의 법제현실을 고려하면 그 필요성에 대해 공감할 수 있는 면이 있다. 일반 법원의 업무는 일체의 법률상의 쟁송을 심판하는 것이며,116) 입법부가 국민의 이름으로 제정한 법률에서 발생하는 법률상의 분쟁을 해결하는 것이 그 고유의 업무이므로 법원이 법률을 해석하는 업무는 법원의 고유한 권한이다. 중국의 법원 역시 마찬가지로 법원에 고유한 이런 업무를 수행하여 왔다고 볼 수 있다. 개혁개방 이후 변화하는 사회현실은 법적 분쟁

---

114) Ibid., p.101.
115) Ibid., p.102.
116) 우리 법원조직법 제2조(법원의 권한)는 법원은 헌법에 특별한 규정이 있는 경우를 제외하고는 일체의 법률상의 쟁송을 심판하고 이 법과 다른 법률에 의하여 법원에 속하는 권한을 가진다고 규정하고 있다.

을 폭발적으로 증가시켰고 이런 분쟁은 다분히 법률의 해석을 필요로 하는 법률적 분쟁이었다. 특히 중국의 각급 법원은 구체적인 사건에서 직접 법률을 적용하여 분쟁을 해결하여야 했는데 입법 단계의 불충분성으로 해당 법률조문에 대한 명확하고 상세한 설명이 부족하였고 또한 입법환경이 변화하는 사회현실을 따라가지 못하여 상황에 적합한 규율을 발견하기 어려웠다.117) 이런 상황에서 최고심판기관으로서 최고인민법원의 사법해석권한은 자연스럽게 확대된 것으로 판단된다.

2. 최고인민법원의 법률해석의 형식

최고인민법원은 그 동안 상당히 다양한 방식으로 사법해석을 진행하여 왔다. 이는 사안에 따른 적절한 해석지침을 내리기 위한 것으로 보인다. 그렇지만 이런 여러 형식의 해석은 그 법적 지위를 불확실하게 하는 면도 있어 최고인민법원은 의식적으로 행정규칙의 제정형식을 취하여 구속력 있는 형식으로 보이게 하려고도 한다.118) 이 형식은 전통적으로 중국 행정기관에서 법을 해석하는 방식인데 이것은 하급법원에 대한 감독권을 효율적으로 행사하려고 하는 최고인민법원의 의도와 잘 부합한다. 2007년 현재 최고인민법원이 법률해석의 형식으로 사용하는 것은 질의·답변, 해석, 규정, 결정의 네 가지이다(≪最高人民法院關與司法解釋工作的規定≫ 2007년 4월 1일 발효, 이하 '2007년 사법해석 업무규정'으로 부름, 제6조). 2007년 최고인민법원이 해석절차에 관해 상세한 절차적 규정을 마련하고 이렇게 발표한 사법해석이 법적효력을 가진다고 규정하고 있는 점은(2007년 사법해석 업무규정 제5조, 제9조, 내지 제27조) 앞으로 사법해석을 통해 지속적으로 이 권한을 유지·확대하려는 의지를 보여주고 있다.

---

117) Susan Finder, op. cit., p.165.
118) Li Wei, op. cit., p.99, p.109.

질의·답변서(批復)는 최고인민법원의 사법해석의 형식으로 가장 자주 사용된 형식이다. 하급법원이 구체적인 사건을 재판하다가 어떤 법률조항에 대해 의문을 가지게 되면 성단위 고급인민법원에 의문을 제기하고 그 고급인민법원이 보통 이에 대해 답변을 할 수 있지만, 고급인민법원도 의문이 들면 다시 최고인민법원에 서면으로 질의서를 제출할 수 있다. 이에 대해 최고인민법원은 해석이 담긴 답변서[119]를 통해 그 질문에 답을 준다. 최고인민법원의 답변서를 받은 고급인민법원은 그 답변서를 원래 의문을 제기했던 법원에 전달하고 그 법원은 이 답변서를 적용해야 한다.

그러나 이 절차는 1980년대 법원 내부의 반대에 부딪히게 되었는데 그 이유는 이 방식이 최고인민법원으로 하여금 상소 전에 사건의 결과를 결정하게 한다는 것이었다. 1989년 최고인민법원은 이런 비판을 받아들여 답변서형식의 구속력을 공식적으로 포기하였다.[120] 이제 법령에 대한 답변을 구하는 하급법원은 스스로 사건을 독립적으로 판단하여야 한다.

그럼에도 불구하고 하급법원이 특정한 유형의 사건들에 공통적인 질문을 제기할 때 최고인민법원은 이론적으로 중요한 그와 같은 질문들에 답변하기 위해 공식답변을 사용하곤 한다. 이런 방식 역시 중국 행정기관에서 감독권 행사의 수단으로 사용하고 있는데 최고인민법원은 이 방식을 통해 특정한 유형의 사건들에서 하급법원들이 이 공식답변을 준수하기를 기대한다. 그러나 이런 공식답변이 어떤 구속력을 가질 수 있는지 의문이 든다고 보는 입장도 있다.[121] 이 입장은 이런 형식이 특정사건이나 특정한 사건유형에 관련된 답변형식이어서 그 일반적인 구속력에는

---

119) 어려운 질문들이 결합된 형태의 질문도 있지만 사건의 특정한 사실이나 법의 추상적인 전제를 단지 기술하는 짧은 형태의 답변(short reply)형식도 사용하고 있다. Chow, Daniel C.K, op. cit., p.174.
120) Li Wei, op. cit., p.96.
121) Ibid., p.97.

일정한 한계가 있는 것으로 본다.

그러나 이런 형식은 최고인민법원의 법률해석의 범위에 속하는 것으로 보는 것이 일반적이고[122] 2007년 새로 마련된 최고인민법원의 사법해석 업무규정에 따르면 질의·답변형식(批復)은 법적 효력이 있는 해석형식이라고 규정하고 있다(2007 사법해석 업무규정 제6조).

의견(意見), 통지(通知), 방법, 조치, 그리고 규정형식은 최고인민법원이 특정한 법률의 일반적인 적용을 설명하기 위해 가장 자주 사용하는 형식이다. 이 형식은 특정한 법률의 적용과 관련하여 나타날 수 있는 모든 문제들에 대해 완전한 형태로 대답하는 설명형식이어서 보통 법률 그 자체보다 더 긴 경우가 많다.[123] 예를 들면 1991년 전인대에 의해 제정된 민사소송법의 경우 원래 조문이 270개 정도인데 1992년 최고인민법원은 320개 조문으로 구성된 해석을, 비슷하게 1987년 발효된 민법통칙의 경우 156개 조문으로 구성되어 있는데 최고인민법원은 1988년 200개 조문 정도의 해석을 각 제정했다. 이런 해석규정 형식은 법의 구체적인 적용에서 발생하는 문제의 해석은 아니라는 점에서 허용된 해석권의 범위를 넘어선 것으로 보는 입장도 있다.[124]

최고인민법원은 이런 형식의 해석을 최고인민검찰원 또는 국무원의 관련부서와 함께 내놓는 경우도 자주 있다. 보통 이런 해석은 특정 법령을 실행하기 위한 행정법규의 형태를 취한다.[125] 최고인민법원은 여러 정부기관의 행정기능에 관련된 해석문건을 제정하는 경우가 있는데 이는 최고인민법원이 하급법원의 사법행정을 감독할 헌법상의 의무를 가지고 있음을 근거로 한다(헌법 제127조). 최고인민법원에 의해 제정된 법원의 업무와 관련된 문건들은 다른 정부기관들에게는 행정규정이나 부서규장으로 여겨질 수 있다. 그리고 이런 해석문건을 제정할 때 최고인민법원은

---

122) Chow, Daniel C.K, op. cit., p.174.
123) Li Wei, op. cit., pp.97~98.
124) Chow, Daniel C.K, op. cit., p.175.
125) Li Wei, op. cit., p.98.

다른 부 또는 최고인민검찰원과 함께 작업을 하기도 한다. 이런 형식은 역시 집행기관에게는 행정규정으로 여겨지기 때문에 명백하게 사법해석의 범위를 넘어선 것이다.[126]그렇지만 2007년의 최고인민법원의 사법해석 업무규정에서는 여전히 이 형식을 유지하고 있다.

이 중에서 意見,[127] 通知形式[128]은 1997년의 최고인민법원의 사법해석 업무규정에서 이미 삭제되었고(≪最高人民法院關與司法解釋工作的若干規定≫ 1997년 15호, 1997년 6월 23일 발효, 이하 '1997년 사법해석 업무규정'이라 부름, 제9조), 이후 2007년의 사법해석 업무규정에서도 인정되지 않는 형식이 되었다(2007 사법해석 업무규정 제6조).

최고인민법원이 그 밖에 사용하는 해석형식으로 모범사례 발표형식도 있으나 그 구속력에 대해서는 선례구속의 원칙과 관련하여 논란이 있다. 그렇지만 최고인민법원이 발간한 모범사례집은 하급법원 법관들의 재판 업무를 위한 지침이 되고 있는 것이 사실이다. 이 모범사례 발표형식도 1997년의 사법해석업무규정에서 삭제되었고 2007년의 사법업무해석규정에서도 이런 태도는 유지되고 있다(1997년 사법해석 업무규정 제9조, 2007 사법해석 업무규정 제6조).

---

126) Chow, Daniel C.K, op. cit., p.175.
127) 意見이나 解答 역시 가장 중요한 해석문서의 하나인데 국가 행정기관 역시 이런 형식을 사용한다. 공식의견은 규범에 대한 일반적인 해설(진술)인데 그 용어가 항상 일정하게 사용되지는 않고 있다. 이런 의견에서 최고인민법원은 때때로 전인대 상무위원회의 입법과 상반되는 새로운 법칙을 내놓는 경우도 있다. 이런 해석에 대해 준입법이라는 평가가 내려지기도 한다. 상세히는 Susan Finder, op. cit., p.167.
128) 通知 형식은 紀要(회의 요약)이라는 형식과 자주 사용되는데 이는 행정문서의 형식이다. 기요는 회의에서 결정된 중요한 사항을 정리한 문서로 상급부서가 하급부서에 내려 보내는 행정문서이다. Susan Finder, op. cit., p.180.

3. 최고인민법원의 법률해석의 효력

1) 최고인민법원의 법률해석의 효력범위

2007년 사법해석 업무규정 제5조는 최고인민법원이 내리는 법률해석의 효력에 관해 법적효력(法律效力)을 가진다고 명확하게 규정하고 있다. 1997년 최고인민법원이 사법해석업무에 관해 발표한 규정에도 이와 같은 규정이 있었다(1997년 사법해석 업무규정 제4조). 최고인민법원은 자신이 제정한 사법해석에 관한 규정이 인민법원조직법, 감독법, 1981년 사법해석결의에 근거하였다고 밝혀(2007 사법해석 업무규정 제1조) 근거 법률과 그 밖의 사법해석권을 위임받은 근거까지 밝히고 있다. 물론 최고인민법원이 이런 규정을 제정할 수 있는 권한에 관한 헌법적 근거는 찾을 수 없다. 이 점은 국무원이 헌법과 법률에 근거하여 행정법규와 결정, 명령을 내릴 수 있는 권한과 비교하면(헌법 제89조 제1항) 이해하기 어려운 부분이다. 우리 헌법의 경우 대법원은 법률에 저촉되지 않는 범위 안에서 소송에 관한 절차, 법원의 내부규율과 사무처리에 관한 규칙을 제정할 수 있다고 규정한다(헌법 제108조). 중국의 경우 일정한 목적을 가지고 특정업무를 처리하는 조직은 특별히 헌법이나 법률에 근거를 가지지 않더라도 독자적인 입법권을 가진다는 사고가 여기에도 반영된 것으로 보인다. 그렇지만 이렇게 규정된 규율이 대외적인 효력을 가질 수 있느냐는 다른 차원의 문제이다.

최고인민법원의 법률해석을 포함한 사법해석의 근거를 헌법 뿐만 아니라 감독법에서도 마찬가지로 찾을 수 없다. 감독법은 인민대표대회가 자신에 의해 조직된 다른 국가기관의 업무를 감독하는 문제를 다룬 것이어서 그런지 여기에서 최고인민법원이 사법해석에 관한 규정을 제정할 수 있다는 근거를 찾을 수 없다. 단지 지방인민대표대회 상무위원회가 감독법과 관련된 법에 근거하여 지방 실제상황에 따라서 실시방법을 제정할 수 있다고만 규정하고 있다(동법 제47조). 결국 인민법원의 조직법에 근거하고 입법기관이자 위임기관인 전인대 상무위원회가 1981년에 공포한 사법해석업무에 관한 결의에 근거하여 최고인민법원이 1997년, 2007년에 그 사법해석업무에 관한 규정을 각 제정한 것이므로 이 규정은 입법기관이나 행정기관과 같은 다른 국가기관에게 그 효력을 미치게 할 수는 없다고 여겨진다.[129] 이렇게 볼 수 있는 또 다른 이유로 최고인민법원의 사법해석이 잘못되었다고 여기는 다른 국가기관, 예를 들면 최고인민검찰원은 전인대 상무위원회에 요청하여 해석한다고 이미 1981년 전인대 상무위원회의 업무결의에서 밝히고 있고(1981년 사법해석결의 제2조) 새로 제정된 감독법에 의하더라도 다른 국가기관은 최고인민법원의 사법해석을 다툴 수 있다고 규정하고 있는 점을 들 수 있다(감독법 제32조, 제33조).

최고인민법원은 그 사법해석에 관한 효력을 다른 국가기관에 규범적으로 미치게 할 수 없다면[130] 최고인민법원의 감독을 받는 하급 법원에 대해서는 어떠한지가 문제된다. 헌법 제127조에 따르면 최고인민법원은 최고재판기관이고 지방 각급 인민법원과 전문 인민법원의 심판업무를 감독하도록 규정되어 있다. 하급법원에 대한 이런 일반적인 감독권을 통해 최고인민법원이 자신이 내린 법률해석의 효력을 하급법원에 미치게 할 수 있는가는 조직법상의 문제 외에 다른 변수에 의해 영향을 받는다.

---

129) Li Wei, op. cit., p.108. 단 Chow는 1997년 사법업무규정 제4조(2007년 사법업무 해석규정 제5조)의 규정의 해석을 약간 오해하고 있는 것을 보인다. 이 규정은 입법권을 최고인민법원에 부여한 것으로 해석하여 이는 헌법에 위반된다고 보고 있는데(Chow, Daniel C.K, op. cit., p.177) 여기서 법률효력이란 법률에 상응하는 효력을 말하는 것이 아니라, 법적 효력이 있다는 단순한 의미로 해석된다. 최고인민법원이 이 규정을 의도적으로 모호하게 규정한 것으로 보인다. 객관적으로 볼 때도 최고인민법원의 사법해석의 효력 내지 구속력이 이처럼 모호한 상태에 있다.

130) 이런 한계를 인식하여 최고인민법원은 국무원과 그 산하부서, 또는 최고인민검찰원과 함께 법률해석업무를 진행하는 경우가 많고 그 형식에 특별히 신경을 쓰면서 행정규칙 형식을 사용하는 것이라는 점은 이미 앞에서 기술한 바 있다.

중국은 판례법 국가와 같은 선례구속의 원칙을 따르고 있지 않는 것으로 분류된다. 대륙법계 국가의 경우 일반적으로 당해 사건에 관한 상급법원의 결정에만 구속되고 다른 사건에 대한 상급법원의 결정은 아무런 구속력을 가지지 못한다. 그렇다면 중국의 하급법원이 최고인민법원이 답변해서 보내준 사법해석을 따라야 할 규범적인 이유는 일단 없는 것이다. 그래서 개별사건에 대한 질문과 답변형식으로 이루어진 사법해석의 구속력을 최고인민법원 역시 앞서 보았듯이 1989년 스스로 포기하였던 것이다. 그래서 심지어 사실상의 효력과는 별도로 하급법원 역시 최고인민법원의 사법해석을 따를 근거가 없다는 주장도 나타났던 것이다.[131]

그럼에도 불구하고, 중국에서 최고인민법원이 내린 법률해석을 포함한 사법해석은 사실상 법률가들에게 큰 영향력을 발휘하고 있다. 사법부가 공식적으로 내린 해석이란 점에서 법률가를 포함한 다른 국가기관들에게 공신력을 발휘하는 점도 있고 최고인민법원 역시 자신이 내린 사법해석의 권위를 확보하기 위해 가능한 모든 수단들을 다 사용하고 있다.[132] 특정한 법조문에 대한 해석을 내리기 전에 최고인민법원은 전인대의 법률기구뿐만 아니라 국무원의 법률기구 그리고 관련된 부서와 사전에 협의를 진행하여 자신의 사법해석에 일정한 권위를 확보하려고 하고 이렇게 마련된 사법해석을 관보에 게재하여 공표하고 이를 자신의 하급법원에 대한 감독권과 결부시키기도 한다.

그렇지만 이런 최고인민법원의 하급법원에 대한 지배력에는 일정한 한계가 분명히 존재한다. 먼저 중국의 심급제도는 2심 종심이어서 최고인민법원의 관할범위가 너무 좁다는 점이 그 지배력을 약화시키고 있다. 그리고 하급법원의 인적·물적 기초가 그 지방의 인민정부에 있고 지방의 법원은 지방인민대표대회에 대해 책임을 져야 한다는 점에서 하급법원은 지방의 이익에 더 충실하려고 하는 경향을 일반적으로 보인다. 이런 지방보호주의

---

131) Li Wei, op. cit., p.108.
132) Ibid., p.109.

는 최고법원의 지방법원에 대한 지배력을 약화시키는 요인이 될 수 있다.

2007년 4월 1일 최고인민법원이 2007년 1월 1일 감독법의 발효에 이어 바로 사법해석에 관한 규정을 정비한 것은 사법해석의 효력을 둘러싼 안팎의 이와 같은 대립의 국면을 헤쳐 나가기 위한 시도라고 판단된다. 이 규정에는 분명히 최고인민법원의 법률해석을 포함한 사법해석이 법적 효력이 있다고 규정하고 있지만, 중앙의 국가기관과 특히 지방의 법원에 대해 그 효력을 발휘할 수 있을 지는 더 지켜보아야 할 대목이다. 새로 제정된 감독법 제32조에 따르면 성, 자치구, 직할시 인민대표대회 상무위원회 역시 최고인민법원의 구체적 법률응용에 대한 해석이 법률규정과 저촉된다고 여길 때 전인대 상무위원회에 서면으로 심사요구를 할 수 있다고 규정하고 있는 점도 주목할 만한 부분으로 보인다. 이는 지방의 권력기관이 최고인민법원의 사법해석에 대해 불복할 수 있는 길을 공식적으로 허용한 것이다.

2) 전인대 상무위원회의 법률해석과의 관계

최고인민법원의 법률해석의 효력은 위임기관인 전인대 상무위원회의 법률해석의 효력과 비교할 때 하위에 있다. 입법법 제47조는 전인대 상무위원회가 법률해석을 하는 경우 그 해석의 효력은 법률과 동등한 효력을 가진다고 규정하고 있다. 위임의 일반적인 취지와 입법법의 규정을 종합해 보면 전인대 상무위원회의 법률해석이 최고인민법원의 법률해석의 효력보다 우월한 것은 분명하다고 할 수 있다. 전인대 상무위원회의 법률해석의 우월성을 담보하기 위해 2007년부터 시행에 들어간 감독법은 최고인민법원과 최고인민검찰원의 사법해석에 대한 감독절차를 새로이 규율하고 있다.

최고인민법원과 최고인민검찰원은 재판·검찰업무에 속하는 구체적 법률응용에 관한 해석을 내린 경우 그 공포일부터 30일 이내에 전국인민대표대회 상무위원회에 보고·등록해야 한다(입법법 제90조 이하). 다른 법규범의 경우처럼 최고인민법원과 최고인민검찰원이 내린 사법해석은 전인대 상무위원회에 보고, 등록하도록 규정하고 있다.

입법법은 최고인민법원의 법률해석에 대한 심사절차를 규정하고 있는데 행정법규 이하의 법규범에 대한 전인대 상무위원회의 감독절차와 같은 구조로 심사요구권자가 누구인지에 따라서 심사절차를 이원적으로 규율하고 있다(입법법 제90조 이하). 국무원, 중앙군사위원회와 성·자치구·직할시 인민대표대회 상무위원회는 최고인민법원 또는 최고인민검찰원의 구체적 법률응용에 대한 해석이 법률규정과 저촉된다고 여길 경우, 그리고 최고인민법원, 최고인민검찰원 상호간에(입법법 제43조, 감독법 제32조) 상대방의 구체적 법률응용에 대한 해석이 법률규정과 저촉된다고 여길 경우, 전국인민대표대회 상무위원회에 서면으로 심사요구를 각 제출할 수 있다. 상무위원회 업무기구가 이것을 관련전문위원회에 이송하여 심사하고 의견을 제출한다(감독법 제32조). 기타 국가기관과 사회단체, 기업, 그리고 사업조직 및 공민은 최고인민법원 또는 최고인민검찰원이 내린 구체적 법률응용해석이 법률규정과 상호 저촉된다고 여길 때 전국인민대표대회 상무위원회에게 서면으로 심사건의를 제출할 수 있고 상무위원회 업무기구가 연구를 통해서 필요할 때 전문위원회에 이송하여 전문위원회가 심사를 진행하고 의견을 제출한다(감독법 제32조). 이 경우는 상무위원회 업무기구의 판단을 거쳐서 전문위원회가 심사를 진행할 수 있도록 하여 바로 전문위원회의에 이송하지 않는다.

4. 사법심사의 구심점으로서의 법원의 법률해석권

법원의 법률에 대한 사법심사는 모든 법규범에 대한 법원의 사법심사의 구심점이라고 할 수 있다. 법원이 국민의 대표기관인 의회가 제정한 법률을 구체적인 사건에 적용하기 위해 해석하고 행정부가 법률을 집행하여 일정한 공권력을 행사하였을 때 그 공권력 작용이 법률의 요건에 부합하는지를 제3의 심판기관으로서 법원이 독립적인 지위에서 이를 심사하는 제도는 법치주의의 발전에 있어 갖추어야 하는 요소이다. 이를 자유민주주의 체계에서는 사법심사라고 부르고 있다.

중국의 경우 헌법에 의해 법률해석권이 사법부가 아니라 입법부인 전인대 상임위원회에 부여되고 있고 전인대 상무위원회는 1981년 사법해석 결의를 통해 이 권한을 최고인민법원, 최고인민검찰원, 그리고 국무원 및 관련부서에 위임하고 있다. 결국 중국은 최종적인 법률해석권만을 전인대 상무위원회가 보유하고 통상적인 법률해석은 행정부와 사법부에 위임하고 있는 구조를 갖고 있다. 따라서 사실상 국무원과 최고인민법원의 두 기관이 법률해석 업무를 맡고 있다고 할 수 있다. 이 중에서도 법률해석의 필요는 사법작용을 하는 법원에서 현실적으로 많이 발생하고 있다. 국무원의 경우 법률에 근거하여 행정법규를 제정할 수 있고 국무원 관련부서 역시 행정규장을 반포할 수 있어 이를 통해 법률집행을 위한 추상적인 규율을 제정할 수 있는데 이런 입법작용에서 법률해석이 이루어질 수 있다.

법원의 경우 구체적인 재판작용을 통해 법률해석의 계기를 많이 갖고 있지만 그 법률해석의 형식은 제한적이다. 헌법으로부터 법률해석권을 부여받지 못한 관계로 법률해석 형식의 선택에 제한을 받을 수밖에 없고 그 해석의 효력을 다른 국가기관은 물론 법원 내부에서도 강제할 수 있는 효과적인 제도적 장치가 결여되어 있다. 즉 2심 종심의 심급제와 지방법원의 물적·인적 기초가 지방정부에 종속되어 지방적 이익에 충실할 수밖에 없는 구조로 인해 최고인민법원의 하급 법원에 대한 지배력은 한계가 있어 법률해석을 통한 통일적인 사법의 운영은 장애를 안고 있다.

그럼에도 불구하고 최고인민법원은 1981년 이후 줄기차게 법률해석을 사법실무에서 발표하여 왔다.[133] 이는 최고인민법원이 가진 기본적인 사

---

133) 1955년부터 1996년까지만 3,000개가 넘는 해석문건을 만들었고 1979년 이후 1996년까지는 1,000개 정도를 제시했다고 한다. Li Wei, op. cit., p.95.

법업무수행에서 나타난 필요에 기인한 것으로 판단된다. 최고인민법원의 법률해석의 업무가 증가하게 된 연유에는 입법부의 과다한 부실입법의 양산이 기여했다고 보인다. 개혁개방의 분위기 속에서 입법능력을 고려하지 않은 채 입법부서는 과중한 업무에 쫓겨 졸속의 입법안을 제출하였는데 전문성을 갖추지 못한 관련 전문위원회는 이런 입법안을 개선시키지 못했다. 다른 업무로 바쁜 상무위원회 역시 입법안을 숙고하지 못하는 경우가 많아 모호하고 추상적인 입법이 양산되어 성급하게 집행되었다. 이런 법률들을 사건에 적용하여야 하는 법원은 어쩔 수 없이 그와 같은 수많은 법률들의 해석업무를 떠안을 수밖에 없었다. 이런 상황에서 하급법원의 법률해석의 질의를 받게 된 최고인민법원은 법률해석의 통일을 기하고 자신의 권위를 높이기 위한 생각에서 의욕적으로 법률해석 업무을 수행하여 여러 형식을 통해 이를 공표하고 그 효력을 확대하고자 하였다.

이런 과정 속에서 최고인민법원은 법률해석권한을 통해 사실상 법률을 새로이 제정하는 일을 담당하게 되어 다른 국가기관으로부터 견제를 받을 수 있는 상황이었는데도 최종적인 법률해석권을 보유한 전인대 상무위원회 역시 이런 최고인민법원의 월권에 대해 용인하는 태도를 보였다. 자신의 법률해석업무를 다른 기관이 수행해 주는 현상에 대해 다른 입법업무로 여유가 없는 입법기관은 이를 방임하면서 묵인 하였다.134) 국무원과 다른 국가기관 역시 자신들의 업무를 경감시켜 주는 최고인민법원의 법률해석 작업에 동조하면서 공동으로 이 작업을 수행하기도 하였다. 이를 통해 최고인민법원은 법률해석 업무에 있어 전문성을 키웠고 하급법원에

---

134) Li Wei, op. cit., p.104. 법률이 사회변화에 맞지 않게 되어도 이를 번거러운 절차를 거쳐 수정하고 제정하는 것보다 최고인민법원의 해석을 통해 대응하는 방법이 종종 사용되었다. 물론 이 과정에서 국무원이나 전인대 상무위원회가 최고인민법원의 법률해석권의 확대에 대해 방임한 것은 최고인민법원 역시 당이 영도하고 당의 정책을 실현한다고 믿었기 때문이다. 당의 정책을 누가 실현하는가 하는 문제는 별 상관없는 일이었다(ibid.).

대해 일정한 권위를 세울 수 있었다. 더불어 최고인민법원은 일반 공민들에게는 일정한 권리수호자로서의 이미지를 형성하고자 하였다.[135]

그렇지만 개혁·개방정책으로 경제발전이 진행되고 시장을 토대로 성장한 사회세력이 진출하기 시작하면서 당과 국가는 서서히 퇴조하게 되었다. 이런 변화된 상황에서 최고인민법원이 법률해석권을 실질적으로 독자적으로 행사하면서 모든 법률상의 분쟁의 권위적인 해결자로 나타나기 시작하자, 이제 다른 법률해석권자들은 최고인민법원의 법률해석권에 대해 견제하려는 움직임을 보이기 시작했다. 특히 문제는 최고인민법원이 구체적인 사건의 재판에서 발생하는 해석을 필요로 하는 경우라는 사법해석의 요건에 얽매이지 않으면서 자신이 원하는 법률을 골라 이 법에 대한 포괄적인 해석을 선택적으로 할 수 있다는 사실이었다.[136] 이는 사실상 최고인민법원이 입법권을 행사할 수 있게 되었다는 것을 보여준다. 그렇다고 최고인민법원에 대한 법률해석권의 위임을 철회하는 일은 너무 비현실적이고 과중한 부담을 누군가가 떠안아야 한다는 점에서 적절하지 않다. 이런 상황을 고려하여 최고인민법원의 법률해석권을 인정하되 이를 제한할 수 있는 제도적 장치를 마련할 필요를 공감하게 되었고 2007년에 새로이 제정된 감독법은 이에 대해 규율하고 있다. 감독법의 이런 규정의 등장은 최고인민법원의 법률해석권이 이제 감독의 대상이 될 정도로 실질적인 권한이 되었음을 보여주는 것이다.

법원이 법률해석에서 쌓은 전문성은 향후 사법해석을 지향할 수밖에 없는 사법개혁의 과정에서 중요한 자원이 될 것이다. 최고인민법원이 그 동안 여러 수단들을 통해 축적한 전문성과 권위 그리고 권리의 보호자로서의 역할을 기초로 최고인민법원은 향후 법의 지배의 사회로 가기 위한 여러 사법개혁의 구체적인 의제설정과 제도형성의 단계에서 자신의 경험을 바탕으로 세련된 법리를 전개하며 향후 적극적으로 나설 것으

---

135) Chow, Daniel C.K op. cit., p.176.
136) Chow, Daniel C.K, op. cit., p.177.

로 보인다. 그 첫 번째 상대자는 우선 행정기관이 될 것으로 보인다. 법률해석권을 실질화한 법원이 법률 이하의 법규범에 대한 사법심사를 할수 있느냐가 현재 중국에서 현실적으로 중국법원의 권한확대의 시험장이 되고 있다.

제2절 중국 법원의 행정기관에 대한 통제

I. 중국 행정법의 발전과 행정의 현실

1. 행정법의 발전

중국에서 행정법[1]은 그 나름의 역사를 가지고 발전을 하여왔으나[2] 행정법의 발전에 큰 분수령을 이룬 것은 1989년 행정소송법의 제정이었다. 중국행정은 그 동안 행정권을 보장하는 이론 또는 행정에 있어 효율을 유지하는 이론으로 개혁 초기 주목을 받았다.[3] 전통적으로 당의 정책을 효과적으로 집행하기 위한 효율적이고 권위적인 행정조직의 건설이 행정의 목표였다는 점에서 1989년 행정소송법의 제정은 행정법의 역사에서 일대 변혁이었다. 이제 행정이 행정 외부의 감독의 대상이 되었고 이를 제도화한 행정소송법의 제정은 행정의 목표가 행정의 감독으로 이전되는 경향을 반영하고 있었다. 행정소송법의 제정을 둘러싸고 행정의 목표에 대한 중국 내의 활발했던 논의는[4] 결국 행정의 '균형이론'으로 그 절충을 잡아

---

1) 중국에서 행정법은 초기 경제법과의 구분의 문제로 논란이 많았으나 1987년 이후 정돈이 되어 행정법은 행정조직, 행정책임, 그리고 행정소송을 그 영역으로 하고 경제에 대한 국가의 관여는 경제행정법으로 부르면서 이를 구분하고 있다. 이후 행정법은 빠른 발전을 거듭하고 있다. Jianfu. Chen, *Chinese Law*, Hague: Kluwer Law International, 1999, p.134.

2) 중국에서 근대적 의미의 행정법의 역사에 대한 간략한 소개로는 정 철, 위의 학위논문, 224~25면 참조 바람.

3) Randall Peerenboom, op. cit., p.397.

4) Wang Hanbin, "Explanation of the(Draft) Administrative Litigation Law of the PRC", *Chiniese Law and Government*, fall 1991, pp.35~36.

가는 것으로 보인다.5) 이로써 중국 행정법은 행정의 감독이라는, 어찌 보면 새로운 서구 행정법의 영향이라고 볼 수 있는 경향을 수용하고 이를 또 다른 축으로 행정법을 재정립하는 작업을 진행하고 있다. 중국 행정법학이 행정법의 목표를 공민의 합법적인 권리의 보호라는 측면에서 접근하고 있다는 사실은 중국 행정법학이 비로소 행정권의 견제와 감독이라는 현대 행정법의 성과를 수용하고 더 한층 행정에 있어서 법의 지배를 수립하기 위한 길로 나아가고 있음을 보여주는 것이다.

2. 행정의 현실

법치를 지향하는 중국의 입장에서 볼 때 중국 행정의 현실은 풀어야 할 많은 문제를 가지고 있음을 보여준다. 입법기관이 산재하고 그 권한의 범위가 명확하지 않아 중국의 입법체계는 혼란을 주는 것으로 널리 알려져 있는데 행정입법의 영역으로 오면 이런 현상이 더욱 선명하게 드러난다. 법률에서 확인된 공민의 일정한 법률행위에 대한 제한이 하위 행정기관으로 내려갈수록 행정법규, 행정규장, 규범성 문건 등으로 더욱 가중되어 나중에는 수많은 행정기관에서 규제권을 발동하여 불필요한 제한을 가하는 경우가 자주 확인된다. 특히 이런 행정규범성 문건은 부서이익을 추구하는 과정에서 경쟁적으로 만들어지는 경우가 많다. 그리하여 '기구설립, 권한행사, 요금수수, 벌금징수'라는 방식이 도처에 자리 잡고 있어

---

5) Jianfu Chen, op. cit., pp.134~139; Qianfan Zhang, op. cit., p.8. 행정소송법 제1
   조는 행정소송법의 목적이 행정직권의 유지와 공민의 권리보호의 양자에 있음을
   명확히 하였다. 그러나 이런 두 가지 목적의 추구는 가능하지도 않고 그 동안의
   행정현실에 비추어볼 때 잘못된 목표설정이고 행정소송법의 목적은 그 제정취지
   나 그 동안의 행정현실에 볼 때 공민의 권리의 보호에 있어야 한다고 보는 비판
   적인 견해도 존재한다. Zhang Shuyi, "Examination of Several Controversial
   Issues in the Administrative Litigation Law(Draft)", *Chiniese Law and Government*,
   fall 1991, pp.47~49.

헌법과 법률이 공민과 법인에게 부여한 재산권과 계약의 자유가 불합리하게 제한을 많이 받아서 자유로운 거래와 교역을 방해하는 것이 중국의 행정현실이다.6)

또한 가장 쉽게 접하는 중국 행정에 대한 불만 중의 하나가 행정공무원이 재량을 너무 많이 가지고 있다는 점에 있다.7) 특히 중국의 경우 개혁개방 이후 빠르게 변화하는 경제 분야의 요구를 충족하기 위해 행정권에 재량을 부여할 필요가 큰 것이 사실이다. 중국의 변화 속도가 빨라 행정이 이렇게 앞서가는 경제방면의 수요에 대해 적절하게 대응하기 위해서 행정재량은 불가피한 측면이 있다. 또한 중국은 나라 자체가 너무 광대하고 여러 56개의 소수민족들과 그들의 다양한 문화로 구성된 다민족 사회인데다 지역마다 경제발전의 정도가 다르고 그 속도 또한 상이하여 나라 전체에 걸쳐 통일적인 규율을 하기가 매우 어려운 나라이다. 이런 특성으로 인해 중앙에서 제정하는 법률은 일반적인 법원칙을 추상적으로 표현하는데 그치고 구체적인 적용은 각 지역의 상황과 조건에 따라 이루어지도록 하기 위해 재량의 부여는 불가피한 현상이었다.

그런데다 종국은 오랜 기간 동안 법과 사법제도에 대한 불신의 경험을 가지고 있었고 법률가의 부족현상이 심각하였다. 개혁초기 법제정 능력이 부족하여 법의 내용이 너무 간단하고 불명확할 뿐만 아니라 모순되는 입법도 많았다. 이런 현상은 당의 정책을 반영하는 법률은 당의 노선을 일반적인 차원에서 확인하는 형식이어야 하고 당해 조직이나 인원의 규범성문건을 통해 구체적인 상황과 지역에 맞는 대응을 한다는 마오쩌둥의 법률관의 영향도 여기에 관련이 있는 것으로 보인다.8)이런 문제는 중국 행정법에만 한정된 문제는 아니나 그 정도가 지나치다는 데 문제의 심각성이 있다.

---

6) 王利明, 위의 책, 302면 이하.
7) Randall Peerenboom, op. cit., p.410.
8) Perry Keller, "Source of Order in Chinese Law", *American Journal of Comparative Law*, 1994, No.42. p.723.

더욱이 중국에서 부패는 점점 보편화된 현상이 되고 있다. 경제개혁이
진행될수록 행정의 상층부만이 아니라 하층부까지 그들의 지위를 이용할
수 있는 기회를 확대시켰다. 그 결과 부패는 당은 물론, 행정, 공안, 검찰,
그리고 법원을 포함하여 사회전체의 전반적인 현상이 되었고[9] 그 중심에
행정기관이 있다.

행정에서의 규범의 통일을 이루고 행정재량을 합리적으로 통제하여
사회 전체에 만연한 부패를 줄이고 법을 존중하는 행정문화를 이루는 일
은 중국이 행정에 있어서 해결해야 할 과제이다. 자의적이고 위법적인
행정권의 남용을 억제하지 않으면 법치주의를 향한 중국의 노력은 상당
부분 허구적일 수밖에 없을 것이다. 행정에 있어서 법치주의, 법치행정의
실현은 중국의 법치주의의 진전에 있어서 반드시 극복하고 나가야 할 부
분이다.

II. 행정소송에 의한 행정기관의 통제

중국은 행정기관의 월권과 권한남용을 통제할 수 있는 여러 방면의
제도를 구비하고 있는 나라이다. 아직 행정절차법의 제정은 이루어지
지 않은 상태이지만 행정기관에 대한 나름의 견제장치는 마련되어 있
는데 크게 나누면 입법기관에 의한 감독과 행정내부의 감독으로 나눌
수 있다.

---

9) 부패의 원인은 여러 가지로 지적되고 있지만 가장 큰 배경은 경제개방으로 중국
   인들의 경제적 욕망은 올라가고 있는데 그 의식은 욕망에 비례하지 못하고 더
   후퇴하고 있는데 기인한다. 중국인들에게 사회주의는 이제 지나간 시대의 유물처
   럼 보인다. 공산당은 이념의 중심이 아니라 이제는 개인적 부와 권력을 획득하기
   위한 수단으로 변질되고 있다. Randall Peerenboom, op. cit., p.407.

1. 입법기관과 행정기관 내부의 감독체제

1) 입법기관에 의한 감독체제

행정에 대한 입법기관의 감독은 여러 가지의 형태를 취하고 있다. 2007년 시행된 감독법[10]은 헌법에 근거하여(헌법 제92조, 제110조) 제정되었다.[11] 종래 입법감독의 절차와 내용이 부실하여 효율적인 감독이 이루어지지 않았다는 지적을 받아 왔는데 이런 지적을 받아들여 새로이 감독법이 제정된 것이다. 감독법에서 특히 주목해서 볼 부분은 제4장의 법률·법규의 실시상황에 대한 검사부분이다. 각급 인민대표대회 상무위원회는 사회적으로 중요한 문제를 선택하여 계획적으로 집법상황을 검사하는데(동법 제22조), 상무위원회는 집법검사조를 구성하여(동법 제24조) 당해 년도 집법검사계획을 사회에 공표하고(동법 제23조) 검사를 실시한다. 그리고 집법검사를 마친 후 집법검사 보고를 위원장회의 혹은 주임회의에 제출하도록 하고(동법 제26조) 이 검사보고를 다시 검사대상이었던 동급 인민정부에 교부하여 이를 연구하고 처리하도록 하는데 이 연구처리상황의 보고를 다시 상무위원회에 보고하고 제출하도록 하고 있다(동법 제27조). 이를 통해 집법검사에서 처리상황에 대한 일종의 상호관련성(feedback)을 증대시키고자 한다. 상무위원회는 처리상황을 보고 계속 조사를 하게 할 수 있다(동법 제27조). 그리고 집법조사 보고 및 심의 의견, 그리고 인민정부의 연구처리 상황의 보고를 사회에도 공표하도록 규정하고 있다(동법 제27조).

이런 입법감독절차의 규율은 제도의 구체화를 이루었다는 점에서 그

---

10) 앞서 설명하였듯이 중화인민공화국각급인민대표대회상무위원회감독법이 정식 명칭이다. 이는 뒤에서 살필 행정감독법과는 다른 법률이다.

11) 감독법은 업무보고의 절차(제2장), 예산감독(제3장), 법률·법규실시상황의 검사(제4장), 규범성문건의 보고와 등록(제5장), 질의와 질문권(제6장), 특정문제에 대한 조사권(제7장), 직위해제권(제8장)을 규정하고 있다.

실시의 가능성을 높였다고 평가할 수 있다. 그렇지만 실시의 가능성만으로 제도의 실효성을 정당화하기에는 아직 이르다. 구체적으로 인민정부의 업무보고는 형식적이고, 중국 행정예산의 절반 가량은 계획경제의 유산으로 인해 인민대표대회의 예산 밖에 있어 예산감독 역시 한계가 있다.12) 규범성문건의 보고와 등록제도 역시 잘 지켜지지 않아 그 실효성이 떨어진다. 더욱이 큰 문제는 인민대표의 낮은 자질이다. 그들은 주로 퇴직한 정부공무원들이고 교육수준이 낮아 변화하는 사회의 발전에 따라가지 못하는 형편이다. 특히 행정의 기술적이고 전문적인 영역에 관련된 결정이나 규범에 대한 심의를 하기에는 역량이 부족한 것이 현실이다.13)

2) 행정 내부의 감독체계

행정내부의 감독절차로는 우선 행정감독기관에 의한 절차가 있다. 감독부가 1954년에 설립되었으나 1959년에 폐지되었다가 1986년에 재건되어 1993년에는 공산당 규율위원회와 하나가 되었다.14) 1990년에 국무원은 행정감독규정을 제정하였는데 이것은 1997년에 일부 수정되어 법으로 격상되었다. 이는 다른 나라의 옴브즈만(ombudsmen)제도와 유사한 기능을 하는 것으로 알려져 있다. 행정감독기관은 행정의 합법성뿐만 아니라 적합성까지 조사할 수 있는 권한이 있고 행정규정 제정에 대해서도 관할이 있다(행정감독법 제23조). 그 외에 감독기관은 직권 또는 시민의 요청으로 사건을 조사하는데 법위반행위의 중지 및 일부 금융계좌 동결권을 보유하며 위법하거나 적합하지 않은 행위를 한 공무원에 대한 징계를 요구할 수 있는 권한도 있다(동법 제24조). 기관이나 공무원은 합당한 이유가 없는 한 감독기관의 지시를 따라야 하고 합당한 이유가 있다면 다음

12) Michael W. Dowdle, op. cit., p.94. 그는 전인대 인원과의 인터뷰를 그 근거로 제시하고 있다(Fn. 502).
13) Randall Peerenboom, op. cit., p.260, p.415.
14) Randall Peerenboom, op. cit., p.415; Jianfu. Chen, op. cit., p.132.

상급 감독기관에 재심을 요구할 수 있다(동법 제25조, 39조).

이런 권한에도 불구하고 감독기관은 행정비리에 대해 실효성 있는 역할을 하지 못하는 것으로 알려져 있다.[15] 그 주된 이유는 감독기관이 완전한 독립성과 행정기관에 대한 충분한 감시권을 가지고 있지 않다는 점에 있다.[16] 상급 기관은 행정업무에 대해 전문성을 가지고 있지만, 상급 기관은 하급기관과는 같은 행정부서에 속하기 때문에 부서이익에 구속되어 정확한 판단을 하기 어렵다. 이런 면에서 완전히 중립적 위치에 있는 법원의 시각과는 차이가 있고 행정법규 등은 상급부서의 동의를 받아서 한 것인데 그 규정을 동의한 부서가 또 이 규장을 시정한다는 것은 어려운 일이다. 감독기관은 그 구성원을 선출한 동급 인민정부에 책임을 져야 하고 동급의 인민정부에게 조사를 보고해야 하는데 중요한 결정을 위해서는 승인을 얻어야만 한다(행정감독법 제29조, 제34조).

1999년 4월 29일 전인대 상무위원회 9차 회의에서 행정복의법(行政複議法)이 통과되었다. 행정복의절차는 행정 내부의 자율적 행정통제 제도로서 행정의 전문성을 활용하여 비용부담 없이 비교적 신속하게 행정분쟁을 해결할 수 있다는 점에서 우리의 행정심판과 유사한 면이 있다. 행정복의에서도 행정의 합법성뿐만 아니라 적합성까지 심사의 대상이 된다(동법 제3조).

독특한 점은 당사자는 구체적 행정행위뿐만 아니라 일정한 경우에는 구체적 행정행위가 기초한 추상적 행정행위까지 심판대상으로 포함시킬 수 있다는 점이다(동법 제7조). 일정한 규정이 상위법과 일치하지 않는 점을 발견하면 복의기관은 불일치한 규정을 취소하거나 자신이 그런 권한을 가지고 있지 않으면 그런 권한을 가진 기관에게 그 사건을 이송하도록 되어 있다(동법 제26조 내지 제28조).

이런 장점에도 불구하고 행정복의는 행정재량을 제한하는데 효과적인

---

15) 王利明, 위의 책, 305면.
16) Randall Peerenboom, op. cit., p.416.

수단으로 평가되지 않고 있다.[17] 해마다 행정복의 사건의 수는 감소하고 행정소송 사건의 수는 증가하고 있는데 행정소송에서 원고가 승소하는 비율이 행정복의에서의 그 비율보다 더 높은 데 연유한 것으로 보인다.[18] 또한 행정복의제도 역시 행정기관에 의한 자기통제라는 점에서 행정보호 주의로 인한 한계를 보인다.

3) 행정소송에 대한 기대와 전망

앞서 행정기관을 통제할 수 있는 입법기관과 행정기관 내부의 감독체제를 살펴보았으나, 모두 한계를 가지고 있어 그 행정통제의 기능을 제대로 발휘할 수 없었다. 여기서 이제 중국 법원이 사법심사를 통해 행정기관을 통제할 필요성이 부각될 수밖에 없다. 중국 법원이 이런 필요성을 감당하기에 필요한 조건을 갖추었는가가 우선 문제될 수 있는데, 이제 그렇다는 대답을 할 수 있다. 중국 법원은 그 동안 법률해석업무를 통해 나름의 전문성과 권위를 축적해 왔고 중국은 1988년에 행정소송법을 제정하여 이제 사법심사를 공식적으로 허용하고 있는 나라이다. 행정에 대한 통제를 법원에 기대할 수 있는 가능성은 열려져 있는 상황이다.

중국이 행정소송법을 제정하게 된 배경으로 기존의 행정개념과는 다른 새로운 행정개념이 정립되었다는 점을 주목할 필요가 있다. 중국은 지금까지 행정을 선정(善政)의 수단으로만 보고 행정의 효율성의 관점에서만 행정을 파악하던 방식에서 벗어나 행정이 자기목적을 추구하고 국민의 이익보다 자기이익을 우선할 수 있다는 전제를 받아들이면서 행정을 감독하고 통제하는 형식의 필요성을 인정하게 되었다. 중국이 행정소송법

---

17) Randall Peerenboom, op. cit., p.418.
18) 여러 통계에 기초하면 행정소송의 경우 승소율이 보통 40% 정도에 이르지만, 행정복의 경우 북경의 경우 취소하거나 수정한 비율이 전체사건의 약 30% 정도에 이른다고 한다. Chris X. Lin, op. cit., p.281. 국립공행정대학의 연구소장인 Yuan Shuhong의 말에 따르면 행정소송의 숫자는 매년 10% 이상의 비율로 증가하여 왔다고 한다(ibid.).

을 1988년에 제정하고 행정소송을 행정에 대한 감독의 수단으로 제도화한 것은 이런 인식의 변화를 반영한 것이다. 당 자체도 이제는 개혁·개방과정에서 만연하게 된 부패를 더 이상 방치해서는 당의 정당성의 약화로 이어져 심각한 체제의 위협요인으로 작용할 수 있다는 사실을 분명하게 인식하였다. 그리고 이를 계기로 개혁·개방과정에서 강화된 국무원을 주축으로 한 행정권력과 지방권력을 사법부를 통해 견제하려는 것으로 보인다.[19] 즉 법원이 행정소송을 통해 행정에 대한 외부적 감독을 수행하게 함으로써 행정에 대한 신뢰를 회복하여 당의 정당성에 대한 비난을 차단하려는 것으로 보인다.

2. 행정소송을 통한 행정작용의 통제

중국에서 행정소송의 승률은 대략 40% 정도에 이른다고 한다.[20] 행정소송의 도입은 중국 법제의 발전에서 획기적인 발전이었음은 분명하지만,

---

19) 중국 행정소송법의 제정과정은 마오쩌뚱 이후 제정된 법률 중에서 가장 많은 논란을 많이 불러일으킨 것으로 알려지고 있다. 이 법은 기본적으로 학자들의 연구결과였는데 그 후 여러 이해관계자들과의 타협과정을 거쳐 당에 의해 처음 승인을 받았고 3년 동안 공개토론과 논쟁을 통해 제정되었다. 제정된 후에도 이 법에 대한 비난이 많아 쏟아졌는데 '중국상황에 적합하지 않은 법률'이라거나 '20년 일찍 제정된 법'이라거나 '부르쥬아 자유주의의 소산'이라는 등의 비난이 있었다고 한다. Jianfu. Chen, op. cit., pp.155~156. 상세히는 Pittman B. Potter, "The Administration Litigation Law of the PRC: Judicial Review and Bureaucratic Reform", In Domestic Law Reforms in Post-Mao China, edited by Pitman B. Potter. Armonk: M.E. Sharpe, 1994. pp.273~276.
20) Chris X. Lin, op. cit., p.281; Randall Peerenboom, op. cit., p.400, p.420. 미국의 경우 약 12% 정도이고 타인완도 같은 수준인데 일본의 경우는 4-8% 수준임을 고려하면 상당히 높은 승률이다(ibid.). 이와 달리 1987년부터 1989년까지 접수된 22,448건의 행정사건 중에서 1,261건만이 원행정결정에 변경이 이루어졌다고 하면서 승률을 17.5%로 보는 견해도 있다. Jianfu. Chen, op. cit., p.162. 그러나 행정소송법 시행 전의 초기 통계이어서 최근의 통계와는 차이가 있는 것으로 보인다.

실제로 중국의 법원이 어느 정도 행정작용을 법의 지배 아래 기속시키면 서 법치행정을 구현하고 있는지에 대해서는 논란이 되는 부분이 많다.

1) 행정소송의 대상

행정소송법의 제정 당시 행정소송의 대상을 어느 범위까지 포함시킬 것인가는 크게 논란이 된 부분이었다. 이런 논의 과정에서 앞서 행정의 개념에서 살펴보았듯이 '균형이론'이 세력을 얻어 행정소송법 제정의 원 칙에 반영되었고 이 원칙에 따라 행정소송의 대상도 결정되었다. 이 원칙 은 크게 세 가지로 소개되고 있다: (1) 헌법과 제13기 당 전체회의에 기초 하여 공민, 법인, 그리고 기타 사회조직의 합법적 권리와 이익을 보장하는 것을 출발점으로 하여 인민법원이 행정사건을 수리하는 범위를 적당히 확대한다. (2) 재판권과 행정권의 관계를 정확하게 다룬다. 인민법원은 행정사건을 법에 따라 심리하고 법령과 규정 아래에 있는 행정기관의 행 정행위에 간섭해서는 안 된다. (3) 행정 현실을 고려 할 때, 행정법은 여 전히 불완전하고 인민법원의 행정부도 역시 불충분하다. 일반 공민이 공 무원을 제소할 수 있다는 행정소송법의 규정은 개념적으로 아직 생소한 문제이다. (중략) 그러므로 사건의 수리범위는 지금 너무 넓게 규정되어서 는 안 되지만, 행정소송법의 실현을 돕기 위하여 단계 단계별로 확장될 것이다.[21]

(1) 현행 행정소송법의 태도

그리하여 행정소송법 제11조는 행정소송의 대상을 한정적으로 열거하 고 있다. 즉 인민법원은 공민, 법인, 그리고 기타조직이 아래의 구체적 행 정행위에 대해 불복하여 소를 제기하면 수리한다고 하면서 (1) 구류·벌 금·허가증이나 면허증의 회수·영업정지·가동중지·재산몰수 등 행정처벌

---

21) Wang Hanbin, op. cit., pp.36~37.

에 대해 불복한 경우, (2) 인신의 자유의 제한 혹은 재산에 대한 압류, 동결, (3) 행정행위가 법률·법규가 규정한 경영자주권을 침해한 경우, (4) 법 규정에 따라 허가신청을 하였지만 행정기관이 거부하거나 불허를 결정하였을 경우, (5) 인신권·재산권에 대한 보호를 신청하였으나 행정기관이 거부하거나 불허를 결정한 경우, (6) 행정기관이 법규상 지급해야 할 연금, 위자료 등을 지급하지 아니하는 경우, (7) 행정기관이 위법한 의무부담을 요구하는 경우, (8) 행정기관이 기타의 인신권·재산권을 침해하는 경우를 명시하고 있다.

그리고 연이어 행정소송의 대상이 되지 않는 사항을 동법 제12조가 다시 열거하고 있다. 즉 인민법원은 법인 혹은 기타 사회조직의 다음 사항의 소송은 수리하지 아니한다고 하면서 (1) 국방, 외교 등 국가행위, (2) 행정법규, 규장 혹은 행정기관이 제정·공포한 일반적 구속력이 있는 결정, 명령 등, (3) 행정기관이 공무원에 대하여 행한 인사에 관한 결정, (4) 법률의 규정에 따라 행정기관이 최종적으로 재결한 구체적 행정행위 등을 규정하고 있다.

여기서 최고인민법원은 행정소송의 대상에서 제외되는 행위들을 행정소송법에 대한 해석을 통해 다시 구체화하고 있다. 즉 공민, 법인, 그리고 기타 조직의 아래 행위에 대해 불복하여 소를 제기한 경우는 인민법원의 수리범위에 속하지 않는다고 하면서 행정소송법 제12조가 규정한 행위 외에 (1) 공안, 국가안전등 기관이 형사소송법에 의하여 명확한 권리를 수여받아 실시한 행위, (2) 화해행위 및 법률이 규정한 중재행위, (3) 강제력이 구비되지 않은 행정지도행위, (4) 당사자가 행정행위에 대한 소를 반복하여 제기하는 경우, (5) 공민, 법인 혹은 기타 조직의 권리의무에 대하여 실제적 영향력을 미치지 않는 행위를 들고 있다(≪最高人民法院關于執行中華人民共和國行政訴訟法若干問題的解釋≫2000.3.10.시행, 이하 '행정소송법 해석'으로 부름, 제1조). 여기서 논란이 되었던 공안기관의 행위가 행정행위를 구성하느냐의 문제에 대해 최고인민법원은 명시적으로 이를 부정하는 해석을 내놓았다.

　또 최고인민법원은 행정소송법 제12조가 행정소송의 대상에서 제외한
(1)항의 국가행위란 국무원, 중앙군사위원회, 국방부, 그리고 외교부 등 헌
법과 법률이 수여한 권리에 근거하여 국가의 명의로 실시한 국방·외교사
무에 관련된 행위 및 헌법과 법률에 의하여 권력을 수여한 국가기관이 긴
급상태를 선포하고 계엄실시·총동원하는 행위 등을 가리킨다고 해석하여
이를 명확히 밝히고 있다(행정소송법 해석 제2조). 그리고 행정소송법 제
12조 (2)항의 일반적 구속력을 구비한 결정, 명령 등은 행정기관이 불특정
대상에 대하여 발포한 반복적으로 적용할 수 있는 행정규범성 문건을 가
리킨다고 하고 있다(행정소송법 해석 제3조). 또 행정소송법 제12조 (3)항
의 공무원의 인사에 관한 장려, 징계, 그리고 임면 등 결정은 행정기관이
해당 행정기관 공무원의 권리의무에 대한 결정을 가리킨다고 밝히고 있
고(행정소송법 해석 제4조), 끝으로 동조 (4)항이 규정한 법률의 규정에 따
라 행정기관이 최종 재결한 구체적 행정행위 중 법률은 전국인민대표대
회 및 그 상무위원회에서 제정·통과된 규범성문건을 가리키는 것이라고
해석하고 있다(행정소송법 해석 제5조).

(2) 행정기관의 구체적 범위

　행정소송법은 오직 행정기관에 의한 구체적 행정행위22)에 대해서만
인민법원에 관할을 인정하고 있으므로(행정소송법 제2조, 제5조) 다른 국

---

22) 행정소송법은 '구체적 행정행위'에 대한 개념정의 없이 이 용어를 사용하고 있다.
　　이는 중국 행정법학에서 일반적으로 행정행위를 추상적 행정행위와 구체적 행정
　　행위로 나누는 구분법을 입법에 도입한 것으로 보인다. 구체적 행정행위는 '특정
　　한 사건 혹은 특정한 사람 또는 조직과 관련하여 권한이나 재량을 행사하는 것을
　　말한다. 추상적 행정행위는 일반공중에게 적용할 일반적인 규칙이나 정책의 형성
　　을 의미한다. 보통 드는 예를 보면 물가국이 강철공장의 불법적인 행위를 근거로
　　벌금을 부과한다면 그 벌금 부과행위는 구체적 행정행위이고 물가국에 의해 제정
　　된 벌금규정은 추상적 행정행위라고 설명하고 있다. Jianfu. Chen, op. cit., p.140.

가기관에 의해 행사된 결정들은 행정소송의 대상에서 제외된다. 그러므로
다른 국가기관에 의해 이루어진 모든 결정들은 법원의 관할 밖에 있다.
다른 국가기관 중에는 중국공산당 그리고 다른 사회조직들이 여기에 포
함될 수 있는데 여기에는 독립적인 회계처리를 하지 못하는 여러 종류의
기관들이 포함된다.23) 공안국이 여기에 포함되는지에 대해 의문이 있었으
나 최고인민법원은 그 해석을 통해 제외하고 있다. 공산당의 행위를 행정
소송에서 제외한 것은 당과 행정을 분리하기 위해 진행되었던 그 간의 노
력과 일치한다고 여겨지고 있지만24) 실질적으로 당과 국가가 분명하게
분리되지 않는 경우가 많으므로 당이 법원의 관할 밖에 있을 수 있는지에
대해서는 의문이 생긴다. 공무원들 역시 이를 알고 행정소송을 회피하기
위해 중요한 결정은 당의 결정으로 대외적으로 공표하는 경우도 있다고
한다.25) 그 밖에 중국의 사회조직은 많은 경우 정부의 지배하에 있고 행
정권을 행사하는 경우가 많은데 그런 사회조직의 행위도 행정소송의 대
상으로 포함시킬 수 있을 지는 의문이다.

(3) 행정규장의 심사문제

행정소송법은 행정기관의 구체적 행정행위만을 행정소송의 대상으로
보고(동법 제2조, 제5조, 제12조 제2항), 추상적 행정행위는 행정소송의
대상이 아니라고 보고 있다. 최고인민법원은 행정소송법 제12조 제2항이
규정한 일반적 구속력을 구비한 결정, 명령 등이란 행정기관이 불특정대
상에 대하여 발표한 반복적으로 적용할 수 있는 행정규범성 문건을 가리
킨다고 밝히고 있다. 이는 추상적 행정행위에 대한 최고법원의 개념규정
으로 보인다.

그런데 행정복의법이 시행되기 전의 행정복의규정26)은 규장27)의 유효

---

23) Randall Peerenboom, op. cit., p.420.
24) Jianfu. Chen, op. cit., p.157; 상세히는 Potter, op. cit., p.278.
25) Randall Peerenboom, op. cit., p.403.

성에 대한 직접적인 행정복의를 명시적으로 배제하였으나, 구체적 행정행위의 적법성과 타당성을 심사할 때 규장에 의존하는 것을 허용하였다(동 규정 제10조 제1항, 제41조). 행정소송법 아래서도 규장의 유효성에 대한 사법심사를 배제하였지만, 법원이 규장에 의존할 것을 요구하지는 않고 대신 법원이 결정을 내릴 때 규장을 참조할 것을 요구하고 있다(행정소송법 제12조 제2항, 제53조). 여기서 참조한다는 의미에 대해 이를 일종의 타협이라고 보면서 법률과 행정법규에 일치하는 규장에 대해서는 법원이 이를 사건을 심리할 때 참조해야 하지만, 법률과 행정법규의 원칙과 정신에 전적으로 혹은 부분적으로 일치하지 않는 규장에 대해서는 법원이 탄력성을 가지고 이들을 취급할 수 있다는 의미로 해석하는 입장도 있다.[28]

문제는 여기서 탄력성의 해석과 관련하여 이것에 의해 이제 법원이 결국 규장의 합법성에 대해 결정할 수 있게 되었는가이다. 먼저 이를 긍정적으로 이해하는 입장이 있다.[29] 이 입장에 따르면 법원이 규장을 참조하는 것은 그 규장이 상위의 행정법규나 법률과 일치하는지 여부의 평가에 의존하기 때문에 이제 법원은 규장의 합법성을 심사할 수 있다고 본다. 이와 다른 입장은 '참조한다'는 의미에 대해 법원이 규장을 따라야 한다는 의미로 이해해야 한다고 주장한다.[30] 왜냐하면 다른 법률에서도 참조한다는 의미를 그렇게 해석하고 있기 때문이라고 한다. 전자의 입장에 따라 법원이 사실상 규장에 대해 사법심사를 할 수 있다고 하더라도 그 법

---

26) 1999년 7월 10일에 行政復議法에 의해 대체되고 이 규정은 폐기되었다.
27) 국무원의 각 부, 위원회 및 지방인민정부에서 제정하는 법규범이다. 상세히는 제1절 입법절차를 참조 바람.
28) Wang Hanbin, *Chinese Law and Government*(no.3, 1991), pp.35~36; Qianfan Zhang, op. cit., p.16.
29) Pitman B. Potter, "Editor's Introduction", *Chinese Law and Government*(no.3, 1991), p.7; Randall Peerenboom, op. cit., p.422. Peerenboom은 법원이 이제 규장(rules)과 규범성문건에는 구속되지 않는다고 보고 있다.
30) Edward J. Epstein, "Administrative Litigation Law: Citizens Can Sue the State but not the Party", (1 June 1989) *China News Analysis*, p.8.

원이 직접 효력까지 부인할 수는 없고 최고인민법원이 국무원에 그 규장
이 상위법에 저촉되는지 여부에 대한 결정을 해주도록 요청해야 하는 제
약이 따른다(행정소송법 제53조 제2항). 한편 법원의 실무는 보다 현실적
인 해석을 하고 있는데, 참조한다는 의미에는 자연스럽게 규장의 수준과
법률·법규와의 일치여부에 대한 평가, 나아가 특수한 사건들에서 그것의
적용여부에 대한 결정을 포함하지만, 관련된 규장의 일반적인 정당성에
대한 심사에는 이르지 않는다고 보고 있다.[31]

　1999년에 제정된 행정복의법 제7의 규정에[32] 의할 때도 규장에 대한
복의는 제외되어 있다. 그리고 규장의 제정과정에 민주적 절차가 부족하
고 제정된 규장임에도 공표가 안 되는 경우가 많아 규장에 대한 감독이
필요한 상태이다. 또한 법원이 규장의 합법성에 대해 검토할 권한을 갖지
못한다면 법원이 사실상 행정기관의 하부조직으로 남게 될 것이고 이는
법원을 통해 행정권의 남용을 감독하여 행정개혁을 하겠다는 애초의 행
정소송법의 입법취지에도 부합하지 않는다.[33] 이런 관점에서 행정소송법
제53조의 참조한다는 의미는 동법 제52조와 대조를 이루는 표현이라는
점에서 규장에 따라서 이를 적용해야 한다는 의미가 아니라, 상위법과의
저촉여부를 검토하여 저촉된다면 이를 적용하지 않을 수 있다는 의미로
이해해야 한다. 그런 의미에서 사실상의 사법심사권을 법원에 부여한 것
으로 볼 수 있다.[34]

---

31) Jianfu. Chen, op. cit., p.161.
32) 행정복의법 7조의 규정에 따르면 공민, 법인, 혹은 기타조직이 행정기관에 행정
　　복의를 신청할 때 구체적 행정행위가 근거로 한 아래의 규정이 합법하지 않다고
　　여길 때, 행정복의기관에게 그 해당 규정의 심사를 신청할 수 있다고 규정하면서
　　아래의 규정으로 (1) 국무원부서의 규정, (2) 현급 이상 지방각급 인민정부 및 업
　　무부서의 규정, (3) 향, 진 인민정부의 규정을 말하고 앞에 열거한 규정에는 국무
　　원, 부, 위원회의 규장과 지방인민정부의 규장은 포함하지 않는다. 규장의 심사는
　　법률과 행정법규에 근거하여 처리한다고 규정하고 있다.
33) Pitman B. Potter, op. cit., pp.5~7.
34) 같은 입장으로 Randall Peerenboom,, op. cit., p.260. 그는 일치성에 대한 간접적

2) 행정소송의 심사기준

행정소송법은 인민법원이 행정사건을 심리할 때 법률, 행정법규, 그리고 지방성법규에 근거해야 한다고 규정하면서 지방성법규는 그 행정구역 내에 발생한 행정사건에 적용하고 인민법원이 민족자치지방의 행정사건을 심리할 때는 해당 민족자치지방의 자치조례와 단행조례에 근거해야 한다고 규정하고 있다(동법 제52조). 법률은 국가 입법권자인 전인대와 그 상무위원회가 제정한 법이므로 당연히 전국적인 효력을 가지는 것이고 국무원에서 제정한 행정법규 역시 헌법에 의해 그 제정권한을 부여받고 있으므로 전국적인 효력을 가진다고 볼 수 있다. 지방성법규 역시 그 지역에서 민주적 정당성을 갖춘 인민대표대회에서 제정한 입법형식이므로 당연히 그 지역에서 지역적 구속력을 가지고 있다. 그러므로 법률, 행정법규, 그리고 지방성법규가 행정소송에서 심사기준이 되는 법규에 해당한다는 것은 정당하고 행정소송법은 이를 확인하고 있는 것이다.

문제는 국무원 이하의 행정기관 그리고 지방의 인민정부가 제정한 규장이 법원의 사건을 심리할 때 확정된 사실에 적용해야 하는 법규에 포함되느냐 여부이다. 그런데 이에 관해서는 행정소송법의 제정과정에서 많은 논란이 있었다. 기본적으로 행정기관이 자신의 업무범위 내에서 그 업무를 수행하기 위해 스스로 제정한 행정규칙은 외부적으로도 구속력을 발휘한다고 보는 입장이 전통적으로 존재하였다.[35] 중국의 행정실무계도 규장은 행정권이 그 고유한 업무수행을 위해 제정한 행정에 있어 법이므로 법원이 행정사건을 처리하면서 이를 적용해야 하는 것은 당연하다고 보았는데, 이런 입장이 행정소송법의 제정과정에서 계속 제기되었다.[36] 다

인 심사권(indirect review)을 부여한 것으로 보고 있다.

35) 행정규칙은 행정의 고유한 권능영역에서 그 독자적인 입법권에 의해 정립되는 행정권의 법(Administativrecht)이라고 보는 입장이 국내에도 소개되고 있다. 예를 들면, 김동희, 「행정법 I」, 제5판, 박영사, 158면.

36) Wang Hanbin, op. cit., p.39.

른 한편에서는 행정기관이 제정하는 규장은 상위법에 위반하여 공민의 자유와 권리를 침해하는 규정들을 많이 포함하고 그 제정절차가 민주적이지 않을 뿐만 아니라 이런 규장들을 법원이 심리의 기준으로 받아들인다면 행정부서의 이익과 지방보호주의 때문에 법원의 판결은 잘못될 가능성이 높다는 지적37)이 있었다. 더 나아가 규장을 제정하는 행정기관이 선출된 대표로 구성되지 못하고 공민의 대표로 구성된 입법기관에서 그 입법권을 위임받지도 않아 그 자체 입법권을 보유할 수 없으므로 그 기관이 제정한 규장은 법이 될 수 없다는 근본적인 지적도 있었다.38)

행정소송법은 이런 논란에 대해 확실한 결론을 내리지 않은 채 행정의 직권보장과 공민의 자유보장이라는 절충론에 따라 규장의 법규성에 대해 모호하게 규정하였다. 그리하여 인민법원은 행정사건을 심리할 때 국무원의 부 및 위원회가 법률과 국무원의 행정법규, 결정, 그리고 명령에 근거하여 제정·발표한 규장 및 성·자치구·직할시, 성·자치구 인민정부 소재지의 시, 그리고 국무원이 비준한 비교적 큰 시의 인민정부가 법률과 국무원의 행정법규에 근거하여 제정·발표한 규장을 참조(參照)해야 한다고 규정하였다(행정소송법 제53조). 또한 최고인민법원은 인민법원이 행정사건의 판결문 중 합법적이고 유효한 규장 및 기타 규범성문건을 인용할 수 있다고 해석하고 있다(행정소송법 해석 제62조).

이와 같은 행정소송법의 모호한 규정으로 말미암아 행정규장의 법적 성격에 관해 대립되었던 두 입장은 행정소송법 제53조의 해석을 둘러싸고 다시 차이를 보이고 있다. 먼저 법제정권의 보유여부 또는 그 위임여부에 따라 행정규장을 엄격하게 평가하고자 하는 입장은 행정소송법 제53조의 규정에 의해 행정규장은 그 자체 사법심사의 대상이 되지 않는 한 법원의 심사기준도 될 수 없다고 보아야 한다고 해석하고 있다. 즉 현행 행정소송법 제12조 제2항에 의해 행정규장이 행정소송의 대상이 되지

---

37) 王利明, 위의 책, 309면.
38) Zhang Shuyi, op. cit., p.51.

못해 법원의 심사를 받을 수 없다면 행정규장은 그것이 합법적인지를 결정할 수 없기 때문이라고 한다. 반대로 규장이 행정소송의 대상범위에 포함되어 법원에 의해 승인되고 법체계와 충돌하지 않는다면 그 규장은 국가의 의지를 표현한 것이므로 당연히 행정사건의 심리의 기초가 될 수 있다는 것이다.[39] 행정규장을 행정권이 그 고유한 입법권에 기해 제정한 행정에 있어 일종의 법이라고 인식하는 입장은 행정소송법 제53조의 규정에 의해 이제 행정규장 역시 법원이 법규로서 법원의 재판에서 적용해야 한다고 보고 있다. 행정소송법 제53조의 '참조한다'는 의미는 다른 법률들에서 사용되는 표현으로 반드시 따라야 한다는 의미로 해석되고 있음을 들고 있다.[40] 그리고 행정소송법 제12조 제2항이 규장을 행정소송의 대상에서 제외한 것 역시 당연히 입법기관이 제정한 법에 대한 심사권을 법원에 부여할 수 없다는 중국법제의 전통적인 입장을 반영한 것이라는 것임을 볼 때 상위의 권력기관에 의해 그 법이 폐기되지 않는 한 행정규장은 법원을 구속하는 법규라고 보아야 한다는 것이다.

행정소송법을 제정하는데 깊숙이 개입하였고 1989년 3월 28일 제7기 전인대 제2차 회의에서 행정소송법에 대한 공식보고를 하였던 Wang Hanbin에 따르면 일단 행정소송법 제정자들은 행정기관의 고유한 규장제정권을 인정한다는 전제에서 출발한 것으로 보인다. 즉 법제정자들은 성이나 시의 인민정부는 법에 따라 규장을 제정할 권한을 가지고 그 규장에 근거하여 그 기능과 권한을 수행할 권리를 가지고 있다고 전제하였다. 그렇지만 규장과 법률 그리고 법규 사이의 지위와 그 효력은 전적으로 같다고 할 수 없고 어떤 규장들은 문제가 있으므로 초안은 행정사건을 심리하는 법원이 규장의 규정들을 참조하고 규장을 판결의 기초로 보거나 보지 않는 두 입장에 따라 이를 고려하도록 규정하였다고 한다.[41] 이와 같은 표현을 보면 분명히 규장에 대해 행정사건을 심리하는 인민법원에게 1차

---

39) Zhang Shuyi, op. cit., p.52.
40) Jianfu, Chen, op. cit., p.161.
41) Wang Hanbin, op. cit., p.40.

적 심사권을 부여하고 있음을 확인할 수 있다. 그럼에도 불구하고 행정소
송법 제53조 제2문에 따르면 인민법원이 지방 인민정부가 제정·발표한
규장이 국무원 부 또는 위원회가 제정한 규장에, 국무원 부 또는 위원회
가 제정·발포한 규장 간에 각 불일치한다고 여길 경우 최고인민법원은 국
무원에게 요청하여 해석 혹은 판단·결정한다고 규정하고 있다(행정소송
법 제53조). 그렇다면 규장 간의 충돌에 그치지 않고 상위법규와 저촉될
때는 어떻게 해결되어야 하는지 행정소송법은 침묵하고 있는 것이다. 그
런데 2000년에 발효된 입법법에 법규범이 상위 법규범과 저촉되거나 적
당하지 않을 때 이를 폐기할 수 있는 권한이 자세히 규정되어 있다(동법
제88조). 이처럼 입법의 폐기권한은 법에 규정되어 있으므로 인민법원은
최고인민법원을 통해 권한 있는 기관에 의해 법규범의 하자를 시정하도
록 요청할 수 있다(입법법 제90조). 이런 규정들을 종합해보면, 행정소송
을 담당하는 인민법원은 행정규장을 바로 법규로 받아들여서는 안 되고
그 합법성에 대한 1차적 판단권을 가지고 있고 그 합법성이 인정된다고
하더라도 당해 인민법원은 그 행정규장을 단지 참조하기만 할 뿐 재판의
근거로서 사용할 필요까지는 없다. 그러므로 인민법원이 그 규장의 효력
에 대해 의문이 있다고 하여 굳이 최고인민법원을 거쳐 합법성의 심사를
최종적인 폐기권자에게 의뢰할 동기는 적어 보인다. 또한 여기서 행정소
송법 제53조의 '참조한다'는 의미는 동법 제52조의 '근거로 한다'는 문구
와 대조를 이루는 표현이라는 점에서 사실상 법원에 참조의무만 부여했
을 뿐이므로 법원의 재판에 근거가 되는 법규에는 해당하지 않는다고 볼
수 있다. 그렇다면 행정소송법 제53조 제2항은 법원에 일반적인 규장의
효력부인권을 줄 수 없다는 중국법제의 원칙을 단지 확인한 규정에 불과
할 뿐 개별·구체적인 행정사건에서 행정규장의 반영여부는 전적으로 법
원에 달려있음을 알 수 있고 이런 의미에서 Wang Hanbin의 공식보고에
서 '탄력적'이라는 표현을 사용한 것으로[42] 볼 수 있다.

---

42) Wang Hanbin, op. cit., p.40.

행정소송을 도입한 중국은 이제 법치행정을 향한 긴 여정에 들어섰다고 할 수 있다. 행정작용에 대해 사법부인 법원이 그 합법성을 심사할 수 있는 권한을 인정하였다는 사실은 법치의 장정에서 커다란 진전이라고 할 수 있다. 중국 법원은 이미 20년 가까운 행정소송의 경험을 축적하고 있다. 이런 전문성과 경험은 법원이 장차 사법심사권을 넓힐 수 있는 기초가 될 것이다. 중국 공민의 입장에서도 행정소송은 국가기관에 대한 인식을 바꾸고 행정기관의 공무원 역시 행정의 합법성에 대해 숙고할 수 있는 계기가 되었다. 소위 낮은 단계의 법치의 제도적 기초는 이제 마련되었다고 볼 수 있다.

III. 행정입법에 대한 법원의 사법심사

여기서는 행정소송에서 법원이 헌법이나 법률에서 보장된 시민의 권리가 행정기관 제정의 법규범에 의해 무시되고 침해된 경우 상위법을 근거로 행정기관 제정의 법규범을 무효로 선언할 수 있는가의 문제 즉 행정입법에 대한 사법심사의 문제를 다루기로 한다. 특히 행정입법을 중국에서는 추상적[43] 행정행위라고 부르고 있어 이 용어를 사용하기로 한다.

1. 행정복의와 행정소송

행정복의법(行政復議法)은 국무원 행정복의조례에 기초해서 제정되었지만 원래 복의조례보다 행정복의의 범위를 확대하였고 일반 공민이 행

---

43) 추상적이란 구체적이란 표현에 대응하는 것으로 행정의 규율대상과 관련된 것이고 일반적·개별적은 규율의 수범자와 관련된 구분방법이다. 김남진, 「행정법의 기본문제」, 법문사, 1997, 171면. 중국인들이 행정기관이 제정한 행정입법을 이렇게 부르는 것이라면 이는 규율의 수범자의 일반성을 추상성으로 부른 것으로 이해된다.

정복의를 제기하기 쉽게 행정복의의 효력을 높이고 행정기관 책임을 강화하면서 행정복의의 심사를 강화하는 방면으로 수정을 많이 가했다.[44] 그런데, 행정복의법 제7조는 공민, 법인, 혹은 기타조직이 행정기관에 행정복의를 신청할 때 구체적 행정행위의 근거로 된 규정이 적법하지 않다고 여기면, 행정복의기관에게 그 해당 규정의 심사를 신청할 수 있다고 규정하고 있다. 그리고 그 규정으로 (1) 국무원 부서의 규정, (2) 현급 이상 지방 각급 인민정부 및 업무부서의 규정, (3) 향, 진 인민정부의 규정을 열거하고 앞에 열거한 규정에는 국무원, 부, 위원회의 규장과 지방 인민정부의 규장은 포함하지 않는다고 밝히면서 규장의 심사는 법률과 행정법규에 근거하여 처리한다고 규정하고 있다.

그리고 행정복의법 제5조는 공민, 법인 혹은 기타조직이 행정복의결정에 대해 불복하는 경우 법률이 규정한 행정복의결정이 최종 결정인 경우를 제외하고 행정소송법 규정에 따라서 인민법원에 행정소송을 제기할 수 있다고 규정하고 있다. 그러므로 일단 공민, 법인, 그리고 기타 사회조직이 행정기관에 행정복의를 제기하고 여기서 구체적 행정행위가 근거로 한 추상적 행정행위인 규정의 심사를 요청하고 만족스럽지 못한 행정복의가 내려지면 이에 불복하여 법원에 행정소송을 제기할 수 있다. 이 경우 당해 법원은 재판을 통해 행정부서에서 제정된 규범성문건이 합법적이고 유효한 것인지에 대해서 판결을 해야 하므로 행정복의법은 이미 추상적 행정행위에 대한 법원의 사법심사제도를 법률상 정식으로 확인하고 있는 것이라고 보는 견해가[45] 있다. 이 견해에 따르면 법원은 이제 추상적 행정행위에 대해 심사하는 것이 허용되었고 그 합법여부를 판단할 수 있다고 한다.

행정복의에 대해 행정소송이 제기된 경우 복의기관이 원래의 구체적 행정행위를 유지한 경우에는 원 구체적 행정행위를 한 행정기관이 피고

44) 王利明, 위의 책, 306면.
45) 王利明, 위의 책, 307면.

로 되므로(행정소송법 제25조) 이 경우는 원처분주의가 적용되어 법원은 행정복의법 제7조에 의해 복의대상으로 포함된 추상적 행정행위를 그 심판의 대상으로 할 수 없다. 그렇지만 복의기관이 원 구체적 행정행위를 변경하는 경우에는 복의기관이 피고가 되므로(행정소송법 제25조) 이 경우는 복의기관의 결정(우리의 경우로는 재결)이 인민법원의 심판의 대상이 되어 인민법원은 병행심사가 요청된 추상적 행정행위에 대해 함께 심사할 수 있는 가능성은 존재한다. 그런데 행정소송법은 추상적 행정행위를 행정소송의 대상에서 제외하고 있으므로 복의결정 그 자체만이 심판의 대상이 되는 것이라는 주장이 설득력이 있다. 그렇지만 법원은 그 복의결정의 합법성을 심사하는 과정에서 원 구체적 행정행위의 근거가 된 추상적 행정행위의 타당성에 대해 일차적 심사권을 행사할 수밖에 없으므로(행정소송법 제53조)[46] 이런 의미에서 사법심사의 권한이 법원에 발생하였다고 볼 수 있는 것이다. 이는 복의기관이 원래의 구체적 행정행위를 유지한 경우에도 마찬가지로 법원은 원래 행정행위의 근거가 된 추상적 행정행위의 합법여부를 심사할 수 있다고 본다.

2. 추상적 행정행위에 대한 법원의 사법심사

행정복의법은 인민법원에게 행정기관의 추상적 행정행위에 대한 사법심사 권한을 수여한 것은 사실이지만 사법심사의 범위에 대해서는 개별적으로 고찰해 봐야 한다.

1) 국무원 행정법규의 사법심사

추상적 행정행위의 개념을 각급 행정기관이 제정한 불특정인을 그 적용대상으로 하는 보편성 있는 행정사무의 법규, 규정, 그리고 기타 규범성

---

46) 여기의 참조의 의미와 관련해서는 앞서 살펴본 행정소송 부분을 참조하기 바람.

문건으로 규정한다면 국무원이 제정한 행정법규도 사법심사의 범위에 포
함시킬 수 있을 것이다. 그렇지만 행정복의법 제7조는 국무원 부와 위원
회 제정의 규장을 행정복의의 병행심사의 대상에서 제외하고 국무원부서
의 규정만을 그 대상으로 포함하고 있으므로 국무원의 행정법규는 당연
히 행정복의의 병행심사의 대상에서 제외된 것으로 보아야 한다. 또한 국
무원의 행정법규 제정권은 헌법 제89조 제1항 규정에 의해 직접 헌법으
로부터 위임을 받았고 국무원은 최고 국가행정기관인 점을 고려하면 국
무원의 행정법규 제정권은 준입법권에 속하는 바 그 행정법규의 효력은
전국범위 내에 보편적 구속력을 가지므로 인민법원은 행정사건을 심리할
때 행정법규에 근거하여야 하고 사법심사의 대상이 될 수는 없다고 보는
입장이 있다.[47)

물론 국무원 제정의 행정법규가 헌법과 법률에 저촉되는 경우 이 행정
법규를 폐기할 수 있는 권한은 전인대 상무위원회가 가지고 있다(헌법 제
67조 제7항, 입법법 제88조 제2항). 그러나 이는 상위의 입법기관이 하위
의 입법기관의 입법에 대해 감독을 행사하는 권한을 규정한 것이지 이 권
한으로 인해 반드시 법원이 구체적인 사건을 심리할 때 재판의 전제가 된
행정법규의 위헌·위법성을 심사할 수 없다는 것을 의미하지는 않는다.
행정소송법은 상위법규와 저촉되는 하위법규를 구체적인 사건에서 적용
하지 않는다고 규정하고 있다(동법 제2조, 제53조). 이것은 법원에 이미
추상적 행정행위 즉 행정입법에 대한 간접적인 심사권을 준 것이고[48) 앞

---

47) 王利明, 위의 책, 307면.
48) Randall Peerenboom, op. cit., p.260. 王利明은 이런 해석에 대해 분명하게 반대
하여 적용할 법규를 선택하는 것은 추상적 행정행위에 대한 사법심사를 진행하
는 것을 의미하지 않는다고 보고 있다: 「법규를 적용하는 자체를 선택하는 것은
추상적 행정행위에 대한 사법심사를 진행하는 것을 의미하지는 않는다. 왜냐하면
정확한 규범을 선택하는 것은 법률적용범주에 속하는 것이고 그것은 법관이 이
행해야 하는 기본직책이다. 행정소송뿐만 아니라 민사소송 중에도 법관이 사건을
재판할 때 정확하게 법률, 법규, 그리고 기타 규범성 규범을 선택해야 하고 이를
판결의 근거로 삼는다. 소위 정확하게 법을 집행하는 것은 그 중에 정확한 법률

서 보았듯이 법원은 이미 사법해석의 형식으로 법률에 대한 해석권을 가지고 있으므로 충분히 구체적인 사건의 심리에서 구체적 행정행위의 전제가 된 추상적 행정행위의 위헌·위법여부를 심사할 수 있는 상태에 있다. 단지 중국에서 법원의 지위가 국무원에 비해 아직 약하다는 점, 그리고 헌법제정권자의 시각 역시 근본적으로 사법권에게는 입법부가 만든 입법을 폐기할 권한을 줄 수 없다는 의회주권적 전통에 서 있다는 점이 어려움으로 작용한다. 현재 법원의 상태와 헌법구조를 볼 때 법원이 이를 심사해서 폐기할 수는 없는 상태이다. 이런 상황은 바람직해 보이지 않지만 이 부분 역시 법의 지배로 가는 과정에서 서서히 극복이 가능할 것으로 본다.49)

2) 지방성법규에 대한 사법심사

지방성법규는 주로 성급 권력기관인 인민대표대회가 제정한 법규만을 의미하는데 여기서는 민족자치지역이 제정한 자치조례와 단행조례까지 포함해서 설명하기로 한다. 지방성법규는 반드시 헌법, 법률, 그리고 행정법규에 근거하여 제정해야 하고(헌법 제100조) 적용면에서는 지역적 효력만을 가진다.

지방성법규도 지방 권력기관이 헌법이 수여한 권한에 근거하여 제정한 법규로서 똑같은 법적 효력을 가지고 있고 중요한 법원(法源)에 속하므로 행정소송법이 명확하게 규정하고 있듯이 인민법원이 행정사건을 심리할 때, 지방성법규를 근거로 삼아야 하고 그 심사의 대상으로 삼을 수

과 법규의 적용을 선택하는 내용도 포함되어 있다.」王利明, 위의 책, 301면 이하 참조.

49) Zhiwei Tong, "China Constitution's New Developments", *Constitutionalism and Constitutional Adjudication in Asia*, Edited by Sung Nak-in, College of Law, Seoul National University·Korea Legislation Research Institute, 2005, p.169. 저자는 여기서 사법심사권의 이전에 대해 전인대가 아직은 동의하지 않을 것이라는 비관적인 입장을 보여주고 있다.

는 없다고 보는 견해50)가 있다. 왜냐하면 지방성법규는 행정기관이 제정
한 것이 아니므로 추상적 행정행위에 속하지 않기 때문이라고 한다.

지방성법규가 상위규범에 위반할 때 전인대 상무위원회가 이를 폐지
할 권한을 가지고 있다(헌법 제67조 제8항, 입법법 제88조 제2항). 그렇지
만 이것 역시 입법기관이 입법감독의 방식으로 지방성법규를 폐기할 때
전인대 상무위원회가 이런 권한을 행사한다는 의미일 뿐이고, 법원이 구
체적 사건을 심리하면서 지방성법규가 재판의 전제가 되어 상위법규와
저촉될 때 이를 적용하지 않는다는 의미에서 간접적인 심사권은 법원이
행사할 수 있다고 본다.51) 중국은 지방성법규의 상위법규와의 저촉을 법
의 지배로 가는 과정에서 법의 통일성을 이루기 위해서라도 사법심사를
통해 적극적으로 극복하는 것이 필요하다.

3) 행정규장에 대한 사법심사

행정복의법 제7조의 규정에 따르면 공민·법인 혹은 기타조직은 국무
원 각 부서와 지방 인민정부 제정의 행정규장(行政規章) 이외의 규범성문
건에 대해서 행정복의를 신청할 수 있다. 행정규장은 원칙적으로 사법심
사를 할 수 없다고 규정되어 있다. 실제적으로 볼 때 많은 행정규장은 헌
법, 법률, 그리고 법규에 근거하여 제정된 것으로서 법률절차에 부합하고
법률, 행정법규의 규정이 부족한 것을 보충하는 역할을 하였다는 점에서
이런 규장도 법원에 속하고 참조할 가치는 있다.52) 이런 관점에서 행정소

---

50) 王利明, 위의 책, 308면.
51) 이에 관해 잘 알려진 사건이 하나 있는데 소개하면 다음과 같다: 간쑤성의 한
중급인민법원이 법률과 충돌하는 지방성 법규를 발견하고 그 지방성 법규에 기
초한 행정행위를 무효화하였는데 그러자 성 입법부는 즉시 법원을 질책하면서
그 판결은 헌법에 의해 지방 인민의회와 그 상임위원회에 부여된 입법권을 심하
게 침해하였으므로 성의 최고법원에 그 하급법원의 판결을 취소하고 법 위반에
책임이 있는 지도자들을 구속할 것을 요구하였다(北京靑年日報 2000, 10. 27).
52) 王利明, 위의 책, 309면.

송법도 규장을 참조해야 할 필요가 있음을 명시하고 있다(동법 제53조).

그러나 행정규장은 그 제정근거나 그 제정과정의 문제점으로 인해 합법적이지 않은 경우가 많아 법원의 사법심사의 대상으로 포함시켜야 하며, 행정규장의 제정권은 헌법에 근거한 입법권에 포함되지 않는다고 봐야 한다. 물론 헌법 제90조에 국무원 각부와 위원회의 규장제정의 근거가 있지만 이 규정을 근거로 공민의 자유와 권리를 영향을 미치는 법규를 제정할 권한을 가진다고 볼 수는 없다고 본다. 단지 법률과 행정법규의 구체적 집행을 위한 집행명령의 근거규정으로 볼 수 있을 뿐이다. 또한 지금 행정규장의 제정은 여전히 엄격한 민주적 절차가 부족한 상태에서 이루어지고 특히 어떤 행정부서는 부서의 이익이나 지방보호를 위해 특정 규장을 제정하는 경향이 있다. 그렇게 제정된 규장은 법률이나 행정법규에 부합하지 않는 경우가 많으므로 법원이 이런 잘못된 규장을 근거로 재판하면 잘못된 판결이 나올 수 있다.53)그러므로 행정규장은 추상적 행정행위의 범주에 속하며 법원도 이 해당 규장의 합법성에 대해서 심사할 권리를 가져야 하고 만약 규장이 헌법, 법률, 그리고 행정법규에 위배된다면 시정할 권한이 있어야 한다. 王利明 교수도 규장에 대한 사법심사는 중국 법제의 발전과정에서 꼭 요구되는 것으로 법원에게 규장에 대한 사법심사의 권리를 부여하는 것은 중국의 민주법치건설, 공민·법인의 합법적 권익을 보호하는데 아주 필요한 것이라고 보고 있다.54)

4) 규범성문건에 대한 사법심사

규범성문건은 중국에서 법체계를 혼란스럽게 만드는 주범으로 인식되고 있다. 규범성문건에 대한 개념의 설정 역시 그 포괄 범위와 명칭의 과

---

53) 江必新, "試論行政審判中如何參照行政法規的問題", 載≪首屆學術討論會論文選≫, 人民法院出版社, 1990, 662면.
54) 王利明, 위의 책, 310면. 그의 이런 주장에도 불구하고 그가 국무원 제정의 행정법규의 사법심사권을 부정하는 것은 일관성이 없어 보인다.

다로 인해 어려운 면이 있지만, 형식적인 관점에서 볼 때 지방성법규나 규장이 아닌 행정기관 작성의 일반적·추상적 규율을 예정하고 작성된 규칙 정도로 부르고자 한다. 중국의 국가기관 혹은 단체들은 각기 자신의 규율형식으로 규범성문건을 흔히 사용하고 있는 것으로 파악되고 있다.[55]

이는 소비에트법의 영향을 받기 시작했던 1950년부터 중국 행정영역에서 많이 사용되던 규율형식으로 파악된다.[56] 중국의 현재 법질서는 많은 면에서 이 규범성문건으로부터 발전했다. 특히 규범성 문건이 처음부터 중국 각 기관의 일반적인 규율형식으로 사용하게 된 것은 아니었다. 1954년 헌법이 제정되고 당시 소비에트 법의 영향과 지방권력을 견제하고자 하는 이유로 전인대와 상무위원회에 국가입법권을 한정하자 입법권이 중앙으로 집중되었다. 이로 인해 헌법에 따른 규범적인 입법권과 다른 국가조직에서 광범위하게 사용되던 규범성문건 간의 충돌이 발생하였다. 이런 충돌의 해결은 당시 마오쩌뚱에 의해 이루어졌는데 그는 헌법 아래 입법권은 중앙에 집중되어 있지만, 중앙의 정책에 위반되지 않고 상황과 현장, 그리고 지역의 필요와 일치하는 곳에서는 규범을 제정할 수 있다고 보았다. 그의 이런 선언으로 규범성문건은 그 권위를 인정받았고 법의 구체화와 전문화의 경향은 저지되고 법은 일반적인 원칙을 선언하는 수준에 머무르게 되었다.[57]

입법법은 규범성문건을 입법의 범주에서 제외하고 있는 것으로 보인다. 동법은 그 제정절차와 그 효력, 그리고 저촉여부에 대해 아무런 규정을 하지 않았다. 그리고 행정복의법 제7조 역시 추상적 행정행위에 대한 병행심사의 예외규정에서 규범성문건을 적시하고 않았다. 또한 행정소송법 역시 규범성문건에 대해서는 무시하고 있음을 확인할 수 있다. 이로부터 규범성 문건은 이제 중국 행정법제에서 법으로 취급되지 않고 있는 것

---

55) 규범성문건의 기능과 분류는 정이근, 부산대학교 중국법연구소 연구총서 「중국 공법학연구」, 오름, 2007, 129~134면 참조 바람.

56) Perry Keller, op. cit., p.722.

57) Perry Keller, op. cit., p.723.

으로 보인다.58) 이는 바로 법원이 규범성문건에 대해서는 제한 없이 사법
심사를 할 수 있음을 허용한 것으로 볼 수 있다. 더 이상 법규가 아니므로
법원이 이를 법으로 인식할 필요가 없음을 의미한다. 당연히 법원이 규범
성문건에 대해서는 그 적용거부에서 나아가 그 효력을 부인할 수 있게 되
었다.59) 중국 법원은 사법심사의 추동력을 여기에서 얻을 수 있을 것이다.
그리고 이를 통해 중국 법제에 혼란을 가중했고 통일적이고 전문화된 법
발전을 저해했던 요인도 사라질 수 있을 것이다.

---

58) 정이근, 위의 책, 128~129면. 그 역시 규범성문건이 입법법의 규율대상이 아니
    고 그 제정절차가 행정입법절차와 다르므로 행정입법에 속할 수 없다고 보고 있
    다. 행정입법절차를 거쳐 제정된 문건만이 규장이 될 수 있다는 것이다.
59) 王利明, 위의 책, 310면; Randall Peerenboom, op. cit., p.268.

제5장 중국 법원의 절차적 보장체계

제1절 독립적이고 자율적인 변호사

Ⅰ. 법의 지배와 변호사의 역할

법의 지배는 전문성을 구비하고 독립적인 법률가집단의 존재를 필요로 한다. 국가권력을 헌법에 기속시키고 기본권의 실현을 국가의 목적으로 보는 자유민주주의 국가에서 국가권력을 감시하고 시민의 자유와 권리의 실현을 도와주는 법률가집단의 존재는 법의 지배의 실현을 위해 중요한 핵심요소이다. 그 중에서도 사회영역에서 법률서비스를 제공하며 활동하는 법률전문가로서 변호사의 역할은 법의 지배의 측면에서 필수적이다. 헌법의 가치를 구체적인 법률해석 단계에서 실현하는 일은 변호사의 기본적인 업무라고 할 수 있을 것이고 그 이전 입법의 과정에 참여하여 정당한 법이 제정되도록 일정한 영향력을 행사하고 입법안을 주도하는 영역 역시 법률가의 도움을 필요로 한다. 국민의 대표들로 구성된 입법부가 제정하는 법률이 국민의 의지를 충실하게 반영할 수 있다는 믿음은 이미 그 동안의 입법과정에 대한 경험적인 연구를 통해 의심받아 왔다. 그래서 입법과정부터의 적극적인 참여와 견제가 시민적 자유를 보장할 수 있는 정당한 법률의 제정을 담보할 수 있다. 입법과정을 지나 법을 구체적으로 집행하는 행정의 영역에서 법의 지배가 실현될 수 있도록 행정절차의 적법성을 감시하는 역할 역시 행정 외부에서 활동하는 법률가들을 필요로 한다.

법의 지배가 인간의 존엄과 가치의 실현을 최종적인 목적으로 한다면 민주주의의 발전과 인권의 신장이 더불어 이루어져야 실질적인 법의 지배가 실현될 수 있다. 이렇게 실질적으로 법이 지배하는 사회로의 변화를 위해 변호사의 역할은 매우 필요하다. 우리 사회의 민주화과정에서 볼 수 있듯이 법률가가 사회변화의 과정에 적극적으로 참여하여 자유와 인권의 향상에서 매우 인상적인 역할을 한 경우를 어렵지 않게 확인할 수 있다. 특히 중국과 같이 시민사회의 형성이 부진하고 법 존중의 사회적 전통이 부족한 사회에서 법률가가 자신이 가진 합법적인 법률적 수단들을 통해 법의 가치들을 전파하고 이를 통해 독립적이고 자율적인 시민사회의 형성을 위한 주도적인 계층이 될 수 있다는 점에서 법률가의 역할과 그 사명은 크다고 할 수 있다.

변호사직역이 그 사회적 역할을 수행하여 법의 지배를 완수하기 위해서 변호사는 전문성과 독립성을 구비하여야 한다. 변호사가 법의 가치와 기술을 완전하게 터득한 전문가로서 그 전문성에 기반한 전문가윤리를 갖추었을 때 법의 가치와 원리의 전파자로서 그 역할을 제대로 실현할 수 있다. 또한 변호사는 시민사회 내에서 법의 지배를 실현하고 국가권력을 이런 관점에서 감시하는 역할을 수행하기 때문에 기본적으로 국가로부터 독립성을 갖추고 있어야 한다. 변호사가 법에 대한 전문성을 구비하지 않고 사회적 관계나 법 이외의 수단을 통해 업무를 수행하게 되면 로비스트나 중개인으로 불릴 수는 있지만 법률가로 호칭될 수는 없다. 법률가집단의 발전을 위해서는 법에 대한 전문성을 구비한 정도에 따라 그 업무역량을 평가받는 법조내부의 평가시스템이 정착되어야 한다. 사건을 유치할 수 있는 능력이 변호사의 능력으로 여겨지고 이를 기준으로 변호사의 능력을 평가하는 시스템에서 변호사의 업무에 있어 전문성은 연마될 수 없다. 변호사는 사건유치를 위해 자신의 시간과 정력을 소모하는 한 그 업무에 있어 전문성은 떨어지고 사회적 관계에 밀착되어 관계를 통한 손쉬운 해결수단에 의존할 수밖에 없다. 또한 변호사는 시민사회의 수호자로서 국가권력을 감시하고 국민의 자유와 권리를 보호하기 위해서는 국가나 다른 사회단체로부터 독립성을 유지해야 한다. 특히 변호사의 자격취득과 관리체계에 행정부의 감독이 존재하는 나라에서 변호사는 국가권력으로부터 자유롭게 활동하는데 제약을 받을 수밖에 없다. 변호사의 자격취득과 그 업무의 감독 그리고 징계절차는 변호사단체의 책임 하에 자율적으로 이루어져야 변호사는 그 전문성에 기반하여 소신을 가지고 민주주의의 발전과 인권의 신장 등 법의 지배의 수호자로서의 그 본연의 활동을 마음껏 펼칠 수 있게 된다. 향후 법의 지배의 실현의 측면에서 변호사가 어떤 역할을 할 수 있는지 이를 위해서 무엇이 필요한 지를 밝히기위해 먼저 중국의 법률가로서 변호사 직역을 역사적으로 고찰할 필요가있다.

II. 중국 변호사제도의 역사적 고찰

1. 공화국수립 이전의 변호사제도

중국에서 변호사는 전통적으로 존중받고 필요한 직업으로 인식되지않았다. 중국의 황제는 그 백성의 송사를 직접 듣고 정의로운 판정을 내려줌으로써 정의가 실현되고 황제의 권한이 세워진다는 생각에서 황제나이를 대리 행사하는 자와 백성 사이에 끼어들어 간섭하는 자를 소송협잡꾼으로 처벌하는 황제의 칙령이 1820년에 만들어지기도[1] 하였다. 청조의 말기인 1909년 ≪法院編制法≫이 제정되어 여기에 변호사(율사)에 관한 규정 정도만 마련되어 있었다. 중국에서 처음으로 변호사에 대해 실질적인 규율을 한 것은 마지막 봉건왕조인 청이 몰락하고 난 후 국민당 정부 시절인 1912년 이었다. 당시의 변호사에 대한 예비규정은 변호사의 책임과 훈련, 그리고 수준을 구체화하고 있었다.[2] 1935년에 변호사법 초안이 마련되어 1941년에 발표되었는데 1949년의 인민공화국 수립 전까지 변호사협회들이 조직되고 몇 개의 법률저널들도 나타났지만, 그 당시 변호사의 법률교육 수준은 낮았고 전문가로서의 특유한 윤리의식은 갖추어지지 않았다.[3]

2. 공화국수립 이후 개혁개방 이전의 변호사제도

공화국 수립 후 1950년대 초에 수많은 국가 법률자문소가 도시에 설립되어 혼인, 토지개혁 등에 관련된 시민들의 자문에 응하였다.[4] 이후 1954년 헌법에서 피고인의 형사절차에서 변호 받을 권리를 규정하였고 인민법원조직법에서도 같은 권리를 규정함으로써 형사절차에서 피고인의 변호를 위한 변호사제도의 기초를 마련하였다.[5] 그리하여 1956년에 국무원은 변호사에 관한 사법부의 첫 번째 규율을 승인하여 변호사제도의 목적과 변호사의 책임, 그리고 변호사단체의 조직에 관한 근거를 두게 되었다. 1957년 반우익 운동이 시작되기 전까지 19개의 변호사조직과 820개

---

1) Chow Daniel C.K. *The Legal System of The People's Republic of China*, Cambridge University Press, 2003, p.225.
2) Randall Peerenboom, *China's Long March Toward Rule of Law*, Cambridge University Press, 2002, p.345.
3) Randall Peerenboom, op. cit., p.346. 1913년에 사법국에 등록한 변호사의 수는 단지 1,700명 이었는데 1935년에는 10,000명 이상이었다(Id.).
4) Chow Daniel C.K. op. cit., p.226.
5) Chow Daniel C.K. op. cit., p.226; 우북평·김연숙, "중국의 사법제도", 법조춘추, 제143호, 서울지방변호사회, 146면.

의 법률사무소와 2,572명의 전업 변호사와 350명의 비전업(part-time) 변호사들이 있었는데 북경의 법률사무소의 경우 1956년 5월에 27건의 형사사건을 처리했다. 1년 후에는 277건의 형사사건을 처리했을 정도로 시민들은 점차 변호사로부터 법률적 도움을 받는 일에 익숙해지고 있었다.[6] 공화국 초기에 변호사는 사회주의 노선에 따라 새로운 중국을 건설하는 데 있어 일정한 법률적인 역할을 하면서 국가와 인민을 위해 봉사할 수 있었다. 그러나 1957년 반우파 운동이 시작되자 법률가 집단의 성장은 갑자기 멈추게 되었다. 의뢰인의 경제적인 이익을 보호하고 피고인의 국가에 대한 범죄를 변호하는 변호사는 사회주의 이념에 반하는 자본가 또는 우파로 분류되어 박해를 받았고 이런 현상은 문화혁명 기간을 지나 20동안 계속되었는데 1959년에는 국무원 산하 사법행정부서인 사법부가 폐지되기도 하였다.[7]

3. 개혁개방 이후 1996년 직전까지 변호사제도

1976년 마오쩌뚱이 사망하고 1978년에 권력을 잡은 덩샤오핑과 그 세력들은 산업, 농업, 국방 그리고 과학과 기술 이라는 네 가지 현대화를 나라의 주요임무로 설정하면서 문화혁명을 지지한 세력의 재집권을 방지하고 자신들의 안정적인 집권을 유지하기 위해 법률가 집단의 형성이 필요하다는 것을 인식하였다.[8] 덩샤오핑은 특히 경제개혁의 성공을 위해 변호사의 존재가 필수적이라는 것을 깨달았고 이를 위해 1980년 당시 새로

---

6) Randall Peerenboom, op. cit., pp.346~347.

7) Chow Daniel. op. cit., pp.226~227; Jerome Alan Cohen, "The Chinese Communist Party and Judicial Independence: 1949~1959", *Harvard Law Review,* March 1969, p.990; Randall Peerenboom, op. cit., p.347.

8) William C. Jones, "The Constitution of the Republic of China", *Constitutional Systems in Late Twenties Century Asia,* Edited by Lawrence W. Beer, University of Washington Press, Seatle and London, pp.55~87.

운 개혁의 수요를 충족하기 위해서는 100,000 내지 200,000명의 변호사들
이 필요할 것으로 추산하였다.9) 그리고 같은 해 전국인민대표대회는 변호
사에 대한 임시규율 ≪中華人民共和國律師暫行條例≫을 제정하여 1982
년에 발효시킴으로써 빈사상태에 있었던 중국법조를 다시 살리는 긴 여
정을 시작하였다.10) 이후 법과대학은 다시 문을 열었고 법률저널은 재간
되고 법률사무소와 변호사단체가 재건되었다. 그런데 당시 임시규율에 의
하면 변호사는 국가의 근로자로서 규정되어 국가재정에 의존하는 국가소
유 법률자문사무소에서 정부기관, 업무단위, 사회단체, 그리고 시민들에
게 법의 정확한 적용과 그들의 권리를 보호하는 일을 하도록 규정되어 있
었다(임시규율 제1조). 개혁정책을 위해 변호사들이 긴급하게 필요하였으
므로 임시규율은 변호사가 되기 위한 요건으로 단과대학이나 종합대학
학위나 변호사로서의 형식적인 훈련은 요구하지 않았고 최소한의 전문적
요건만을 요구하였는데 그마저 융통성이 있었고 실용적인 것이었다.11) 그
임시규율의 공포 후 1986년까지 변호사들은 사법부가 중국 최초의 전국
적인 자격시험을 규정하지 않았기 때문에 어떤 변호사시험을 통과함이
없이 자격을 부여받을 수 있었다.12) 법조는 자기규율을 하지 못한 채 정
부의 감독을 받는 상태였고 아직까지 계획경제의 유산이 남아 있는 상태
에서 국영기업과 행정기관을 위해 일하기도 하고 형사소송법에 의해 한
정된 권한을 행사하는 변호인으로 활동하는 수준이었다.13)

---

9) Randall Peerenboom, op. cit., p.348.

10) Chow Daniel C.K. op. cit., p.227; Randall Peerenboom, op. cit., p.348; 우북평·
    김연숙, 위의 논문, 146면; 강신중, "중국의 사법제도", 민사법연구 제10집 제1호
    (2002.6.), 대한민사법학회, 151면.

11) Chow Daniel C.K. op. cit., p.228. 임시규율은 지방사법부에 의해 변호사로서
    자격을 부여받기 위해서 후보자는 중화인민공화국을 사랑하고, 사회주의 체제를
    지지하고 공직에의 선거권과 피선거권을 가진 사람이면 충분했다.

12) Chow Daniel C.K. op. cit., p.228.

13) Chow Daniel C.K. op. cit., p.228; Randall Peerenboom, op. cit., p.349. 단지
    형사재판이 열리기 7일 전에 피의자에게 접근하는 것이 허용되었고 효과적인 방

4. 1996년 변호사법 제정 이후

1996년에 드디어 중국은 변호사법(정식 명칭은 ≪中華人民共和國律師法≫이나 이하 '변호사법'으로 부름)을 제정하여 기존의 임시규율을 대체하였다. 임시규율이 통과된 지 16년이 지나는 동안 중국은 경제개혁의 결과로 엄청난 변화를 겪었고[14] 제한적인 정치적 개혁도 경험하였다. 그러는 동안 법조에서 발생한 여러 문제들을 해결하기 위해 중국은 새로운 상황에 맞는 변호사법 제정의 필요성을 느껴 법률의 제정에 이르게 되었던 것이다. 1996년 변호사법의 제정목적은 종전의 규제적 환경으로부터 사회적 시장경제질서와 부합할 수 있는 법적 구조를 마련하기 위해 변호사의 역할에 대한 새로운 인식을 반영하고 법률사무소의 조직형태의 변화를 구체화하는 것이었다. 또한 법률전문가로서 변호사의 책임을 강조하고 변호사와 그 의뢰인의 권익을 보호하는데 그 목적이 있었다.

1) 변호사의 자격과 업무개시요건

1996년 변호사법은 변호사를 종전의 국가의 법률업무수행자에서 의뢰인에게 법률서비스를 제공하는 것을 업으로 하는 자로 규정함으로써(변호사법 제2조) 사회주의의 유산을 청산하고 변호사를 자유직업으로 인정하였다. 그리하여 그 자격요건을 규정하여 일정한 고등학력과 변호사시험을 통과한 사람들에게만 변호사자격을 부여하고 있다. 고등학력이란 대학의 법학전공 또는 동등한 전공수준을 갖추었거나 대학의 기타학과 본과 전

어를 위한 변호사의 능력은 매우 제한되었다(ibid.).

14) 법조계의 변화를 보면 변호사의 숫자 역시 빠르게 증가였는데 1981년에 1,465개의 법률사무소와 5,500명의 변호사가 있었는데 1989년에는 3,600개의 법률회사와 43,600명의 변호사가 있었고 1997년에 이르자 법률회사는 8,300개로 변호사의 수는 110,000명을 넘는 변호사를 보유하게 되었다. 2001년에는 9,691개의 법률회사와 117,600명의 변호사가 있었다. Chow Daniel C.K. op. cit., p.229. 2008년 현재는 약 15만명에 이르렀다. http://www.chineselawyer.com.cn 참조.

공 이상의 학력을 소지한 것을 의미한다(변호사법 제6조). 그런데 사법부
규율에 따라 중국에서 많은 비학위 수여 기술대학 중의 하나에서 학업과
정을 마침으로써 또는 통신학습코스, 야간과정, 그리고 성인교육프로그램
을 통하여 위 교육요건들을 충족시킬 수 있다.15) 현재 중국에서 단지 소
수의 엘리트만이 정식대학이나 종합대학을 다닐 수 있고 단지 이들 중 소
수만이 법과대학을 가지고 있음을 고려하여 입법자는 법학학위나 정식의
대학교육을 요구한다는 것이 중국의 변호사에 대한 수요를 충족시키기에
는 너무 제한적이라고 여겨 교육요건은 중국현실을 반영하여 완화시킨
것으로 보인다.

2001년에 통일사법고시16)가 실시되어 법관과 검찰원의 임용시험을 변
호사 자격시험과 함께 실시하고 있음은 이미 살펴보았다. 특이한 것은 중
국에는 변호사시험을 치루지 않고도 변호사자격을 획득할 수 있는 길을
열어두고 있다는 점이다. 즉 사법부는 대학학위를 취득하고 법학교육이나
법학연구 또는 전문적인 법률업무에서 업무경험을 가지고 전문성이 인정
되는 직함을 보유한 자가 변호사자격 신청을 하면 이를 심사하여 자격을
부여할 수 있다. 이는 주로 법과대학 교원을 변호사로 수용하기 위해 고
안되었으며 법원이나 검찰의 구성원들에게 자격을 부여하기 위해서 사용
될 수도 있다.17)

이렇게 변호사시험을 통과하거나 사법부의 자격부여를 통해 변호사자
격을 받은 후 구체적으로 변호사로서 업무를 수행하기 위해서는 업무자격
증을 획득해야 한다. 변호사업무를 수행하고자 하는 자는 헌법을 수호하고
일 년 동안 법률회사에서 실습기간을 거쳐 일정한 행위와 품성에 대한 좋
은 평가를 얻고 능력제한자에 해당하지 않을 뿐만 아니라 형사처벌 등의
전력이 없다면 사법부로부터 업무자격증을 발부받게 된다(변호사법 제8조).

---

15) Chow Daniel C.K. op. cit., p.231.
16) 시험과목과 시험실시방법 등 통일사법고시에 관한 상세한 정보는 이용민, "중국
   국가사법고시 소개", 법조 576호(2004.9.), 221면 이하 참조.
17) Chow Daniel C.K. op. cit., p.232.

2) 변호사의 규율과 징계절차

법조의 독립성이 확보되기 위해서 변호사협회는 그 구성원에 대해 자율적인 징계절차를 보유할 필요가 있다. 정부의 간섭은 최소한에 그치고 일반적인 변호사의 자격심사와 교육 그리고 변호사윤리에 위반한 변호사에 대한 징계절차를 변호사협회가 자율적으로 진행하는 방식이 변호사의 사회적 역할과 그 기능을 보장할 수 있다. 국가의 사법기구로부터 주기적인 자격심사를 받아 그 평가에 따라 변호사의 자격이 유지된다면 변호사는 국가에 종속될 수밖에 없다. 이는 국가권력이 법을 엄격하게 준수하는지를 감시하고 비판하는 임무를 수행함으로써 국가 외부에서 법의 지배를 실현하는 사명을 가진 변호사의 기능을 훼손할 가능성이 높다. 실제로 중국에서 반체제인사에 대한 형사재판의 변호는 변호사들이 가장 기피하는 사건 중의 하나라고 한다. 이런 사건에 형사변호인으로 나서 피고인을 변호하다가는 자신의 변호사로서의 계속적인 직업수행은 말할 것도 없이 잘못하면 공범으로서 수사의 대상이 되고 기소될 수 있는 위험까지 부담하게 되기 때문이다.[18] 이런 법문화에서 변호사가 시민의 자유와 인권을 수호하는 파수꾼이 되기에는 다분히 한계가 있을 수밖에 없다. 법의 지배가 전 사회영역에서 실현되기 위해서는 시민사회에 속하는 변호사가 자유롭게 활동할 수 있도록 제도적으로 얼마나 보장되어 있느냐가 중요한 판단기준이고, 이는 주로 변호사에 대한 징계절차를 누가 주도적으로 진행하고 그 절차에서 영향력을 행사하느냐를 살펴봄으로써 확인할 수 있다.

중국의 변호사는 사법부와 모든 변호사들이 의무적으로 가입해야 하는 변호사협회에 의해 규율을 받는 이중 관리체제 하에 있다. 1996년 변호사법 제정 이전에는 변호사가 국가의 공무원이었으므로 사법부의 완전

---

18) Ibid. p.352. 실제로 2001 파룬궁 사건의 경우 북경 사법국은 그 관할하의 모든 변호사에게 파룬궁 관련자들에 대한 변호나 소송대리에 있어 사법부의 승인을 얻어야 한다는 내부지침을 내렸을 정도이다(ibid.).

한 관리체제 하에 있는 것은 당연하였지만, 1996년 변호사법의 제정으로 변호사의 지위가 법률서비스를 제공하는 것을 업으로 하는 자유직업으로 전환된 이후에도 국가의 간섭과 통제는 여전히 잔존하고 있다. 먼저 변호사협회19)의 변호사에 대한 관리·감독권을 보면 각 변호사협회는 그 구성원의 이익을 보호하고 업무경험을 공유하는 임무를 수행한다. 그리고 협회는 새로운 구성원들을 교육·평가하고 변호사윤리에 대한 감독도 실시한다. 구체적으로 변호사협회는 그 규율에 따라 구성원인 변호사에게 상벌을 줄 수 있다(변호사법 제40조). 그렇지만 변호사에 대한 강한 징계인 자격의 취소와 정지 그리고 변호사에 대한 형사처벌의 요구권을 사법부와 그 지방조직이 보유하고 있다. 사법부는 변호사의 위법행위의 경고 또는 중지를 명령하고, 모든 불법적인 이익들을 압수하고, 변호사의 업무자격증을 정지 혹은 취소할 수 있다. 그리고 사법부는 범죄가 행해졌다고 의심되는 경우 형사기소를 위해 사건을 사법기관에 이송함으로써 변호사를 징계할 수 있다(변호사법 제44조, 제45조).20) 법률회사의 경우에도 불법적인 이익을 환수당하고 그 이익의 5배에 이르는 벌금을 지불하는 징계를 받을 수 있고 나아가 그 영업허가증을 정지 또는 취소당할 수도 있다(변호사법 제47조).

변호사에 대한 시험과 업무허가증의 교부, 그리고 일정한 심사, 징계 절차에 있어 사법부가 주도권을 보유하고 있는 상황에서 중국의 변호사는 사법부와의 좋은 관계를 유지하는데 신경을 쓰지 않을 수 없다. 사법부의 불이익처분에 대한 행정소송의 길은 물론 법상 보장되어 있지만,

---

19) 전중국변호사협회는 1980년 임시규율에 의해 그 설립이 요구되었으나 1986년에야 창립되었다. 변호사협회는 비국가조직임에도 불구하고 사법부의 지도 아래 있고 더구나 그 협회 내부에 당조직을 구성해야 하는 의무도 가지고 있다. 그 조직 내부에 3명 이상의 당원이 있다면 당조직을 구성하여야 하고 법률사무소와 같이 당원이 3명 이하인 경우에는 다른 법률사무소와 함께 당조직을 구성하여야 한다.

20) 2007년에 개정되어 2008년 6월 1일에 시행된 개정 변호사법에서도 사법부가 변호사의 징계권을 유지하고 있다(제47조 내지 제51조).

아무리 법률전문가라도 함부로 감독기관을 상대로 소송을 선택한다는 일은 신중한 판단을 필요로 한다. 대부분의 중국변호사와 법률회사들은 사법부와의 우호적인 관계를 유지하기 위해 평소 노력을 한다. 특히 국가소유 기업의 평가와 같은 국가관련 사건의 배당은 사법부가 변호사를 통제하는 좋은 수단이 된다.[21] 이런 상황에서 피할 수 없는 탈세문제의 약점을 가지고 있는 변호사들은 더욱 사법부의 감독에 복종하고 평상시 보호자관계(clientelist relationship)를 형성할 필요가 있는 것이다. 이와 같이 변호사가 국가에 의존하는 관계는 국가가 그 관여를 포기하지 않는 측면도 있지만, 변호사와 그 단체가 자율성을 유지할 만한 능력을 아직 보유하지 못한 상태에도 많은 책임이 있다. 1996년 변호사법의 제정 당시 변호사에 대한 징계권을 오로지 변호사단체가 행사하도록 하자는 주장도 있었으나, 변호사협회의 자정능력에 대한 강한 회의가 지배적인 분위기여서 이런 방식은 채택되지 않았다.[22] 중국 변호사협회가 독립성을 확보하고 자율적인 민간조직이 되기 위해서는 여러 가지 측면에서 개선이 필요한 상태이다.

3) 법률사무소의 조직형태

변호사법에는 세 가지 유형의 법률사무소가 존재할 수 있다고 규정하고 있다(변호사법 제16조 내지 제18조). 법조의 자율성을 강조한다면 법률사무소의 조직형태 역시 변호사가 자율적으로 선택할 수 있어야 하지만, 법률서비스의 수요자의 측면에서 볼 때 보호필요성이 요구된다는 법률사무의 특성상 공익적인 견지에서 조직형태상의 제한은 인정될 수 있다. 법률사무소는 최소한 10만 위엔의 자산을 보유하고 이름과 주소, 정

---

21) Randall Peerenboom, op. cit., p.356. 중국의 국영기업의 처리문제는 중요한 사회경제문제를 안고 있는데 그 과정에서 많은 법률문제가 발생하고 이런 법률문제의 처리를 위해 사건을 배당하는 일은 사법부와 그 지방부서가 담당하고 있다. 이는 매우 돈벌이가 되는 영역이라고 한다(ibid.).

22) Randall Peerenboom, op. cit., p.354.

관, 그리고 최소한 3명의 변호사가 있어야 하는데 업무개시 전에 인민정부 사법행정부서의 승인을 받아야 한다(변호사법 제15조). 사법행정부서는 신청을 받은 날로부터 30일 이내에 법률사무소 업무허가증을 발행하고 이는 매년 갱신절차를 거쳐야 한다. 첫째 유형은 국영변호사사무소(國資所)로서 국가에서 출자하여 설립한 변호사 사무소로서 업무에 있어서는 자주적으로 처리하도록 되어 있고 자산으로 그 채무에 대한 책임을 지고 변호사 개인은 대외적인 책임을 지지 않는다. 두 번째 유형은 합동 변호사 사무소(合作所)인데 우리의 법무법인과 유사한 것으로서 국가의 출자에 의존하지 않고 독립하여, 복수의 조직 혹은 변호사가 공동으로 설립한 변호사 사무소인데 사무소의 자산으로 대외적인 책임을 지는 유한책임 형태인 점은 국영 변호사 사무소와 같다. 세 번째 유형은 조합형태의 변호사 사무소(合伙所)인데 복수의 조직 혹은 변호사가 공동으로 설립하되 소속 구성원은 변호사 사무소의 채무에 대하여 무한책임과 연대책임을 지는 조합형태의 변호사 사무소이다. 2001년의 통계에 의하면 당시 9,691개의 법률사무소 중에서 약 70%가 국영변호사 사무실의 형태이고 10% 정도가 합동사무소의 형태이고 나머지 20% 정도가 조합형태의 법률사무소였다.[23] 현재의 큰 추세는 조합형태의 세 번째 유형의 법률사무소가 증가하는 경향인데 그 원인은 국영법률사무소의 경우 변호사가 일정한 월급을 받고 그 수입은 국가재정에 들어가는 보상구조로 인해 변호사의 적극적인 업무수행의 정도가 다른 법률사무소의 형태보다 떨어지고 있고 훌륭한 경력과 평판을 받는 변호사들 역시 국영 법률사무소보다는 보상 기준이 매력적인 파트너쉽 형태의 법률사무소를 선호한다는[24] 사실에서 찾을 수 있다고 본다.

---

23) Chow Daniel C.K. op. cit., p.235. 통계의 정확성은 문제되는데 1998년에 8,946 개의 법률사무소가 있었는데 그 중 조합형태가 27%, 합동사무소 형태가 11%, 국영이 59%라는 통계도 있다. Randall Peerenboom, op. cit., p. 353. 2006년까 지는 12,000개의 법률사무소가 있었다. http://www.chineselawyer.com.cn 참조.

24) Chow Daniel, op. cit., p.236; Randall Peerenboom, op. cit., p.353.

4) 외국 법률사무소의 분사무소의 설치

외국에 진출한 회사들은 자국 변호사의 법률자문을 받으려는 경향이 있고 이런 경향은 영미법계 회사들의 경우 특히 현저하다. 중국에 진출한 세계적 대기업 역시 본국의 법률가와 함께 중국에서의 사업위험을 대처하고자 한다. 중국이 법의 지배를 향한 사법개혁을 진행한다고 할 때 중국에 진출한 외국기업이 자국의 변호사를 통해 법적 자문을 받을 수 있도록 중국 사법부는 외국변호사사무소의 분사무소의 설치를 허용할 필요가 있다. 이는 중국이 2001년 WTO에 가입할 때 일정부분 양해가 된 부분이기도 하다. 중국은 법률을 정치와 밀접히 관련된 부분으로 인식하는 경향이 있다. 그리하여 법의 독자성보다는 당의 정책(policy)을 실현하는 도구로 이해하여 법 그 자체가 독자성을 가질 수는 없고 끊임없이 당의 지도에 따라 사법기관은 그 업무를 수행할 뿐이라는 생각이 여기에도 영향을 주고 있다. 지금도 외국의 법률회사들은 중국에 분사무소를 일정한 허가를 통해 설치할 수 있지만, 중국법을 해석하고 중국법에 관한 의견을 제시하는 업무를 수행할 수 없도록 되어 있다. 또한 외국 법률회사가 중국 변호사를 고용하는 것을 아직 허용하지 않고 있다(≪外國辯護士事務所駐中代表機構管理條例≫, 이하 '외국변호사관리조례'라 부름, 제15, 제16조). 이는 국내 법률산업을 보호하기 위한 산업정책의 일환으로 취해지는 조치로 파악된다. 이런 제약을 벗어나기 위해 외국인들은 컨설팅회사를 설립하여 이 회사가 중국 변호사를 고용하여 자국기업이나 외국회사에게 중국법 자문을 하는 방식을 취한다. 외국 법률사무소 역시 분사무소를 설치할 수 없는 한계를 이런 방식으로 극복하고 있는데 이는 모두 사법부의 감시의 대상이 되고 (외국변호사 관리조례 제6조), 외국 법률사무소가 사법부와 밀접한 관계를 유지할 수밖에 없게 하는 요인이 되고 있다. 정부의 과도한 규제가 탈법을 조장하고 이를 빌미로 행정공무원은 부패의 커넥션을 형성하는 사법방면의 대표적인 사례이다. 중국의 WTO가입은 이런 정부의 과도한 제한을 완화시키는 계기가 될 수 있을 것으로 보고 있다.

외국 변호사사무소가 중국에 분사무소 즉 주중국 대표처를 설치하기 위해서는 중국 국무원 사법행정부처의 허가를 받아야 한다(외국 변호사 관리조례 제6조). 대표기구의 대표는 본국에서 2년 이상 변호사업무에 종사한 자이어야 하고, 수석대표는 변호사경력이 3년 이상 되어야 하고 파트너변호사 또는 이에 해당하는 직위에 있는 자이어야 한다(동 조례 제7조). 이렇게 받은 허가증을 가지고 대표기구는 소재지 사법행정부처에서 매년 등록절차를 반복하여야 한다(동 조례 제10조). 그 업무범위는 당사자에게 해당국의 국가법률 자문 및 국제조약, 국제관례의 자문을 제공할 수 있을 뿐 중국 법률사무는 중국 변호사사무소에 위탁해서 처리할 수 있을 뿐이다(동 조례 15조 제1항, 제3항). 그리고 대표기구의 대표는 매년 6개월 이상 중국 내에서 거주해야 할 의무를 지고 이를 위반하면 다음해의 등록은 불가능하다(동 조례 제19조).

외국 법률사무소의 분사무소의 설치에 관해 중국 정부는 상당히 제한적인 접근방식을 취하고 있는데 중국 정부의 이런 입장은 앞으로 상당부분 개선될 필요가 있다. 기본적으로 중국에 진출한 외국기업들이 자국 법률회사의 법률서비스를 받고 싶어 한다는 기본적인 요구가 있는 한 이런 제한은 사라져야 한다는 압력에 놓일 것이고 중국의 WTO 가입 후 이런 움직임은 현실화되고 있는 상태이다.

5. 2008년의 변호사법 개정

변호사법은 2001년 개정을 거쳐 2008년에 비교적 큰 폭으로 개정되었다. 2007년 10월 28일 통과되어 2008년 6월 1일부터 시행된 변호사법의 기존 53개 조문은 60조까지 증가하였는데 전체적으로 80군데의 크고 작은 수정이 이루어졌다.

그 중에서 변호사의 권리와 의무에 관한 부분이 크게 변화하였다(제4장, 제28조 내지 제42조). 형사소송법 개정안이 나오지 않은 상황에서 변호사법의 개정은 의미가 있다고 할 수 있다. 위탁인과의 관계에서 변호사의 위탁거절권을 규정하였고(동법 제28조) 특히 형사소송에서 변호사의 증명책임을 면제하여 변호사는 변호인으로서 범죄 혐의자나 피고인의 무죄 혹은 죄질이 가볍다는 변호의견의 증거를 제출할 필요가 없다고 규정하여(동법 제28조) 기소자의 입증책임원칙을 형사절차에서 실질적으로 명확히 하였다. 그리고 형사절차에서 변호사의 접견교통권의 행사시점을 앞당겨 변호권을 강화하였다. 즉 변호사는 피의자의 신문시 혹은 구속된 날부터 특별비준절차를 거치지 않고 서류를 구비해서 피의자를 접견하고 사건상황을 알 수 있도록 하였고 변호사가 범죄혐의자를 접견할 때는 단지 쌍방을 지켜볼 수만 있고 그 대화를 들을 수 없다고 규정하였다(동법 제33조). 한편 변호사의 기록열람권에 기록복사권도 추가하였다(동법 제34조). 또한 개정 변호사법은 변호사의 증거수집권을 강화하였는데 변호사는 인민법원, 인민검찰원에게 증거를 수집하거나 혹은 증인이 법정에 나오라고 신청할 수 있게 하였다(동법 제35조). 그리고 변호사가 법정에서 한 발언에 대해 면책권을 명확히 보장하였다(동법 제37조).

변호사의 의무도 강화하였는데 개정법은 변호사의 비밀보호의무도 확대하였다(동법 제38조). 종전의 쌍방대리금지(2001년 제34조)를 이익충돌 금지규정으로 확대 규정하였다(동법 제39조). 새로이 상대방 당사자 또는 제3자와 함께 악의적으로 의뢰인의 권리를 침해하는 행위를 해서는 안 되고 고의적으로 허위증거를 제출하지 않아야 할 의무를 규정하였다(동법 제40조). 종전에는 명백한 사실을 속여도 처벌하도록 하였지만 이번 개정에서 변호사의 진실의무의 범위를 축소하여 이를 폐지하고 허위증거를 제출하는 경우로 축소하였다. 변호사의 법률원조의무를 추가하여 변호사가 법률원조의무를 거절하면 징벌을 가하도록 규정하였다(동법 제42조).

한편 개정 변호사법에는 변호사의 자율성을 신장하는 방향으로의 변화가 나타나고 있다. 지방 변호사회의 회칙제정권을 지방변호사회에 주었고 변호사사무실 역시 변호사협회의 의무회원이 되도록 하였다. 변호사에

대한 징계권을 구가 설립되어 있는 시급 혹은 직할시의 구(區) 인민정부
의 사법행정부서에 부여하였다(동법 제47조). 종래의 징계수준이 극단적
이라는 지적을 받아 개정 변호사법은 경고, 등록말소, 휴직명령 외에 벌금
도 규정하고 징계의 내용을 세분화하였다(동법 제47조 내지 제56조). 그
리고 비교적 가벼운 규율위반행위에 대해서는 사법행정부서가 아닌 변호
사협회에서 징계를 하도록 근거규정을 마련하였다(동법 제46조).

Ⅲ. 중국 변호사의 독립성과 전문성을 향한 노력

1. 변호사의 독립성의 확보

법의 지배의 확립을 위해서 능력 있고 독립적인 변호사의 역할은 절대
적이다. 변호사가 국가나 사회조직으로부터 충분한 독립성을 유지하면서
법의 지배의 가치를 활발히 전파할 때 법의 지배는 사회 전체에 파급되고
법존중의 문화가 형성될 수 있다. 독립적인 법조의 형성을 위해 우선 변
호사가 국가의 간섭으로부터 자유로워야 한다. 현재 중국의 변호사는 변
호사자격의 취득, 업무자격증의 획득, 그리고 변호사징계 등의 일련의 과
정에서 국무원 산하 사법부의 감독 하에 놓여 있다. 1996년 변호사법의
제정으로 그 이전의 임시규율의 적용시기보다는 변호사단체의 자율성이
신장되었지만 앞서 보았듯이 변호사의 자격을 정지·취소하고 그 이익의
몰수·처벌을 요구하는 권한은 모두 사법부가 행사하고 있다. 변호사에 대
한 국가의 지나친 간섭은 변호사의 독립성을 훼손하여 자신의 소신에 따
른 법률사무의 처리를 방해한다. 정치적 사건과 관련된 형사사건에서 피
고인을 변호할 변호사를 찾기가 어렵다는 현실은 변호인의 변호권이 국
가권력에 의해 제약을 받는다는 것을 보여준다. 1996년의 형사소송법의

개정은 형사변호인의 변호권에 있어 많은 발전이 있었지만,[25] 여전히 공안기관과 검찰은 변호사의 수사단계의 활동을 수사의 방해물로 인식하고 비협조적인 자세를 보여주고 있다. 행정소송의 경우에도 변호사가 소송대리인으로서 의뢰인을 위해 가장 바람직한 활동을 하는데 일정한 장애를 겪고 있는 것으로 보고된다. 소송대리인은 행정기관이나 다른 기관으로부터 압력과 간섭을 받는다고 한다. 특히 소를 취하하거나 합의를 요청받는 경우도 흔하다.[26] 사법부가 변호사를 통제하는 더 효과적인 수단은 국영기업 관련사건에 대한 참여를 결정하는 과정에서 나타난다. 법률사무소의 입장에서 보면 이런 사건들은 쉽게 이익을 낼 수 있는 사업이므로 적극적으로 참여하고자 하는데 이를 위해서는 사법부와의 일정한 관계가 참여여부나 그 배당량을 결정하는데 영향을 준다.

물론 중국의 경제가 발전하고 변호사의 새로운 업무영역이 확대되어 가면서 사법부에 의존할 필요 없이 재정적으로 자립할 수 있는 변호사 사무실이 늘어가고 있는 것은 사실이다. 젊고 야망 있는 청년들에게 변호사 직업은 고소득을 낼 수 있는 전문 직종 중의 하나로 인식되고 있다. 중국에서 변호사의 최고 연봉은 120,000$ 정도로 알려져 있는데 이 정도의 연봉을 받는 이들은 주로 해외에서 JD과정을 마치고 외국시민권을 획득한 후 외국로펌의 중국대표처에 취직한 중국 출신의 변호사들이다.[27] 물론 다른 파트너 형태의 법률사무소에서 이에 상응하는 소득을 올리는 변호사도 있다. 그 만큼 중국의 경제적인 발전은 변호사에게 새로운 소득창출의 기회를 많이 제공하고 젊고 패기 있는 유능한 변호사가 나타나고 있다.

이렇게 재정적으로 국가에 의존하지 않게 되는 변호사가 많아지더라

25) 상세한 분석은 다음에 기술할 형사소송부분을 참조바람.
26) 행정소송법 제50조에 따르면 행정사건에서 조정을 적용하지는 않지만, 실제로 조정의 권유나 강요는 드물지 않게 요구된다고 한다.
27) Chow Daniel C.K. op. cit., p.238. 법과대학 교수의 경우 일년 연봉이 3,000-4,000$ 정도인데 최고 법과대학의 경우 15,000$이지만, 이들은 변호사로서 법률회사에서 고수익을 올리는 법률서비스에 종사하고 있다(ibid.).

도 여전히 변호사가 사법부에 의존하게 되는 것은 지나친 변호사에 대한 규제 때문이다. 중국의 경우 자격취득과 유지, 그리고 징계절차에서 사법부의 권한이 강력할 뿐만 아니라 변호사에 대한 국가의 규제가 강하여 이를 준수하기는 사실상 어렵다고 한다. 외국 법률사무소의 대표처의 경우 대표의 일정한 자격요건(수석대표의 경우 3년)도 문제지만, 중국에 1년에 6개월 이상 거주할 의무가 부과되어 있고 자국 기업으로부터 수임한 중국법 관련 사건을 모두 중국 법률사무소에 위임하여 처리하여야 하는데 대부분의 중국진출 법률사무소의 경우 외국변호사나 고용된 중국변호사가 직접 중국법 자문을 하고 있는데 이는 금지된 것이다. 이런 사유가 발견되면 대표처는 등록이 취소되므로 외국 법률사무소 역시 사법부와 일정한 관계를 형성해 두지 않으면 곤란하고 공무원들 역시 중국진출 법률사무소의 이런 탈법행위를 너무나 잘 알고 있다. 그래서 단속의 두려움 때문에 평소 사법부와 일정한 관계를 형성해 두지 않으면 언제 예기치 않은 불이익을 당할지 알 수가 없어 사법부와 긴밀한 관계를 형성하는 관행이 변호사업계에 형성되어 있다.[28]

이런 변호사의 수동적인 자세는 변호사 자신의 부정과도 관련이 있다. 전반적으로 중국 변호사의 윤리수준은 낮은데 변호사들이 의뢰인들의 승패나 결과를 위해 모든 수단을 동원하는 것을 당연시하는 업무태도에서 기인한다. 법률사무가 지닌 법률적 문제점과 이에 대한 대처방안과 예측을 위주로 변호사의 능력과 전문성이 변호사의 수준을 평가하는 기준이 되어야 함에도 중국의 변호사들은 의뢰인들을 만나면 그들에게 그 법률사무가 지닌 난해함을 설명하고 자신이 이 문제에 대해 결정권을 가진 누구와 일정한 관계를 형성하고 있으니 문제를 해결할 수 있다는 말을 한다. 문제해결 과정의 복잡성과 곤란성이 전제되고 이를 해결할 수 있는 특단의 수단을 자신의 사무소만이 가지고 있다는 일련의 설명은 의뢰인에게 측정할 수 없는 비용을 부담시킨다. 이런 식의 문제해결 방법이 통하고

---

28) Randall Peerenboom, op. cit., pp.356~357.

있는 것이 중국의 현실이다.

실력에 의존하여 명성을 쌓는 풍토와는 거리가 있고 관계를 동원하여 문제를 해결할 수 있는 정치적 중개인으로서의 역할수행 능력이 중국 변호사의 능력을 평가하는 잣대라고 할 수 있다. 이런 분위기에서 변호사의 자율적인 책임 하에 변호사의 징계절차를 변호사단체에 맡기는 것은 아마도 시기상조일 것이다. 독립과 자율은 간섭하는 자의 측면과 함께 당사자의 자율적인 능력의 강화가 이루어져야 가능할 수 있다. 이런 측면에서 중국의 법조 변호사단체는 많이 부족한 것이 현실이다.

2. 변호사의 전문성의 확보

중국 변호사의 독립성의 문제만큼 더 심각한 문제는 전문성의 부족이다. 변호사는 전문직업인(professional)으로서 그 전문성에 대한 사회의 신뢰와 존경을 통해 그 권력을 유지하고 자신들만의 일정한 업무영역을 배타적으로 형성하게 된다. 서구에서 전문가그룹의 형성과 발전은 이런 과정을 인상적으로 보여준다. 변호사는 법률전문가로서 대표적인 전문가그룹에 속하는 직종으로 분류된다. 전문가인 변호사가 법률문제에 있어 전문성이 부족하다는 지적은 그 나라의 법의 지배의 수준과 관련지어 평가될 수 있는 부분이다. 변호사가 법률문제에 전문성이 없어도 전문가로서 역할을 하고 상응하는 보수를 받을 수 있다는 얘기는 그 나라의 법률문화가 법의 독자성 확립과는 거리가 멀고 법률 외적인 요소가 지배하고 있다는 사실을 보여주는 것이다. 법이 독자성을 갖추고 법률문제가 법의 독자적인 논리와 방식에 따라 해결되는 법문화에서 변호사는 자신이 가진 법률문제 해결자로서의 전문성으로 인해 그 존재의 의의를 발견하게 된다.

중국은 법학을 전공하거나 특별히 대학을 졸업한 자만이 변호사시험에 응시할 수 있다는 제한이 존재하지 않는다. 1996년에 제정된 변호사법은 일정한 고등학력을 변호사시험 응시를 위한 자격요건으로 기술하였지만, 그 밖에 보충적인 규정에 의해 이 규정은 완화되어 대학을 다니지 않더라도 통신교육과정,29) 성인독학프로그램30) 등을 통해 구비할 수 있다. 이런 보충적 규정에 의해 중국 변호사의 학력요청은 사실상 변호사의 자질을 담보하는 기준이 될 수 없는 상황이다. 이는 중국이 개혁개방의 조치를 취하면서 필요로 하는 많은 수의 변호사를 충원하기 위해 부족한, 법과대학 졸업자에게만 응시자격을 한정할 수 없다는 현실적인 필요가 반영된 것으로 볼 수 있다.

고등학력의 요구가 없다 하더라도 변호사로서 일정한 능력을 쌓는 법조문화가 형성되어야 하는데 중국 변호사업계의 현실은 이와는 거리가 멀다. 특히 변호사로서 일정한 법률사무소의 합리적인 보상체계 안에서 유능하고 경험 많은 변호사의 지도 아래 전문성의 깊이를 심화함으로써 지속적인 전문화의 과정이 법조 내부에 갖추어져야 할 것인데 변호사의 잦은 이동은 이를 어렵게 한다. 이는 법률사무소 내부의 이익분배 시스템의 불합리성에 연유하는 것으로 보인다. 이익분배가 사건의 해결능력에 따르는 것이 아니라, 사건을 유치하는 능력에 의해 좌우되다 보니 사회적 관계가 적은 젊은 변호사의 경우 그 이익분배율은 현저히 낮은 것으로 알려져 있다.31) 이런 분배구조는 법률문제의 해결에서 전문가의 능력이 돋보임으로써 그 전문성에 상응하는 보상구조가 실현되는 것이 아니고 사건을 유치하는 능력이 보상비율을 좌우하고 법률문제의 해결과정은 그다

---

29) 이는 한국의 방송통신대학과 유사한 대학으로 이해할 수 있다.
30) 일반 고등학생과 함께 고등교육입학시험(한국의 수학능력시험)을 보지 않고 성인들만 따로 대학입학을 위한 시험을 볼 수 있도록 해 이들만의 입학을 위한 특별 대학을 설치하거나 일반 대학 안에도 별도의 과정을 마련해 대학교육의 기회를 제공하고 있다. 그런데 요즘은 과거와 달리 대학진학이 쉬워 이런 제도의 실효성은 떨어지고 있다.
31) 중국 엘리트 법률회사의 경우 senior parter와 senior associate 사이에 10:1에서 25:1 정도인데 외국 법률회사의 경우는 3:1에서 8:1 정도에서 이루어진다. Peerenboom, op. cit., p.366. 엘리트 법률사무소의 경우가 이런 수준이고 그 아래의 법률사무소의 경우는 더 심한 차이를 보일 것으로 판단된다.

지 중요한 부분이 아니라 번거로운 형식적인 절차에 불과하다는 것을 보여준다. 이런 상황에서 변호사가 법률문제의 해결을 창조적이고 분석적인 법적 기술에 의존하는 것이 아니라, 판단하는 자 또는 결정하는 자와의 관계나 연관을 통해 법률문제를 해결하고자 하는 것은 당연한 현상이다. 이런 법조의 구조에서 전문성을 키우기 보다는 자신의 사건 유치능력을 키워 하루 빨리 독립된 사무실을 차리는 것이 초년 중국 변호사의 희망이다.

그렇지만, 중국 변호사의 수의 증가와 경제발전의 성과는 장기적으로 전문성을 갖춘 변호사를 요구할 것으로 보인다. 법의 지배를 위해서는 충분한 수의 법률가의 적정한 분포와 합리적이고 예측 가능한 변호사비용 결정과정이 마련되어야 한다. 중국 역시 변호사의 지속적인 확보는 장기적으로 필요한 과제이다. 일반적으로 변호사단체는 전문가권력의 유지를 위해 시장에 진입하는 변호사의 공급을 통제하려는 경향을 보인다. 1970년대 후반까지 미국 변호사협회는 외부로부터의 공급에 대한 통제력을 행사하였다. 그 이후 반트러스트 금지조항의 적용과 회계사와 같은 다른 전문가들의 진출에 의해 미국 변호사협회는 그 공급에 대한 통제권을 서서히 상실하게 되었다.[32] 이렇게 공급에 대한 통제를 통해 독점이익을 추구하지 못하게 된 변호사들은 치열한 경쟁에 직면하게 되었고 그들이 찾은 출구는 전문화(specialization)였다. 그들은 전문적인 법률서비스를 제공함으로써 자신만의 특화된 영역을 구축하고자 하였고 이런 시도는 성공적이었다. 중국 변호사 역시 최근 그 수의 증가를 경험하고 있고 대도시에 모여 있는 변호사들은 경쟁적인 환경에 직면하여 수임료의 인하경쟁이 일어나고 있다.[33] 한편 중국 변호사들 중 상사영역에서 활동하는 변호사들 중 외국변호사와 함께 외국인투자와 관련한 대형 프로젝트에 참가하는 변호사들은 그 전문화의 유인을 많이 받고 있다. 이런 경향은 장기

---

32) Wolfram, C.W., "The ABA and MDP's:Context, history, and process", *Minnesota Law Review* 84, 2000, pp.1625~1654. 그 결과 1970년과 1988년 사이에 인구대비 변호사의 비율은 두 배 이상이 되었다.

33) Randall Peerenboom, op. cit., p.369.

적으로 다른 영역의 변호사에게도 확대될 것이다. 중국 변호사업계는 전
문성의 강화를 통해 그 적응력을 키워야 전문가그룹으로서 사회적 영향
력을 행사하고 전문가로서의 권력을 유지할 수 있을 것이다. 또한 변호사
수의 증가는 부실변호에 대한 소송을 전문으로 하는 변호사 그룹의 등장
을 촉진하여 변호사에게 전문가로서의 책임을 추궁하려는 움직임은 점차
일반화될 것이다.

3. 변호사의 윤리의식의 제고

중국 법조가 직면한 또 다른 문제는 중국 변호사에게 전문가로서의 직
업윤리가 부족하다는 점이다. 중국의 변호사가 자신의 의뢰인과 함께 사
건 담당 법관을 사적인 저녁식사에 초대 하는 일은 관행이 되었고 법률회
사가 홍콩이나 마카오 등 가볼만한 장소에서 열리는 세미나 참가를 위해
비용을 부담하는 일도 자연스런 일이다.[34] 법관이 소송사건의 검증을 위
해 당사자가 부담하는 경비로 고급호텔에 숙박을 하고 호화로운 주연에
초청을 받는 경우도 관행화되어 있다. 변호사들은 물론 이런 모든 비용을
의뢰인에게 전가하는데 이를 위해 법관과의 특별한 관계를 자랑하면서
접대비용을 추가로 요구한다. 물론 이런 식으로 해서 결론이 만족할만하
게 나는 경우 당사자는 변호사의 유능함을 칭찬하며 만족하여야 하지만
변호사가 위임사무를 처리한 내용을 외부에서 확인할 수 있는 방법이 없
다. 더욱 최근 변호사 수가 증가하면서 변호사윤리의 타락현상이 심화되
고 있다. 중국 사회전체에 팽배한 배금주의의 사조 속에서 변호사 직업을
고소득 전문직업으로 여겨 많은 사람들이 변호사시험에 몰리고 있다.

변호사법과 관련 규율이 변호사의 윤리문제에 대해 소홀히 다루고 있
는 것은 아니다. 오히려 법은 과도할 정도로 존재하고 있는데 그 준수가

---

34) Chow Daniel C.K. op. cit., p.253.

이루어지지 않는데 문제의 심각성이 있다. 변호사법은 변호사가 법관, 검찰원, 또는 중재인을 만나는 행위와 이들에게 뇌물을 주는 행위를 철저히 금지하고 있다. 또 변호사는 스스로 또는 다른 사람으로 하여금 증거를 조작하거나 사실을 숨기게 해서는 안 되고, 관련된 당사자로부터 이익을 얻거나 다른 당사자로부터 금전이나 선물을 얻기 위해 자신의 지위를 이용해서도 안 된다. 그리고 다른 변호사를 비방하거나 소개료를 주는 방법으로 사건을 유치해서도 안 되고, 동시에 두 곳 이상의 법률사무소에서 일해서도 안 되며, 양쪽 당사자를 모두 대리해서도 안 된다(변호사법 제12조, 제24조, 제34조, 제35조). 또 법관이나 검찰원은 그들이 그 직을 떠난 후 2년 동안 변호인이나 소송대리인으로 활동할 수 없고 현 공무원 역시 변호사로서 나서는 것을 금지하고 있다(변호사법 제12조, 제36조). 이들이 내부정보를 이용할 수 있고 관계를 이용하여 결정에 영향력을 행사할 수 있다는 점에서 이와 같은 제한은 합리화될 수 있지만, 실상 이런 제한은 손쉽게 잠탈되고 있다. 법관과 검찰원들은 자신을 변호사가 아닌 컨설턴트라고 부르며 그 제한을 무시한다. 심지어 현직에 있는 동안에도 법관의 처나 자녀들이 컨설팅회사를 설립하고 변호사를 고용하여 사실상 법률사무를 수임하는 경우도 있다.

　이런 변호사 업계의 윤리의식의 타락은 법률소비자인 시민들의 불만을 야기하여 사법부의 변호사에 대한 감독권의 강화로 이어지고 있다. 시민들은 변호사협회보다는 정부기관인 사법부에 변호사의 부실변호에 대해 호소하려는 경향이 강한 편이다. 이는 전통적으로 문제를 사회단체보다는 국가에 호소하는 경향의 일환이라고 볼 수도 있지만, 그 보다 변호사협회의 자정능력에 대한 시민들의 불신에 원인이 있다. 사법부 역시 부패로부터 자유로운가하는 의문이 들지만, 아직까지 중국인들은 변호사협회보다는 사법부를 신뢰하는 것으로 보인다.

IV. 중국에서 법의 지배와 변호사의 역할

중국 변호사가 독립성을 이루고 전문성을 갖추고 법의 지배의 파수꾼으로 자기역할을 하기 위해서는 넘어야 할 산이 많이 남아 있다. 우선 중국 변호사는 국가의 간섭으로부터 자유로워야 한다. 자유민주주의 나라의 변호사와 같이 완전한 자율성을 당장 보유할 수는 없는 상태이지만 점차 국가의 간섭과 통제를 벗어나야 할 필요가 있다. 이를 위해서는 변호사협회의 자율성의 신장이 요구된다. 중국 시민들이 변호사단체의 자율적인 자정능력을 신뢰할 수 있어야 법률소비자는 사법부보다 더 공정하고 철저하게 구성원을 통제할 수 있는 변호사협회를 찾게 될 것이다. 법률전문가로서 변호사의 역할을 확대하기 위해서는 변호사가 시민사회에서 독립성을 가져야 하는데 이는 변호사의 능력과 윤리의식을 전제로 하기 때문에 이런 덕목들이 동시에 추구되지 않는 한 어느 한쪽만을 우선적으로 갖추기는 어렵다. 이와는 달리 국가의 지나친 규제는 완화될 필요가 있다. 중국 변호사들은 비현실적인 규제중심주의적 규율로 인해 많은 탈법적인 수단에 의존할 수밖에 없고 이런 약점을 알고 있는 사법부의 공무원들은 변호사의 보호자로서 부패의 사슬을 형성하려 한다. 전문가의 선택과 교육 그리고 통제는 그 전문가집단의 자율적인 통제 하에 맡겨두고 국가는 최소한의 간섭만을 하는 방식으로 변화할 필요가 있다. 또한 중국 변호사의 독립성을 제약하는 당의 간섭 역시 없어져야 할 것이다. 3명 이상의 당원이 있는 법률사무소는 당조직을 건설하고 당의 이념과 지도를 전달해야 한다는 요구는 변호사의 자유 직업인으로서의 역할과 조화되지 않는다. 변호사는 시민사회의 영역에서 집권세력을 법의 지배의 관점에서 감시하고 비판하는 사회적 역할을 수행하는 자유직업인임에도 불구하고 집권당의 간섭을 받아야 한다는 것은 사회주의의 잔영으로 보인다. 요즘의 젊은 변호사들 역시 당을 이념적 관점에서 바라보지 않을 뿐만 아니라 우호적인 존재로 인식하지도 않는 것이 현실이다.

변호사의 또 다른 역할 중의 하나가 사회변화의 동력으로서 사회의 민주주의의 발전에 공헌하고 인권의 신장에 기여하는 일이다. 자유민주주의를 달성한 나라들에서 변호사의 이와 같은 역할은 인상적으로 이루어져 왔다. 변호사는 시민의 경제적 이익이나 권리의 실현에 조력할 수 있지만 보다 시민의 정치적 자유와 정신적 자유의 영역에서 기여할 수 있다. 인권의 발전은 민주주의의 신장과 함께 하지 않으면 이루어지지 않는 것이 그 동안의 역사의 교훈이라고 할 수 있다. 법의 지배의 완성은 정치에서의 민주주의의 완숙이 동반되어야 그 진정한 의미를 가질 수 있다. 중국 행정소송의 심판대상의 측면에서의 제한은 이런 측면을 여실히 반영하고 있다. 시민의 정치적 자유에 대한 공권력의 제한에 대해 행정소송을 통해 다투지 못하게 제한하는 현실은 중국의 민주주의의 한계를 보여주는 것이다. 중국이 경제적 자유에서 정신적 자유 그리고 정치적 자유로 그 자유의 폭과 깊이가 확대·심화되어 감에 따라 민주주의에 대한 요구가 수반될 것이고 이 과정에서 시민사회의 대변자로서 변호사의 역할은 중요시 될 것이다. 이 과정에서 중국 변호사가 자신의 전문성을 무기로 어떻게 자신의 전문가권력을 유효하게 정당화하며 사회변화를 주도할 수 있는지가 중국 변호사의 장래를 좌우할 것으로 보인다. 이는 상당한 진통과 갈등 그리고 고통을 수반할 것이지만 이 과정에서 중국 변호사가 일정한 역할을 할 수 있다면 중국 변호사는 시민사회의 중심에 설 수 있을 것이다.

제2절 중국 법원의 소송절차적 보장

I. 법원에 대한 접근의 보장

1. 사법행위청구권의 의의와 규범적 내용

사법행위청구권(Justizgewährungsansprüche)은 국가에 대하여 법원에서의 재판을 청구할 수 있는 권리로서 일반적으로 재판청구권의 보장규정에서 그 근거를 찾을 수 있다.[1] 사법행위청구권은 자신의 권리가 침해되었다고 인정되는 경우에 그 사법적 구제를 구하는 기본권이므로 법원으로의 접근을 보장하는 기본권이라고 부를 수 있다. 사법절차가 개시된 이후의 절차적 보장은 사법행위청구권의 보호범위에 포섭되지 않는다.

사법행위청구권은 재판청구권에서 파생하는 법치국가의 절차적 기본권의 하나이다. 재판청구권의 법적성격에 따라 청구권적 기본권에 속하고 다른 기본권의 실현을 위한 기본권이라고 할 수 있다. 법치국가의 사법절차적 기본권의 하나이지만 그 직접적인 근거는 재판청구권에서 찾는 것이 타당하다.

사법행위청구권은 소제기에 일정한 권리보호의 필요성의 요건을 부가하는 것을 허용한다. 국가가 재판제도를 마련하였지만 국가 전체의 공익적 관점에서 볼 때 무익한 재판제도의 이용은 일정한 요건 하에 통제할 필요가 있기 때문이다.

---

1) 우리 헌법의 경우 헌법 제27조 제1항에서 찾는다. 독일의 경우 사법행위청구권은 그 대상에 따라 기본법 제19조 제4항, 법치국가원칙, 그리고 다른 기본권규정으로부터 나온다고 보고 있다. Schmidt Aßmann, in: Maunz-Dürig, Grundgesetz Kommentar, Bd. Ⅳ. Lfg. 27, 1988, § 103 I, Rn. 7.

사법행위청구권을 보장하기 위한 규범적 내용으로 우선 국가는 독립성이 보장되는 재판기관과 그 판결을 집행할 집행법원을 설치하여야 한다. 이런 법원은 국민들이 편리하게 접근할 수 있도록 충분히 설치되어야 하고 이 법원이 지역적으로 적절하게 분산되어 있을 것을 요구한다.[2] 집행법원 역시 효율적인 강제집행을 위해 충분한 집행관을 확보하여야 한다.

국민이 자신의 법적 분쟁을 법원을 통해 해결할 수 있도록 법원으로의 접근을 폭넓게 보장하는 것은 사법행위청구권의 중요한 규범적 내용이다. 민사소송의 경우 소송비용의 부담과 관련하여 소송구조제도의 구비가 법원으로의 접근을 보장하는 중요한 수단이다. 그 밖에 실효의 원칙에 의한 소권의 상실의 인정여부,[3] 소송상의 제척기간 등도 이와 관련되어 논의된다. 행정소송의 영역에서는 행정절차에서 불복고지방법의 고지제도, 제소기간, 세법상의 간주규정[4] 등이 이와 관련하여 문제되는 부분이다. 형사소송에서는 형사피해자의 법원으로의 접근권이 문제된다.

2. 사법행위청구권의 소송절차상 구현

1) 소송비용과 소송구조제도

민사소송에서 당사자가 부담하는 소송비용은 법원으로의 접근에 일정한 장애로 작용한다. 그렇다고 국가가 무상으로 민사소송을 진행시키기에

---

2) 장석조, "사법행위청구권 - 재판을 받을 권리", 安岩法學, 1999, 319면.
3) 소권 자체의 실효의 인정은 재판청구권에 대한 중대한 제약이므로 매우 신중해야 할 것이다. 우리 판례 중에는 소송법상의 권리에 대해 실효의 원칙을 인정한 예가 있다(대법원 1996.7.30. 94다51840; 대법원 1995.2.10. 94다31624 판결).
4) 헌법재판소 1994.6.30. 선고 93헌바9결정. 이 결정에서 헌법재판소는 구상속세법 제7조의2 제1항(1990.12.31. 법률 제4283호로 개정되기 전의 법률) 중 용도가 객관적으로 명백하지 아니한 것 중 대통령령으로 정하는 경우를 간주규정으로 해석한다면 반증의 가능성을 막아 조세부과에 대한 쟁송의 길을 막게 되므로 이 규정을 추정규정으로 보지 아니하고 간주규정으로 해석하는 한 헌법에 위반된다고 결정하였다.

는 재정적인 부담이 있고 이는 전체 국민의 부담으로 나타날 수밖에 없다. 그러므로 사권(私權)의 보호를 목적으로 하는 민사소송의 경우 소송비용을 당사자로부터 받는 방식이 일반적인 추세라고 할 수 있다. 그렇지만 소송비용의 부담이 당사자가 법원에 소를 제기하는데 제약으로 작용하여 당사자가 자신의 권리를 구제받지 못하는 경우 이는 역시 법의 지배의 관점에서 허용될 없으므로 상응한 대비책이 있어야 한다.

중국은 상당한 기간에 걸친 논의 끝에 1989년에 ≪人民法院訴訟收費辦法≫을 정식으로 제정하여 민사소송과 행정소송을 포괄하여 소송비용에 관해 규정하고 있다. 이 법에 따르면 소송비용은 사건 수리비와 기타의 비용으로 나누어진다. 사건수리비는 다시 비재산사건 수리비와 재산사건 수리비로 나누어지고 기타의 소송비용은 검증, 감정, 공고, 번역비, 증인교통비 등으로 구성된다(동법 제5조 내지 제10조). 사건수리비는 원고가 예납을 해야 하는데 인민법원의 소송비용 예납통지서를 받은 다음날로부터 7일 이내에 예납하고 피고가 반소를 제기하는 경우는 피고가 사건수리비를 예납한다(동법 제12조, 제13조). 집행신청비용 등은 신청인이 신청과 동시에 예납하고 이렇게 예납이 필요한 경우 그 예납기간 내에 예납하지 않고 유예신청도 하지 않으면 자동적으로 소가 취하된 것으로 처리한다(동법 제13조). 사건수리비는 패소당사자가 부담하는 것이 원칙이고 쌍방에게 책임이 있는 경우에는 쌍방이 분담한다(동법 제19조).

법원의 입장에 볼 때 소송비용은 법원의 중요한 수입원이므로 소송비용의 면제나 감경은 법원의 심판업무를 포함한 법원의 운영에 지장을 줄 수 있다.[5] 2002.1.1. 시행된 ≪人民法院財務管理潛行方法≫에 따르면 법원 심판원가 즉 법원의 지출은 주로 세부분으로 구성되어 있다. 첫 번째는 기본지출로 여기에는 법원경비지출, 업무경비지출, 외사경비지출, 그 중에 법원 경비지출은 주로 인원경비와 일상 사무용 지출의 두 부분으로 나뉜다. 두 번째는 항목지출로 특별히 계획해서 지출하는 것을 말한다. 세

---

5) 韓 波, 「法院體制改革硏究」, 人民法院出版社, 2003. 264면.

번째는 기본건설지출(基本建設支出)로 법원업무에 사용하는 인민법원 업무 건축비용과 법원 법정 수선비용이다. 인민법원의 수입은 세 가지로 되어 있는데 하나는 재정예산에서 주는 돈이고, 그리고 예산 외 자금, 기타 합법적 수입이 그것이다. 재정예산은 각급 재정기관에서 년도 별로 인민법원에 준 자금이고. 예산 외 자금은 예산관리에 잠시 들어가지 않은 수입(소송비용 등)이다. 인민법원의 주요수입은 주로 소송비용 수입과 재정예산으로 구성되어 있다. 소송비용이 법원의 운영에 있어 차지하는 비중을 구체적으로 살펴보기 위해 강서성 고급인민법원이 제공한 수치를 보면, 강서성 각급 인민법원의 예산 외 수입이 총수입에서 차지하는 비율의 경우 1997년은 65.6%, 1998년은 64.3%, 1999년은 62.5%, 2000년은 49.1%였다. 이를 통해 예산 외 수입이 총수입에서 차지하는 비율이 점차 낮아지고 있음을 확인할 수 있다. 1997년의 65.7%에서 2000년에 49.1%로 떨어졌지만, 예산 외 수입이 여전히 총수입의 절반정도를 차지하고 있다.[6] 그리고 당사자로부터 수납한 소송비용 수입이 예산 외 수입의 주요 부분을 차지하고 있다. 이런 소송비용 수입과 재정예산이 둘 다 법원예산에서 중요한 위치를 차지하고 있음을 볼 때 소송비용을 무조건 낮추는 방향은 현재의 법원의 경비체제의 현실을 고려하면서 이루어져야 한다. 그리고 당사자의 입장에서 실질적으로 소송비용을 낮추기 위해서 현재의 소송비용 수납방식을 정확히 적용하여 추가항목이나 규정된 비용 이상으로 받는 관행만을 고쳐도 상당히 낮아지는 효과가 나타날 수 있다.[7]

법원의 사법 운영예산의 적절한 확보와 당사자의 법원으로의 접근을 구체적인 사건에서 보장하는 수준에서 소송비용이 결정되어야 할 것이나, 근본적으로는 법원예산을 소송비용으로부터 분리시키는 것이 필요하다. 법원이 당사자로부터 납부 받은 소송비용으로 법원운영을 하는 것은 법원운영의 안정성과 지역별 불균형을 심화시킬 소지가 있으므로 법원 예

---

6) 韓 波, 위의 책, 265~266면.
7) Randall Peerenboom, op. cit., p.285.

산을 국가재정에서 주로 부담하도록 하고 법원의 재정적인 독립을 점차 이루어가는 것이 사법독립의 관점에서 필요하다.

민사소송법은 일반적인 소송비용의 구조제도를 따로 규정하고 있지는 않다. 다만 개별적으로 소송비용을 납부할 수 없는 특별한 경우가 있는 경우 예납이나 납부의무를 면제·감경하거나 유예하는 경우가 있다. 소송 비용의 예납의무를 면제하는 경우로 존속부양료, 비속부양료, 양육비, 그리고 구휼비 또는 노동보수를 청구하는 사건은 사건수리비를 예납하지 않을 수 있고 사건이 종결된 후 패소자가 부담한다(人民法院訴訟收費辦法 제26조). 그리고 소송비용 자체를 면제하는 경우는 민사소송법상의 특별절차에 의하는 사건(민사소송법 제15장),[8] 재판감독절차에 따른 제심 (提審)[9] 또는 재심(再審)되는 사건이다(동법 제28조).

특별히 소송비용의 구조와 관련하여 주목을 끄는 부분은 당사자의 소송비용 납부에 현저한 곤란이 있는 경우에는 인민법원에 대하여 그 유예, 감경, 또는 면제를 신청할 수 있다는 규정이다(동법 제27조). 구체적으로 유예, 감경 또는 면제를 할 것인지는 인민법원이 신청의 취지와 이유를 보고 결정한다. 소송비용 납부에 현저한 곤란의 사유를 어떻게 적용하느냐에 따라 소송비용을 부담할 수 없는 공민의 제소가능성이 좌우될 가능성이 있다.

특히 당사자가 소송비용에 대해 부담을 가질 수 있는 부분은 소송대리인 선임비용인데 이 부분에 대한 구조제도가 마련되어 있지 않은 점은 문제라고 할 수 있다. 민사소송절차가 철저히 변론주의와 처분권주의를 채택하고 있지 않아 당사자의 소송책임이 크지는 않다 하더라도 사안 자체가 복잡하고 법률적 쟁점이 많은 사건에서는 변호사를 통한 소송대리의 여부에 따라 승소의 가능성은 달라질 수 있다. 단지 민사소송법은 변호사

---

8) 선거자격사건, 실종선고 또는 사망선고사건, 공민의 민사행위무능력 또는 제한민 사행위능력을 인정하는 사건, 재산의 무주를 인정하는 사건을 말한다.
9) 상급법원이 재판감독절차를 통해 스스로 재판을 하는 경우를 말한다.

소송대리의 원칙을 완화하여 당사자의 근친척, 유관단체 혹은 소관단위가 추천한 자, 인민법원의 허가를 받은 기타 공민은 모두 소송대리 위임을 받을 수 있다고 규정하고 있어(동법 제58조) 제3자 소송담당의 범위를 넓히고 있으나 법률전문지식을 갖춘 변호사에 의한 대리와는 차이가 있다.

2) 인민법원의 불수리결정제도

인민법원은 원고가 소를 제기하면 바로 피고에게 소장부본을 송달하지 않고 있다. 다만 인민법원은 민사소송법 제108조의 조건을 갖춘 경우에는 다른 조건들을 고려하지 않고 반드시 수리하여야 한다고 규정함으로써(민사소송법 제111조) 명시적으로 불수리의 사유를 밝히고 있다. 이로써 수리여부를 둘러싼 분쟁가능성은 줄어들게 되었다. 그렇지만 아직도 원고는 본안과 직접 이해관계를 갖는 공민, 법인 및 기타조직이어야 하고 구체적인 소송상의 청구 및 사실, 이유가 있을 것을 요구하고 있다. 이를 심리하는데 최장 7일이 소요되고 다시 피고에게 소장부본을 송달하는데 5일이 소요되어 최대 12일 정도 후에 소송계속의 효과가 발생할 수 있다는 점에서 원고의 신속한 권리보호와 처분권주의의 측면에서 문제가 있다.

3) 집단소송제도의 도입

민사소송법은 우리의 선정당사자제도와 같은 제도를 도입하고 있지만(동법 제54조) 집단적인 분쟁에 대한 보다 더 효율적인 소송상의 방안이 필요하다는 입장에서 영미의 클래스 액션(class action)을 도입하고 있다. 그렇지만 미국의 클래스 액션과는 달리[10] 대표자를 법원이 선정하는 방식이 아니라 인민법원이 일정기간 내에 권리자가 인민법원에 등재할 것을 공고하고 이 기간에 등재한 권리자가 대표자를 선출하여 소송을 수행하는 방식이다(민사소송법 제55조). 또한 대표자의 소송행위의 효력은 그

---

10) 이시윤, "집단소송과 입법론", 김기수교수화갑논문집, 1017 이하 참조.

가 대표하는 당사자에 대해서만 효력을 미치고 인민법원이 내린 판결이
나 재정은 참가등재된 전체 권리자에게만 효력을 미치도록 하고 있다. 소
송통지를 받은 모든 권리자가 특정일까지 제외신청(opting out)을 하지 않
는 한 판결이 승패를 불문하고 권리자 전체에게 미치는 미국의 클래스액
션과는 이 점에서 다르다. 다만, 참가등재하지 않은 권리자가 소송시효 기
간 내에 소를 제기한 경우는 그 판결, 재정을 적용하도록 하고 있다(동법
제55조). 소제기 사실 조차 알지 못한 권리자들에게도 판결의 효력이 미
친다는 미국의 클래스액션의 문제점을 인식하고 이를 수정하여 도입한
것으로 보인다.

이와 같은 집단소송제도의 도입은 소액다수의 피해를 동반하는 소비
자분쟁이나 공해분쟁에서 다수의 피해자들을 법원을 통해 구제하는데 기
여할 수 있다는 점에서 이들의 사법행위보장청구권의 측면에서 매우 타
당하다.

4) 형사피해자의 권익보호

(1) 형사소송법에서 보장된 피해자의 권리

형사소송법은 형사사건의 피해자 보호를 위해 특별한 권리구제제도를
마련하고 있다. 즉 형사피해자는 일정한 경우 스스로 인민법원에 직접 형
사처벌을 구하는 소를 제기할 수 있고(自訴制度), 수사기관의 불입안(不立
案)결정이나 불기소결정에 대해 불복할 수 있는 방법을 가지고 있다.

① 수사단계에서의 권리보장

형사피해자는 수사기관에 범죄의 발생과 범인을 지목하면서 그의 형
사처벌을 구하는 의사표시를 할 수 있음은 당연하다. 즉 피해자는 그 인
신, 재산상의 권리를 침해한 범죄사실 또는 범죄혐의자에 대하여 공안기
관, 인민검찰원에 신고 또는 고소할 권리가 있다(형사소송법 제84조). 공

안기관, 인민검찰원은 고소를 당연히 접수하여야 하고 그 관할에 속하지 않는 고소는 주관기관에 이송하여 이를 처리하여야 하고 이런 사실을 고소인에게 통지하여야 한다(동법 제84조). 이런 고소는 서면이나 구두로 가능하고 구두에 의한 고소를 접수한 담당직원은 기록을 해야 하고 낭독하여 잘못이 없는지를 확인한 후 고소인의 서명 또는 날인을 받는다. 그리고 공안기관, 인민검찰원은 고소인 및 그의 근친족의 안전을 보장하여야 한다(동법 제85조).

인민검찰원 또는 공안기관은 고소에 대해 신속히 심사를 진행하여 범죄사실이 있고 형사책임을 추궁할 필요가 있다고 인정되는 경우에는 입안(立案)하여야 하고 범죄사실이 없거나 또는 범죄사실이 현저히 경미하여 형사책임을 추궁할 필요가 없다고 인정되는 경우에는 입안을 하지 않고 이런 불입안의 사유를 고소인에게 통지하여야 하는데 고소인은 이에 불복하여 재심의를 신청할 수 있다(형사소송법 제86조). 먼저 피해자는 공안기관이 입안·수사하여야할 사건임에도 이를 하지 않았다고 판단되는 경우, 인민검찰원에 이런 사실을 알리고 적절한 조치를 요구할 수 있다. 이런 피해자의 요구를 받은 인민검찰원은 공안기관에 대하여 불입안의 이유를 설명할 것을 요구하여야 하는데 인민검찰원이 공안기관의 불입안의 이유에 대해 받아들일 수 없다고 판단하면 공안기관에 입안할 것을 통지하여야 하고 그 통지를 받은 공안기관은 입안을 해야 한다(동법 제87조). 검찰단계에서 검찰이 불기소결정을 하면 그 결정서를 피해자에게 송달하여야 하는데 이에 대해 피해자가 이에 불복하고자 한다면 결정서를 받은 후 7일 이내에 직근 상급 인민검찰원에 신소(申訴)하면서 공소제기를 청구할 수 있다. 이에 따라 청구를 받은 인민검찰원은 재심사를 하고 그 결정을 신소를 제기한 피해자에게 고지하여야 하는데 인민검찰원이 불기소결정을 유지하는 경우 피해자는 인민법원에 스스로 기소할 권리가 주어진다. 이 경우 피해자는 직근 상급 인민검찰원에 신소를 제기하지 않고 바로 인민법원에 기소를 할 수도 있다(동법 제145조).[11]

결국 형사피해자는 수사기관의 불입안결정이나 불기소결정에 모두 불복할 수 있다. 먼저 공안기관의 불입안결정에 대해서는 인민검찰원이 재심사를 하고 이 재심사에서도 불입안을 하면 바로 인민법원에 기소할 수 있다(형사소송법 제170조 제3항). 검찰의 불기소결정에 대해 피해자는 직근 상급 인민검찰원에 재심사를 요구할 수 있는데 여기서도 불기소결정이 유지된다면 피해자는 바로 인민법원에 기소를 할 수 있다. 피해자는 수사기관이 형사책임을 묻지 않는 결정에 대해 모든 범죄12)에 걸쳐 불복을 할 수 있고 종국적으로 법원에 자소를 할 수 있다.

② 인민법원에 대한 자소제도

자소사건(自訴事件)의 경우에는 피해자가 바로 인민법원에 직접 가해자나 범죄혐의자의 형사처벌을 구할 수 있다. 피해자가 사망 또는 행위능력을 상실한 경우에는 피해자의 법정대리인, 근친족13)이 인민법원에 기소할 수 있다(형사소송법 제88조). 피해자가 자소하더라도 바로 법원에서 사건에 대한 개정·심리가 열리지는 않고 범죄사실이 분명하고 이에 대한 충분한 증거가 있는 사건만이 개정·심리된다. 피해자가 자소할 수 있는 사건들은 첫째로 고소가 있어야 비로소 처벌할 수 있는 사건, 둘째로 피해자가 증거를 가지고 있는 경미한 형사사건, 그리고 셋째는 위에서 보았듯이 피해자가 자신의 인신, 재산에 관한 권리를 침해하는 행위에 대하여

---

11) 이 경우 인민검찰원은 사건을 수리한 인민법원에 관련 사건자료를 이송하여야 한다(형사소송법 145조).

12) 주로 인신과 재산에 관한 범죄에 한정된다(형사소송법 제84조). 우리 형사소송법도 2007.6.1.개정을 통해 고소인이 검사로부터 공소를 제기하지 않는다는 통지를 받은 때에 그 검사소속의 지방검찰청을 관할하는 고등법원에 그 당부에 관한 재정을 신청할 수 있도록 허용하였다(동법 제260조 제1항). 이로써 재정신청의 대상범죄를 모든 범죄로 확대함으로써 국가형벌권 행사의 적정성을 제고할 수 있게 되었다.

13) 근친족이라 함은 남편, 처, 부친, 모친, 아들, 딸 및 형제자매를 가리킨다(형사소송법 제82조 6항).

마땅히 형사책임을 추궁해야 할 증거를 가지고 있으나 공안기관 또는 인민검찰원이 피고인이 형사책임을 추궁하지 않는 사건이다.

자소사건의 경우 일정한 경우 소를 취하할 수 있고 수사기관의 결정에 불복한 경우를 제외하고는 조정을 진행할 수도 있다. 자소사건의 죄증이 부족한 경우 자소인이 보충증거를 제출하여야 함에도 이를 제출하지 않으면 인민법원은 자소를 취하하도록 설득하거나 재정으로 기각하여야 한다. 또 자소인이 2차에 걸친 소환에도 불구하고 정당한 이유 없이 출석하지 않거나 허가 없이 퇴정한 경우에도 소를 취하한 것을 처리한다. 자소인도 판결선고 전에 피고인과 스스로 화해하고 자소를 취하할 수 있다(동법 제171조, 제172조).

③ 형사절차상의 권리

피해자는 형사소송절차에서 일정한 절차관여권이 주어진다. 먼저 수사절차에서 피해자는 공안기관에 출석하여 또는 그 거주지에서 심문을 통해 그 피해사실과 관련 증거의 수집에 조력할 수 있고(형사소송법 제100조, 제97조 내지 제99조) 검찰 단계에서도 인민검찰원은 피해자의 의견을 청취하여야 한다(동법 제139조). 법정에서 심리가 열리는 과정에서도 피해자는 일정한 권리를 가지고 소송절차에 참여할 수 있다. 즉 피고인신문이 진행 중에 공소인의 신문 후에 피해자는 심판장의 허가를 얻어 피고인에게 질문할 수 있다. 증인신문이 진행 중에도 당사자(피해자나 자소인)는 심판장의 허가를 얻어 증인, 감정인에게 질문을 할 수 있다(동법 제156조).[14] 법정기록은 피해자에게 교부하여 열람하게 하거나 또는 그에게 낭독해 주어야 하고 피해자가 기재에 누락 또는 오기가 있다고 생각할 경우에 보충 또는 변경을 청구할 수 있다(동법 제167조, 제82조 제2항). 이렇듯 피해자에게 법정기록에 대한 교부·열람권을 인정하고 있다. 인민법원의 제1심 판결은 피해자에게 선고 후 5일 이내에 송달되어야 하고(동법

---

14) 당사자의 개념해석은 동법 제82조 (2)항 참조.

제163조, 제82조 제2항) 이 판결에 대해 피해자가 직접 항소를 제기할 수는 없지만 피해자와 그의 법정대리인은 법원으로부터 판결서를 받은 후 5일 이내에 인민검찰원에 항소를 제기할 것을 청구할 수 있는 권리를 가지고 있다. 인민검찰원은 피해자 등으로부터 청구를 받은 후 5일 이내에 항소여부를 결정하고 동시에 청구인에게 이를 회신하여야 한다(동법 제182조). 또한 피해자는 법률적 효력이 이미 발생한 판결, 재정에 대하여 인민법원 또는 인민검찰원에 신소를 제출하여 사건을 다시 심판하게 할 수 있다(동법 제203조).

④ 부대 민사소송 제기권

피해자가 피고인의 범죄행위로 인해 물질적 손해를 입은 경우에는 형사소송 과정에서 이에 부대하여 민사소송을 제기할 수 있는 권리가 있다. 이 경우 인민법원은 필요가 있을 때에는 피고인의 재산을 봉인 또는 압류할 수 있다(형사소송법 제77조). 부대민사소송은 형사사건과 병합하여 심판하여야 하며 형사사건의 심리를 현저히 지연하는 경우에 한하여 형사사건의 심판 후에 심리하는데 이 경우에도 동일한 심판조직이 계속 심리하여야 한다(동법 제78조). 우리의 경우 물적 피해, 치료비 손해 및 위자료를 함께 배상청구할 수 있는데15) 중국의 경우에는 물적 손해에 한정되고 있다.

(2) 피해자의 법원에 대한 접근권의 평가

형사소송절차에서 피해자의 보호 특히 법원으로의 접근보장은 우수하다고 평가할 수 있다. 범죄피해자에게 수사기관이 형사책임을 추궁하지 않는 경우 이에 불복할 수 있는 권리를 보장하고 종국적으로 인민법원에 자소할 수 있도록 한 부분은 형사절차에서 피해자 보호에 철저한 입장으

---

15) 소송촉진등에관한특례법 제25조 제1항(2005.12.14.개정).

로 평가할 수 있다. 특히 소송절차에 들어가서도 피고인신문과 증인신문
에 참여할 수 있는 권리를 인정하고 제1심 판결에 대해 항소권자인 인민
검찰원에 항소제기청구를 할 수 있는 권리를 인정한 것은 형사소송의 현
실에 부응하는 입법이라고 볼 수 있다.

다만, 수사기관의 불소추결정에 불복하여 인민법원에 자소할 수 있는
주체를 고소인에 한정하고 고소인은 범죄행위에 의해 인신과 재산상 권
리를 침해받은 자를 의미하므로 일반 사회적 법익과 국가적 법익에 대한
수사기관의 불소추에 대한 견제수단은 찾을 수 없다. 특히 공무원의 직권
남용, 수뢰죄 등 독직죄 등의 경우 고발인에 대한 통지나 재심청구, 그리
고 자소권은 배제되는 것으로 보인다. 그리고 수사기관의 결정에 불복하
여 자소권이 인정되어 실제 자소한 사건에서 개정·심리되는 가능성에 대
한 경험적 조사가 필요하고 실제 심리될 때의 절차에 대한 규율이 형사소
송법에 없다.[16]

5) 행정소송에서 법원에 대한 접근권의 보장

(1) 행정소송의 범위의 협소

행정소송법은 행정소송의 대상이 되는 행정기관의 행위를 추상적으로
규정하는 방식을 채택하지 않고 한정적으로 열거하는 방식을 채택하고
있다.[17] 이는 현재 법원의 사건처리 역량을 볼 때 법원이 한꺼번에 많은
사건을 처리할 능력이 부족하다는 점과 공민들의 행정소송에 대한 인식
과 태도를 고려할 때 갑작스런 확대보다는 행정소송의 경험을 축적하고

---

16) 법무부 특수법령과, 「중국 형사소송법 해설」, 2004(原著, 王國樞, 「刑事訴訟法
學」, 北京大學出版社, 2001), 598면에 따르면 자소사건을 심판하는 절차는 공
소사건의 제1심 절차규정을 참조하여 진행해야 한다고 기술하고 있다.

17) Qianfan Zhang, "From Administration Rule of Law to Constitutionalism?:
The Changing Perspectives of the Chinese Public Law", *Constitutionalism and
Constitutional Adjudication in Asia*, Edited by Sung Nak-in, College of Law, Seoul
National University·Korea Legislation Research Institute, 2005, p.12.

난 후에 점진적으로 그 범위를 확대하는 것이 바람직하다는 점을 반영한 것으로 보인다.

그렇지만 행정소송의 대상을 한정적으로 열거하는 방식을 취하게 되면 법률에 규정되지 않은 행정기관의 작용을 법원을 통해 다툴 수 있는 방법이 없게 된다. 우리 법제에서는 행정소송의 대상이 되는 처분의 개념을 일반화된 개념으로 정의하여 행정작용 일반을 이 개념을 가지고 법원의 판례를 통해 구체화하고 있다. 이로써 행정작용 중 전통적인 행정행위의 개념에 포섭되지 않는 행정입법이나 사실행위의 영역까지 행정소송법상 처분개념으로 포섭할 수 있다. 물론 이런 방식에 대해서 행정법상의 행정행위의 개념을 통한 확대방식이 오히려 타당한 방법이라는 비판도 있지만[18] 우리 행정소송법의 방식이 국민의 권리보호의 측면에서 바람직하다. 우리의 경우 나아가 행정소송의 대상이 되지 않는 행정작용은 헌법소원의 대상으로 포섭함으로써 이를 통해 권리구제의 흠결을 막고 법원의 처분개념의 확대경향을 이끌고 있다.

중국 행정소송법의 경우 첫째 국방·외교행위 일반의 국가행위를 전부 행정소송의 대상에서 제외하고 있는데 이는 우리의 통치행위개념과도 포섭범위가 다르고 법률이 이를 명시적으로 규정하고 있다는 점이 특이하다. 특히 공민의 권리의무와 관련된 국방·외교에 관한 국가의 행위에 대해서 전혀 다툴 방법이 없다. 둘째로 행정의 실제는 행정규장과 규범성문건에 기초하여 구체적인 행정행위가 이루어지고 있는데 이 규장에 대해 직접 다투는 방법을 인정하지 않고 있다. 다만 규정에 의한 기계적 집행에 불과할 수 있는 구체적 행정행위를 소송의 대상으로 삼게 하면서도 그 행정행위의 근거가 된 규장에 대한 사법심사권을 법원에 명시적으로 부여하지 않고 있어 국민의 권익보호에 중대한 흠이 있다. 셋째로, 행정기관의 공무원 인사에 관한 결정에 대해 행정소송을 제기하지 못하게 하는 입장 역시 고전적인 특별행정법관계를 수용하지 않는 한 정당화될 수 없다.

---

18) 김남진, 「행정법의 기본문제」, 법문사, 1997, 170면.

이런 점에서 볼 때 행정소송의 대상은 확대되어야 할 필요가 있다. 당장 개괄주의 방식으로 변경하기는 어렵다고 하더라도 일정한 제외사유들을 폐지하는 개정작업이 우선 필요하다. 사실행위와 관련하여 강제력이 구비된 행정지도행위는 최고인민법원의 해석에 의해 행정소송의 대상으로 포섭할 수 있는 여지가 열렸다고 볼 수 있는데[19] 이 역시 법률에 규정되어야 할 것이다.

(2) 원고적격과 피고적격

행정소송법은 원고적격의 범위에 관해 반복하여 행정기관이 구체적 행정행위로 인하여 인신과 재산에 관한 합법권리가 침해된 자로 한정하고 있는데 피침해법익의 범위가 너무 제한적이다. 물론 최고인민법원의 해석을 통해 재산의 개념 자체를 확대해석할 수 있는 가능성은 있다고 보이지만[20] 재산적 이익으로 표현할 수 없는 개인의 국가에 대한 공권의 영역은 존재하는 것인데 행정기관이 이런 영역을 침해한 경우 침해받은 공민의 권리구제의 수단은 개별적인 법률에 근거가 필요하다.[21] 또한 보호받는 이익이 명시적으로 법률에 근거를 요하는지 아니면 관련 법률의 해석에 의해서도 발생할 수 있는지 이를 명확하게 보완하여야 할 필요가 있다.

---

19) ≪最高人民法院關于執行中華人民共和國行政訴訟法若干問題的解釋≫(2000.3.10. 시행) 제1조 (4)항: 강제력이 구비되지 않은 행정지도행위는 인민법원의 수리범위에 속하지 않는다.

20) 최고인민법원은 중외합자기업, 합작기업의 경우에도 일정한 경우 양 당사자 모두 자기명의로 소를 제기할 수 있다고 해석하고 있고 토지사용권 역시 명시적으로 재산권에 속한다는 것을 인정하고 있다. ≪最高人民法院關于執行中華人民共和國行政訴訟法若干問題的解釋≫(2000.3.10.시행) 제15조, 제16조

21) 행정소송법 제11조 제2항. 이 규정에 따르면 법률·법규에 따라 행정소송을 제기할 수 있다고 규정되어 있는 경우에만 가능하도록 되어 있다. 여기에 해당하는 법률을 찾기는 어렵다. 그런데 최근의 몇몇 사건들에서 법원은 명시적으로 교육을 받을 권리를 보장하기 위해 그 관할을 넓히려는 시도를 보여주었다. 예를 들면 Zhan Zhongle et al., Liu Yanwen v. Beijing University, Zhongwai Faxue, 2000(4). Qianfan Zhang, op. cit., p.12. 참조.

행정기관이 그 권한을 법률·법규에 의해 수여받은 경우에는 그 행정기관이 내린 구체적 행정행위를 다투기 위해서는 권한을 수여받은 행정기관을 상대로 소를 제기하여야 하고 행정기관이 위탁한 조직이 내린 구체적 행정행위는 위탁한 행정기관이 피고가 된다(행정소송법 제25조). 중국에서 행정기관이 아니면서 벌칙을 부과하고 그 행정권한을 행사하는 경우가 있는데 이 경우 그 기관을 상대로 소를 제기하면 행정기관이 아니라는 이유로 불수리결정을 받을 수 있다. 원고의 입장에서는 그런 사회조직에 권한을 위탁한 행정기관을 상대로 소를 제기하여야 하는데 이를 밝히기가 어려운 경우가 있을 수 있다. 이 경우 인민법원은 소송요건의 심사시 원고의 구석명을 받아 석명권의 행사를 통해 형식상의 피고에게 위탁한 행정기관을 밝히도록 하고 민사소송법상의 피고경정절차를 통해 진정한 피고로 바꿀 수 있도록 해야 한다. 문제의 근원적인 해결을 위해서는 행정권한의 위탁의 근거와 절차를 명확히 할 필요가 있다. 행정처벌법은 벌칙권한을 사회조직에게 위탁할 수 없다고 규정하고 벌칙권한을 위탁받은 기관은 위탁기관 명의로 행정처벌을 해야 한다고 규정하고 있다(행정처벌법 제18조). 아직 이렇게 위탁의 근거와 한계가 정비되지 않은 영역에서는 피고확정의 위험을 원고가 부담해야 한다는 점에서 법원으로의 접근의 측면에서 문제가 있다.

(3) 무효확인소송의 부존재

행정소송의 제소기간은 당사자의 법원으로의 접근보장의 측면에서 중요한 부분이다. 행정소송법은 구체적 행정행위가 내려진 것을 안 날로부터 3개월 이내에 소를 제기할 것을 요구하고 법률·법규가 달리 규정하고 있는 경우에는 제외한다고 규정하고 있다(행정소송법 제39조). 이 기간이 짧다는 비판도 있지만,22) 그 보다는 다른 법률의 규정들이 3개월에 비해 현저히 짧은 기간을 예정하고 있다면 그 법률의 타당성이 더 문제될 수

---

22) Randall Peerenboom, op. cit., p.420.

있다.

이와 같은 제소기간은 무효 확인소송의 경우에는 제한을 받지 않는 것이 일반적이다. 무효인 행정행위는 공정력도 없고 그 행위 자체가 아무런 효력을 발생하지 않은 상태로 지속되어 왔을 뿐이므로 제소기간의 제한도 받지 않는다. 그런데 행정소송법에는 취소소송의 제소기간만을 예정하고 있고 무효 확인소송의 경우에는 이를 배제하는 규정이[23] 없다. 이는 일반적인 행정소송의 형태로 무효확인소송을 인정하지 않는 것으로 해석된다. 이런 중국 행정소송법의 태도는 권리구제기간의 측면에서 불이익을 원고에게 부과한다 점에서 부당하다.

그렇지만, 우리와 달리 법원이 구체적 행정행위를 이행하도록 판결할 수 있고 법정책임의 불이행이나 지연의 경우 일정한 기간 내에 이행하도록 판결할 수 있으며 행정벌칙을 일정한 경우 변경하도록 판결하는 것을 인정한다(행정소송법 제54조 제2항, 제3항). 이는 일종의 의무이행판결을 인정하고 있는 것으로 이점은 실효적인 행정구제의 측면에서 매우 주목할 만한 부분이다.

(4) 높은 소취하율

행정소송의 특징 중의 하나는 높은 소취하율이라고 할 수 있다. 1989년부터 1992년 동안 행정소송의 취하율은 35%였는데 1993년에는 다시 41%로 올라갔다는 보고도 있다.[24] 물론 초기의 통계를 인용하고 있지만 아직도 여전히 상당히 높은 취하률을 보이고 있다.[25] 행정소송의 경우 이렇게 소취하율이 높은 이유는 여러 가지가 있지만 법원의 설득과 회유가

---

23) 우리 행정소송법 제38조 제1항.

24) Jianfu. Chen, *Chinese Law*, Hague: Kluwer Law International, 1999, p.162.

25) Veron Mei-Ying Hung, "China's WTO Committment on Independent Judicial Review: Impact on Legal and Political Reform", *American Journal of Comparative Law* Winter 2004, p.84. 이에 따르면 1990년에서 2002년까지의 평균 취하율은 약 30.67%로 소개하고 있다.

큰 요인으로 작용하고 있는 것으로 보인다.

행정소송법 제50조에는 인민법원이 행정사건을 심리할 때는 조정을 하지 않는다고 규정하고 있고 또한 인민법원의 행정사건에 대한 판결이 있기 전에 원고가 소를 취하한 경우, 혹은 피고가 원래의 구체적 행정행위를 변경하고 원고가 동의하여 소를 취하한 경우 허락여부는 인민법원이 결정한다고 규정하고 있다(동법 제51조). 조정을 행정소송절차에 적용하지 못한다는 규정은 관계 당사자들이 그들 사이의 차이를 조정할 수 없다는 것을 의미하지는 않는다. 사실 이런 규정에도 불구하고 행정소송에서 화해가 법원에 의해 적극적으로 권유되고 있다.[26] 행정사건은 사권을 처분하는 소송이 아니므로 원칙적으로 조정이 허용될 수 없지만, 소송경제의 필요성과 분쟁의 근원적인 해결을 위해 판결 외 분쟁해결수단으로서 조정이 갖는 효율성을 고려하여 조정이 권장되고 있다고 판단된다. 문제는 행정기관이 법원에 요청하여 법원이 원고로 하여금 조정을 하도록 권유하고 더 나아가 소를 취하하도록 강요한다면, 이는 당사자의 소송물 처분의 자유를 제한하게 될 소지가 높다. 물론 행정소송법은 이 경우 원고가 소취하에 동의하더라도 법원의 허락을 받아야 한다고 규정하여 원고의 강박에 의한 소취하의 가능성을 차단하려고 하지만, 만약 법원 역시 행정기관과 마찬가지로 일정한 조정안을 내놓고 소취하를 강요한다면[27] 원고의 처분권은 침해될 것이다. 행정소송에서 화해는 법원이 중립적인 심판자의 역할을 충실히 할 수 있고 당사자 역시 처분의 자유가 보장되는 소송문화에서 효율적인 분쟁해결제도이지 이런 전제조건이 갖추어지지

---

26) Jianfu. Chen, op. cit., p.159.

27) 이 부분에 대한 경험적 연구는 부족하지만 법원의 행정기관에 대한 재정적인 의존관계와 행정소송법이 지닌 정치적 성격을 고려할 때 법원의 역할에 대한 기대는 조심스러워야 한다. 행정소송법 제정 후 최고인민법원 행정부 정장의 인터뷰를 통해 법원 역시 이 법이 지닌 정치적 성격과 자신들의 한계를 토로하면서 지나친 기대를 물리치고 있다. Pitman B. Potter, "Editor's Introduction", *Chinese Law and Government*, fall 1991, p.8.

않은 상황에서 손쉬운 화해권유는 당사자의 법원으로의 접근권 나아가 법원에 대해 자신의 사안에 대해 충분히 변론할 수 있는 권리를 조기에 차단하게 된다.

덧붙여 행정소송법은 인민법원이 두 차례에 걸쳐 소환하여도 정당한 이유 없이 소송에 응하지 않으면 소를 취소한 것으로 보고 있다(동법 제48조). 이 경우 원고가 정당한 이유에 대한 소명을 통해 소송종료상태를 부활할 수 있는 절차가 마련되지 않는다면[28] 원고에게 커다란 불이익으로 돌아갈 것이다. 특히 송달과정의 투명성과 정확성이 보장되지 않은 상태에서[29] 무성의한 송달절차로 인한 피해를 원고가 전부 부담한다는 것은 법원에 대한 사법행위청구권의 측면에서 볼 때 심각한 제한이 될 수 있다.

II. 법원에 대한 청문권의 보장

1. 법원에 대한 청문권의 의의 및 규범적 내용

법원으로의 접근권이 보장되어도 사법절차에서 당사자의 절차적 관여를 보장하는 권리가 보장되지 않으면 재판청구권은 실효적으로 그 기능을 발휘할 수 없다. 법치주의가 진전되어 감에 따라 국민은 단순히 법원으로의 접근에 만족하지 않고 나아가 법원을 통해 자신의 권리가 처분되는 과정에서 자신의 사실상·법률상의 주장을 충분히 진술하고 이를 법원이 경청한 후 이를 근거로 판결을 해 달라고 요구하게 된다. 당사자가 사

---

28) 우리의 경우에는 민사소송규칙에서 기일지정신청을 통해 이를 구제하고 있다(민사소송규칙 제52조 제1항).
29) 행정소송법에 구체적인 규정이 없으므로 민사소송법의 송달규정을 준용할 것으로 보인다.

법절차에 자유로이 참여하여 자신의 관심을 충분히 표명하지 못하게 되면 당사자는 사법에 대한 신뢰를 갖지 않게 되고 이런 현상은 결국 판결의 정당화의 실패로 이어질 가능성이 있다. 그러므로 이와 같은 국민의 소송절차상의 요구를 기본적인 권리로서 파악해야 할 필요가 있다.

법원에 대한 청문권은 독일에서 법적청문 청구권(der Anspruch auf rechtliches Gehör)[30]에 연원을 두고 있는데 우리의 경우 적법절차와의 관계상 법원에 대한 청문권으로 부르는 것이 타당하다고 본다. 결국 이 권리는 재판절차상 말할 수 있는 권리 또는 법원에 대하여 자신의 진술을 경청하여 달라고 요구할 수 있는 권리를 말하는 것으로 소송절차상 법원에 대한 청구권으로 볼 수 있다.

이와 같은 법원에 대한 청문권은 우리의 경우 헌법 제10조 인간의 존엄과 가치의 보장에서 그 헌법적 근거를 가진다고 본다.[31] 국민은 법원의 소송절차에서 단순한 객체로 전락하지 않고 절차의 주체로서 존중되어야 하기 때문이다. 또한 법원에 대한 청문권은 소송에 있어서의 법치국가원리를 유지하기 위한 본질적 구성부분을 이루기 때문에 이런 의미에서 헌법개정의 한계로서 헌법개정을 통해서 폐지될 수 없다.[32] 우리의 경우 헌법 제12조의 적법절차원칙 역시 법원에 대한 청문권의 헌법상 근거가 될 수 있다. 그렇다면 우리 헌법 제27조 제5항은 우리 헌법이 법원에 대한 청문권을 당연히 수용하고 있음을 확인시켜주는 규정이다.

법원에 대한 청문권의 주체는 모든 사람이고 구체적인 권리행사자는

---

30) 독일 기본법 제103조 제1항의 der Anspruch auf rechtliches Gehör의 역어에 관하여는 약간의 논란이 있다. 우리나라 민사소송교과서에서는 법적심문청구권(호문혁, 「민사소송법」, 제5판, 법문사, 2006, 336면) 또는 심문청구권(강현중, 「민사소송법」, 제6판, 2004, 박영사, 26면)이라는 역어를 사용하고 있는 것이 발견된다. 이에 관한 상세한 논의는 정철, 위의 학위논문, 293면 참조 바람.

31) 정철, "청문권의 헌법적 수용가능성"—법원에 대한 청문권을 중심으로—, 공법학연구 제8권 제3호(2007.8.), 328면. 인정근거에 대한 독일과 국내의 학설에 대한 상세한 논의는 위 논문을 참조 바람.

32) Schmidt Aßmann, in: Maunz-Dürig, Komm. z. GG, Lfg. 27 November 1988, Rn. 5.

각각의 법원의 소송절차에서 결정된다. 이 권리는 단지 법원 앞에서의 청문만을 보장하지만, 여기의 법원에 헌법재판소를 포함시킬 수 있다.[33) 법원에 대한 청문권의 실현단계는 크게 정보청구권, 표명권, 참작의무로 나누어 볼 수 있는바, 이와 같은 세 단계는 유기적으로 상호 관련되어 법원에 대한 청문권의 규범적 내용을 형성한다.

정보청구권(das Recht auf Information)은 관여자로 하여금 자신이 특정 절차에 관련되었다는 사실을 인식하게 할 뿐만 아니라(절차의 통지, 소환 및 송달), 소송 및 재판의 기초가 되는 모든 자료에 대한 접근을 가능하게 하여줄 것을 요구할 수 있는 관여인의 소송상 권리를 말한다. 이를 위해 당사자는 기록열람청구권을 가진다. 여기의 소송기록은 법원에 존속하는 기록을 의미하고 소송기록의 확장에 대한 청구로까지 확장되지는 않고 판결초안과 같이 준비 중인 서면들도 제외된다.[34) 법원은 이를 효과적으로 수행하기 위해 석명의무와 지적의무[35)를 부담한다. 그렇지만 법원에 대한 청문권은 법원이 당사자들과 함께 법적인 대화(Rechtsgespräch)를 수행할 것을 요구하지는 않는 것으로 보고 있다.[36)

표명권(Äußerungsrecht)은 관계인이 법원절차에서 모든 법률상 및 사실상의 점에 대하여 진술하고 증거를 제출할 기회를 부여받으며, 이러한 기회가 부여된 사항에 한하여 재판의 기초로 삼을 것을 요구할 수 있는 권리를 말한다. 이는 법원에 대한 청문권의 본질적인 내용을 이룬다고 할

---

33) Schmidt Aßmann,, aaO., Rn. 52. 이는 사법의 개념과 다시 관련된다. 우리의 경우에도 헌법재판소까지 포함된다고 해석함이 타당하다고 본다. 법원에 대한 청문권의 헌법적 근거로서 헌법 제10조, 12조(적법절차)를 제시하는 경우 당연한 추론이라고 본다.

34) Schmidt Aßmann, aaO., Rn. 75; Knemeyer, Rechtliches Gehör im Gerichtsverfahren, in: Isensee/Kirchhof(Hrsg.) Handbuch des Staatsrechts, Bd. VI, 1989, Rn. 29.

35) 우리 민사소송법 제136조 제1항, 제4항.

36) BVerfGE 31, 364(370); 54, 100(117); Rosenberg-Schwab-Gottwald, Zivilprozeßrecht, 16. Aufl., Müchen, 2004, §77 Rn. 28; Schmidt Aßmann, aaO., Rn. 78.

수 있다. 이 표명권으로 인해 소송절차의 관여인은 더 이상 수동적인 정보수용자에 그치지 않고 소송절차의 주체가 될 수 있다. 이 권리의 포기는 허용되지만, 개별적인 소송절차에서 일방의 일반적인 포기는 효력이 없는 것으로 보고 권리자가 개별적인 표명가능성을 특별한 소송상황에서 인지하지 못하면 이로부터 포괄적인 포기가 추론될 수 없다.37) 헌법은 특정한 청문의 형식이나 방식을 보장하지는 않으므로 구두변론의 원칙은 헌법원칙이 아니라 개별 법률의 소송원칙이다.38) 표명권의 범위는 사실, 증거결과들 그리고 법적상태에 대한 표명을 포괄한다. 나중의 판결과 관련하여 중요성을 가질 수 있는 범위 내에서 표명의 대상이 된다.39) 표명은 권리자에게 충분한 시간이 주어진 후에 이루어질 수 있도록 해주어야 한다. 이를 위해 표명권자는 정보를 수집하고 변호사의 전문적인 충고를 구할 수 있어야 하고,40) 표명이 허용되는 경우 원칙적으로 관련된 판결이 선고되기 전에 이루어져야 한다(사전성의 원칙).41)

법원에 대한 청문권은 정보제공청구권 및 표명권의 보장만으로는 그 목적을 달성할 수 없다. 주장된 사실이 평가되지 않는다면 표명권은 무의하게 된다. 법원에 도달된 사항을 법원이 참작하지 않고 방치하여서는 안 된다. 의견표명과 들어주는 것의 결합을 통해서 법치국가적 소송절차의 중심과제인 법원에 대한 청문권의 실현이 가능하게 된다. 이로써 법원이 당사자의 주장과 진술을 인식하고 이를 숙고하여 답변할 의무를 부담하게 된다.42) 판결의 이유제시 역시 이런 참작의무의 귀결이고 이와의 관련에서 이유제시의 구체성의 정도가 결정된다.43)

---

37) Schmidt Aßmann, aaO., Rn. 82.
38) BVerfGE 15, 303(307); BVerwGE 57, 272(273).
39) Schmidt Aßmann, aaO., Rn. 86; Knemeyer, aaO., Rn. 30.
40) Schmidt Aßmann, aaO., Rn. 90; Knemeyer, aaO., Rn. 30.
41) Schmidt Aßmann, aaO., Rn. 92.
42) Schmidt Aßmann, aaO., Rn. 95, 97.
43) Schmidt Aßmann, aaO., Rn. 99; Knemeyer, aaO., Rn. 32.

2. 법원에 대한 청문권의 소송절차상 구현

민사소송에서 당사자는 자신의 소송관계에 대해 사실상·법률상의 사항을 정확히 파악하고 이를 중심으로 변론을 할 수 있어야 한다. 이를 위해 법관은 자신이 중요하다고 보는 쟁점을 당사자에게 시사하여 당사자들이 이 쟁점을 중심으로 변론을 진행하고 법관은 이에 대한 최종적인 입장을 판결로 표현하여야 판결은 당사자에 대한 정당성을 가질 수 있다. 이런 측면에서 당사자의 법원에 대한 청문권의 보장은 법치국가의 중요한 소송기본권이라고 할 수 있다. 행정소송에서도 이런 관점은 동일하게 적용될 수 있을 것이다.

형사소송의 영역에서도 공소가 제기된 피고인은 국가기관에 의해 범죄를 저질렀다고 의심을 받아 법원에 그 처벌을 요구받고 있어 심리적으로 위축되어 있다. 그리고 장기간의 인신구속 하에 있는 피고인은 육체적으로 지쳐있다. 법의 지배의 원리는 형사소송절차에서 피고인에게 중립적인 심판자 앞에서 자신을 충분히 변명할 수 있는 기회를 부여할 것을 요구한다. 이를 위해 피고인은 자신의 소송수행능력을 보충할 수 있는 수단을 보장받아 수사단계에서부터 공판절차까지 자신을 충분히 방어할 수 있는 제도적 장치를 확보할 수 있어야 한다. 피고인이 공소권에 맞서 자신을 방어하는 권리는 소추자를 향한 것이지만 결국 법원에 대한 소송행위를 통해 이루어진다는 점에서 법원에 대한 청문권의 구조 안에서 더 정밀하게 형성될 수 있다.

1) 정보청구권의 보장

(1) 민사소송에서 정보청구권의 보장

법원에 대한 청문권의 전제로서 소송기록열람권이 당사자에게 보장되어야 한다. 즉 당사자가 소송기록에 대해 자유롭게 접근할 수 있어야 한다. 당사자는 당해사건과 관계있는 자료를 열람할 수 있으며 당해사건과 관련 있는 자료와 법률서류를 복제할 수 있다(민사소송법 제50조 제2항). 여기에는 공판조서와 증거조사를 통해 법원에 제출된 증거방법들을 변론 전에 모두 열람하고 등사할 수 있는 권리가 포함된다.

송달 역시 당사자에게 법원에 대한 청문의 기회를 제공하는 기초가 된 다는 점에서 중요한 수단이다. 특히 소송법상 기한이 설정된 소송행위에 서 송달시점은 중요한 의미를 가진다. 민사소송법 시용법(試用法)에서는 두 차례의 소환을 받고도 정당한 이유 없이 출석하지 않는 경우 소의 취 하로 간주되었으나, 이제는 한 번의 소환장(傳票)을 받고도 정당한 이유 없이 출석하지 않은 경우 소의 취하로 간주될 수 있어(동법 제129조) 정확 한 송달은 당사자 보호를 위해 중요하다.

민사소송법은 교부송달, 유치송달, 위탁송달, 우편송달, 전교송달, 공 시송달을 송달방법으로 규정하고 있다(동법 제78조 내지 제84조). 여기서 특히 공시송달과 같은 예외적인 송달방법의 구성요건표지를 좁게 해석하 는 것이 당사자의 청문권의 보장 차원에서 바람직하다.[44] 공시송달의 요 건으로 수송달인이 행방불명인 경우와 다른 송달방법으로 송달할 수 없 는 경우를 규정하고 있다(동법 제84조). 공시한 날로부터 60일이 경과하 면 송달된 것으로 보고 소송기록에 그 원인 및 경과를 기재하여야 한다 (동법 제84조).

또한 당사자가 법원에 대한 청문권 행사를 위해 필요한 정보를 얻기 위해서는 사실상과 법률상의 사항에 관해 법관의 석명권의 행사가 필요 하다. 법관은 불명료하고 불확실한 소송관계를 명료하게 하기 위해 적절 하게 소송관계에 개입하여 당사자에게 질문하고 입증을 촉구해야 한다. 그리고 법관은 사전에 자신이 무엇을 법률적인 쟁점으로 보고 있는지를 당사자에게 밝혀 당사자들이 이 쟁점을 중심으로 변론을 진행할 수 있도 록 소송을 지휘할 필요가 있다. 특히 변론주의가 지배하는 소송구조에서

---

44) Schmidt Aßmann, aaO., Rn. 72.

법관의 석명권 행사는 변론주의 단점을 보충하고 보완하는 중요한 기능을 한다. 그래서 우리 민사소송법의 경우 석명권에 대해 상세한 규정을 가지고 있다(동법 제136조 내지 제140조). 그런데 중국의 경우 위와 같은 법관의 석명권에 관한 규정이 없고 교과서 수준의 논의에서도 이를 찾기 어렵다.

(2) 형사 피고인의 정보청구권

① 수사기록의 열람·등사권

피의자는 자신의 수사기록을 조기에 열람하고 이에 기초하여 방어계획을 수립하는 것이 필요하다. 그렇지만 수사기관은 수사의 진행자로서 아직 공판이 열리기 전에 피의자가 수사기록을 모두 열람하는 행위를 수사의 방해로 여길 수 있다. 자신의 수사계획이 알려져 수사에 차질을 빚을 수 있기 때문이다. 그리하여 피의자의 정보청구의 요청과 수사기관의 수사의 필요성 사이에서 일정한 균형을 유지할 수밖에 없고 이는 각국의 사법제도의 현실에 따라 상이하게 결정된다. 형사소송법의 경우 변호를 맡은 변호사인 변호인은 인민검찰원이 사건에 대한 기소심사를 하는 날로부터 당해 사건의 소송문서, 기술적 감정자료를 열람·복사할 수 있고, 그 밖의 변호인은 인민검찰원의 허가를 얻어 위의 자료들을 열람·복사할 수 있다(동법 제36조). 해당 사건의 소송문서란 일반적으로 입안결정, 강제조치 채택에 관한 법률문서, 그리고 지명수배령 등을 포함하고 기술적 감정자료란 서면감정 결론을 말한다.45) 또 이 단계로부터46) 변호사는 구

---

45) 易延友,「刑事訴訟法」, 第三版, 法律出版社, 2008, 174면; 법무부 특수법령과, 위의 책, 219면.

46) 물론 범죄혐의자에 대한 수사기관의 제1차 신문 후 또는 강제조치를 취한 날로부터 범죄혐의자는 수사기관의 비준을 받아 변호사를 통해 법률자문의 제공, 신소의 대리, 그리고 고소 등을 하게 할 수 있고 선임된 변호사는 수사기관에 혐의죄명을 알아볼 권리가 있으며 구금 중인 범죄혐의자를 접견하고 그로부터 사건과 관련된 상황을 알아 볼 수 있다(형사소송법 제96조). 그러므로 수사단계에서 변

금되어 있는 범죄혐의자와 접견·통신을 제한 없이 할 수 있으므로 인민검
찰원의 기소심리 단계에서 불기소의 필요성에 관해 변호활동을 할 수 있
게 된다.

② 소송기록의 열람·등사권

변호를 맡은 변호사는 인민법원이 사건을 수리한 날로부터 해당 사건
범죄사실의 자료를 열람·등사할 수 있으며 구금되어 있는 피고인과 접
견·통신할 수 있다. 그 밖의 변호인은 인민법원의 허가를 얻어 위의 자료
를 열람·등사할 수 있고 구금되어 있는 피고인과 접견·통신할 수 있다(형
사소송법 제36조). '해당 사건 범죄사실'이란 공소사건의 경우 일반적으
로 기소장, 관련 증거목록, 증인명단과 주요증거의 복사본 및 사진 등을
가리키고 자소사건의 경우에는 자소장 및 관련증거이다.[47] 여기에 인민검
찰원이 불기소함에 따라 피해자가 법원에 기소한 경우 인민검찰원은 인
민법원에 관련 사건자료를 이송하여야 하는데(동법 제145조) 이 자료 역
시 열람·등사의 대상이 되는지는 불확실하다.

③ 관련자료 수집·조사권

변호를 맡은 변호사는 증인 또는 그 밖의 관련 단위나 개인의 동의를
얻어 그들을 상대로 본안과 관련된 자료를 수집할 수 있고, 인민검찰원,
인민법원에 신청하여 증거를 수집·조사할 수 있다(형사소송법 제37조).
여기서 인민법원에 대한 증거신청권은 당연한 권리로 보이지만, 인민검찰
원에 신청하여 관련된 증거를 수집·조사하게 할 수 있는 권리가 변호사에
게 인정되는 점은 독특하다. 이 권리는 변호를 맡은 변호사에게만 인정되
고 그 밖의 변호인에게는 인정되지 않는 권리이다. 이 권리를 이용하여

호사가 선임되어 활동을 할 수 있다. 그렇지만 이 단계에서 변호사가 수사기록에
접근할 수는 없다.
47) 易延友, 위의 책, 174면; 법무부 특수법령과, 위의 책, 221면.

변호사는 수사기관이 수사단계에서 범죄혐의자나 피고인에게 유리한 증거를 확보하고 있다면 이를 조사하고 수집해 줄 것을 인민검찰원에 요청할 수 있다.[48)]

또한 변호를 맡은 변호사는 인민법원이나 인민검찰원의 허가와 피해자나 그 근친족, 피해자가 내세운 증인의 동의를 얻어 그들을 상대로 해당 사건과 관련된 자료를 수집할 수 있다. 그렇지만 변호사와 그 밖의 변호인은 범죄혐의자나 피고인이 증거를 은닉·훼손·위조하거나 공모하여 허위진술을 하는 것을 도와서는 안 되고, 증인을 위협 또는 유인하여 증언을 바꾸게 하거나 위증을 하게 하여서는 안 되며, 그 밖의 사법기관의 소송활동을 방해하는 행위를 하여서는 안 된다(동법 제37조, 제38조).

변호를 맡은 변호사가 사건 전반에 관한 자료를 충분히 수집하여 피고인을 위한 변론활동을 충실히 준비할 수 있도록 변호사에게 일정한 자료 조사·수집권을 명문으로 인정하는 형사소송법의 태도는 피고인의 법원에 대한 변론권 내지 청문권 보장의 관점에서 볼 때 매우 타당하다.

④ 기소장 부본을 송달받은 권리 등

인민법원은 인민검찰원의 기소장 부본을 늦어도 개정 10일 전에 피고인에게 송달해야 한다(형사소송법 제151조 제2항). 피고인이 개정심리 전에 검찰의 기소장을 읽어보고 자신의 방어계획을 충분히 세울 수 있도록 하기 위함이다. 또한 인민법원은 당사자의 소환장과 변호인 등에 대한 통지서를 늦어도 개정 3일 전까지 송달해야 한다(동법 제151조 제4항). 법정기록은 피고인에게 교부하여 열람하게 하거나 그에게 낭독해 주어야 하고 피고인은 기재에 누락 또는 오기가 있다고 생각할 경우에 보충 또는 변경을 청구할 수 있다(동법 제167조). 제1심 판결이 선고된 경우 인민법

---

48) 비슷한 취지로 법무부 특수법령과, 위의 책, 221면. 물론 인민검찰원은 변호사의 신청을 받아들여 피고인에게 유리한 증거를 조사·수집하고 그 결과물은 사건이 심리중인 인민법원에 제출하는 것이 옳다.

원은 선고 후 5일 이내에 판결문을 피고인에게 송달하여야 한다(동법 제
163조).

⑤ 통역을 받을 권리

중국은 56개의 소수민족으로 구성된 다민족 국가인데 각 소수민족은
자신의 언어와 문자를 사용할 권리를 헌법에서 보장받고 있다(헌법 제4
조). 그리하여 각 민족 공민은 모두 자기 민족의 언어와 문자를 사용하여
소송을 진행할 권리가 있고 소수민족이 군거하거나 다민족이 잡거하는
지구에 있어서는 그곳에서 통용되는 언어를 사용하여 심문을 하고 그곳
에서 통용되는 문자를 사용하여 판결서, 그 밖의 문서를 공포하여야 한다
(형사소송법 제9조). 이를 청문권보장의 측면에서 본다면 인민법원, 인민
검찰원 등은 해당 지역에서 통용되는 언어와 문자를 이해하지 못하는 소
송관계인에게 통역을 제공하여야 할 의무를 부담한다(동법 제9조). 소송
관계인은 소송관계에 관한 정보를 원활하게 수집하여 자신의 소송상 청
문권을 제대로 행사하기 위해서 통역을 요구할 수 있어야 한다.

(3) 행정소송에서 정보청구권의 보장

행정소송법은 송달과 소환에 관한 규정을 직접 두고 있지 않으므로 민
사소송법의 규정을 준용해야 할 것으로 보인다. 이 부분에 대한 설명은
민사소송 부분을 참조하면 되고 여기서는 소송자료수집권의 측면에서 검
토를 한다. 행정소송법은 변호사강제주의를 채택하고 있지 않으므로49) 변
호사 아닌 자도 타인의 행정소송을 대리할 수 있다. 그렇지만 그 조사권

---

49) 외국인이나 무국적인이 중국에서 행정소송을 제기하는 경우에는 중국 변호사에
　게 위탁하여 수행하여야 하므로(행정소송법 제73조) 이 범위에서는 변호사강제
　주의가 적용된다. 그 밖의 중국 공민은 변호사, 사회단체, 소를 제기한 공민의
　친척 혹은 직장이 추천한 사람, 그리고 인민법원이 허락한 기타 공민은 위탁을
　받아서 소송대리를 할 수 있다고 규정하고 있어(동법 제29조) 변호사소송대리의
　원칙을 채택하고 있지 않다.

과 증거수집권의 범위에서는 변호사인 자와 아닌 자 사이에 일정한 차이
를 두고 있다. 소송을 대리한 변호사는 규정에 의하여 사건에 관련된 서
류를 열람하여 관련된 조직과 공민에 대해 조사 및 증거수집을 할 수 있
다고 규정하여 사건서류열람권·조사권과 증거수집권을 제한 없이 인정하
고 있다(행정소송법 제30조). 당사자나 변호사 아닌 기타 소송대리인은 인
민법원의 허락을 얻어서 사건서류를 열람할 수 있다(동법 제30조). 사생활
과 국가비밀로 언급된 것은 변호사나 변호사 아닌 자나 모두 제한을 받는
다. 변호사를 공적인 역할을 수행하는 자로 국가가 인정한 이상 그에 상
응하는 광범한 사실조사권과 증거수집권을 인정해 관련된 조직과 공민에
대해 조사의무를 부과한 것은 타당하고 당사자의 정보청구권의 측면에서
진일보한 입법으로 여겨진다.

2) 당사자의 표명권의 보장

(1) 민사소송에서 당사자의 표명권

당사자가 소송관계에 관한 일정한 정보를 바탕으로 법원에 대하여 자
신의 사실상과 법률상의 사항에 대하여 진술하고 상대방의 주장에 대해
반박할 수 있는 권리가 소송상 보장되어야 한다. 이는 법치국가의 소송절
차적 요구이고 이런 절차를 거친 후에 내려진 판결만이 정당화되고 당사
자들을 설득할 수 있다. 민사소송법은 당사자에게 변론을 할 권리를 부여
하고 있다. 여기서 변론은 위와 같이 법원에서 자신과 관련된 사실을 진
술하고 일정한 소송상의 주장을 하며 다투는 법원에서의 모든 당사자의
활동을 포함한다. 그리하여 법정에서의 변론과정에서도 양 당사자와 제3
자의 발언이 있은 후 상호 변론할 수 있는 기회를 주고 있다(민사소송법
제127조).

당사자의 표명권을 보장하기 위해서는 당사자 쌍방의 출석이 이루어
지고 난 후 변론이 열려야 하고 중요한 소송상 쟁점에 대해서는 사전에

당사자에게 통보되어 충분한 시간 동안 정보를 수집하여 자신의 입장표
명을 준비할 수 있어야 한다. 그리고 필요하면 당사자는 법률전문가의 충
고를 받을 수 있어야 한다.50) 이런 관점에서 볼 때 소환장에 의한 소환을
받고 정당한 이유 없이 출석하지 않거나 법원의 허락 없이 퇴정하는 경우
바로 궐석재판을 할 수 있다고 규정하는(동법 제130조) 민사소송법의 태
도는 결석한 당사자에게 변론속행권을 보장하지 않는 한51) 당사자의 변
론권을 과도하게 제약하는 측면이 있다.

(2) 형사 피고인의 표명권

① 변호인 선임권의 보장

피고인이 변론에서 기소장의 내용에 관해 정확하게 이해하고 이를 충
분히 방어하기 위해서는 변론능력의 보충이 필요한 바, 이를 위해서는 전
문적인 변호인의 조력을 받을 권리가 보장되어야 한다.52) 형사소송법은
피고인에게 변호를 받을 권리가 있고 인민법원은 피고인이 변호를 받을
수 있도록 보증할 의무가 있다고 규정하고 있다(동법 제11조). 형사절차에
서 변호인은 변호사에 한정되지 않고 민사소송에서 보았듯이 피고인과
일정한 관계가 있는 자들도 변호인으로 될 수 있다(동법 제32조).53) 여기

---

50) Schmidt Aßmann, aaO., Rn. 90.
51) 우리 민사소송법과 같이 변론기일에 한쪽 당사자가 결석한 경우 진술의제로 처리
함으로써 형식적으로는 대석재판주의를 택하고 있는 나라와 달리, 궐석재판제도
를 취하는 법제에서는 결석한 당사자에게 일응 불리한 판결을 선고하고 결석한
당사자가 고장신청(변론속행신청)을 하면 결석 전의 상태로 복귀되어 변론을 계
속하는 제도가 필요하다. 이시윤, 「신민사소송법」, 박영사, 2007, 347면.
52) Schmidt Aßmann, aaO., Rdnr. 103. 형사소송절차에서 변호사에 의해 변호를 받
을 피고인의 권리는 법원에 대한 청문권의 보호범위에 포함되지 않는다고 보고
이는 공정한 소송절차에 관한 권리로부터 보장된다고 보고 있다(BVerfGE 66,
313[318f.]; BVerfGE 38, 105[115]). 그러나 법원에 대한 청문권 특히 표명권을
실효적으로 행사하기 위해서는 변호인의 조력이 필요하다는 점에서 반드시 공정
한 재판을 받을 권리로부터만 파생된다고 볼 필요는 없다고 본다.

서 변호인선임권이 언제부터 범죄혐의자나 피고인에게 주어지는가의 문
제와 현실적으로 피고인이 형사소송법상의 권한을 제대로 행사하기 위해
서는 법률전문가인 변호사를 변호인으로 선임하여야 하는데 그렇지 못한
자들을 위한 보호수단이 마련되어 있는가의 문제가 중요하다.

먼저 변호인선임권이 언제부터 행사될 수 있는지에 관하여는 의문이
있다. 형사소송법은 공소사건의 경우 기소심사의견으로 인민검찰원에 송
치된 날부터 범죄혐의자는 변호인을 선임할 권리가 있다고 규정하고 있
다. 이를 위해 인민검찰원은 기소의견으로 이송된 사건자료를 공안기관에
서 넘겨받은 날로부터 3일 이내에 범죄혐의자에게 변호인을 선임할 권리
가 있음을 고지해야 한다. 인민법원 역시 자소사건을 수리한 후 같은 기
간 내에 이와 같은 고지를 해야 한다(동법 제33조). 공안기관의 수사단계
에서 변호인의 조력을 받을 수 있는지가 문제되는데 형사소송법은 그 가
능성을 열어놓고 있다. 즉 범죄혐의자는 수사기관의 제1회 신문을 받은
후 또는 강제조치를 취한 날로부터 수사기관의 비준을 받아 변호사를 선
임하여 법률자문의 제공, 신소의 대리, 그리고 고소 등을 할 수 있고, 선임
된 변호사는 범죄혐의자의 혐의죄명을 알아볼 수 있고 구금 중인 범죄혐
의자를 접견하여 사건과 관련된 상황을 알아 볼 수 있다(동법 제96조). 또
한 그는 범죄혐의자가 구속된 경우 그를 위해 취보후심(取保後審)[54]을 신
청할 수 있고 수사기관이 취한 강제조치의 법정기한이 초과된 경우 그 강
제조치를 해제하여 줄 것을 요구할 권한이 있다(동법 제75조). 그러나 앞
서 보았듯이 이 단계에서 그 변호사는 수사기록을 열람할 수 없고 기소이
송 이후 정식 변호인으로 선임된 변호사의 권한과 비교하면 제한적인 권
한만이 주어지고 또한 수사기관의 비준을 받아야 한다는 제한으로 인해

---

53) 형사소송법 제32조. (1) 변호사, (2) 인민단체나 범죄혐의사, 피고인의 소재단위가
　　추천한 사람, (3) 범죄혐의자나 피고인의 후견인, 친족 및 친구로서 현재 형벌을
　　받고 있거나 법에 의하여 신체의 자유가 박탈되거나 제한된 자는 변호인을 맡을
　　수 없다.
54) 取保後審은 우리의 보석 또는 보증금납입조건부 피의자석방에 상응하는 개념이다.

공안기관의 수사단계에서 변호사가 범죄혐의자를 위해 적극적인 변호를 하기는 사실상 어려운 것으로 평가된다.[55] 그래서 공안기관에 의해 수사가 이루어지고 인민검찰원에 기소의견으로 송치된 후에 비로소 변호사의 변호활동이 제대로 이루어질 수 있다고 판단된다.

범죄혐의자나 피고인이 변호사를 변호인으로 선임하고자 해도 경제적 곤란 혹은 그 밖의 원인으로 변호인을 선임하지 못하는 경우 인민법원은 그의 변호를 위해 법률원조의무를 지는 변호사를 지정할 수 있다. 또한 법원은 피고인이 맹인, 농자, 아자 또는 미성년자로서 변호인을 선임하지 아니한 경우, 피고인이 사형에 처해질 수 있는데 변호인을 선임하지 않은 경우 의무적으로 변호사를 지정해야 한다. 이 경우 법원은 필요적으로 법률원조의무를 지는 변호사를 지정해야 한다(동법 제34조). 우리의 경우 사형, 무기 또는 단기 3년 이상의 징역이나 금고에 해당하는 사건으로 기소된 경우와 피고인이 70세 이상인 경우를 필요적 변호사건으로 보는데 비해 중국은 필요적 변호사건을 아직은 제한적으로 인정하고 있다. 또한 피고인이 구속된 경우와 피고인의 빈곤 그 밖의 사유로 변호인을 선임할 수 없는 경우에도 피고인의 청구가 있으면 필요적으로 국선변호인을 선정하는[56] 우리의 경우와는 이 점에서도 차이가 있다.

② 소송절차 참여권

피고인과 그 변호인의 소송절차 참여권은 그들의 변론활동에서 중요한 부분을 차지한다. 여기서는 증거조사단계의 참여권과 법정변론단계에서의 활동으로 나누어서 고찰하기로 한다.

피고인의 변호인은 피고인의 무죄, 형사책임의 경감 및 면제를 증명하

---

55) 법무부 특수법령과, 위의 책, 202면. 여기서 이 단계는 엄밀한 의미에서 변호인이 아니라고 보고 있다. 즉 변호사가 변호인이 되는 단계는 기소심사 이송 후부터라고 보기 때문이다.

56) 형사소송법 제33조 제1항, 제2항. 빈곤 그 밖의 사유로 변호인을 선임할 수 없는 경우 피고인이 청구하면 법원은 변호인을 선임하여야 한다(2006.7.19. 개정).

는 자료와 의견을 제출할 수 있고 그 증거를 법정에 제시하여야 한다(형사소송법 제35조, 제157조). 또한 법정의 심리과정에서 피고인과 변호인은 새로운 증인이 법정에 출석하도록 통지할 것 및 새로운 증거를 조사할 것을 신청하고 재감정과 재검증을 신청할 권리가 있다(동법 제159조).57) 피고인과 변호인은 심판장의 허가를 얻어 증인, 감정인에게 질문을 할 수 있는데 증인의 증언은 반드시 법정에서 공소인, 피해자와 피고인, 변호인 쌍방의 신문 및 질문을 거쳐야 비로소 사건을 확정하는 근거가 될 수 있다(동법 제156조, 제47조). 이런 관점에서 피고인과 변호인에게 증인에 대한 반대신문권이 법적으로 보장되어 있다. 그 밖의 증거들은 공소인과 변호인이 법정에 제출하여 당사자가 식별하도록 해야 하고 법정에 출석하지 않은 증인의 증언기록, 감정인의 감정결론, 검증조서와 그 밖의 증거가되는 서류는 법정에서 낭독하여야 하는데 낭독 후 심판인원은 당사자와 변호인의 의견을 청취하여야 한다(동법 제157조). 피고인과 그 변호인은 공소인이 제출한 증거에 대해 그 진실성과 그 증거력에 관한 의견을 표명할 수 있다(동법 제42조).

피고인과 변호인은 이와 같이 증거에 대해 의견을 발표할 수 있고 그밖에 사건상황에 대한 의견을 발표할 수 있으며 아울러 공소인과 변론을 할 수 있다(동법 제160조). 변호인의 변론은 변호사(辯護詞)라고 하는데 이는 변호직능 실현의 중요한 수단으로 인식되고 있다. 변호사는 사실에 근거하여 법률을 기준으로 피고인의 합법적 권익을 유지하고 보호하는 변호의견을 진술해야 한다.58) 이는 주로 사실과 증거의 결과, 그리고 법적 상태에 대한 표명을 포괄하는 것이어야 한다.59) 피고인의 변호인의 진술이 끝난 후 피고인에게 최후로 진술할 수 있는 권리가 주어진다(동법 제160조). 이를 통해 피고인은 사건의 경험자로서 알 수 있는 사건의 진상

---

57) 수사단계에서도 범죄혐의자와 피해자에게 재감정 및 보충감정신청권이 주어진다 (동법 제121조).
58) 易延友, 위의 책, 177면; 법무부 특수법령과, 위의 책, 581면.
59) Schmidt Aßmann, aaO., Rn. 85.

과 그에 대한 자신의 입장을 최종적으로 표명할 수 있다.

③ 궐석재판의 문제

법정심판과정에서 소송관계자[60]가 법정질서에 위반하는 경우 심판장은 경고를 하여 제지하고 이런 제지에도 불구하고 계속 법정질서를 위반하는 경우에는 강제로 퇴정을 시킬 수 있는데 사안이 엄중하면 15일 이하의 구류에 처할 수도 있다(형사소송법 제161조). 이 규정에 의해 피고인이 심리 중에 퇴정을 당한 경우 피고인 없이 심판이 진행될 수 있다. 피고인에게 소환장을 개정 3일 전에 송달하기로 되어 있으므로 피고인은 법원에서의 심리에 참석할 의무와 권리를 가진다. 그런데 피고인이 강제퇴정을 당하게 되면 피고인 없이 이후의 심리를 진행할 수 있는지 문제된다.

법원에 대한 청문권의 보장에도 불구하고 궐석재판절차는 허용되는 제도로 인정되고 있다.[61] 문제는 그 구체적인 형성의 결과가 당사자의 법원에 대한 청문권을 어느 정도 제한하는가에 있다. 형사소송법은 피고인과 변호인의 증거조사참여권과 피고인의 최후진술권을 권리형식으로 보장하고 있으므로 그들이 스스로 법정질서에 위반하여 심판장에 의해 퇴정을 당한 경우 피고인과 변호인의 출석 없이 심판을 진행할 가능성이 높다. 더욱이 3년 이하의 유기징역 등에 처할 수 있는 사건은 간이절차에 의해 진행되는데(동법 제174조 제1항), 간이절차에서는 공소에 의한 심판절차에 관한 규정들(피고인신문, 증인·감정인신문, 증거제시, 법정변론절차 규정)이 적용되지 않으므로(동법 제177조)[62] 이 절차에서 피고인의 출석 없는 상태에서의 심판이 진행될 가능성은 매우 높아 보인다.[63]

---

60) 소송관계자는 당사자, 법정대리인, 소송대리인(부대 민사소송), 변호인, 증인, 감정인과 통역인을 말하는데 다시 당사자는 피해자, 자소인, 범죄혐의자, 피고인, 부대민사소송의 원고와 피고를 말한다(형사소송법 제82조 제2항, 제4항).

61) Schmidt Aßmann, aaO., Rn. 81.

62) 단 최후진술은 들어야 한다는 의무형식으로 규정하고 있다.

63) 물론 우리 형사소송법에도 피고인의 공판정 출석권을 보장하면서도 폭넓은 궐석

(3) 행정소송에서 당사자의 표명권

소송대리인을 통해 자신의 사건과 관련된 법률상·사실상의 사항에 대해 법원에 충분하게 자신의 의견을 표명할 수 있어야 판결은 정당화될 수 있다. 행정소송법에는 당사자가 기일에서 충분히 변론할 수 있어야 한다고 직접 규정하고 있지는 않으나 민사소송법의 규정을 준용할 것으로 보인다. 당사자의 표명권을 실질적으로 보장하기 위해서 법원의 석명권과 소송지휘권의 적극적인 행사가 필요하다. 당사자의 변론을 듣고 사건을 직접 심리한 법관이 판결을 내려야 한다. 이런 구체적인 절차적 보장은 민사소송법에서 고찰한 바 있다.

3) 법원의 고려의무

(1) 민사소송에서 법원의 고려의무

당사자의 법원에 대한 표명이 있은 후 법원은 당사자의 표명을 숙고한 후 이를 고려하여 당사자에게 일정한 최종적인 판단을 한다. 이는 주로 법원의 판결문에 나타나게 된다. 즉 판결의 이유제시의 근거가 바로 법원의 고려의무에 있다고 하겠다. 민사소송법에서도 당사자의 소장의 기재사항에 대응하여 판결서의 기재사항도 이루어져 있다. 즉 소장에는 원고의 소송상의 청구 및 근거사실과 이유 그리고 증거 및 증거의 출처를 기재하도록 요구하고 있는데 판결서 역시 소송이유, 소송상의 청구, 쟁의의 사실과 이유 그리고 판결에 인정한 사실, 이유 및 적용된 법률을 명기하도록 요구하고 있다(민사소송법 제110조, 제138조). 법원이 당사자가 법원에 대한 표명권의 대상으로 포함하지 않은 법적 관점을 판단과정에서 중요한 쟁점으로 삼아 이를 이유로 판결을 내린다면 이런 판결은 당사자에게 기습적인 재판이 되어 당사자를 설득할 수 없다.[64] 그래서 법관은 자신이

재판의 가능성을 열어두고 있다(형사소송법 제276조, 제277조, 제277조의2, 제330조, 제365조, 제389조의2, 제458조 제2항).

중요하다고 보는 법률적 관점을 당사자들에 미리 알려 당사자들이 이에
대해 충분히 변론하게 한 후 이를 숙고하고 판결에서 이에 대한 최종적인
결론을 내려야 한다.

(2) 형사법원의 고려의무

피고인과 변호인의 법원에 대한 표명에 대해 법원은 숙고할 의무를 진
다. 그리고 법원이 판결의 이유를 기재하는 의무는 바로 이 숙고의무
(Erwägungspflicht)로부터 나온다. 이와 같은 이유제시가 없다면 법원이 당
사자의 법원에 대한 표명을 진지하게 받아들였는지를 확인할 방법이 없
기 때문이다.[65]

형사판결문의 유죄판결서는 일반적으로 모두부분, 사실의 인정, 이유
의 제시, 판결부분, 끝부분으로 구성된다.[66] 첫 부분에는 인민법원과 사건
번호, 당사자의 성명 등, 사건개요, 심판조직, 그리고 심판방식을 기재한
다. 사실부분은 범죄구성요건을 중심으로 범죄의 시간, 장소, 동기, 목적,
수단, 그리고 결과 등을 분명하게 기술하여 죄의 인정과 양형에 관계되는
상황을 기술해야 한다. 이유 부분은 당사자의 표명에 대한 답변이라고 볼
수 있는 부분으로 범죄사실을 인정하는 증거를 열거해야 한다. 여기서 법
원이 왜 증거를 인정하고 이로부터 어떤 사실을 인정했는지를 밝히게 된
다. 그리고 피고인이 주장하는 범죄의 조각사유나 면제사유 그리고 감경
사유에 대한 법원의 판단이 제시된다. 판결문의 결론으로 형벌이 구체적
으로 기재된다. 끝부분은 상소권과 상소의 방법을 말하고 합의정의 구성
원이 서명하고 판결서의 날짜를 적는다.[67]

---

64) 이런 기습재판의 금지(Überraschungsverbot)는 우리 민사소송법 제136조 제4항의
    법적 관점 시사의무의 주된 입법동기가 되었다. 호문혁, "민사소송에 있어서의 법
    률적 사항에 관한 법관의 시사의무," 민법학논총, 제2집, 박영사, 1995. 참조.
65) Schmidt Aßmann, aaO., Rdnr. 99.
66) 易延友, 위의 책, 359면; 법무부 특수법령과, 위의 책, 592면.
67) 易延友, 위의 책, 360면; 법무부 특수법령과, 위의 책, 593~594면.

(3) 행정사건에서 법원의 고려의무

당사자의 변론을 듣고 당사자가 사건에 관해 사실상과 법률상의 측면에서 충분히 주장하고 입증한 것을 토대로 법원이 이를 고려하여 이에 대한 응답으로 최종적으로 권위적인 설득작업을 한 결과가 판결이라고 할 수 있다. 이 판결에는 당사자의 사실과 법률측면의 주장에 대한 법원의 답변이 적혀 있어야 한다. 행정사건에서도 법원은 민사소송법에서 고찰한 바와 같은 고려의무를 부담한다.

III. 공정한 재판을 받을 권리의 보장

1. 공정한 재판을 받을 권리의 의의와 독자성

재판의 공정은 재판의 생명과 같다. 재판에서 심판자의 공정성은 재판제도를 국가가 제도로서 수용한 근거가 된다. 자연상태에서 자력구제는 권리자의 승리 즉 정의를 보장하지 않는다. 인간이 자연상태로부터 시민사회를 성립시키고 자발적으로 국가의 주권에 복종한 이유는 국가의 재판이 권리자를 보호하고 정의를 보증함으로써 자신의 신체와 재산을 확고하게 지켜줄 것으로 신뢰했기 때문이다.[68] 그러므로 재판의 공정성은 재판제도에 내재된 요청이라고 할 수 있다. 법치국가의 사법제도 역시 공정한 재판을 그 본질적 내용으로 하고 있다.[69]

우리 헌법재판소는 '공정한 재판'에 관한 명문의 규정은 없지만 재판청구권이 국민에게 효율적인 권리보호를 제공하기 위해서는 법원의 재판이 공정해야 할 것임은 당연하므로, '공정한 재판을 받을 권리'는 헌법 제

---

68) J. Locke, 이극찬 역 「시민정부론」, 연세대학교 출판부, 1988, 185면.
69) Peter Arens(호문혁 번역), "민사소송에 있어서의 공정한 절차를 요구할 권리", 서울대 법학 제34권 2호(1993.8.), 321면,

12조 제1항 후문의 적법절차조항 및 제27조의 재판청구권에 의하여 함께 보장된다고 보고 있다.[70] 그리하여 헌법재판소는 공정한 재판을 받을 권리 속에는 신속하고 공개된 법정의 법관의 면전에서 모든 증거자료가 조사·진술되고 이에 대하여 피고인이 공격·방어할 수 있는 기회가 보장되는 재판, 즉 원칙적으로 당사자주의와 구두변론주의가 보장되어 당사자가 공소사실에 대한 답변과 입증 및 반증하는 등 공격·방어권이 충분히 보장되는 재판을 받을 권리가 포함되어 있다고 보았다.[71]

앞서 살펴본 법원에 대한 청문권의 보장만으로 재판절차의 원활한 목적달성을 담보하기에는 한계가 있다. 법원에 대한 청문권은 당해 재판에 공식적인 참가나 실질적인 관여를 하는 자들의 법원에 대한 주관적인 참여의 요구를 사법절차에서 청구권의 측면으로 구체화한 것이다. 재판은 당사자와 법원 그리고 소송물을 둘러싸고 이루어지는 국가의 사법제도의 작용이다. 재판작용은 사법권의 발현이고 이는 객관적인 법현상이다. 전체로서의 재판이 당사자의 권리구제와 국가형벌권의 실현에 얼마나 기능적으로 부합하느냐는 소송 당사자의 주관적인 권리보장의 형식으로만 파악될 수 없다. 당사자는 항상 자신의 이익과 관점에서 소송을 바라볼 수밖에 없다. 그러므로 재판제도의 전체적인 기능적합성의 판단은 객관적인 외부의 판단에 따라 이루어져야 하고 이를 평가하는 기준으로서 공정성이 사법절차적 요구로서 요청된다. 이는 당사자가 자신의 시각에서 평가하는 기준이 아니라, 객관적인 외부의 제3자의 시각으로 볼 때 소송절차를 구성하는 각각의 제도들이 얼마나 양 당사자와 법원의 입장에서 볼 때 공평하느냐의 문제이다. 구체적인 예로서 입증책임의 소재에 관한 문제는 당사자의 청문권으로 바라볼 수 없고 법적 수단들의 처분가능성의 문제 역시 청문권의 보호범위에 속할 수 없다.[72] 특히 형사소송절차에서 국가

---

70) 헌법재판소 2006.7.27. 2005헌바58결정; 1996.1.15. 95헌가5결정에서 이를 밝혔다. 다른 판례로는 1996.12.26. 94헌바1결정; 1993.7.29. 90헌바35 결정 등.
71) 헌법재판소. 1996.12.26. 94헌바1 결정.

형벌권의 발동을 촉구하는 소추자인 국가기관에 맞서 자신을 방어해야
하는 피고인의 소송상의 지위는 법원에 대한 피고인의 청문권의 보장만
으로는 피고인의 당사자로서의 권리보호와 국가의 형벌권의 확보라는 형
사사법절차의 요구를 실현하는데 한계가 있다.[73]

그러므로 법원에 대한 청문권과 더불어 공정한 재판을 받을 권리를 법
치국가의 사법절차적 기본권으로 추가적으로 인정할 필요가 있다.[74]

2. 공정한 재판을 받을 권리의 소송절차상 구현

1) 회피제도

재판의 공정을 보장하기 위해 심판자의 중립성은 절대적인 요구이다.
심판자가 소송 당사자와의 관계에서 일정한 공정성을 의심할만한 사유가
있다면 스스로 심판자의 지위에서 물러나거나 당사자가 그를 물러나도록
요구할 수 있어야 공정한 재판을 이루고 법의 지배가 구현될 수 있다. 그
래서 거의 모든 소송제도는 기피나 회피 또는 제척제도를 두고 있다.

민사소송법은 우리의 기피나 회피를 합친 제도를 두고 있고 이를 모두
회피제도라고 부르고 있다. 우리의 경우처럼 일정한 사유가 있으면 재판

---

72) Schmidt Aßmann, aaO., Rn. 10. 변호사를 통한 대리의 문제(ders., aaO., Rn.
103)와 언어문제와 통역(aaO., Rn. 116) 문제 역시 공정한 재판의 보호범위에 속
한다고 보고 있지만, 이는 법원에 대한 청문권의 실효적인 보장의 문제로 파악될
수 있다.

73) 비슷한 취지의 견해로는 한수웅, "헌법 제27조의 재판청구권", 헌법논총 제10집,
1999, 375면.

74) 공정한 재판, 혹은 무기대등은 법원에 대한 청문권의 전제로서 작용하기 때문에
이를 별도로 인정할 필요가 없고 이를 인정하면 당사자의 모든 주장이 객관적인
잣대 없는 공정성의 요구를 통해 나타날 것이라는 지적이 있다. 장석조, "우리
헌법상 절차적 기본권", 헌법논총 제9집(1998), 448~449면. 타당한 면이 있는
주장이나 앞서 보았듯이 법원에 대한 청문권은 재판제도를 당사자의 입장에서
파악할 수밖에 없는 한계가 있다는 점에서 문제가 있다.

절차에서 당연히 배제되는 제도는 가지고 있지 않는 것으로 파악된다. 당사자가 구체적인 회피여부에 대한 고려를 할 수 있도록 인민법원은 사건을 수리하기로 결정하고 합의부 구성인원이 확정된 후에는 3일 이내에 당사자에게 이를 고지해주고 있다(민사소송법 제115조). 또한 심리가 개정된 후에 인민법원은 당사자에게 회피신청을 할 것인지를 묻도록 되어 있다(동법 제123조 제2항). 인민법원은 당사자가 제출한 회피신청에 대하여 제출일로부터 3일 이내에 결정을 내려야 하고 그 결정에 불복하는 경우에는 1차에 한하여 불복할 수 있다(동법 제48조).

형사소송법의 특징 중의 하나는 회피제도를 심판기관에만 한정하지 않고 수사인원에게도 확대하고 있다는 점이다. 즉 심판인원, 검찰인원 및 수사인원은 당해 사건의 당사자와 일정한 친족관계가 있는 경우, 당해 사건의 증인·감정인·변호인이었던 경우, 당해 사건의 당사자와 어떤 관계가 있어 사건의 공정한 처리에 영향을 미칠 가능성이 있는 경우에는 스스로 회피하여야 하고 당사자 및 그 법정대리인은 그들의 회피를 요구할 권리가 있다고 규정하고 있다(형사소송법 제28조). 심판인원, 검찰인원 및 수사인원의 회피는 각 원장, 검찰장, 그리고 공안기관책임자가 결정하고 원장에 대한 회피는 심판위원회가 결정한다. 그리고 검찰장과 공안기관 책임자의 회피는 동급 인민검찰원 검찰위원회에서 결정한다(동법 제30조).

또한 회피와 직접 관련된 내용은 아니지만 심판인원, 검찰인원 및 수사인원은 당사자 및 그가 위탁한 사람으로부터 접대를 받거나 선물을 받아서는 안 된다는 규정을 특별히 회피에 관한 부분에 함께 두고 있다(동법 제29조).

회피제도는 통역인, 감정인에게도 적용되는데 회피를 위한 전제로서 심판장은 개정이 될 때 합의정의 구성원, 서기, 공소인, 변호인, 감정인, 그리고 통역인의 명단을 선포하고 이들에 대한 회피를 신청할 권한이 있음을 당사자에게 고지하도록 되어 있다(동법 제154조). 회피제도가 실효적으로 활용되게 하기 위한 조치로 공정한 재판의 측면에서 볼 때 바람직한 입법태도이다.

2) 증거의 수집과 입증의 단계

(1) 민사소송에서 입증의 부담

사실에 대한 입증의 책임을 누가 부담하느냐는 소송의 성패에 중요한 요소이다. 이로부터 당사자들은 소송의 시작부터 증명책임을 다하지 못해 패소당하지 않기 위해 증거제출의 노력을 하게 된다.[75] 이런 의미에서 증거 제출책임을 민사소송법은 규정하고 있다. 즉 당사자는 자기가 주장한 사실에 대하여 증거를 제공할 의무를 부담한다(민사소송법 제64조). 이로부터 입증의 부담은 공평하게 나누어질 수 있다.

문제는 자신이 주장한 사실에 대한 증거가 자신의 수중에 없을 경우 이를 입증하기 위한 방법이 마련되어 있어야 공정한 재판이 이루어질 수 있다는 점이다. 이런 경우 당사자가 객관적으로 수집할 수 없는 증거로 보아 인민법원이 조사·수집할 수 있다고 규정되어 있지만(동법 제64조), 이런 규정만으로는 부족하고 광범위한 증거개시제도[76]나 우리 민사소송법과 같은 문서보유자에게 문서제출의무를 규정하여 증거의 편재에서 나타나는 고질적인 입증의 곤란을 구제할 필요가 있다. 특히 소비자분쟁이나 환경분쟁과 같이 개인이 대기업을 상대로 소송을 해야 하는 경우 증거의 편재현상을 극복하고 공평한 입증의 기회를 주기 위해서 이와 같은 증거의 개시제도는 필요하다.

---

75) 이시윤, 「신민사소송법」, 박영사, 2003, 446면; 호문혁, 「민사소송법」, 법문사, 2002, 426면. 이와 달리 소송의 종결시에 사실의 입증이 이루어지지 않을 때 그 사실이 존재하지 않는 것으로 인정되어 불이익을 받게 되는 당사자 일방의 불이익은 주로 객관적 입증책임의 문제로 변론주의나 직권탐지주의에서 모두 문제될 수 있다.

76) 주로 미국에서 활발히 사용되는 것으로 소개되고 있다. 미국에서는 다양한 증거개시형태들(interrrogatories, dispositions, document requests)이 있어 이를 통해 당사자들은 증거를 확보할 수 있다고 한다. Chow, Daniel C.K, op. cit., pp. 281~286; 법무부, 「미국의 사법제도」, 2001, 243~244면 참조.

(2) 거증책임과 자백의 증거능력

형사소송법에 따르면 기소한 범죄사실에 대한 거증책임은 공소자, 자소자가 지는 것이 원칙이다. 이는 무죄추정을 받는 피고인의 지위에서 볼 때 당연한 결론이다. 형사소송법도 이를 명문으로 규정하고 있지는 않지만 심판인원, 검찰인원 및 수사인원은 반드시 법정절차에 따라 피고인의 유죄 또는 무죄 및 범죄의 경중을 입증할 수 있는 각종 증거를 수집할 의무를 진다고 규정하고 있음에 비추어 볼 때(형사소송법 제43조) 거증책임은 공소자와 자소자가 지는 것이 원칙이라고 할 수 있다.[77]

문제는 수사서류의 증거능력의 인정에 관한 구체적인 제한규정이 없다는 사실이다. 물론 고문에 의한 자백강요, 협박, 유인, 그리고 기만 및 그 밖의 불법적인 방법으로 증거를 수집하는 것을 엄격히 금지하고 있고, 피고인의 자백만이 있고 그 밖의 증거가 없는 경우 피고인을 유죄로 인정할 수 없다고 규정하고 있다(형사소송법 제43조, 제46조). 그렇지만 자백이 기재된 수사서류의 증거능력을 제한적으로 평가할 수 있는 구체적인 규율들이 존재하지 않는다. 단지 형사소송법 제42조 (4)항에서 법정증거로 제시된 범죄혐의자·피고인의 자백과 변명은 누구 앞에서의 자백과 변명인가를 전혀 구분하지 않고 단지 조사를 거쳐 진실한 것으로 증명된 경우 사실인정의 증거로 사용할 수 있게 하고 있다. 여기서 범죄혐의자·피고인의 자백은 범죄혐의자·피고인이 수사인원, 검찰인원 또는 심판인원에게 어떠한 범행을 범하였다고 인정하는 자백을 가리킨다고 보고 있다.[78] 그렇다면 수사단계에서 수사인원 앞에서 진술하고 그 진술이 기재된 신문조서와 수사인원 앞에서 작성한 자술서는 법정에서 조사를 거쳐 진실한 것으로 증명이 되면 증거능력을 인정받을 수 있다(동법 제95조).

여기에 수사서류의 작성과정의 임의성을 염려하게 만드는 요인은 신문과정에서 진술거부권을 인정하지 않고 있다는 점과 제1회 피의자신문

---

77) 易延友, 위의 책, 279면; 법무부 특수법령과, 위의 책, 290면.
78) 법무부 특수법령과, 위의 책, 258면.

시에 변호사의 조력을 받을 수 없다는 점이다.[79] 형사소송법은 범죄혐의자에게 진술거부권이 아니라 반대로 사실답변의무를 부과하고 있다(동법 제93조). 즉 범죄혐의자는 수사인원의 질문에 대하여 사실대로 답변하여야 한다. 그리고 범죄혐의자가 변호사를 선임하여 적극적인 조력을 받을 수 있는 시기는 1회 신문 후 수사기관의 비준을 거쳐 비로소 이루어진다. 이렇게 답변의무를 부담하는 범죄혐의자가 변호인의 참여도 없는 상태에서 이루어지는, 자백진술이 기재된 1회 신문조서의 증거능력을 엄격한 요건 없이 인정하게 한다면 자백강요의 유인을 차단하기는 어렵다.[80]

(3) 행정소송에서 입증책임의 분배

행정소송의 대상이 된 구체적 행정행위의 합법성에 대한 입증책임을 행정기관에게 부담시키고 해당 구체적 행정행위를 내린 증거와 그 행정행위가 근거한 규범성문건을 제출하도록 한 행정소송법의 태도는 원칙적으로 당사자평등의 측면에서 공정하고 정당한 것으로 평가된다. 그리고 일정한 증거능력의 제한규정도 이런 측면을 반영한다. 즉 원칙적으로 행정기관은 구체적 행정행위를 내린 후에 자체적으로 수집한 증거와 법정절차를 위반하여 수집한 증거를 가지고 구체적 행정행위를 합법화하는 증거로 사용할 수 없다. 그리고 행정복의기관이 복의과정에서 수

---

79) 2008년 개정된 변호사법은 변호사의 조력을 받을 시기에 관해 새롭게 규정하였다. 즉 범죄피의자가 수사기관에 첫 번째 신문 혹은 강제조치를 채택한 날부터 위임받은 변호사는 변호사자격증, 변호사사무실증명과 위임장 혹은 법률원조 공문서를 제시하면 범죄 피의자, 피고인을 접견하여 해당 사건과 관련된 수사상황을 알아 볼 수 있다. 또한 변호사가 범죄피의자, 피고인을 접견할 때 감청을 할 수 없다(변호사법 제33조). 아직 형사소송법의 개정이 이루어지지 않고 상태에서 변호사법에 마련된 이 규정은 중요한 진전이라고 볼 수 있다. 중국 변호사에게 이런 권리가 마련되었는데도 이 권리가 실현되지 못할 경우의 구제수단은 없는 것으로 기술되고 있다(夏蓮翠 "新舊《律師法》 系統硏究", 法治硏究, 2008年 第2期, 53면). 앞으로 진행될 형사소송법의 개정작업을 지켜 볼 필요가 있다.
80) 같은 취지로 Chow, Daniel C.K, op. cit., p.279.

집한 증거 역시 인민법원이 원 구체적 행정행위의 유지를 위한 근거로
사용할 수 없다(≪最高人民法院關于執行中華人民共和國行政訴訟法若
干問題的解釋≫ 2000.3.10.시행, 제30조, 제31조). 모두 당사자의 증거수
집 능력의 차이를 인정하고 피고측의 증거능력을 제한하고 있다. 문제는
실제의 행정소송의 현실에서 이런 규정들이 규범력을 발휘할 수 있는가
이다. 보다 더 경험적인 연구성과가 나와야 전반적인 평가를 할 수 있다
고 본다.

3) 이심 종심제도와 재판감독제도

민사재판, 행정재판 그리고 형사재판은 원칙적으로 2심 종심제도이다.
예외적으로 재심의 기회가 주어질 수 있지만 이를 논외로 한다면 민사재
판의 경우 2번의 재판으로 사실상 더 이상 다툴 방법은 없게 된다. 3심제
를 채택해야 하는 것이 법치주의의 요구라고 할 수는 없고 이는 단지 입
법정책의 문제이다. 그렇지만, 2심제인 경우에는 그 심리의 충실을 기할
수 있는 조치가 필요하다. 이런 측면에서 일정한 경우 개정심리를 하지
않을 수 있는 규정을 두고 있어 문제가 있고(민사소송법 제152조), 속심적
성격을 유지한다면 적절한 주장이나 증거제출의 제한규정을 두어야 할
필요가 있는데 그런 규정이 없다는 점도 문제로 보인다(동법 제157조).[81]
대신 재판감독제도를 두어 2심 종심제의 문제를 보완하고 있다. 2008년에
개정된 민사소송법은 재판감독제도를 일부 수정하였다.

(1) 재판감독의 개념

재판감독절차라 함은 인민법원이 이미 법률적 효력이 발생한 판결, 재
정(裁定) 또는 조해합의에 잘못이 있음이 확실함을 발견한 경우에 법률의
규정에 따라 다시 심리하여 재판하는 제도이다. 이는 심급감독의 성격이

---

81) 민사소송법 제157조는 제1심 보통절차를 준용한다고만 규정하고 있다.

아니라 재판의 감독절차의 일환으로 이루어지는 것이다. 그래서 절차제기의 주체도 당사자에 한정되지 않고 심리의 객체의 면에서도 이미 법적 효력이 발생한[82] 판결, 재정 및 화해합의를 그 대상으로 한다. 그리고 재판감독을 제기하기 위한 요건으로 일정한 사유가 존재하여야 한다.

민사소송법 제177조 이하의 규정에 따른 재판감독의 방식은 원심 인민법원이 다시 심리하는 재심(再審)과 상급인민법원이 사건을 스스로 심리하는 제심(提審)의 두 가지가 있다.

재심은 원심 인민법원이 이미 법률적 효력이 발생한 판결, 재정 또는 조해합의를 법률의 규정에 따라 다시 심리하는 것을 말한다. 재심은 다시 자행재심(自行再審)과 명령재심(命令再審)으로 나누어진다. 자행재심은 각급 인민법원의 법원장이 이미 법률적 효력이 발생한 당해 법원의 판결, 재정에 착오가 있음이 확실한 것을 발견한 경우 이를 심판위원회에 회부하여 토론하고 재심여부를 결정하게 하는 방식을 말한다(민사소송법 제177조). 명령재심은 상급인민법원이 하급인민법원의 확정판결, 재정에 잘못이 있음이 확실한 것을 발견한 경우에 당해 하급인민법원에 명령하여 재심하도록 하는 방식을 말한다(동법 제177조). 재심을 명령하는 인민법원은 상 일급 법원일 수도 있고 상 이급 법원이나 최고인민법원일 수도 있다.

제심은 최고인민법원이 지방각급 인민법원의 또는 상급인민법원이 하급인민법원의 이미 법률적 효력이 발생한 판결, 재정에 잘못이 있음이 확실한 것을 발견한 경우에 하급인민법원에 재심하도록 명령하지 않고 자기가 직접 재판을 하는 것을 말한다.

(2) 재심절차의 제기절차

재판재심절차가 제기되는 경로는 3가지가 있는데 즉 각급 인민법원이 당해 법원장의 요청이나 상급 인민법원의 명령에 의해 재심절차를 제기

---

82) 우리식의 표현으로 바꾸면 확정되어 강제집행이 가능한 단계를 의미한다.

하는 경우와 상급 인민검찰원의 항소에 의해 제기되는 경우, 그리고 당사자가 인민법원에 재심을 청구하는 경우로 나누어진다.

① 각급 인민법원이 제기하는 재심

각급 인민법원장은 이미 법률적 효력이 발생한 당해 법원의 판결, 재정에 잘못이 있음이 확실한 것을 발견하여 재심이 필요하다고 인정하는 경우 이를 당해 법원의 심판위원회에 회부하여 재심여부를 토론하여 결정하게 하여야 한다(민사소송법 제177조). 인민법원의 법원장이 가진 재판감독권에 기한 재심이다. 이 경우 당해 법원의 심판위원회가 재심여부를 결정한다.

최고인민법원은 지방 각급인민법원의 이미 법률적 효력이 발생한 판결, 재정에 잘못이 있음이 확실한 것을 발견한 경우에 스스로 재판하거나 하급인민법원에 재심하도록 명령할 수 있으므로(동법 제177조) 하급 인민법원은 최고인민법원의 재심명령을 성실하게 집행해야 하며 재심의 결과를 최고인민법원에 보고해야 한다.

상급 인민법원 역시 하급 인민법원의 법률적 효력이 발생한 판결, 재정에 잘못이 있음이 확실한 것을 발견한 경우에는 스스로 재판하거나 하급인민법원에 재심을 명할 수 있다. 이는 상급 인민법원이 그 관할구역 내의 하급 인민법원의 재판활동에 대한 감독권의 하나로서 인정된다. 역시 하급 인민법원의 이 재심판결, 재정에 대하여 당사자는 상소할 수 있다(동법 제186조).

② 인민검찰원의 항소에 의한 재심

인민검찰원은 국가의 법률감독기관이므로(헌법 제129조) 관련 법률에 따라 재판감독을 할 수 있다. 최고인민검찰원과 상급 인민검찰원은 이미 법률적 효력이 발생한 각급 인민법원 또는 하급 인민법원의 판결, 재정에 대하여 다음과 같은 사유가 있음을 발견한 경우에는 재판감독절차에 따라 항소를 제기하여야 한다. ① 새로운 증거로서 원판결, 재정을 뒤집을 수 있는 경우, ② 원판결, 재정에서 인정된 기본사실이 증거로서 증명하기가 부족한 경우, ③ 원판결, 재정에서 인정된 사실의 주요증거가 위조된 경우, ④ 원판결, 재정에서 인정사실의 주요증거가 증거인정(質證) 과정을 거치지 않은 경우, ⑤ 사건을 심리할 때 필요한 증거에 대해서 당사자가 객관적 원인에 의해서 그 증거를 스스로 수집할 수 없는 경우 인민법원에 서면으로 증거신청을 했는데 인민법원이 이에 대해 조사하고 수집하지 않은 경우, ⑥ 원판결. 재정에 법률적용이 잘못된 경우, ⑦ 법률규정을 위반하여 관할이 잘못된 경우, ⑧ 재판조직의 구성이 합법적이지 않거나 혹은 법에 의해서 기피해야 하는 재판원이 기피되지 않은 경우, ⑨ 소송무능력자의 법정대리인이 소송대리를 하지 않거나 혹은 소송참가 해야 하는 당사자가 자기 자신 혹은 그의 소송대리인에게 책임을 지울 수 없는 사유로 인해서 소송에 참가하지 못한 경우, ⑩ 법률규정을 위반하여 당사자의 변론권리를 박탈한 경우, ⑪ 당사자를 기일에 소환하지 않고 판결을 선고한 경우, ⑫ 원판결, 재정에 판단유탈이 있거나 소송상 청구를 초과하여 판결한 경우, ⑬ 원판결, 재정이 근거한 법률문서가 취소 혹은 변경된 경우, ⑭ 법률절차를 위반하여 사건의 정확한 판결과 재정에 영향을 주는 경우 혹은 심판위원이 사건 심리 중에 수뢰하고 법을 위반하여 재판행위이다(민사소송법 제187조, 제179조). 이 중 제14항의 법위반행위는 2008년 12월 1일 시행, 법석(2008)제14호 ≪最高人民法院關于適用'中華人民共和國民事訴訟法'審判監督節次若干問題的解釋≫ 제18조에 따르면 형사판결 혹은 기율처분이 확인된 경우를 말한다.

민사소송법 개정과정에서 검찰의 재판감독의 문제는 각계의 관심을 끌어 감독확대론, 감독유지론, 그리고 심지어 감독폐지론의 관점까지 나타났다. 그렇지만 입법기관은 이에 대해 정확한 입장을 세우지 못해 신중하고 보수적인 입장을 택하였다.[83] 2008년 개정 민사소송법은 검찰의 항소사유를 확대하고 이를 구체적으로 규정하면서 이를 당사자의 재심사유 (동법 제179조)와 일치하도록 규정하였다.

지방 각급 인민검찰원은 동급 인민법원의 이미 법률적 효력을 발생한 판결, 재정에 대하여 위와 같은 사유가 있음을 발견한 경우에는 동급이 아니라 상급 인민검찰원에 제청하여 재판감독절차에 따라 항소를 제기하 도록 하여야 한다(동법 제187조).

인민검찰원이 항소를 제기하기로 결정한 경우에는 항소장을 작성하여 야 하고(동법 제189조) 인민검찰원이 항소를 제기한 사건은 항소를 받은 인민법원은 항소장을 받은 날로부터 30일 이내에 재심을 결정(裁定) 한다. 그리고 동법 제179조 제1항 제1호부터 제5호까지 규정한 상황에 해당하 면 하일급 인민법원에서 재심을 하도록 한다(동법 제188조). 종전에 인민 검찰원이 항소를 제기한 경우 인민법원이 재심결정을 하는 기한규정과 재심법원이 규정되지 않았다는 점을 받아들여 개정법은 이를 구체적으로 규정하였다. 실제 항소사건을 심리하는 경우에는 인민법원은 인민검찰원 에 통지하여 그 인원이 출석할 수 있도록 하여야 한다(동법 제190조).

③ 당사자의 신청에 의한 재심

당사자는 이미 법률적 효력이 발생한 판결, 재정이 잘못되었다고 인정 하는 경우에는 상 일급 인민법원에 대하여 재심을 신청할 수 있는데 이 경우 판결, 재정의 집행은 정지되지 않는다(민사소송법 제178조). 이렇듯 당사자는 잘못의 존재를 주장하며 재심을 바로 제기할 수는 있지만, 재심 신청으로 법원에 재심 심리의무가 바로 발생하지는 않는다. 먼저 일정한 판결은 재심신청의 대상에서 제외되는데 이는 법률적 효력이 발생한 혼 인관계 해제의 판결이 여기에 해당한다(동법 제183조). 그리고 당사자는 재심을 신청할 때 판결과 재정이 법률적 효력을 발생한 후 2년 이내에

---

83) 趙鋼, "倉促的修訂 局部的完善 －對≪關于修改·中華人民共和國民事訴訟 法的決定≫ 的初步解讀－", 法學評論, 2008年 第1期, 10면.

제기하여야 하고 2년이 지난 경우에는 원판결, 재정이 근거한 법률문서가 취소 혹은 변경된 경우 그리고 심판인원이 해당 사건을 심리할 때 수뢰하고 법을 위반하여 재판행위를 한 것이 발견된 경우 이런 사실을 안 후 혹은 알 수 있었던 때로부터 3월 이내에 재심을 제기하여야 한다(동법 제187조). 2008년 시행된 개정법은 법률적 효력이 2년 지난 경우에도 재심을 제기할 수 있는 사항을 추가하였다. 이는 재심사유의 확대에 따른 조치이다. 심판인원의 법위반행위의 의미는 형사판결이나 기율처분이 확인된 경우를 말한다. 당사자의 재심신청이 위와 같은 제약에 해당하지 않고 다음과 같은 사유가 있는 경우에는 인민법원은 재심신청을 받아들여 재심하여야 한다. 그 사유는 앞서 살펴본 인민검찰원이 항소를 제기하여야 하는 사유와 동일하다(동법 제179조).

당사자는 또한 이미 법률적 효력이 발생한 조해서(調解書)에 대하여 조해가 자원(自願)의 원칙을 위반하였거나 조해합의의 내용이 법률에 위반됨을 증거로 제출하여 증명하는 경우에는 재심을 신청할 수 있는데 이 경우 인민법원은 사실을 조사·확인하여 재심하여야 한다(동법 제182조).

(3) 재심의 심리절차

인민법원은 당사자의 신청에 의한 재심과 달리 재판감독절차에 따라 재심을 결정한 사건에 대하여는 원판결이나 재정의 집행을 중지하는 재정을 해야 한다. 이 재정에는 원장이 서명하고 인민법원이 인장을 찍는다(민사소송법 제185조). 인민법원이 재심사건을 심리하는 때에는 반드시 별도의 합의부를 구성하여야 한다(동법 제186조). 재심을 하기로 한 사건이 원래 제1심 법원의 사건인 경우에는 제1심 절차에 따라 심리하며 이 경우 재심판결, 재정에 대하여 당사자는 상소할 수 있다. 재심대상인 법률적 효력이 발생한 판결, 재정이 제2심 법원이 한 것인 때에는 제2심 절차에 따라 심리하며 그 재심판결, 재정은 법률적 효력이 발생하는 판결, 재정이 된다. 또 상급 인민법원이 재판감독절차에 따라 스스로 재판을 하는 제심(提審)의 경우에는 제2심 절차에 따라 심리하며 여기서 내린 판결, 재정은 역시 법률적 효력을 발생하는 판결, 재정이 된다(동법 제186조).

(4) 재판감독절차의 평가

재판감독절차는 중국 소송제도에 특유한 제도이다. 재판감독제도는 법률적 효력이 발생한 즉 확정된 종국판결에 대해 당사자에게 예외적으로 인정되는 재심절차가 아니라, 상급법원이나 법원장, 그리고 인민검찰원이 민사사건에 대해 재심을 요구하는 제도로서 법적인 안정을 크게 해칠 수 있다. 당사자가 재심신청을 하는 경우에는 2년이라는 기간의 제약이 있지만, 재판감독절차에 따른 재심의 경우에는 아무런 기간상의 제한도 없다는 점이 문제이다.[84] 위와 같은 재판감독제도는 승소판결이 확정되었다고 하더라도 사후에 재판감독권이 행사되어 재심의 결정이 이루어지면 그 집행은 중지되고 다시 재판을 받아야 한다는 점에서 법의 지배가 본질적으로 요구하는 신뢰와 안정성의 요구를 후퇴시킨다.

4) 강제처분에 있어 영장주의의 적용여부

중국에서 강제조치는 인신의 자유에 대한 제한을 의미하는 개념으로 한정된다. 즉 압수나 수색을 강제조치에 포함시키지 않고 있다.[85] 우리의 경우 체포, 구속, 압수, 수색을 강제처분에 포함시키고 이는 검사의 신청에 의해 법관이 발부한 영장을 제시하여야 가능하다고 헌법이 규정하여 이를 영장주의라고 부르고 있다(우리 헌법 제12조 제3항). 즉 우리의 경우는 인신이나 재산에 대한 제한을 의미하는 수사상의 강제조치를 기본권의 제한으로 인식해서 그 필요성과 관련성을 수사기관의 외부에 존재하는 중립적인 심판자가 판단하여 허가장을 발부하는 절차를 통해 이런 강제조치가 이루어지도록 통제장치를 두고 있는바, 이를 '영장주의'로 부르고 있다.

---

84) Chow, Daniel C.K, op. cit., p.289.
85) 易延友, 위의 책, 184면.

이런 영장주의의 개념을 받아들인다면 형사소송법상의 강제조치들은 영장주의의 적용을 받지 않는 것으로 파악된다. 공안기관도 구속을 제외하고는 강제조치들을 취할 수 있고 구속의 비준권자 역시 법원이 아니라 인민검찰원이다. 즉 강제조치를 수사기관이 그 수사를 하기 위해 필요한 수단으로 인식해 이를 직권으로 할 수 있다고 관념하고 있다. 수사를 기본적으로 인신의 자유에 대한 제한이고 그 인신의 주체는 무죄의 추정을 받고 있다는 전제를 받아들인다면 수사기관의 강제조치의 허부의 판단을 수사기관이 할 수는 없고 외부의 객관적인 3자가 수행하여야 타당하다. 형사소송법의 이런 태도는 수사는 밀행주의에 의하고 혐의를 받는 자는 수사의 객체에 불과하고 죄의 규명을 위해 일단 자유를 제한받을 수 있다는 전제에 선 것으로 형사소송법 총칙에서 규정하고 있는 무죄추정의 원칙과 체계조화가 이루어지지 않는다.

IV. 신속한 재판을 받을 권리의 보장

1. 신속한 재판을 받을 권리의 의의

모든 국민은 신속한 재판을 받을 권리를 가지고 특히 형사피고인은 상당한 이유가 없는 한 지체 없이 공개재판을 받을 권리를 가져야 한다. 신선한 사법의 요구는 동서고금을 막론하고 재판제도에 대한 일반적인 요청이다.

문제는 신속한 재판을 받을 권리를 법치국가의 독립한 사법절차적 기본권으로 인식할 수 있느냐이다. 형사소송에서 구속되어 장기간 수사와 재판을 받고 있는 형사피고인에게 장기간의 사회로부터의 격리는 자신의 사회생활의 연속성을 파괴하고 자신의 방어의지를 무력화시키는 요인으로 작용한다는 점에서 재판의 지연은 재판의 공정성과 관련될 수 있다.

그렇지만 신속한 재판은 양 당사자와 법원 모두에게 이익이 될 수 있는 소송의 목적이라고 볼 수 있으므로 공정한 재판과는 별도의 사법절차적 기본권으로 파악하는 것이 타당하다.

신속한 재판은 당사자의 청문권의 보장과 충돌할 가능성도 있다. 소송상 실권(失權)규정이나 소송행위의 기한규정은 당사자의 충분한 청문권을 박탈하지 않는 범위 내에서 입법자가 형성할 수 있는 부분이다. 변론의 집중절차의 구체적인 형성 역시 마찬가지이다.

2. 신속한 재판을 받을 권리의 소송절차적 구현

1) 조해제도의 폭넓은 활용

(1) 조해제도의 의의

민사소송에서 조해제도라는 재판 외 분쟁해결방식이 수용되어 소송 전이나 후에 폭넓게 활용되고 있다. 이는 당사자의 법원으로의 접근권의 제한의 측면에서 다룰 수도 있지만, 조해제도는 원칙적으로 당사자의 동의를 기초로 한다는 점에서 법원으로의 접근권의 제한보다는 오히려 분쟁의 신속하고 근원적인 해결을 이루게 하는 중국 특색의 분쟁해결제도라는 점을 중시하여 여기서는 신속한 재판의 측면에서 고찰해 보기로 한다.

조해(調解)라 함은 당사자 쌍방이 자원(自願)에 기하여 인민법원 혹은 인민조해위원회가 당사자를 설득하여 당사자가 상호 양보하여 민사분쟁을 해결하는 방식이다. 조회는 법원조회와 인민조해위원회의 조회로 나누어진다. 당사자 쌍방의 자발적인 요청이 있어야 개시되고 당사자가 또한 스스로 양보하여야 하는바, 그 양보 역시 상호 이루어져야 가능하다. 조해제도를 국가기관이 주도적으로 실시한다는 점에 특색이 있다.

중국에서 조해는 전통적인 분쟁해결방식이라고 할 수 있다. 조해를 통해 가정의 갈등, 촌의 분쟁을 상호양보를 통해 해결하여 가정의 화목과

촌의 단결을 도모할 수 있을 뿐만 아니라 사회의 안정을 유지할 수 있다
고 보고 있다. 특히 인민조해위원회는 혁명시기 해방구에 설치하였던 인
민조해조직에 그 유래를 두고 있고[86] 헌법 제111조에도 성시(城市)와 농
촌의 거민위원회 또는 촌민위원회는 인민화해의 위원회를 설치하여 민간
분규를 해결하며 사회치안유지에 협조하고 인민정부에 군중의 의견을 제
출한다고 규정하고 있다. 이를 근거로 민사소송법 역시 인민조해위원회를
인민법원의 지도하에 민간의 분쟁을 조해하는 대중적 조직으로 삼고 있
다. 이와 같은 인민조해위원회는 현재 전중국의 농촌, 도시와 업무단위 내
에 1백만 개 이상이 설치되어 있으며 이를 통한 분쟁해결 건수는 상당한
숫자에 이르고 있다.[87]

(2) 조해의 종류

민사소송법은 인민조해위원회는 기층 인민정부 및 인민법원의 지도하
에 민간의 분쟁을 조정하는 대중적 조직이라고 밝히고 있다(동법 제16조).
인민조해위원회는 대중의 자치조직이지만 사회에서 분쟁을 해결하는 중
요한 역할을 하고 있는 점을 중시하여 인민법원의 일정한 지도감독을 받
도록 규정하고 있는 것이다. 즉 인민조해위원회가 민간분쟁을 조해한 결
과가 법률에 위반함이 있는 경우에는 인민법원이 이를 정하도록 하고 있
다(동법 제16조). 인민조해위원회에 의한 조해는 철저히 자원해서 이루어
져야 하는데 당사자가 조해를 원하지 않거나 조해가 이루어지더라도 후
회하는 경우에는 인민법원에 소송을 제기할 수 있도록 허용하고 있다(동
법 제16조).

민사소송법은 인민법원에 소가 제기된 이후에도 당사자의 자원에 따

---

86) 법무부, 「중국민사소송법」, 1991, 57면.
87) 中國司法年鑑, 2006, 1054면; Chow, Daniel C.K, op. cit., p.288에서 그는 모든
    민사소송의 99%가 조정을 통해 해결된다고 기술하고 있는데 근거 제시는 없다.
    너무 과장된 숫자가 아닌가 한다.

라 조해를 진행할 수 있도록 허용한다(동법 제85조). 인민법원에 소를 제기하기 전에 인민조해위원회를 통해 조해를 할 수 있지만, 일단 제소된 이후에도 조해의 가능성을 열어두고 있다. 이런 태도는 심리를 마치고 판결을 선고하기 전 단계에서도 조해의 기회를 부여하고 있고 제2심 인민법원에서 상소사건 심리를 진행하는 도중에도 마찬가지이다(동법 제126조, 제155조).

(3) 조해의 진행절차

인민법원의 조해는 법관 1인이 주재하거나 합의부가 주재할 수 있고 가능한 한 현지에서 진행하여야 한다(민사소송법 제86조). 이에 따라 법관과 법원직원은 법원이 아닌 분쟁현장으로 가서 당사자와 관계인들을 직접 대면하고 필요하면 간편한 방식으로 당사자와 증인의 출석을 통지할 수 있다(동법 제86조).88) 인민법원이 조해를 하는 경우 유관단위 및 개인의 협조를 요청할 수 있는데 요청을 받은 단위와 개인은 인민법원의 조해 진행에 협조하여야 한다(동법 제87조).

조해합의는 반드시 당사자 쌍방의 자원에 의하여 이루어져야 하고 강요되어서는 안 된다. 조해합의가 이루어진 경우에는 인민법원은 조해서를 작성하여야 하고 여기에는 소송상의 청구, 사건의 사실 및 조해결과를 기재하여야 한다(동법 제88조, 제89조). 그런데 일정한 경우에는 조해서의 작성이 면제되는 경우가 있다. 즉 조해로 관계가 복원된 이혼사건, 조해로 입양관계가 유지되게 된 사건, 즉시 이행이 가능한 사건, 기타 조해서작성이 필요하지 않은 사건의 경우에는 법원의 조해서 작성의무가 면제된다(동법 제90조).

---

88) 이는 중국에서 낯설지 않은 모습이다. 방송에서 법원소식을 전할 때도 법관이 현지에 가서 직접 재판을 하고 분쟁을 해결하는 모습을 종종 볼 수 있다. 특히 거동 불편자와 노약자들의 경우 이런 법원의 적극적인 활동은 그 권익구제에 많은 도움이 된다.

조해합의의 내용은 법률규정에 위반해서는 안 된다는 제약이 있다. 우리의 경우 소송상화해의 내용의 성질에 대해 소송행위설을 따르면서 화해의 내용이 강행법규에 위반하거나 화해에 이른 동기나 경위에 반사회적인 요소가 있더라도 화해가 무효가 아니라는 것이 대법원의 태도인데[89] 이와 비교된다. 이로 인해 화해의 안정성을 확보하는 면에서 차이가 발생한다.

(4) 조해의 효력

인민조해위원회에 의한 조해합의는 당사자 쌍방이 조해합의의 의무를 이행하여야 하고 합의 후 다시 번복하는 경우에는 당사자 쌍방은 모두 인민법원에 제소할 권리를 가진다.

인민법원이 조해를 한 경우에는 조해서의 작성여부에 따라 효력 발생 시기가 달라진다. 먼저 조해서를 작성하지 않은 경우에는 당사자 쌍방, 재판관계인, 그리고 서기가 조해합의조서에 서명 또는 날인을 하면 법률적 효력이 즉시 발생한다(민사소송법 제90조). 인민법원이 조해서를 작성해야 하는 경우에는 조해서는 법관이 서명하고 인민법원의 인장을 압인하여 당사자 쌍방에게 송달을 하고 당사자가 조해서를 서명·영수한 후에 즉시 법률적 효력을 발생한다. 조해서의 송달 전에 당사자 일방이 번복을 한 경우에는 인민법원은 즉시 판결을 하여야 한다(동법 제89조, 제91조).

인민법원이 작성한 조해서의 효력이 발생하고 난 후 이를 이행하지 않는 경우 상대방 당사자는 인민법원에 강제집행을 신청할 수 있다(동법 제215조).

(5) 조해제도의 평가

조해제도는 판결 외 분쟁해결절차로서 일정한 역사적 전통 위에서 정

---

89) 대법원 1991.4.12. 90다9872; 대법원 1992.10.27. 92다19033 등.

립되어 온 제도여서 상당한 역할을 수행하고 있는 것으로 보인다. 특히 민사분쟁의 경우 법원의 사건처리의 부담을 경감시켜주는 기능을 해서 사법자원의 효율적인 분배에 기여하고 있다.

다만 조해서를 작성하는 과정에 당사자 쌍방이 바로 서명·날인하여 그 효력을 발생시키지 않고 다시 그 조해서를 송달받은 후 서명·영수한 후에 법적 효력을 발생시킨다는 점이 우리와 차이가 있다. 오히려 중국의 방식이 당사자의 의사를 존중하는 측면에서 더 타당하다고 본다. 우리의 경우 소송상화해의 효력에 대해 판례가 무제한기판력설의 입장에서 그 효력을 다투기 위해서는 민사소송법 제461조의 준재심절차에 의해야 한 다는 입장에 서 있으면서[90] 그 효력발생은 법원에서의 화해조서의 작성 으로 성립하고(민사소송규칙 제31조) 그 효력을 발생한다고 보는 것은(민 사소송법 제220조) 화해성립의 과정에서 당사자에게 충분한 숙고의 기회 를 주지 못하는 경우가 발생할 수 있다는 점에서 문제가 있다. 특히 당사 자 본인소송의 경우 진정으로 자신들이 무엇을 처분하고 있는지를 인식 한 후 이에 대한 법률적 위험을 평가하고 이를 기초로 결정을 내리는 단 계가 1번의 기일에서 모두 이루지기에는 한계가 많다. 이런 측면을 볼 때 중국의 조해제도가 당사자 쌍방의 자원에 의한 분쟁의 근본적인 해결이 라는 화해제도의 취지에 더 부합한다고 본다.

2) 형사소송에서 신속한 재판

신속한 재판을 받을 권리는 형사소송에서 아무리 강조해도 지나치지 않다. 장기간의 수사와 재판을 통해 구속 피고인의 경우 사회적 관계가 단절되고 오랜 동안 범죄의 혐의를 받으면서 자신을 방어하기는 실로 힘 든 일이다. 실체적 진실을 밝히는 것이 형사소송이 추구하여야 할 이상이 지만, 이것 역시 신속하고 집중된 심리를 통해 달성되어야 한다. 기소자의

---

90) 대법원 1962.2.15. 4294민상914 전원합의체판결 이래 일관된 대법원의 입장이다.

지위에 비해 상대적으로 열세에 있는 피고인의 지위를 비교하면 신속한 재판은 공정한 재판을 받을 피고인의 권리와도 관련되어 있는 면도 있다.

공안기관이 구류[91] 중인 자에 대해 구속이 필요하다고 인정할 때 구류 후 3일 이내에 인민검찰원에 비준심사를 제청하여야 하고 특별한 사정이 있으면 그 기간을 1일 내지 4일 연장할 수 있고 유랑범죄인, 누범, 집단범죄의 형태로 중대한 혐의가 있는 경우에는 그 기간을 30일까지 연장할 수 있다(형사소송법 제69조). 인민검찰원은 구속비준 제청서를 접수한 때로부터 7일 이내에 그 여부에 대해 결정하여야 하므로 일반 혐의의 경우는 10일 내지 14일, 중대한 혐의의 경우는 최장 37일 동안을 구류상태에 놓이게 할 수 있다(동법 제69조).[92]

구속된 자는 24시간 내에 신문이 진행되어야 하는데 구속하지 않았어야 하는 사유를 발견하면 즉시 석방하거나 구속조치를 변경하여야 한다(동법 제73조). 구속이 가능한 기간은 2개월을 초과할 수 없지만, 사건의 내용이 복잡하여 위 기간 안에 종결할 수 없는 사건은 직근 상급 인민검찰원의 비준을 거쳐 1개월 연장할 수 있다(동법 제124조). 여기에 교통이 매우 불편한 변방지구의 중대하고 복잡한 사건, 중대한 집단범죄사건, 유랑하면서 죄를 범하는 중대하고 복잡한 사건, 그리고 범죄의 관련된 부분이 광범위하고 증거취득이 곤란한 중대하고 복잡한 사건의 경우에는 위 기한의 만료 전에 수사종결이 불가능한 경우에 성·자치구·직할시 인민검찰원의 비준 또는 결정을 거쳐 2개월 연장할 수 있다(동법 제126조). 이 경우 최장 5개월 동안 구속될 수 있다. 여기서 또 다시 10년 이상의 유기징역에 처할 수 있는 범죄혐의자에 대하여 위 기간(5개월)에 규정된 연장기간이 만료되었으나 여전히 수사종결이 불가능한 경우에 성·자치구·직할시 인민검찰원의 비준 또는 결정을 거쳐 다시 2개월을 연장할 수 있다.

---

91) 拘留는 우리의 긴급체포에 상응한다.
92) Chow, Daniel C.K, op. cit., p.262. 여기서 보통사건의 경우 최장 10일, 특별한 사건의 경우 최장 37일이라고 하는데 보통사건의 경우 10일은 특별사정으로 인한 최장 4일 연장을 제외하여 나온 숫자로 보인다.

이렇게 되면 최장 7개월 동안 구속기간이 연장될 수 있다.93) 그 밖에 특수한 사유로 비교적 장기간 심판에 회부하기에 부적절한 특별히 중대하고 복잡한 사건은 최고인민검찰원이 전국인민대표대회 상무위원회에 심리연기의 비준을 신청할 수 있다(동법 제125조). 이 경우는 구속기한이 없는 경우이다.

즉 수사단계에서 구속 후의 구금수사 기한은 2개월이지만, 복잡한 사건의 경우 1개월이 연장될 수 있고 중대범죄의 경우 또 연장이 가능하여 최장 7개월까지 구금수사를 받을 수 있다. 그리고 공소제기를 검찰이 결정하는 과정에서 1개월 또 여기에 2번의 1개월씩의 보충수사가 가능해 도합 3개월 동안 검찰단계가 진행될 수 있어 수사단계에서 최장 10개월 간의 구금이 가능해 이 기간 동안 범죄혐의자는 거의 자신의 방어능력을 상실한 채 모든 책임을 인정해버릴 가능성도 있다. 여기에 별건 범행이 발각된 경우 발견한 날로부터 구금기한을 다시 계산한다는 규정으로(동법 제128조)94) 인해 기한 없는 구금의 가능성도 있다. 구속기간이 너무 길게 인정되고 있는 점은 수사의 장기화로 그 기간 동안 범죄혐의자의 방어의 측면에서 볼 때 수사의 공정성에 대한 문제를 일으킬 수 있다. 수사기간에 충분한 방어권이 보장된다고 하더라도 장기의 구속수사는 중국의 교통사정을 고려한다고 하더라도 지나친 측면이 있다.

심판단계에서도 제1심 인민법원은 사건을 접수 후 1개월 이내에 판결을 선고해야 하지만, 고급인민법원의 비준을 거쳐 다시 1개월 연장할 수 있고 여기에 인민법원의 관할이 변경된 경우 변경 후의 인민법원이 사건

93) Chow, Daniel C.K, op. cit., p.263.
94) 범죄혐의자의 신분이 불명한 경우에는 그 신분이 밝혀진 때로부터 계산한다(동법 동조). 또한 검찰단계에서도 사건의 관할이 변경되면 변경된 후의 인민검찰원이 새로이 사건을 받은 날로부터 기소심사 기한을 계산한다고 규정하고 있다(동법 제138조). 또한 2차에 걸친 보충수사가 완료된 후 인민검찰원에 이송된 후 인민검찰원은 다시 새로이 기소심사 기한을 계산한다고 규정하고 있다(동법 제140조). 이와 같은 여러 단계의 재계산조항이 있어 사실상 구속기한은 무의미해지고 있다.

을 받은 날로부터 심리기간을 재계산한다는 규정이 있다. 여기에 심판 중 검찰의 공식적인 1개월의 보충수사가 가능한데 보충수사를 거친 사건의 경우 법원으로의 이송 후 다시 심리기간을 재계산하도록 규정하고 있다 (동법 제168조). 제2심 법원도 수리 후 1개월 이내에 심리를 마쳐야 하지 만 고급인민법원의 비준을 거쳐 1개월 연장이 가능하다.

전반적으로 볼 때 심판단계에서는 예비재판제도를 폐지하고 반복적인 검찰의 보충수사를 엄격히 제한하여 비교적 장기의 심판이 되지 않도록 배려하고 있으나, 수사단계에서는 아직도 구속기간 자체가 장기이고 중대 범죄를 이유로 여러 차례 공식적으로 구금기간을 연장할 수 있는 사유가 많다. 특히 관할변경이나 신원확인의 곤란을 이유로 한 구속기간의 재계 산조항은 범죄혐의자에게 지나친 불이익을 가하는 불공정한 조항으로 판 단된다.

3) 판결의 집행문제

중국에서는 판결을 받더라도 그 판결을 가지고 실제 집행이 이루어져 야 당사자의 권리보호는 마무리가 된다. 당사자가 관념적인 이행판결문을 가지고 그 이행을 실제로 강제할 수 없다면 국가가 자력구제를 금지하고 소송제도를 마련한 취지가 무색해진다. 중국에 진출한 한국기업인 사업가 들이 직면하는 문제들 중의 하나가 어렵게 판결을 받거나 중재판정을 받 았어도 실제 집행재산을 찾아 그 소재지 인민법원에 집행신청을 하더라 도 실제로 집행이 잘 이루어지지 않는다는 점이다.[95] 판결이나 판정의 50%정도가 집행되지 않는다는 기술도 있고[96] 25%에서 40%에 이른다는 기술도[97] 발견된다. 법원에서 집행처는 가장 선호되지 않는 부서로 알려

---

95) 구본민, 「중국진출, 이것만은 알고하자」, 삼성경제연구소, 2004, 78면 이하 참조. 저자는 중국 북경 주재 대한민국대사관의 초대 법무협력관으로 파견되어 (1997.8.~2001.2.) 중국 전역에서 투자와 무역을 하고 있는 한국인들을 상대로 각종 법률상담업무를 수행하였다.

96) Randall Peerenboom, op. cit., p.287.

져 있다. 이와 같은 집행의 어려움은 법원이 기타 행정기관과 마찬가지로
상급 인민법원과 현지 지방정부의 이중영도를 받아 지방의 이익에 반하
는 행위를 하기 어려운 입장과 관련이 있지만[98] 보다 더 중요한 이유는
법원의 판결에 대한 존중의식이 부족하다는 데 있다.[99] 법원의 판결에 대
해 다른 행정기관은 동급의 다른 행정기관 내지는 그 하위의 기관의 명령
정도로 인식하고 따르지 않는 경향이 있다. 행정 관료주의적 전통을 가진
행정기관들은 법원의 판결에 대해 별로 존중하지 않는다.[100] 이런 점은
공민들 역시 마찬가지이다. 법원의 집행공무원에 대한 폭행사건의 보고를
자주 접할 수 있다.[101]

판결 집행의 관할을 공안기관으로 이전해야 한다는 주장도 있으나, 이
는 지방보호주의의 폐해를 부추기고 당사자에게 추가적인 비용부담을 야
기할 수 있다는 점에서 좋은 대안은 아닌 것으로 보인다.[102] 이런 사정으
로 인해 중국에서 조정이 강조되고 현실적으로 당사자 역시 조정의 권유
를 물리칠 수 없는 이유 중의 하나가 되기도 한다. 판결을 받아봐야 집행
이 사실상 어렵다면 일부 양보를 하더라도 집행상의 곤란이 적은 조정을
선택하는 것이 유리하기 때문이다. 이런 판결의 집행의 곤란은 당사자의
측면에서 볼 때 최종적인 법적인 판단을 통한 신속한 권리의 보호의 추구
를 좌절시킨다는 의미에서 법의 지배로 가는 길에서 반드시 개선해야 할
부분이다. 2008년 개정 민사소송법에서 판결의 집행과 관련하여 몇 가지
눈에 띄는 개정이 이루어졌다. 먼저 개정 민사소송법은 집행감독체제를

---

97) Chow, Daniel C.K, op. cit., p.223.
98) 구본민, 위의 책, 78면.
99) 그 밖에 집행공무원들의 부패, 전문성의 결여, 업무에 대한 의욕의 부족 등도
　　 문제로 지적되고 있다. Chow, Daniel C.K, op. cit., p.223.
100) Chow, Daniel C.K, op. cit., p.223.
101) 2002년의 최고인민법원의 전국인민대표대회에 대한 보고에 따르면 2001년의
　　 집행공무원에 대한 폭행사건이 760건 이상이고 800명 이상의 법관들과 법원인
　　 원들이 부상을 입었고 몇 명의 법관들은 사망하기도 하였다고 한다(ibid.).
102) Randall Peerenboom, op. cit., p.287.

신설하여 지금까지 집행실무 중의 일반적 집행연기의 문제를 해결하고자
하였다. 이를 위해 인민법원이 집행신청서를 받은 날로부터 6월이 지났음
에도 집행하지 않는 경우 집행신청인은 상일급 인민법원에 그 집행을 신
청할 수 있는데 상일급 법원은 심사를 통해서 원 인민법원에게 일정기간
내에 집행하라고 명령할 수 있고 혹은 본원에서 직접 집행하거나 기타 인
민법원이 집행할지를 결정할 수 있도록 새롭게 규정하였다(동법 제203
조). 또한 피집행인의 재산보고제도를 신설하여 피집행인이 집행통지에
따라서 판결문에 확정된 의무를 이행하지 않은 경우 현재 및 집행통지서
를 받기 전 1년 동안의 재산상황을 보고하도록 하고 만약 피집행인이 보
고를 거절하거나 허위보고하는 경우 인민법원은 그 정도에 따라 피집행
인, 혹은 그의 법정대리인, 관련된 기관의 주요책임자 혹은 직접 책임 있
는 인원에게 벌금, 구류를 과할 수 있도록 하였다(동법 제217조). 이와 더
불어 개정 민사소송법은 즉시집행제도를 도입하여 피집행인이 판결문에
확정된 의무를 이행하지 않고 재산을 은닉하거나 이전할 가능성이 있으
면 집행원은 즉시 강제집행조치를 할 수 있도록 하였다(동법 제216조 제2
항). 끝으로 집행연합제도를 도입하여 피집행인의 출국금지, 매체 등 신문
에 공포 등을 할 수 있는 근거를 마련하였다(민사소송법 제231조).

제3절 소 결

형사소송절차에서 피해자의 보호 특히 법원으로의 접근보장은 우수하다고 평가할 수 있다. 범죄피해자에게 수사기관이 형사책임을 추궁하지 않는 경우 이에 불복할 수 있는 권리를 보장하고 종국적으로 인민법원에 자소할 수 있도록 한 부분은 형사절차에서 피해자 보호에 철저한 입장으로 평가할 수 있다. 특히 소송절차에 들어가서도 피고인신문과 증인신문에 참여할 수 있는 권리를 인정하고 제1심 판결에 대해 항소권자인 인민검찰에 항소제기 청구를 할 수 있는 권리를 인정한 것은 형사소송의 현실에 부응하는 입법이라고 볼 수 있다.

민사소송절차에서도 소송비용구조제도는 법원으로의 접근을 보장하는 중요한 제도이므로 이 부분에 대한 구체적인 형성의 필요가 있고 불수리제도 역시 이런 측면에서 엄격하게 운영해야 할 필요가 있다. 집단소송제도는 영미의 클래스액션의 단점을 인식하면서 중국실정에 맞게 잘 수용한 것으로 평가할만하다. 행정소송의 대상의 한정되어 있는 점은 행정작용에 대한 효과적인 권리구제의 측면에서 문제로 지적할 수 있다. 행정소송의 대상을 열거하는 방식을 취하면서 다시 행정소송의 대상에서 제외되는 사항을 열거하는 방식은 불필요한 방식이 아닌가 하는 의문이 든다.[1] 또한 일률적으로 추상적 행정행위라는 이유로 행정소송의 대상에서 제외하는 방식은 구체적인 행정작용이 추상적 행정행위에 의해 기계적으로 이루어지는 행정현실을 고려하면 지나친 제약으로 볼 수 있다. 장래 행정소송의 개정작업에서 주의 깊게 지켜보아야 할 부분이라고 여겨진다. 무효확인소송의 형태를 인정하지 않고 있는 것도 장차 행정의 발전수준

---

1) Qianfan Zhang, op. cit., p.12.

에 따라 개선되어야 할 것이다.

　법원에 대한 당사자의 청문권 보장의 측면을 볼 때 형사소송의 경우 피의자에 대한 변호인의 접근권이 조기에 보장되지 않아 효과적인 방어 준비를 하기 어려운 점, 장기간의 구속기간의 연장이 가능한 점, 수사기록을 포함한 전문증거의 증거능력을 제한할 수 있는 구체적인 규정이 마련되지 않은 점 등은 문제점으로 지적될 수 있으나, 변호인의 사실과 증거의 조사권을 비교적 폭넓게 인정하는 근거규정을 가지고 있고 특히 검찰 단계에서 증거조사를 요청할 수 있게 하여 이는 검찰이 피의자권리보호 자로서의 측면과 잘 어울린다고 하겠다. 형사소송에서 당사자주의로 전환을 통해 형사소송을 획기적으로 개선되었지만 여전히 당사자주의 구조에 적응하지 않으려는 공안기관과 검찰의 비협조로 아직 제도의 정착까지에는 상당한 시간이 필요할 것으로 보인다. 또한 민사소송과 행정소송에서 당사자의 청문권 보장을 위해 필요한 법관의 석명권이 아직 규정되지 않은 점은 시급히 개선되어야 할 부분이다.

　공정한 재판을 받을 권리의 측면에서 볼 때 회피제도는 민사소송이나 형사소송에서 비교적 잘 정비되어 있다고 평가할 수 있다. 다만 입증책임과 관련하여 민사소송은 증거의 편제가 일반적인 현대형 소송(환경, 제조물책임, 언론소송 등)의 영역에서 필요한 증거개시제도나 문서제출의무의 규정을 도입할 필요가 있다. 형사소송에서는 영장주의를 수용하지 않고 검찰이 인신구속여부에 대한 최종적인 판단을 하는 구조인데 이는 기소자로서 형사소송의 당사자 지위와는 어울리지 않는 체계부조화라고 보인다. 당사자주의로의 변화를 반영하지 못한 측면이 있다. 종국적으로는 검찰의 법률감독 권한과 기소권한을 분리하는 것이 필요하다고 판단된다. 행정소송에서는 피고가 자신의 행정행위의 적법성에 대해 입증책임을 부담한다고 규정함으로써 균형이론에 따라 적절히 분배하였다고 평가할 수 있다.

　신속한 재판을 받을 권리의 측면에서 볼 때 민사소송의 조해제도는 중국 특색의 전통을 반영한 제도로서 우수한 면을 보여주고 있다고 판단된다. 유교적 전통 속에서 조화로운 인간관계를 추구하는 동양적 전통을 소송제도에 잘 반영하여 분쟁의 종국적이고 평화로운 해결을 기하고 있다는 점에서 조해제도의 정착과 성공의 조건에 대한 연구는 앞으로 필요하다고 여겨진다. 그러나 조해의 권장이 판결의 이행과 집행의 곤란에 기인한 측면도 있다는 지적을 볼 때 판결 집행의 문제를 개선하는 일이 현안이다. 형사소송에서 구속기간의 연장을 통한 장기간의 구속과 재판 역시 신속한 재판의 관점에서 볼 때 개선되어야 할 부분이다.

전체적으로 볼 때 제5장의 연구를 통해 중국의 소송제도가 그 동안 많은 변화가 이루어진 분야임을 확인할 수 있었고 사법제도의 발전을 구체적으로 인식할 수 있는 계기도 되었다. 그 간 중국은 1989년의 행정소송법의 제정을 통해 법치로의 큰 길을 열었고 1996년의 형사소송법의 개정을 형사절차에서의 인권보호의 의식을 수용하였다는 사실을 알 수 있었다. 이제 2007년은 민사소송법의 개정작업이 이루어져 재판감독제도와 판결의 집행 부분에서 새로운 개선이 이루어졌다. 이런 개혁을 통해 중국의 소송제도는 더욱 법치주의의 소송절차의 원리에 부합하는 변화를 겪을 것으로 보인다.

제6장 결 론

　지금까지 중국이 추진 중인 사법개혁의 중요한 화두들을 법치의 관점에서 고찰하였다. 중국은 법치로 대전환을 한 후 이제 30년 가까이 사법 분야의 개혁을 추진해 왔다고 볼 수 있다. 이 책은 동안의 성과를 모두 나열하기 보다는 이런 성과들이 법의 지배라는 방향에서 볼 때 어떤 유의미한 성과를 거두었는지를 전반적으로 살펴보았다.

　그 결과 법의 지배로 가기 위한 중국의 노력은 앞으로도 계속되어야 할 필요성이 많다는 사실을 확인할 수 있었다. 법의 지배의 특수한 요구인 사법의 독립의 측면에서 중국은 아직 개선하여야 할 부분이 산적해 있다. 사법의 독립을 가로막는 외부와 내부의 장애들을 하나씩 바꾸어 가지 않으면 사법의 독립은 허울뿐이고 그런 사법이 추진하는 법치는 장식물에 불과하기 때문이다. 먼저 법원에 대한 외부적 영향으로 당의 관여를 어떻게 합리적으로 제한하느냐는 중요한 문제로 여겨진다.

　법의 지배의 관점에서 볼 때 집권당인 공산당이 사법기관의 구체적인 결정에 대해 영향력을 행사하고 사법부의 인적구성에 관여한다는 것은 바람직하지 않다. 더욱이 헌법과 법률에 정해진 절차와 방법 외에 당에 의한 사전 승인절차를 통해 사법기관의 구성원의 임명절차에 관여하는 것은 당이 사법기관을 장악할 수 있다는 것을 의미한다. 이는 헌법에서 보장된 사법기관의 독립성을 훼손할 수 있다. 물론 자유민주주의 국가에서도 법관들은 그들의 정치적인 입장에 따라 임명되는 경우가 흔하다. 그렇지만 자유민주주의 국가에서의 대법관의 임명을 둘러싼 정치현상은 권력분립의 기능이 작동하는 국면이고 이는 관련된 국가기관이 헌법에 의해 보장된 자신의 권한을 행사하는 과정에서 나타나는 정치현상이다. 이런 점에서 중국의 경우 공산당이 법원에 관여하는 방식은 헌법과 법률에 정해진 절차와 방법은 아니라는 점에서 이와는 구별된다.

법의 지배는 국가권력의 분립을 넘어 사법권에 대해 특별히 독립할 것을 필수적으로 요청한다. 독립성을 갖춘 사법권만이 국민의 자유와 권리를 확고히 보장할 수 있기 때문이다. 이런 측면에서 볼 때 입법기관이 사법기관에 대해 행사할 수 있는 광범위한 감독제도는 사법권이 그 본질로 하는 심판작용에 대한 외부의 간섭으로 나타날 수 있다. 특히 감독의 사유가 광범위하다는 점이 문제이다. 인민대표대회가 증거불충분이나 사실인정의 잘못을 이유로 제출된 청원에 근거하여 직접 판결을 취소하지는 않는다고 하더라도 사법기관에 대해 재심사를 요구하고 이에 따라 사법기관이 재심사나 재심판을 하게 된다면, 이는 사법권의 독립을 위협하게 된다. 또한 이런 감독제도를 통해 이미 법률적 효력이 발생한 판결에 대해 재심을 신청하고 인민대표대회가 이를 받아들여 법원에 재심을 요청하여 법원 역시 이를 받아들여 적극적으로 재판감독을 실시한다면, 법의 안정성(stability)의 측면에서 문제가 발생할 수 있다. 입법기관의 사법기관에 대한 감독권은 여러 형태의 사법부패와 지역보호주의의 폐해를 극복하는 기회로 사용될 수도 있지만, 반대로 의회세력을 이용하여 진실을 뒤집는데 사용될 가능성도 충분히 있다. 그러므로 사법권의 독립을 유지하기 위해서는 인민대표대회가 인민법원을 감독할 수 있는 범위를 축소할 필요가 있다. 중국이 진정으로 법의 지배로 가는 사회를 지향한다면 종국적으로는 구체적인 개별사건에 대한 감독절차는 폐지해야 하고 권력분립의 차원에서 일정한 사법심사권한을 사법기관에 부여하는 것이 필요하다. 물론 여기에는 근본적인 정치개혁이 뒤따르고 헌법의 개정까지 필요할 수 있다.

또한 인민법원은 지방정부로부터의 재정적 독립을 이루지 못하는 한 지방정부로부터 자유로이 심판권을 행사할 수 없을 것이다. 그 동안 인민법원의 경비문제와 관련하여 이루어진 여러 차례의 개혁을 살펴보아도 이를 확인할 수 있다. 이는 전반적으로 인사와 재정 양쪽 부분에서의 개혁을 통해 이루어져야 할 것으로 보인다. 결국, 인민법원의 인적구성을 지방권력기관으로부터 독립하고 재정문제 역시 지방정부에 의존할 것이 아니라, 성 단위 아니면 중앙정부차원에서 부담을 하든지 아니면 최고인민법원에서 총괄적으로 전국의 법원에 대한 예산을 분배하는 방식으로 전환하여 지방정부로부터의 의존관계를 단절시킬 필요가 있다.

법의 지배의 목적이 국민의 자유와 권리의 보호에 있다면 이를 위해 국가권력을 분립시키는 것은 자유민주주의 국가에서는 당연한 전제로 받아들이고 있다. 중국의 경우 국가권력의 분리는 이루어지고 있으나 그들 권력 간의 실제적인 견제와 통제의 장치는 결여 되어 있다. 사법기관은 인적 구성과 재정적인 측면, 그리고 자신의 신분보장의 측면에서 모두 입법기관에 의존하고 있다. 자유민주주의 국가에서 일반적으로 사법부는 입법권의 남용을 견제하는 기능을 사법심사라는 수단을 통해 행사하고 있다. 사법권이 사법심사권을 완전히 구비할 수 있어야 권력분립에서 말하는 입법권에 대한 실질적인 견제와 통제를 할 수 있다.

중국 법원은 사법해석권을 토대로 그 동안 법률해석의 경험을 축적해 왔다. 그리고 최근에는 헌법규정을 법률의 규정이 없는 영역에서 사법재판의 근거로 동원하기도 하였다. 이를 통해 헌법상 공민의 인권규정이 이제 살아있는 재판규범으로 작용할 수 있다는 사실을 인상적으로 보여주었다. 중국 법원은 이런 헌법의 생활규범화 내지 헌법의 사법화를 통해 앞으로 사법심사의 영역을 행정작용에서 입법작용으로 옮겨가는데 우호적인 상황을 만들어 갈 수 있을 것이다. 사실 법원은 법률해석의 기초 위에서 이제 헌법해석에 도전하고 있다. 물론 아직은 헌법의 사법화의 단계에서의 논의지만 장차 최고인민법원이 위헌법률심사권을 행사할 수 있는

가능성도 배제하지 못한다. 그렇지만 사법심사의 여정은 여러 고비를 남겨둔 긴 장정이 될 것임은 분명해 보인다. 이런 상황에서 주목을 끄는 일은 당이 헌법감독을 지지하고 국가권력 상호간의 견제와 통제를 바라고 있다는 사실이다. 당은 헌법감독을 위해 그 본질상 사법의 권한이 적합하다는 사실을 인식하고 있다고 판단된다.

중국에서 국무원을 중심으로 한 인민정부는 거의 모든 국가행정에 관여하면서 일상생활에 막강한 영향력을 미치고 있다. 이에 비해 인민법원의 위상은 너무 약한 것이 지금까지의 현실이다. 당이 국가조직을 자신의 정책실현을 위한 도구로 사용하던 시대는 이제 지나가고 있지만, 여전히 규제국가의 잔영은 사회 전체에 만연하다. 불명확하고 추상적으로 제정된 법률과 이를 집행하기 위해 발생하는 광범위한 행정재량과 자의적인 법집행 그리고 부패현상은 행정권의 우월을 보여주는 현실이다. 이런 행정현실은 정치권력의 정당성의 약화로 이어졌고 이를 개혁하기 위한 일환으로 행정개혁이 당에 의해 주도되어 행정소송법이 제정되기에 이르렀다. 중국은 행정소송법의 제정으로 법치주의를 향한 의미 있는 진전을 이루게 되었다. 그 동안 행정내부의 반발이 있었지만, 개혁·개방을 통해 더욱 막강해진 행정권에 대한 행정 외부의 견제장치가 마련되었다. 사법기관이 입법기관에 대한 통제수단을 보유하는 일이 권력분립을 위한 미래의 과제라면, 입법기관에 의해 구성된 두 권력기관인 인민정부와 사법기관 사이의 견제와 균형의 메커니즘은 행정소송을 통해 갖추어져 가고 있는 것이다. 법원이 행정소송을 통해 20년 가까이 행정기관의 구체적 행정행위에 대해 통제하여 왔다는 사실은 향후 법의 지배의 발전방향과 수준을 가늠하게 한다.

그렇지만, 아직 법원이 행정소송을 통해 행정권력을 견제하기 위해서는 갈 길이 아직 많이 남았다. 우선 국무원이 가진 막강한 행정직권적 성격의 행정법규에 대한 통제장치가 마련되어야 하고 국무원의 각 부와 위원회, 그리고 지방정부가 제정하는 규장에 대한 심사가 명확히 가능해야 명실상부한 행정에 대한 사법심사권을 법원이 보유한다고 할 수 있을 것이다.

중국이 지난 1978년 개혁개방 이후 지금까지 진행해온 수많은 사법개혁의 역사를 돌아보면 그 속도 자체가 중요한 것이 아니라, 그들이 진행하는 큰 방향과 관점이 중요하다는 것을 알 수 있다. 그들은 법이 지닌 장점과 법의 지배가 경제발전을 위해 꼭 필요한 조건임을 오래 전에 충분히 깨닫고 있었다. 이런 인식이 광범위하게 받아들여지고 있는 상황에서 자신들이 그 동안 거쳐 온 지난 여정을 이제 와서 스스로 되돌릴 수는 없을 것이다. 그간 개혁·개방으로 인한 경제성장의 과실을 수취한 계층이 너무 많아졌고 그들 중 상당 부분은 최고 권력집단에 속하고 있는 것이 사실이다. 더군다나 이제는 실용주의 의식이 중국의 지도층을 확고하게 지배하고 있다. 이념과 명분을 주장하던 정치세력은 이미 퇴조하였고 이를 되살리는 일은 가망 없는 일이다. 이를 누구보다도 잘 알고 있는 세력은 공산당이다. 집권 공산당은 더 이상 이념의 깃발을 통해 인민으로부터 지지를 얻을 수는 없고, 자신들이 계속 정권을 유지하는 길은 지속적인 경제성장과 이를 통한 부강한 나라의 건설이라는 국가목표의 제시를 통해 인민에게 계속적으로 희망을 불러일으키는 방법뿐이라는 점을 명확히 인식하고 있다.

이를 위해 필요한 개혁 중 중요한 부분이 사법개혁이고 그 중심은 공정하고 효율적인 법원의 설립임을 직시하고 있다. 개혁·개방의 과정에서 특히 농촌을 중심으로 한 토지개혁의 성공으로 당과 행정조직에 대한 의존도가 낮아지고 사경제의 영역이 확대되어 감으로써 새로운 경제인들이 점점 증가하여 왔다. 이들은 경제발전의 진행과 함께 재산과 경제적 이권을 확대하여 감에 따라 이제 더 이상 행정의 자의적인 집행에 대해 침묵하지 않고 비공식적인 기존의 방식과 더불어 공정하고 합리적인 공적 분쟁해결기구를 요구하고 있다. 중국에 투자를 한 외국자본 역시 줄기차게 투명하고 예측가능한 행정법제의 개혁과 공정한 분쟁해결기구의 수립을 요구하고 있다. 이에 따라 WTO는 중국이 공정한 분쟁해결절차를 행정에 마련하여 행정에 대한 감독체제를 정착시킬 것을 요구하고 있다. 이는 사법개혁의 외부적 추진력으로 작용하고 있는 것이 현실이다.

중국은 아직도 법치를 향한 발걸음을 계속하고 있다. 언제쯤 어떤 모습으로 이 장정이 끝날지는 누구도 정확히 알 수 없다. 그렇지만 정확한 목표와 방향을 가지고 간다면 머지않아 그들은 원하는 바를 이룰 수 있을 것이다. 이미 상당한 성과를 보여주었고 이제 이와 같은 속도와 자세를 유지한다면 새로운 발전의 단계로 진입할 수 있을 것이다. 중국의 개혁·개방의 성과가 무르익던 1988년 발생한 천안문사건은 중국의 개혁·개방 정책에 대한 낙관적인 논의들을 한순간에 얼어붙게 하고 모든 전망을 부정적이고 유보적으로 바꾸어 버렸던 적이 있다. 그럼에도 불구하고 중국은 개혁의 길을 포기하지 않았다. 왜냐하면 그 길이 중국이 살고 중국의 인민들이 살 길이라고 믿었고 이를 추진할 수 있는 현명한 지도력이 존재하였기 때문이다. 이는 현재 중국의 법치에 관한 논의에서도 마찬가지로 여겨진다. 중국의 법치로의 길은 중국 인민이 진정으로 원하는 길이기 때문이다.

□ 참고문헌

1. 국내문헌

1) 단행본

강현중, 「민사소송법」, 제6판, 박영사, 2004.

곽윤직, 「민법총칙」, 제7판, 박영사, 2003.

구스타브 라드브르흐 저, 최종고 역, 「법철학」, 삼영사, 1988.

구본민, 「중국진출 이것만은 알고하자」, 삼성경제연구소, 2004.

권형준, 「헌법」, 신정3판, 법원사, 2007.

김남진, 「행정법의 기본문제」, 법문사, 1997.

김동희, 「행정법 I」, 제5판, 박영사, 1999.

노명식, 「자유주의의 원리와 역사」, 민음사, 1991.

노직(R. Nozick) 저, 남경희 역, 「아나키에서 유토피아로(Anarchy, State and
        Utopia)」, 문학과 지성사, 1983.

몽테스키외, 「법의 정신」, 삼성출판사, 1990.

몽테스키외 저, 손석린 역, 「법의 정신(상)」, 박영사, 2004.

박병호, 「한국법제사고」, 법문사, 1974.

_____, 「근세의 법과 법사상」, 진원, 1996.

법무부, 「중국법연구(Ⅲ)」, 1992.

_____, 「미국의 사법제도」, 법무자료 제239집, 2001.

법무부 특수법령과, 「중국 형사소송법 해설」, 2004.

법무부 형사법제과, 「중국형사법」, 2008.3.

성낙인, 「헌법학」, 제7판, 박영사, 2007.

_____, 「프랑스헌법학」, 법문사, 1995.

신동운, 「형사소송법」, 제4판, 법문사, 2007.

심헌섭, 「법철학 I」, 법문사, 1991.

알렉산더 해밀턴·제임스 매디슨·존 제이 지음, 김동영 옮김, 「페더럴리스트페
        이퍼」, 한울아카데미, 1995.

양창수, 「독일민법전」, 박영사, 2002.

윤국일, 「경국대전연구」, 여강출판사, 1986.

이시윤, 「신민사소송법」, 박영사, 2003.

이재상, 「형사소송법」, 제6판, 박영사, 2002.

임지봉, 「 사법적극주의와 사법권 독립(사법학연구·1)」, 철학과 현실사, 2002.

장영수, 「국가조직론」 헌법학Ⅲ, 홍문사, 2005.

장자크 루소 저, 박옥줄 역, 「사회계약론」, 박영사, 1987.

정동윤, 「민사소송법」, 제4전정판, 법문사, 1995.

정종섭, 「헌법학원론」, 제2판, 박영사, 2007.

정종섭, 「헌법연구 3」, 박영사, 2001.

정이근, 「중국공법학연구」, 부산대학교 중국연구소 연구총서, 도서출판 오름,
        2007.

정이근 외 7인, 「중국사법구제제도」, 세종출판사, 2005.

존로크 지음, 이극찬 옮김, 「시민정부론」, 연세대학교 출판부, 1988.

존스튜어트 밀 저, 차하순 역, 「자유론」, 탐구당, 1989.

최대권, 「법과 사회」, 서울대학교출판부, 1997.

_____, 「법사회학」, 서울대학교 출판부, 1998.

최종고, 「법학통론」, 전정신판, 박영사, 2007.

_____, 「한국법사상사」, 서울대학교 출판부, 2001.

칼라렌츠 저, 양창수 역, 「정당한 법의 원리」, 박영사, 1990.

한대원 외 14인, 「현대중국법개론」, 박영사, 2001.

한스켈젠 저, 심헌섭 역, 「켈젠 법이론선집」, 법문사, 1990.

한스켈젠 저, 장경학 역, 「공산주의 법이론」, 명지사, 1983.

한자경, 「칸트철학에의 초대」, 서광사, 2006.

호문혁, 「민사소송법」, 제5판, 법문사, 2006.

2) 논 문

강신중, "중국의 사법제도", 민사법연구 제10집 제1호(2002.6.), 대한민사법학회.

김상겸, "법치국가의 요소로서 절차적 기본권 – 재판청구권과 관련하여", 아·
        태공법연구, 제7집.

_____, "법치국가원리의 역사와 구성요소에 관한 고찰", 아·태공법연구 제5집.

김철수, "통치조직에 관한 공산권헌법의 비교연구", 양호민선생 화갑기념논문집,
        1979.

민성기, "유교이념의 정착," 「동양사」, 동양사학회 편, 1989.

블라디미르 쿠드리아프체프(구소련과학아카데미 국가와 법연구소장), 김종서
　　　옮김, "사회주의적 법치국가", 민주법학 제4호(1990.6.).
장영수, "헌법의 기본원리로서의 법치주의", 안암법학 2, 1994.
박세일, "하이에크에 있어서의 법과 경제", 「하이예크 연구」, 민음사, 1995.
백윤철, "헌법상 재판청구권의 절차적 보장", 공법연구 29·4, 2001.6.
신우철, "최근 중국의 사법개혁논쟁 －사법독립의 문제점 분석을 중심으로－",
　　　법조 제565호.
_____, "중국의 헌법감독", 공법연구, 제31집 제4호(2003.5).
_____, "근대사법제도 성립사 비교연구", 법사학연구 제34호.
_____, "근대 사법제도 성립사 비교연구－중국에 있어서 '법원조직'법제의
　　　초기 형성－", 법사학연구 제34호.
심재우, "유가의 법사상", 안암법학 1(93.9.), 안암법학회.
우북평·김연숙, "중국의 사법제도", 법조춘추, 제143호(2003.10.), 서울지방변
　　　호사회.
유정복, "미국헌법과 적법절차의 발전", 헌법학연구 2.
이동과, "조선현종조 예송에 대한 법학적 접근", 법사학연구 제12호(1991).
이성규, "제자백가", 「동양사」, 동양사학회 편, 1989.
이승환, "유가는 법치에 반대했는가?", 철학과현실 13[92.6.], 철학문화연구소.
이시윤, "집단소송과 입법론", 김기수교수화갑논문집.
이용민, "중국 국가사법고시 소개", 법조 576호(2004.9.).
이태진, "사화와 붕당정치", 「한국사특강」, 한국사편찬위원회, 1992.
이헌환, "정치과정에 있어서의 사법권에 관한 연구－한국헌정사를 중심으로",
　　　서울대 대학원 박사학위논문, 1996.
장명봉, "공산권헌법에 관한 연구－북한의 사회주의헌법을 중심으로－", 서울
　　　대학교 대학원 법학박사학위논문, 1984.
장석조, "사법행위청구권－재판을 받을 권리", 안암법학, 1999.
_____, "우리 헌법상 절차적 기본권", 헌법논총 제9집, 1998.
장영수, "헌법의 기본원리로서의 법치주의", 안암법학 2, 1994.
성 철, "청문권의 헌법적 수용가능성－법원에 대한 청문권을 중심으로 ", 공
　　　법학연구 제8권 제3호(2007.8.).
_____, "중국법원의 헌법해석권", 공법연구 제37집 제3호(2009.2.), 한국공법학회.
_____, "중국법원의 심판위원회에 관한 고찰", 성균관법학, 제19권 제2호(2007),

비교법연구소.

＿＿＿, "중국의 입법절차와 법치주의", 입법학연구 제4집(2007.12.), 한국입법학회.

＿＿＿, "중국사법제도의 개혁과 전망", 금융법학 제2집(2008.12.), 국민대 금융법연구소.

조영록, "가정초 정치대립과 과도관－대례의를 중심으로－", 동양사학연구 제21권 제1호, 1985.

지두환, "조선후기 예송논쟁의 성격과 의미", 동양학 24집(1994).

최승희, " 조선초기의 정치와 문화", 한국사특강편찬위원회 편, 「한국사특강」, 서울대학교출판부, 1992.

Peter Arens(호문혁 번역), "민사소송에 있어서의 공정한 절차를 요구할 권리", 서울대 법학 제34권 2호(1993.8.).

한수웅, "헌법 제27조의 재판청구권", 헌법논총 제10집, 1999.

함재학, "유교전통 안에서의 입헌주의 담론", 법철학연구 제9권 제2호(2006), 한국법철학회.

＿＿＿, "경국대전이 조선의 헌법인가?", 법철학연구 제7권 제2호(2004).

호문혁, "민사소송에 있어서의 법률적 사항에 관한 법관의 시사의무, 민법학논총, 제2집, 박영사, 1995.

＿＿＿, "민사소송에 있어서의 이념과 변론주의에 관한 연구", 서울대학교 법학 제30권 3·4권[1989].

2. 외국문헌

1) 단행본

(1) 중국

江偉 外6人, 「中華人民共和國民事訴訟法修改建議(第三稿)及立法理由」, 人民法院出版社, 2005.

潭世貴, 「中國司法改革理念與制度刷新」, 法律出版社, 2000.

范愉 主編, 「司法制度槪論」, 中國人民大學出版社, 2003.

模紀宏, 「實踐中的憲法學原理」, 中國人民大學出版社, 2007.

王利明, 「司法改革研究」, 修訂本, 法律出版社, 2004.

王春芳 外7人, 「審判獨立與司法公正」, 中國人民公安大學出版社, 2002.

兪敏聲主編, 「中國法制化的歷史進程」, 安徽人民出版社, 1997.

喬偉, 「新編法學辭典」, 吉林大學·山東大學 法學科, 山東人民出版社, 1985.

殷嘯虎, 「新中國憲政之路」, 上海交通大學出版社, 2000.

易延友, 「刑事訴訟法」, 第三版, 法律出版社, 2008.

李　銳, 「大躍進親歷記」, 下券, 南方出版社, 1999.

兪敏聲主編, 「中國法制化的歷史進程」, 安徽人民出版社, 1997.

孫國華 主編, 「社會主義法治論」, 北京, 法律出版社, 2002.

張千帆 主編, 「憲法學」, 法律出版社, 2004.

熊先覺, 「司法制度與司法改革」, 中國法制出版社, 2003.

最高人民檢察院法律政策研究室編著, 「民事訴訟法修改研究綜術」, 吉林人
　　　民出版社, 2006.

許安標·劉松山, 「中華人民共和國憲法通釋」, 中國法制出版社, 2004.

謝　暉, 「價値重建與規範選擇」, 山東人民出版社, 1998年版.

韓　波, 「法院體制改革研究」, 人民法院出版社, 2003.

胡建淼, 「行政法學」, 第二版, 法律出版社, 2007.

中國司法年監 1986~2003.

「共和國走過的路-建國以來重要文獻專題選集(1949~1952)」, 中央文獻出版
　　　社, 1991.

「毛澤東選集」 第2券, 人民出版社, 1991.

「毛澤東選集」 第4券, 人民出版社, 1991.

「毛澤東文集」 第6券, 人民出版社, 1999.

「毛澤東文集」 第7券, 人民出版社, 1999.

「鄧小平文選」, 第2券, 人民出版社, 1994.

(2) 영미

Henry J. Abraham, *The Judicial Process*, 5th Edition, New York, Oxford: Oxford
　　　University Press, 1986.

Chow, Daniel C.K., *The Legal System of The People's Republic of China*, Cambridge
　　　University Press, 2003.

E.A. Kracke, Jr., *Civil Service in Early Sung China*, Cambridge: Harvard
　　　University Press, 1953.

A.V. Dicey, *Law of The Constitution*, Macmillan and Co., Limited St. Martinls

Street London, 1924.

Edward L. Farmer, *Zhu Yuanzhang and Early Ming Legislation*, Leiden:E.J. Brill, 1955.

Jianfu. Chen, *Chinese Law*, Hague: Kluwer Law International, 1999.

Hans Kelsen, *The Community Theory of Law*, New York, Frederick A. Praeger, Inc. 1955.

Herlee G. Creel, *The Origins of Statecraft in China*, Chicago: University of Chicago Press, 1970.

Hunt, Alan, *The Sociological Movement in Law*, London: Macmillan, 1978.

Martin Shapiro, *Courts: A Comparative and Political Analysis*, The University of Chicago Press, 1981.

Randall Peerneboom, *China's Long March Toward Rule of Law*, Cambridge University Press, 2002.

Peerenboom, *Asian Discourses of Rule of Law*, RoutledgeCurzon, 2004.

Lubman, Stanley B., *Bird in a Cage: Legal Reform in China after Mao*, Stanford: Stanford University Press, 1999.

Warren, Kenneth F. *Administrative Law in the American Political System*. St. Paul, MN: West Publishing Co. 1982.

Yang, Mayfair. *Gifts, Favor, and Banquets: the Art of Social Relationships in China*. Ithaca, NY: Cornell University Press. 1994.

(3) 독일

Brehm, Die Bingdung des Richters an den Parteivortrag und Grenzen freier Verhandlungswürdigung, J.C.B.MOHR(PAUL SIEBECK)TÜBINGEN, 1982.

Laumen, Das Rechtsgespräch im Zivilprozeß, Carl Heymanns Verlag KG·Köln· Berlin·Bonn·München, 1984.

Maunz-Dürig, Komm. z. GG, Verlag C.H. Beck München, November, 1988.

Isensee/Kirchhof(Hrsg.) Handbuch des Staatsrechts, Bd. Ⅵ, 1989.

Rosenberg-Schwab-Gottwald, Zivilprozeßrecht, 16. Aufl., Müchen, 2004.

Stein-Jonas-Leipold, Kommentar Zur Zivilprozeßordnung 21. Aufl. Tübingen, Ⅳ.

Stürner, Die Richterliche Aufklärung im Zivilprozeß, Tübingen, 1982.

Stürner, Die Aufklärungspflicht der Parteien des Zivilprozesses, Tübingen, 1976.

E. Peters, Richterliche Hinweispflichten und Beweisinitiativen im Zivilprozeß, Tübingen, 1983.

Henkel, Prozeßrecht und materielles Recht, Göttingen, 1970.

H. Resen, Die richterliche Hinweispflicht, Bielefeld Gieseking, 2002.

Würthwein, Umfang und Grenzen des Parteieinflusses auf die Urteilsgrundlagen im Zivilprozeß, 1977.

2) 논 문

(1) 중국

江必新, "試論行政審判中如何參照行政法規的問題", 載 ≪首屆學術討論會論文選≫, 人民法院出版社, 1990.

賀衛方, "通過司法實現社會正義", 夏勇 主編 「走向權利的時代」, 中國政法大學出版社, 1995.

童平宇, "實論審判委員會", 法學文萃, 法律出版社, 1991.

董必武, "關于整和改造司法部門的一意見", 董必武政治法律文集, 法律出版社, 1986.

杜國興, "國家司法考試制度略論", 「法律人才與司法改革」

馬駿駒, "當前我國司法制度中存在的問題與改進對策", 「司法改革論評」, 北京, 中國法制出版社, 2001.

徐功勛, "試論地方國家權力機關的司法監督及基權力界限", 全國人民代表大會常務委員會研究室: 「我國當前法律實施的問題和對策」, 中國民主與法制出版社, 1997.

蘇 力, "基層法院審判委員會制度的考察及思考", 北大法律評論, 第1卷 第2輯.

肖 揚, "當代司法制度的理念與實踐", 中國司法論評.

劉 敏, "論民事司法改革的憲法理念", 「法律人才與司法改革」.

艾 國, "中國共產黨在憲法觀念上的演變和發展", 中共黨史研究 2004年 第2期.

王眞民, "法院與憲法", 司法改革論評, 中國法制出版社, 2001.

王公必, "中國的司法體制現狀及改革趨勢", 「法律人才與司法改革」.

王公義, "中國的 司法體制現況及改革趨勢", 「法律人才與司法改革」－中日法學家的對話.

李步雲, "憲政과 中國", 載張文顯·李步雲 「法理學論叢」 第1卷.

魏文伯, "對于 ≪中華人民共和國人民法源組織法≫ 基本問題的認識", 司法工作通信, 1955.5.

任群先, "法官職業化在青島法院的演進與思考-1999년-2002년 青島法院法官合議制改革調研報告-" 人民司法 2003.10.

張培田, "中國司法改革應注意的幾个問題", 「法律人才與司法改革」-中日法學家的對話.

蔣惠岭, "我國實現獨立審判的條件和出路", 人民司法, 1998年 第3期.

趙 鋼, "倉促的修訂 局部的完善-≪關于修改·中華人民共和國民事訴訟法的決定≫的初步解讀-", 法學評論, 2008年 第1期.

趙志堅 外 5人, "檢察委員會工作機制改革研究", 慕平 主編 「檢察改革的新探索」, 法律出版社, 2007.

陳國輝·程春華, "我國裁判制度的觀察與思考", 司法改革論評, 제1집, 2001.

陳桂明, "訴訟公正與程序保障", 中國法制出版社, 1996.

陳麗玲·諸葛晹, "淺談當代中國檢察機關憲法地位的合理性", 中共桂林市委黨校學報, 第4卷 第3期(2004.9.).

陳瑞華, "現代審判獨立原則的最低標準", 中國律師, 1993年 第3期.

陳歡水, "正確認識和處理司法公正與地方經濟發展的關係", 中共貴州省黨校學報, 2005.2.(96호).

陳海光, "中國法官制度에 關한 研究", 中國政法大學 博士學位論文, 2002.

聶昭偉, "我國判例制度建立" 法律適用, 2004.5.(통권218호).

夏蓮翠, "新舊≪律師法≫系統研究", 法治研究, 2008年 第2期.

成都市中級人民法院研究室, "審判委員會制度運作現狀調查及思考", 中國法學會訴訟法學研究會 2001년 참석논문.

(2) 영미

Cai Dingjian, "Constitutional Supervision and Interpretation in The People's Republic of China", *Journal of Chinese Law* 9, 1995.

Canon, Bradley C. and Jaros, Dean "External variables, institutional structure and dissent on state Supreme Courts", *Polity* 3, 1970.

Chai hark Hahm, "Confucian Constitutionalism", the Dissertation submitted to the Harvard Law School Graduate Program, Cambridge Massachusetts, 2000.

Chris X. Lin, "A Quiet Revolution: An Overview of China's Judicial Reform", *Asian-Pacific Law & Policy Journal*, June 2003.

D. A. Kerimov, "Liberty, Law and the Legal Order", *Northwestern University Law Review*, Vol. 58, 1963.

Dingjian Cai, "Introduction to the Administration Penalty Law of China", *Columbia Journal of Asian Law*, Spring 1996.

Edward J. Epstein, "Administrative Litigation Law: Citizens Can Sue the State but not the Party", *China News Analysis,* 1 June 1989.

Glick, Henry R. and Emmert, Craig F. "Selection Systems and Judicial Characteristics: The Recruitment of State Supreme Court judges", *Judicature* 70, 1987.

Hall, Melinda Gann "State Supreme Court in American democracy: Probing the Myths of Judicial Reform", *American Political Science Review* 95, 2001.

Jerome Alan Cohen, "The Chinese Communist Party and Judicial Independence: 1949-1959", *Harvard Law Review* March, 1969.

Jerome Alan Cohen, "Reforming China's Civil Procedure : Judging the Courts", *American Journal of Comparative Law,* Fall 1997.

Jiang Nancheng, "The Tendency and Diversity of Constitutional Litigation and Its Enlightenment to China", 世界憲法研究 第一輯, 主編 莫紀宏, 群衆出版社, 2007.6.

Knight, Jack and Epstein Lee, "The Norm of Stare Decisis", *American Journal of Political Science 40,* 1996.

Li Wei, "Judicial Interpretation In China", *willamette Journal of International Law and Dispute Resolution* 1997.

Macey, Jonathan, "Promoting Public-Regarding Legislation through Statutory Interpretation: an Interest Group Model.", *Columbia Law Review,* March 1986.

Marc Rosenberg, "The Chinese Legal System Made Easy : A Survey of the Structure of Government, Creation of Legislation, and The Judicial System Under the Constitution and Major Statutes of the People's Republic of China", 9 *U. Miami Int'l & Comp. L. Rev.*

Michael W. Dowdle, "The Constitutional Development and Operations of The National People's Congress", 11 Colum. J. Asian L., 1997.

Mo Jihong, "Several Theoretical Issues Related to Establishment of Constitutional Review System in China", 世界憲法研究 第一輯, 主編 莫紀宏, 群衆出版社, 2007.6.

Mo Jihong, "Judicial Review and Its Basis of Democracy in China", 世界憲法研究 第一輯, 主編 莫紀宏, 群衆出版社, 2007.6.

Moraski Bryon J. and Shipan, Charles R, "The Politics of Supreme Court Nominations: A Theory of Institutional Choice and Constraints", American Journal of Political Science 43, 1999.

Perry Keller, "Source of Order in Chinese Law", American Journal of Comparative Law, Fall 1994.

Pittman B. Potter, "The Administration Litigation Law of the PRC: Judicial Review and Bureaucratic Reform", In Domestic Law Reforms in Post-Mao China, edited by Pitman B. Potter. Armonk: M.E. Sharpe, 1994.

Pitman B. Potter, "Editor's Introduction", Chinese Law and Government fall, 1991.

Qianfan Zhang, "From Administration Rule of Law to Constitutionalism?: The Changing Perspectives of the Chinese Public Law", Constitutionalism and Constitutional Adjudication in Asia, Edited by Sung Nak-in, College of Law, Seoul National University·Korea Legislation Research Institute, 2005.

Randall Perenboom, "What Have We Learned About Law and Development? Describing, Predicting, and Assessing Legal Reforms In China", Michigan Journal of International Law, Spring 2006.

R.H. Tawney, "The Sickness of An Acquisitive Society", C. B. Macpherson edited. Property, Mainstream and Criticial Positions, University of Toronto Press, 1978,

Ron Guey Chu, "Rites and Rights in Ming China", Confucianism and Human Rights, Edited by Wm. Theodore de Bary and Tu Weiming.

Robert S. Summers, "The Principle of the Rule of Law", Notre Dame Law Review June, 1999.

Saich, Tony, "Negotiating the State: the Development of Social Organizations in China", The China Quarterly 161.

Segal, Jeffrey A. "Decision making on the U.S. Courts of Appeals", in Lee Epstein (ed.), *Contemplating Courts*. Washington, DC: CQ Press, 1995.

Segal, Jeffrey A and Spaeth, Harold J. "The Influence of Stare Decisis on the Vote or United States Supreme Court justices", *American Journal of Political Science* 40, 1996.

Sida Liu, "Beyond Global Convergence: Conflicts of Legitimacy in a Chinese Lower Court", *Law and Social Inquiry*, Winter, 2006.

Stanley B. Lubman, "Dispute Resolution on China after Deng Xiaoping: Mao and Meditation Revisited", *Columbia Journal of Asian Law*, Fall 1997.

S. Summers, "The Principles of the Rule of Law", *Notre Dame Law Review*, June 1999.

Susan Finder, "The Supreme People's court of the People's Republic of China", *Journal of Chinese Law*, Fall 1993.

Tahirih V. Lee, "Exporting Judicial Review from the United States to China", *Columbia Journal of Asian Law* 19, 2005.

Tanner, Murray Scot, "The Erosion of Communist Party Control over Lawmaking in China", *The China Quarterly* 138.

Veron Mei-Ying Hung, "China's WTO Commitment on Independent Judicial Review: Impact on Legal and Political Reform", *American Journal of Comparative Law,* Winter 2004.

Wang Hanbin, "Explanation of the(Draft) Administrative Litigation Law of the PRC", *Chiniese Law and Government*, 1991.

William C. Jones, "The Constitution of the Republic of China", *Constitutional Systems in Late Twenties Century Asia*, Edited by Lawrence W. Beer, University of Washington Press, Seatle and London.

Wolfram, C.W., "The ABA and MDP's:Context, history, and process", *Minnesota Law Review* 84, 2000.

Woo, Margaret Y. K., "Adjudication Supervision and Judicial Independence in the P.R.C.", *American Journal of Comparative Law* 39.

Zhang Shuyi, "Examination of Several Controversial Issues in the Administrative Litigation Law(Darft)", *Chiniese Law and Government*, 1991.

Zhiwei Tong, "China Constitution's New Developments", *Constitutionalism and Constitutional Adjudication in Asia*, Edited by Sung Nak-in, College of

Law, Seoul National University·Korea Legislation Research Institute, 2005.

Zhong Jianhua·Yu Guanghua, "Establishing the Truth on Facts: Has The Chinese Civil Process Achieved This Goal?", *Journal of Transnational Law and Policy*, Spring 2004.

찾아보기

가

감독법 61, 229, 239
강유위 21
개혁·개방정책 42
거중책임 328
검찰위원회 147
계급법 27
고려의무 321
공안기관 152
구체적 행정행위 246
국가공소인제도 159
국가권력기관 56
국무원 법제국 176
국무원 70, 167
궐석재판 316, 320
규범성문건 52, 260
규장 169, 171, 247, 250
균형이론 235, 244
기본법률 165
기율감찰위원회 150

다

단행조례 170

당사자의 표명권 315
대례논의 16
대사법(大司法) 5
대표단 174
독임법관 88
독임정 102
독자적인 입법권 226

라

류샤오치 180, 199

마

맑스(Marx) 26
문화혁명 26, 69
민주적 집중제 36

바

반탐국 151
백화운동 25
법관 개인의 독립 31

법관법 124
法官의 獨立 9
법규 71
법률감독권 155
법률원조의무 318
법률위원회 174
법률해석권 217
법부인론 27
법원경비체계 115
법원에 대한 청문권 306
법원편제법 22
법의 일반적인 적용 6
법의 지배 5
법제의 소련화 25
변법론 21
변호사법 269
변호인선임권 317
불기소결정 296
불입안 결정 152
불입안결정 296
비신스키(Vyshinsky) 27

사법의 지방화 48, 50, 129
사법의 지방화문제 120
사법의사결정 106
사법해석 98, 112, 204
사법행위청구권 288
사회권 38
사회주의 법치국가 45
상무위원회 166
상임주석단 173
선례가이드시스템 109
선례구속의 원칙 105, 228
소송비용 289
소송비용의 구조제도 292
순자 14
순즈강 185
심판감독권 157
심판위원회 35, 76
심판장 선임제도 136

아

안정성 6
엄복 21
업무보고 61
예론 15
예측가능성 6
위원장회의 175
유교적 법치 12, 20
육법체계 23
윤리국가 20
2심 종심 228
2심 종심제도 330

사

4급 2심제도 101
4대 현대화론 42
사법개혁 47, 53
사법권의 독립 8
사법독립원칙 24, 30
사법부 25, 69, 270
사법부패 140
사법심사 178

인민배심원제도   104
인민조회위원회   339
일관성   7
입법법   164
입안(立案)   295
입증의 책임   327

자

자료조사·수집권   313
자소사건   296
자치조례   170
재심(再審)   331
재판감독절차   82
재판감독제도   330
전국인민대표대회   165
전문위원회   174
전인대   166
정법위원회   33
정보청구권   307
정장(庭長)   89
정치문제   18
정치실현강령   24
제심(提審)   331
조해제도   338
주석단   173
증거개시제도   327
지방보호주   228
지방보호주의   75
지방성법규   170, 258
질의·답변서   223
집법검사보고   62

차

최고인민법원   97
추상적 행정행위   52, 241, 254

카

컨설팅회사   275
클래스 액션   293

타

통일사법고시   126, 270

파

판결 집행   346
표명권   307, 308
피해자   297

하

행정감독기관   240
행정규장   177
행정법규   167, 257
행정복의법   241, 254
행정소송법   242

행정소송의 대상 244
헌법감독기관 181
헌법감독위원회 189
헌법감독절차 182
헌법감독제도 179

헌법의 사법화 206
헌법해석권 198
헌정법원 189
확실성 6
회피제도 325

정 철

서울대학교 법과대학 졸업
서울대학교 법학석사·법학박사
제44회 사법시험 합격
사법연수원 제34기 수료
현 국민대학교 법과대학 교수

중국의 사법제도

값 23,000원

2009년 2월 27일 　초판 발행
2009년 8월 20일 　재판 발행

저　　자 : 정 철
발 행 인 : 한정희
발 행 처 : 경인문화사
편　　집 : 신학태 이지선 김하림 한정주 문영주
영　　업 : 이화표
관　　리 : 하재일 양현주
　　　　　서울특별시 마포구 마포동 324-3
　　　　　전화 : 718-4831~2, 팩스 : 703-9711
　　　　　이메일 : kyunginp@chol.com
　　　　　홈페이지 : http://www.kyunginp.co.kr
　　　　　　　　　 : 한국학서적.kr
등록번호 : 제10-18호(1973. 11. 8)

ISBN : 978-89-499-0640-9　94360